국부의 조건

감속하는 사회에서 가속하는 사회로

이 책은 2010년 정부(교육과학기술부)의 재원으로 한국연구재단의 지원을 받아 수행한 연구이다 (2010-0026178).

감속하는 사회에서 가속하는 사회로

국부의 조건

김태유 · 장문석 지음

서울대학교출판문화원

머리말

'국가 발전과 민족 번영'이라는 화두는 필자가 소년 시절부터 마음속 깊숙이 간직해 온 가장 소중한 가치이자 또한 오늘이 있기까지 필자를 전진시켜 온 동력이기도 하다. 무릇 학자라면 전공 분야에서 한 우물을 깊이 파서 학문적으로 성취하는 것을 목표로 해야 할진대, 국가 발전과 민족 번영의 추구라는 '세속적인' 목표를 세우고 학문 세계에서 한평생을 보냈다는 것이 전통적인 시각으로는 이해하기 어려운 측면도 있을 것이다. 공학(과학기술)에서 경영과학으로, 또 경제학에서 역사학으로 학문과 학문을 넘나들어 온 필자의 행적에 대해서 혹시 필자의 관심사가 매우 다양하기 때문이 아닐까 생각하는 사람들도 있는데, 사실은 정반대이다. 필자의 관심사는 오직 하나, 국가 발전 원리를 규명함으로써 민족 번영에 기여하는 것이었고, 그런 만큼 학자로서 그 외의 다른 관심사를 가져본 적은 단 한 번도 없었다. 인문학적 시각으로는 학문 자체가 학자의 목표일 수도 있겠지만, 과학기술이나 경제학과 같은 실용 학문을 하는 사람의 경우에는 학문 그 자체보다는 학문을 통해 성취할 수 있는 더 나은 세상이 목표가 될 수밖에 없고, 또 되어야 한다는 것이 필자의 생각이다.

한국전쟁 이후 생활필수품조차 부족하던 시절, 필자의 선택은 상품과 재화를 생산하는 '공학'이었다. 또한 석유 위기(1973년)로 경제가 휘청거릴 때 석유 한 방울 나지 않는 자원 빈국에 사는 한국인으로서 필자의 선택은 '자원경제학'이었다. 그리고 전 국민이 피땀 흘려 어렵사리 쟁취한 절반의 성공, 즉 국민소득 4만 달러대의 선진국에 대비하여 국민소득 2만 달러의 한국 경제가 성장 동력을 상실하고 주춤거리며 절반의 실패로 다가가고 있는 이때, 학자로서 필자의 마지막 선택은 당연히 국가 발전 원리를 철저하게 탐구하는 작업일 수밖에 없다. 국가 발전 원리는 기본적으로 과학기술에 근거한 경제 이론을 토대로 한다. 그러나 과학기술과 경제는 사회적 · 역사적 진공 상태에서 발전하지 않는다. 그러므로 이 책에서도 과학기술과 경제의 발전을 뒷받침하는 사회적 · 역사적 조건들을 다각도로 규명하고자 노력하였다. 그리고 이러한 작업을 통해 수립된 이론은 필경 과거가 아니라 미래를 위한 것이다. 지나간 농업사회나 산업사회를 위한 것이 아니라 다가올 지식기반사회를 위한 것이다.

공학으로 학문의 세계에 처음 발을 들여놓은 탓인지 필자는 어떤 이론이든 실험을 통해 확인해 보지 않으면 결코 만족할 수 없다. 그래서 자원경제학도 수리모형(mathematical modeling)이나 계량경제(econometrics) 방법론에 의존하곤 하였다. 그러나 그보다 훨씬 거시적인 인류 문명사적인 시각에서 접근하는 국가 발전 원리를 수학적 기법을 동원하여 검증하는 것은 절대로 불가능한 일이다. 따라서 이 이론이 과연 맞는지 틀리는지 검증할 수 있는 유일한 방법은 과거 지나간 역사가 국가 발전 원리에 따라서 발전해 왔는지를 역사적 사실에 맞추어 살펴보는 것이다. 따라서 이 책에서 탐구한 역사는 과거를 확인하기 위한 것이 아니라 미래를 준비하기 위한 것이다. 오늘로서 필자가 역사를 본격적으로 공부하기 시작한 지 만 7년이 되었다. 공과대학을 졸업하고 경제학 대학원에 진학하여 박사학위를 마칠 때까지 5년이 걸렸는데, 그에 비해 역사는 공부한 기간도 더 길었지만, 실제 투입한 시간과 노력도 훨씬 더 많았다. 그럼에도 필자 자신이 역사학자가 될 것으로 생각한 적은 없다. 국가 발전 원리를 연구하는 경제학자 내지는 미래학자로서 만족하고자 한다.

공저자 장문석 교수를 처음 만난 것은 국가 발전 원리가 경제 이론으로 어느 정도 정리된 지 오래지 않아서였다. 학문의 세계에서 아마추어는 절대 용납되지 않는다는 믿음 때문에 이론에 대한 역사적 검증은 역사학자와 함께하려고 한 것이다. 필자의 다소 무모한 시도에 매우 조심스럽고 사려 깊게 접근하던 공저자는 전형적인 인문학자의 모습이었다. 그리고 함께 시작한 주례 정기 세미나에서 필자의 이론이 역사적 사실에 부합하는 사례들이 하나둘 나타날 때마다 국가 발전 원리에 대한 확신이 굳어져 갔다. 공저자와 본격적인 공동 저술 작업에 돌입한 것은 둘 사이에 상당한 공감대가 발견된 후부터이다. 물론 공저자가 필자가 제시한 국가 발전 원리의 모든 부분에 전적으로 동의한 것은 아니다. 필자의 확신에도 불구하고 공감대를 아직 형성하지 못한 많은 부분은 다음 저술 작업을 위해 남겨두었다. 그리고 이 책이 비록 공저자와의 공감대를 기반으로 쓰였다고는 하나, 기본적으로는 필자의 이론에 근거한 것인 만큼 만약 어떤 흠결이 발견된다면 이는 전적으로 필자의 책임임을 밝혀둔다. 그러나 이 책이 독자들에게 한 층 더 가까이 다가갈 수 있다면 이는 공저자의 공로이다. 왜냐하면 필자의 글은 직설적이고 무채색인 데 반해 공저자의 글은 은유적이고 색깔이 있기(colorful) 때문이다.

과연 공학을 배경으로 경제학을 전공한 사람과 인문학을 전공한 사람이 함께 공부하고 책을 집필한다는 것은 생각만큼 쉬운 일이 아니었다. 사유 방식과 표현 방식 등이 너무나 달라 그만큼 많은 토론 과정을 거쳐야만 하였다. 지금까지 자연과학과 사회과학 그리고 인문학의 융 · 복합 연구가 많이 시도되지 못했던 것도 그런 까닭이리라. 그럼에도 저자들은 아무도 가 보지 않은 길을 가고 있다는 자부심이랄까, 아니면 사명감이랄까 하는 마음으로 충만하여 이 무리해 보이는 과제에 감히 도전해 보았다.

이러한 학문적 도전을 믿어 주시고 지원해 주신 한국연구재단에 심심한 감사의 마음을 전하지 않을 수 없다. 또한 우리 연구 성과의 타당성을 검토하고 원고를 꼼꼼히 교정하여 이렇게 근사한 모양의 책으로 펴내 주신 서울대학교출판문화원 관계자 여러분께도 진심으로 감사의 말씀을 드린다.

2012년 12월
저자들을 대표하여
김태유 씀

차례

상업사회 편

산업사회 편

프롤로그

고대 그리스의 희극작가 아리스토파네스(Aristophanes)의 『민회를 여는 여인들』에는 국유노예들이 경작을 전담함으로써 시민이 노동에서 해방되어 매일같이 잔치를 벌이고 먹고 마시며 성을 즐기는 '유토피아'가 묘사되어 있다. 당대의 철학자이자 역사가 크세노폰(Xenophon)도 국가 수입을 늘리는 방안으로 국유노예를 적극 활용할 것을 제안한 바 있다. 여기서 알 수 있듯이, 생산성이 낮은 고대 농업사회에서 국부를 증대하는 손쉬운 방안은 노예노동에 의존하는 것이었다. 그러나 크세노폰은 그 외에도 거류외인을 우대하고 통상을 장려하는 것도 국부 증진의 방안으로 제안하고 있으니, 농업사회의 한계 안에서 상업이 가져다주는 이익에 일찍이 주목한 셈이다.[1]

한편, 16세기 영국의 인문주의자 모어(Thomas More)는 『유토피아』에서 주당 30시간만 일하면 되는 이상 사회를 그리고 있다. 20세기에 들어서야 주당 노동시간이 40시간 정도가 된 것을 고려하면, 모어의 '유토피아'에 그나마 접근할 수 있었던 것은 20세기 산업사회가 도래한 뒤였던 것이다.[2] 또한 현대 미국의 권위 있는 역사가 애플비(Joyce Appleby)는 17세기 이전까지 전통 사회에서 전 인구의 80%가 쉼 없이 농업생산에 종사하면서도 주민 대다수가 오랫동안 기아의 공포 아래에 살아야 했던 냉혹한 역사적 현실을 지적한 바 있다.[3] 바꿔 말하면, 생산성이 극적으로 증대되어 기아의 공포에서 벗어날 수 있었던 것은 18세기 산업혁명 이후였다는 것이다. 농업사회의 생존 한계선을 돌파한 것이야말로 산업사회의 부정할 수 없는 공적이었다. 그렇다면 인류사 대부분을 차지했던 농업사회가 상업사회를 거쳐 산업사회로 진화한 과정을 살펴보는 것은 곧 아리스토파네스와 모어 등의 지식인들이 꿈꾼 '유토피아'를 향해 인류가 부단히 근접해 간 역사를 파악하는 작업일 것이다.

이 책의 기본적인 문제의식은 인류 문명의 발전 과정에서 출현한 역사적 경제사회(economic society)의 유형을 농업사회, 상업사회, 산업사회로 구분하고, 각 경제사회의 유형에 따라 차별적인 경제성장 모형을 수립해야 한다는 것이다. 이러한 문제의식은 지금까지 제시되어 온 경제성장 모형들 대부분이 구체적인 사회적·역사적 맥락을 초월한 채 일반적 변수들 사이의 함수관계에만 근거하고 있다는 비판적 인식에서 나왔다. 즉 기성 모형들은 다양한 유형의 경제사회 구조가 나타나게 된 원인으로서 각 사회의 특수한 가치 창출 체제에 따른 속성을 온전히 보여주지 못하는 본질적인 한계를 안고 있다는 것이다. 따라서 이 책은 인간의 가치 창출 활동에 기초한 경제성장 모형을 경제사회의 각 유형에 따라 연구함으로써 인류 문명의 발전 원리를 규명하고 이를 역사적으로 실증한다는, 다소 원대한 목표로부터 출발한다.

여기서 경제사회가 뜻하는 바를 잠깐 짚고 넘어갈 필요가 있다. 미국 경제학자 하일브로너(Robert L. Heilbroner)에 따르면, 모든 사회는 생존과 확대를 위해 생산과 분배의 문제, 한마디로 경제 문제를 다루어야 한다.[4] 물론 경제 문제가 사회의 유일하고 가장 중요한 문제라고 생각하지 않는 사람도 있을 것이다. 또한 경제사회의 개념은 오직 산업혁명 이후에 형성된 근대사회에만 적용할 수 있다고 생각하는 사람도 있을 수 있다. 이는 모두 타당성이 있고, 깊이 논의해야 할 중요한 쟁점들을 제시해 준다. 그럼에도 모든 사회가 크든 작든 경제 문제를 안고 있고 또 풀어야 한다는 점에는 대부분 동의할 것이다. 사실, 생존을 위한 재화와 용역의 생산과 이 생산물들에 대한 분배와 소유만큼 인간 삶의 기본이 되는 것은 달리 없다. 이 점에 주목하여 사회를 보면, 이른바 경제사회라는 것의 윤곽이 눈에 들어올 것이다.

물론 경제사회 유형을 농업사회, 상업사회, 산업사회로 구분하는 데 따르는 객관적 기준이 무엇이며, 그 기준이 적합한가에 대해서는 논란의 여지가 있을 것이다. 통상의 기준으로는 경제활동 인구에서 농업 · 상업 · 산업 부문 종사자가 차지하는 비율이나 총생산 중 농업 · 상업 · 산업 부문 생산이 차지하는 비율 등이 활용된다. 그러나 경제성장을 설명하고 또 예측하기 위해서는 그와 같은 '양적' 기준보다는 '질적' 기준, 즉 특정 경제사회가 존속하고 재생산되며 확대 재생산되는 과정에서 나타나는 가치 창출 방식과 나아가 그 성과의 차이에 따른 새로운 기준들을 제시할 필요가 있다.

과연 농업사회, 상업사회, 산업사회라는 개념은 주로 가치 창출 방식의 차이에 따라 유형화된 베버(Max Weber)적인 의미의 이상형이라고 해도 좋을 것이다. 이상형은 역사적 현실 속에서 선명하고 철저하게 나타난 특징들을 부각함으로써 구성되기 때문에 경험적 현실 속에서 그 순수한 모습을 찾기 어려운 일종의 '유토피아'라고 할 수 있다. 그러나 이상형은 다양하고 복잡한 현실 속에 가려진 역사적 현상의 특성을 날카롭게 인식할 수 있게 하는 의미 있는 발견 수단이요 분석 도구이다. 이 책에서는 물론이거니와 일반적으로 사용하는 절대왕정이나 근대국가, 자본주의 등과 같은 개념들도 기본적으로는 모두 이상형으로 구성된 것이라고 할 수 있다.

이상의 점들을 전제로 하여 먼저 이 책에서 사용하는 농업사회, 상업사회, 산업사회의 개념을 구체적으로 간추려 설명할 필요가 있다. 농업사회는 생물자원을 경작하거나 사육하는 방식으로 가치를 창출하되 생산이 소비로 고스란히 이어지는 단순 재생산 사회의 모습을 보여준다. 이 사회에는 증산에 대한 인센티브가 없거나 있어도 극히 제한적이며, 풍작 등의 우연한 요인으로 증산되더라도 잉여가 새로운 생산요소로 투입되어 생산을

감속하는 사회와 가속하는 사회

감속하는 사회

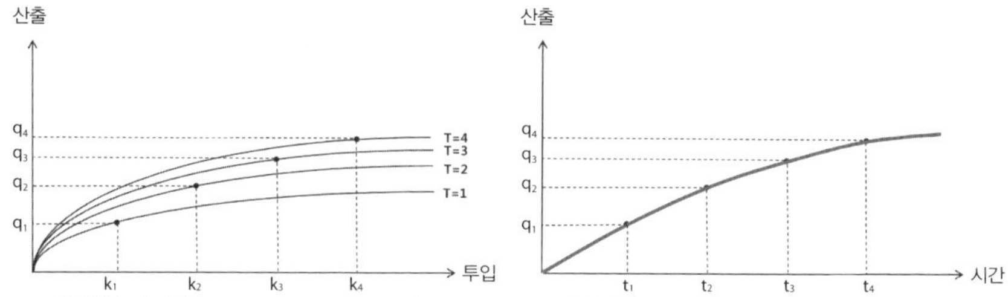

생산함수의 이동 (Shift in Production Function) 생산 확장 경로 (Production Expansion Path)

가속하는 사회

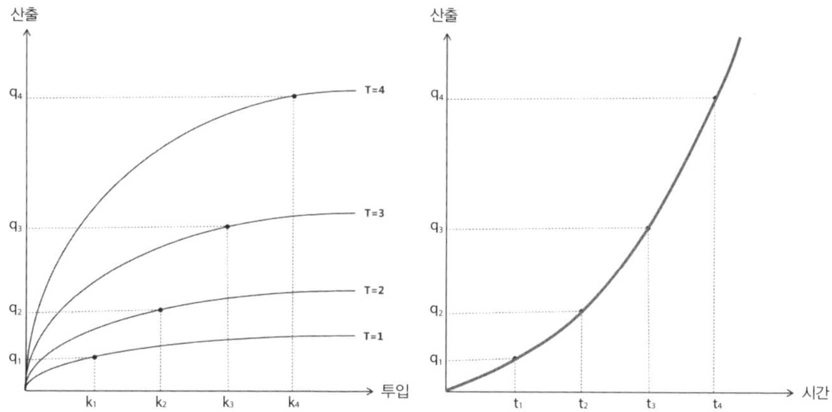

생산함수의 이동 (Shift in Production Function) 생산 확장 경로 (Production Expansion Path)

확대할 경제구조가 없다. 따라서 투입 대비 산출량의 비율은 체감하는 특성을 보인다. 이러한 사회를 가리켜 '감속하는 사회'라고 할 수 있다.

그 반면에 상업사회는 상업 이윤을 목표로 확대 재투자가 일어난다는 점에서 농업사회와 다르다. 하지만 거래되는 산물이 주로 농업 생산물이라는 점에서는 기본적으로 농업사회에 토대를 두고 있다. 그렇더라도 상업사회는 자본의 축적과 투자를 촉진하고 교환을 확대하며 이윤 동기를 확산시키는 등 경제성장을 가속화하는 '자본주의적' 성격의 새로운 제도와 문화를 처음으로 보여주었다는 점에서 농업사회보다는 차라리 산업사회에 가깝다고 할 수 있다. 따라서 상업사회는 농업사회가 산업사회로 진화하는 과정에서 과도기적으로 존재한 사회라고 보아도 큰 무리가 없을 것이다.

한편, 산업사회는 공장이나 기업 등의 인위적인 공간에서 자본, 노동, 기술, 원자재, 에너지 등의 생산요소를 투입하여 재화와 용역을 생산하는 사회이다. 여기서는 확보된 이윤이 자본으로 축적되고 이것이 다시 확대재투자되어 더 많은 공급과 더 많은 수요를 일으키고 결과적으로 확대 재생산이 이루어지게 된다. 산업사회에서도 단기적으로는 생산이 체감할 수 있으나 자본투자와 기술혁신에 의해 장기적으로 생산이 기하급수적으로 증가한다. 이러한 사회를 가리켜 '가속하는 사회'라고 할 수 있다.

산업사회는 다시 선발 산업사회와 후발 산업사회로 구분할 수 있다. 이러한 구분은 무엇보다 현실적으로 필요하다고 생각된다. 적어도 18세기 이래 산업화가 전 지구적인 차원에서 꾸준히 전개되기는 했지만 산업국들 사이의 관계가 평등하다고 믿는 사람은 없다. 일찍 산업화하여 유리한 고지를 선점한 나라가 있는가 하면, 뒤늦게 산업화 대열에 참여하여 치열한 국제경쟁을 뚫고 생존과 번영을 모색해야 하는 나라도 있다. 후발국들은 때로 불리한 조건을 극복하고, 때로 후발이 주는 이점을 최대한 활용하면서 선발국들을 추격하고 있다. 이것이 오늘날 산업 시대의 현실이다.

또한 선발 산업사회와 후발 산업사회의 구분은 이론적으로도 필요하다. 가속적으로 성장하는 산업사회의 속성상 자유경쟁 시장 체제 아래서는 선발 주자와 후발 주자의 격차가 점점 확대될 것이므로 선발국과 후발국을 구분하는 것이 이론적으로 타당하다. 후발국의 발전 원리에 대해서는 일찍이 러시아 출신의 미국 경제사학자 거셴크론(Alexander Gershenkron)이 체계적인 이론을 제시한 바 있다. 그에 따르면, 늦게 출발하는 것이 오히려 득이 된다. 후발국은 '대약진(big spurt)'을 통해 선발국이 겪은 시행착오를 피해 짧은 시간 안에 더 많은 것을 얻을 수 있기 때문이다. 이를 '후발 주자의 이점'이라고 한다. 이는 곧 정부가 주도하는 계획경제의 요소와 산업 정책을 통해 의식적이고도 인위적인 자본 형성과 기술 확보가 이루어졌을 때 오는 이점이다.[5]

오늘날 거셴크론의 이론은 많은 비판을 받고 있다. 이를테면 독일이나 이탈리아와 같은 후발 산업국의 실제 발전과정이 소위 말하는 후발국형과 똑같지 않았다는 비판이 있다. 이들 나라도 영국 등의 선발 산업국과 큰 차이가 없는 자생적 · 점진적 발전을 겪었다는 것이다. 그러나 오늘날에도 거셴크론의 이론이 여전히 영향을 미치고 있는 이유는 후발 산업국의 경험에서 그와 같은 자생성과 점진성 외에 의식성과 집약성, 즉 계획경제의 요소와 산업 정책이 경제성장의 중요한 변수로 작용하고 있음을 확인할 수 있기 때문이다. 실제로 많은 사람의 의식 속에 (거셴크론 자신의 표현을 빌리자면) "지성과 의지를 발휘한다면" 후진성을 극복하고 선발국과의 격차를 줄이는 방법을 발견할 수 있다는 확신이 통용되고 있다.[6] 따라서 경제사에서 의식성과 집약성이 미친 영향을 확인하고 "지성과 의지"가 국가의 합리적이고 효율적인 산업 정책으로 구현된다는 점을 이론적 · 실증적으로 입증할 필요가 있다. 그러나 이 책에서는 산업 정책을 둘러싼 논점은 상세히 다루지 않을 것이며, 단지 독일과 이탈리아라는 후발 산업국의 역사를 가능한 한 풍부하게 소개함으로써 후발 산업사회에 대한 유형적 · 역사적 파악이 필요하다는 점을 제시하는 것으로 만족할 뿐이다.

거셴크론은 후발 산업사회라는 경제사회 유형의 발전 동학을 뛰어나게 분석했지만 시야를 더 넓혀 다른 경제사회 유형의 발전 동학까지 제시하지는 않았다는 점에서 아쉬움을 남긴다. 경제사회의 유형을 농업사회, 상업사회, 산업사회(선발 산업사회/후발 산업사회)로 구분할 수 있다면, 각 유형에 따른 경제성장 모형도 차별적으로 연구해야 마땅하다. 이것이 이 책의 근본적인 문제의식이다. 그런데 미리 밝혀둘 것은, 이 책에서 농업사회의 경작과 사육의 방식이나 상업사회의 교역로 확보 투쟁 혹은 산업사회의 자본투자와 기술혁신의 사례 등 직접적으로 경제성장에 기여하는 복잡한 경제적 힘들을 역사적으로 실증하는 데 초점을 맞추지는 않을 것이라는 점이다. 이 책에서는 앞에서 정리한 경제사회의 유형에 따른 서로 다른 경제성장 모형을 이론적인 전제로 하여 실제로 특정 경제사회가 발전하는 데 큰 영향을 미친 다양한 경제외적(extra-economic) 혹은 비경제적(non-economic) 힘들과 그 힘들이 특정 조건들 속에서 어우러진 구체적인 역사적 동학에 주된 관심을 둔다.

물론 경제외적 혹은 비경제적 힘들에 초점을 맞춘다고 하여 사회발전에 기여하는 경제적 힘들을 무시할 수는 없다. 경제외적으로 혹은 비경제적으로 보이는 힘도 그 기원을 추적하면 경제적 힘으로 추동된 것임을 밝힐 수 있다. 가령 경제적 힘 중에서도 특히 기술 발전이 사회의 경제적 발전에 기여하는 바는 이루 헤아릴 수 없이 크다. 그렇기에 일찍이 미국 경제학자 솔로우(Robert Solow)는 기술 발전의 요소를 자본과 노동이라는 기본 생산요소에 제3의 요소로 추가하기도 하였다. 오늘날 기술혁신의 속도는 너무도 신속하고 전방위적일 뿐더러 기술혁신으로 사회의 풍광이 바뀌는 정도도 너무나 커서 기술이야말로 사회 변화를 이끄는 으뜸가는 요소라고 할 수 있다. 프랑스 경제학자 코엔(Daniel Cohen)의 말대로, 오늘날 살아남기 위해서는 무조건 기술진보를 따라가든가 기계화할 수 없는 분야에서 일해야 하는 것이다.[7]

그러나 잘 생각해 보면, 기술혁신이 사회적 진공상태에서 발생하지는 않음을 알 수 있다. 하일브로너가 적절하게 지적했듯이, 기술이 역동적인 것이 되기 위해서는 이미 검증되어 확실하고 안전해 보이는 것으로부터 용감하게 이탈하는 행위를 장려하는 진취적이고 모험적인 사회 환경이 필요하다. 그의 말을 빌리자면, "기술적 진보는 사회가 옛날 방법의 수호자가 되는 대신에 새로운 방식의 후원자가 될 때에 비로소 나타나는 것이다."[8] 따라서 기술 자체가 마치 사회적 과정의 일부이자 사회적 관계의 총화(앙상블)인 것처럼 보이기 시작한다.

그렇다면 기술적 진보를 자극하여 더 많은 가치를 가속적으로 창출할 수 있는 사회란 도대체 어떤 사회인지 그리고 그러한 변화를 추진하는 원동력은 과연 무엇인지 궁금해진다. 다시 말해, 나라의 경제적 부, 즉 국부를 최대화하는 최적의 환경이 무엇인지를 물어야 할 것이다. 이와 같은 물음에 답하기 위해서는 국부의 창출을 위한 최선의 환경을 설정하는 정치, 사회, 문화의 요소들이 어떻게 경제성장으로 이어졌는지, 그 과정과 원리를 찾아 직접 역사의 대해로 나설 필요가 있다. 바로 이것이 이 책을 구상한 근본적인 동기이며, 나아가 이 책에서 경제외적 혹은 비경제적 힘들에 초점을 맞추어 각 유형에 따른 경제사회의 발전 동학을 이해하려고 하는 이유이다.

미국의 저명한 경제사학자 랜즈(David S. Landes)도 그와 같은 경제외적 혹은 비경제적 힘들이 갖는 중요성을 힘주어 강조한 바 있다. 그는 경제학자들이 '문화'와 '가치'라는 말에 거부감을 가지고 있음을 잘 알고 있다. 그래서 일부 경제학자들은 그 말 대신에 에둘러 '사회적 역량'이니 '경향'이니 하는 말을 사용한다고 지적한다. 그러나 장미는 어떤 이름으로 불리든 장미이다. 결국 그는 부국과 빈국이 갈리는 원인을 이해하기 위해서는 순수한 경제적 요인 외에 "비물질적 가치(문화)와 제도" 혹은 "문화나 가치, 창의성 등의 내부적인 요인"을 고찰할 필요가 있다고 주장한다.

이러한 맥락에서 랜즈는 국부의 조건으로 기술 습득, 지식과 노하우의 전수, 능력주의, 진취적이고 경쟁적인 기업가 정신, 노동과 기업 활동에 대한 정당한 보상 등을 열거한다. 그리고 여기에 성/인종/종교에 따른 차별 철폐, 미신과 마법의 배격과 과학적 합리성의 선호, 새로운 것의 추구, 높은 사회적 유동성, 강한 민족적 자의식 등을 구체적으로 덧붙인다. 나아가 제도적 조건으로 사적 소유권의 보장, 개인의 자유 보장, 계약권의 수호, 안정된 정부, 탄력적 정부, 정직한 정부, 중도적이고 효율적이며 욕심 없는 정부 등을 거론한다.[9]

여기서 보듯이, 경제사회의 발전에 이바지하는 경제외적 혹은 비경제적 힘들은 한두 마디로 요약할 수 없을 정도로 다양하고 복잡하다. 물론 역사 속에서 확인되는 무수한 경제외적 혹은 비경제적 힘들을 눈에 띄는 대로 현상적으로 나열하는 것은 별로 의미가 없다. 다행히 앞선 연구자들이 제시한 부국의 조건 중에는 수많은 원인과 결과가 혼재하고, 그 원인을 계속 추적하다 보면 완전하지는 않더라도 국부가 형성되는 근원과 동력을 가늠해 볼 수 있을 것이다. 이 점을 염두에 두고 이 책에서는 국부를 낳는 역사적 힘들을 몇 갈래로 분류하여 단순화하고자 한다. 즉 이 역사적 힘들을 편의상 정치적 · 사회적 · 문화적 요인으로 나누고, 다시 이를 세분화하여 좀 더 간결하고 명쾌한 방식으로 복잡한 역사를 설명하고자 하는 모험을 감행하려는 것이다.

이를 세부적으로 열거하면 다음과 같다. 정치적 요인에서는 정치권력의 강약, 정치 엘리트들의 가치와 의식 혹은 헤게모니(hegemony), 법과 제도의 효율성 등의 하위 요인들이 중요한 기준이 된다. 사회적 요인에서는 사회계층 구조와 사회적 유동성, 규모의 경제, 기타 젠더(gender)와 이민(imigration/emigration) 등의 하위 요인들을 기준으로 삼을 수 있다. 끝으로 문화적 요인에서는 교육에 대한 투자량과 교육 방식 및 내용, 이데올로기와 종교, 민족성(national character)과 생활양식 등의 하위 요인들이 주요한 기준으로 거론된다. 단, 민족성의 개념을 전근대사회에 적용할 수 있는지에 대해서는 의문이 제기될 수 있고, 민족성 자체가 고정되어 있다고 말할 수도 없을 것이다. 그럼에도 공통의 생활양식과 정체성에서 유래하고 역사적 변화에 따라 유동적인, 느슨한 의미의 민족성에 대해서는 얼마든지 말할 수 있다고 생각한다.

물론 정치, 사회, 문화의 3분 체제로 명확히 분류될 수 없는 요인이 많다. 가령 사적 소유권과 관련된 것은 정치적인가, 사회적인가? 이데올로기와 관련된 것은 정치적인가, 문화적인가? 또한 교육은 사회적인가, 문화적인가? 특히 의무적인 초 · 중등교육과 선택적인 고등교육 혹은 전문교육 분야에 따라서도 분류법은 달라질 수 있지 않은가? 경제적인 것과 경제외적인 것의 2분 체제로 분류되기 어려운 요인도 많다. 가령 규모의 경제나 기술적 전통은 경제적인가, 비경제적인가? 하지만 이런 문제에 필요 이상으로 집착할 까닭은 없다. 역사책이 정치학이나 사회학 관련 서가에 꽂혀 있어도 그 책의 가치는 조금도 줄지 않는다. 물론 처음에는 혼란스럽게 느껴지고, 그래서 책을 찾기 어려울 수는 있다. 그러나 다행히 이 책의 서가는 책을 찾을 수 없을 만큼 크지 않으며, 결국 경제성장과 국부의 형성이라는 하나의 주제로 편제되어 있다.

그렇더라도 독자가 좀 더 쉽고 빠르게 책을 찾을 수 있도록 어느 정도 서가를 정리할 필요는 있다. 따라서 앞서도 간략히 설명했지만 경제사회의 발전에 기여하는 다양한 경제외적 혹은 비경제적 요인들을 재차 요약하여 좀 더 분명하게 제시할 필요가 있다.

정치적 요인에서 가장 중요한 것은 한마디로 헤게모니(패권)로 요약될 수 있다. '헤게모니의 이론가'로 불리는 이탈리아 사상가 그람시(Antonio Gramsci)에 따르면, 헤게모니란 상대를 강압하여 자신의 뜻에 따르게 하는 것 외에 더 중요하게는 상대로 하여금 자발적으로 자신의 뜻에 따르게 하는 리더십이다. 이를 가리켜 그는 간단히 '헤게모니=강제+동의'로 표현하기도 하였다. 그런데 여기서 주목해야 할 대목은 그런 동의의 기반이 무엇이냐 하는 점이다. 농업사회에서는 경제성장이 감속하는 특징에 따라 사회적 총생산의 확장이 한계에 부딪히고 그렇기에 주민의 동의를 이끌어낼 수 있는 물질적 기반이 취약할 수밖에 없다. 농업사회에서 정치 세력이 일반적으로 동의보다는 강제에 이끌리는 이유가 여기에 있다. 그 반면에 산업사회에서는 경제성장이 가속하는 특징에 따라 확장된 사회적 총생산의 일부를 여러 계급 · 계층에게 분배할 여지가 커지고 이에 따라 사람에게 돌아갈 몫의 물질적 혜택이 많아지므로 자연히 주민의 동의를 이끌어낼 수 있는 여지가 크다. 산업사회에서 정치 세력이 일반적으로 강제보다는 동의에 이끌리는 이유가 여기에 있다. 그렇다면 헤게모니는 너무 조숙하게 만들어진 말이라고 할 수 있다. 왜냐하면 헤게모니라는 말은 원래 '헤게몬'이라는 고대 그리스어에서 파생했지만, 그것이 온전히 적용될 수 있는 것은 근대 산업사회에서이기 때문이다. 헤게모니 개념의 진가는 경제성장이 감속하는 농업사회에서보다는 경제성장이 가속하는 산업사회에서 더욱 빛을 발할 수 있다.

그다음으로 사회적 요인에서 가장 중요한 것은 한마디로 사회적 유동성(탄성)으로 요약될 수 있다. 한 사회가 개인과 집단의 수평적 · 수직적 이동을 허용하는 정도를 사회적 유동성이라고 부른다. 농업사회에서는 그런 이동이 극히 제한되어 있었다. 사회는 철저하게 계서화되어 편성되었다. 이러한 위계질서는 일정한 한도 안에서는 농업사회의 발전에 기능적이었다. 그러나 산업사회에서 이러한 위계질서는 변화와 발전을 가로막는 장애물이었다. 이 사회에서는 사회적 엔트로피가 폭발적으로 증가하기 시작하였다. 그렇다고 산업사회에 위계질서가 없다는 것은 아니다. 실제로 산업사회에서 기술혁신과 자본투자, 시장 확대를 가로막는 전통적인 울타리들이 허물어지고 사회의 새로운 필요를 충족시키기 위해 새로운 방식의 사회적 구획화가 일어났다. 따라서 자본주의적 방식의 계급 분화가 이루어졌는데, 이는 정체된 농업사회를 살아온 이들에게 공포감을 안겨 주었다. 공포는 증오를 불러일으키고 증오는 반란이나 혁명으로 이어지기도 하였다. 이는 초창기 자본주의 사회가 당시로서는 미지의 세계요 불확실성의 세계였기에 당연한 일이었을지도 모른다. 그러나 시간이 한참 흐른 뒤에 자본주의 사회는 익숙한 세계가 되었고, 특히 자본주의와 대립한 공산주의 체제가 몰락한 뒤에 자본주의의 사회적 역동성은 명백하게 입증되기에 이르렀다.

끝으로 문화적 요인에서 가장 중요한 것은 문화적 생명력(활기)으로 요약될 수 있다. 언뜻 생명력이라는 말은 다소 막연하게 들린다. 그러나 여기서 말하는 문화적 생명력이란 단적으로 역동적인 생활방식과 진취적인 가치체계를 가리킨다. 생명 신호(바이탈 사인)가 강한 사회는 새로운 것과 이질적인 것을 쉽게 받아들여 제 것으로 삼는다. 문을 걸어 잠근다는 것은 죽음의 징후인 것이다. 농업사회에서는 새로운 것을 경계하고 이질적인 것을 두려워하는 문화적 태도가 일반적이었다. 가령 중세 유럽 문화에서 다른 세상의 창구 기능을 했던 상인이나 금융가는 원치 않는 곰팡이와 같은 존재였다. 그러나 상업사회의 진취적이고 모험적인 문화적 분위기에서 상인은 국부를 증대하는 황금알을 낳는 거위와도 같은 존재였다. 이처럼 상인은 문화에 따라 곰팡이가 될 수도 있고 거위가 될 수도 있다. 이와 비슷한 맥락에서 농업사회에는 기술진보를 촉진하는 특유의 문화가 부재하거나 희박하였다. 고대에도 수차와 타일과 유리를 만들 수 있는 기술력이 있었지만, 이 기술은 축적되고 확산되며 응용되지 못하였다. 또한 건물과 도로와 수도교를 만들 수 있는 기술력이 있었지만, 이 기술이 농장이나 작업장 등 생산현장에서 이용되어야 한다는 생각은 떠오르지 않았다.[10] 진정 혁신적이고 실용적인 기술 문화(technological culture)나 경제 문화(economic culture)가 나타난 것은 산업사회에 들어와서의 일이었다.

이 대목에서 '자본주의'에 대하여 언급해 둘 필요가 있다. 전통적인 마르크스주의적 토대/상부구조의 관계에서 통상 자본주의는 생산양식으로서 물질적 토대라고 간주된다. 그러나 자본주의는 단순한 생산양식만이 아니라 사적 소유권과 이윤 극대화, 자유로운 계약과 지속적인 거래를 보장하면서 시장경제의 작동에 대한 믿음을 강화하는 일체의 이데올로기와 문화를 포함한다는 점에서 상부구조로 간주될 수도 있다. 실제로 프랑스 경제사학자 보(Michel Beaud)와 같은 학자들은 자본주의에 경제적 차원 외에 사회적 · 정치적 · 이데올로기적 차원이 있음을 믿어 의심치 않았다.[11] 어떤 면에서 자본주의는 심지어 이데올로기적 발명품으로 보이기도 한다. 그렇다면 16~17세기 영국과 네덜란드에서 첫 모습을 드러내 보인 자본주의는 상업사회와 산업사회의 주요한 문화적 요인으로 다루어질 수 있고, 또 그렇게 다루어져야 한다. 그러나 이데올로기이자 문화로서의 자본주의에 대한 견해는 현재로선 가설에 불과하므로 별도의 연구와 논의가 필요한 논제이다. 다만 확인해 둘 사실은 긍정적으로 보든 부정적으로 보든 상관없이 자본주의는 앞서 언급된 문화적 생기를 충전하는 데 남다른 소질과 능력을 타고난 어떤 현상이라는 점이다.

이상으로 이 책의 문제의식과 방법론에 대해서 간략하게 소개하였다. 이 글을 닫기 전에 쓸데없는 오해를 피하고자 몇 가지 변명 아닌 변명을 덧붙이고자 한다. 먼저 이 책이 다룬 대상은 시기적으로는 고대에서 현대를 통시적으로 아우르고 있지만 공간적으로는 서양에 국한된다는 점을 밝혀두고자 한다. 따라서 비서양 세계를 누락시켰다는 점에서 큰 한계를 안고 있다. 앞으로 비서양 경제사회들의 역사적 동학은 어떤 방식으로든지 중요하게 다루어져야 한다. 다만 위안을 삼을 수 있는 것은 전형적인 확대재생산 사회로서 산업사회가 서양에서 가장 먼저, 가장 완연한 모습으로 출현했다는 점에서 서양의 경험에 초점을 맞추어 차례로 농업사회, 상업사회, 산업사회의 동학을 고찰하는 시도는 충분히 정당화될 수 있다는 점이다.

이 점에 대하여 좀 더 부연 설명해 보자. 중국으로부터 종이, 나침반, 화약이라는 인류 역사의 획기적인 3대 발명품이 유럽에 전래되지 않았더라면 대항해도 산업자본주의의 출현도 없었을 것이라는 주장이 있다. 거꾸로 유럽에서도 이 3대 발명품이 자생적으로 나타날 수 있었을 것이라는 주장도 있다. 이 주장들은 모두 반사실적 가정이므로 입증하기도 어렵거니와 반박하기도 어렵다. 이와 유사한 맥락에서 비서양 사회에서도 자본주의와 산업혁명의 맹아가 자라나고 있었다는 주장도 충분히 일리가 있다. 그러나 비서양 사회가 자본주의와 산업혁명을 선도하지 않았다는 것도 역사적으로 분명한 사실이다. 결국 대항해가 중국의 발명품 때문에 가능했다고 주장한다고 해서 곧 중국중심주의자가 되는 것은 아니듯이, 현대 산업사회가 네덜란드와 영국에서 '발명된' 자본주의와 산업혁명으로 가능했다고 주장한다고 해서 곧 유럽중심주의자가 되는 것도 아니다. 어찌 되었든, 현대 산업 문명을 올바르게 이해하기 위해서는 서양, 특히 서유럽을 중심으로 한 사회경제적 진화 과정을 최우선적으로 연구하는 것이 필요한 일임은 부정할 수 없다. 그럼에도 서유럽을 중심으로 한 '서양'이

닫힌 공간이 아니라 비서양 세계와 다양한 방식으로 교류한 열린 단위라는 점은 특별히 강조되어야 한다. 특히 농업사회에서 상업사회를 거쳐 산업사회로 이행해 간 과정이 그러한 동서양 교류에 기초한 지리적인 상호작용을 통해 가능해진 것은 분명한 사실이며, 이 책에서도 그와 같은 관계를 충분히 고려하고자 한다.

이 점과 관련하여 제기될 수 있는 또 하나의 가능한 비판이 있다. 즉 이 책이 목적론적인 전제로부터 산업사회의 성과에 기초하여 그 이전 농업사회나 상업사회를 재단하는 것이 아니냐는 비판이 바로 그것이다. 실제로 많은 역사가가 사후적인 관점에서 과거 사회를 평가하는 작업을 '시대착오적인(anachronistic)' 것으로 비판해 왔으며, 그런 점에서 과거 사회를 그 자체의 맥락에서 연구해야 한다고 촉구해 왔다. 이에 대해서는 몇 가지 대답이 가능하다. 우선 역사 서술 자체가 어떤 의미에서는 불가피하게 '현재적 관점'을 내포할 수밖에 없다는 점을 지적할 수 있다. 또한 이 책의 목표가 역사상 등장한 경제사회들을 비교하는 것이므로 산업사회를 다른 사회들의 평가를 위한 준거틀로 보는 것은 어느 정도 의도된 것임을 염두에 두어야 한다. 그러나 그보다는 산업사회가 그 이전 사회들보다 적어도 가치창출 혹은 경제성장의 측면에서 더 우월한 경제구조를 가진 사회임이 객관적으로 증명되어 있기 때문이다. 물론 산업사회도 인류가 꿈꾸는 유토피아는 결코 아니지만, 과거 사회와 대비하여 이상적인 미래를 향한 큰 진전이었음은 누구도 부인할 수 없을 것이다. 그렇더라도 과거 사회의 고유한 가치와 태도를 존중하는 것이 필요하다는 데는 의문의 여지가 없다. 다만 특정 가치와 태도가 궁극적으로 특정 경제사회의 구조와 긴밀하게 연관되어 있고, 그 점을 보여주려는 것이 이 책의 주된 목표 중 하나라는 점을 강조하고자 한다.

그다음으로 이 책과 같은 통시대적 연구가 지니는 어쩔 수 없는 도식성에 대해서는 변명의 여지가 별로 없다. 그저 사물을 현미경으로 볼 수도 있고 망원경으로 볼 수도 있다고 말할 수 있을 것이다. 여기에 덧붙이고 싶은 것은, 현미경으로 큰 그림을 볼 수 없는 경우에 망원경은 구차한 대안이 아니라 주어진 제약 아래서 최선의 선택일 수 있다는 것이다. 그럼에도 이 책에서 의도한 바가 다채롭고 변화무쌍한 역사적 현실을 '도식화'하는 것이 아니라 인과관계로 엮인 단순하고 명쾌한 경제적 도식을 '역사화'하는 데 있다는 점만큼은 분명하게 밝혀두고 싶다. 즉 빈혈 상태의 합리적 가설에 경험주의를 수혈하는 것이 이 책의 의도라는 것이다. 이러한 의도가 독자들에게 충분히 전달될 수 있다고 기대하는 이유는, 완전하지는 않더라도 이 책에 여러 학자의 위대한 연구 업적을 반영할 수 있었기 때문이다. 말하자면, 거인의 어깨 위에서 거인의 눈을 빌려 시공을 초월한 역사적 발전의 원리를 파악하려 하였고, 또 일부나마 파악할 수 있었던 것이다. 주어진 여건과 능력의 제약 때문에 이 연구를 1차 사료가 아닌 2차 사료에 근거하여 진행할 때 느낀 아쉬움과 결핍감이 점차 포만감과 만족감으로 바뀔 수 있었던 것도 그러한 이유 때문이다.

농업사회 편

제1장 고대 로마

제2장 중세 봉건 유럽

제1장

고대 로마

로마는 고대 서양 농업사회의 한 전형이었다. 로마 농업사회의 근간은 중소 자영농으로서, 이들은 평시에는 자기 소유의 중소 규모 토지에서 땀 흘려 일하면서 전시에는 중장 보병의 일원으로 싸우는 로마 시민의 전형이었다. 그러나 포에니전쟁(기원전 264~241, 218~201)이 끝난 뒤, 로마 농업사회의 체질은 근본적으로 뒤바뀌었다. 중소 자영농이 몰락하고 대농장(라티푼디움) 체제가 들어선 것이다. 대농장에서는 노예노동력을 대규모로 투하하는 조방적인 농업경영이 이루어졌다. 물론 중소 자영농이 완전히 사라진 것은 아니었다. 엄밀히 말하면 대농장과 소농장은 '공존'하고 있었다. 그럼에도 대농장은 '규모의 경제'의 이점을 살려 막대한 수익을 창출하였다.

대농장 경영에 투하된 노예는 대부분 전쟁으로부터 포획되었다. 고대 농업사회에서 가장 중요한 생산요소가 노동력과 토지였고, 이 요소들이 주로 전쟁에서 획득되는 것이었음을 고려하면 전쟁과 생산의 상관관계는 매우 밀접하다고 할 수 있다. 따라서 로마 국가가 거대한 전쟁 기계로 발전한 것도 당연한 일이다. 로마가 전쟁 기계로 발전하고 그에 따라 영토가 비약적으로 확대됨으로써 그리스적 전통에서 유래한 협소한 도시국가 체제로는 이를 감당해 내기가 어려웠다. 로마의 정치 · 사회 · 문화 전체가 이러한 제국으로의 발전이라는 역사적 추세에 따라 온전히 재편되어야 하였다. 이것이 바로 로마공화정에서 제정으로의 이행이라는 중요한 역사적 맥락을 구성한다.

원래 로마는 기원전 753년 왕정으로부터 출발하였다. 그러나 기원전 509년 폭군이 내쫓기고 공화정이 수립되었다. 공화정에서는 귀족의 과두 지배가 관철되었다. 로마인들은 폭군의 등장을 염려하여 권력의 분산과 견제를 위한 효과적인 정치체제로서 공화정을 발전시켰다. 그러나 로마공화정은 오랫동안 귀족과 평민의 신분 투쟁에 시달렸고, 급기야 포에니전쟁 이후에 위기를 맞이하게 되었다. 기원전 27년 아우구스투스의 등장과 더불어 마침내 공화정은 사실상 붕괴하고 제정이 탄생하였다. 제정으로의 이행과 더불어 단일한 황제권이 확립되고 황제를 정점으로 하는 엄격한 신분 질서가 창출되었는데, 이것이 로마 농업사회의 정치적 · 사회적 토대가 되었다. 제국의 팽창이 지속되었고, 노예와 토지를 포함한 막대한 전리품이 로마 사회의 발전을 뒷받침하였다. 그러나 정복 전쟁이 종식되면서 노예와 토지의 공급은 끊기게 되었고, 그리하여 '성장의 한계'에 봉착한 제국은 걷잡을 수 없는 위기로 치달았다.

정치적 요인 ;

중앙집권적 권력의 강화

로마사를 공화정기와 제정기로 나누어 보는 것이 통념이다. 그러나 공화정기와 제정기를 역사적인 연속 평면 위에서 살펴봄으로써 로마가 그리스적 전통에서 유래하는 협소한 도시국가에서 광대한 영토를 아우르는 제국으로 발전하는 일반적 추세를 식별할 수 있다. 이와 동시에 로마 공화정기와 제정기를 연속적으로 고찰함으로써 중앙집권적 권력이 강화되는 경향을 확인할 수 있다.

공화정에서 제정으로의 이행과 더불어 로마에는 단일하고 강력한 황제권이 수립되었다. 황제권은 엄격한 로마 신분사회의 위계질서를 표상하는 꼭짓점으로서, 로마 농업사회 발전의 정치적 주춧돌이었다고 할 수 있다. 물론 황제가 통치하는 고대 국가가 일관된 경제 발전 전략을 수립했다고 생각하는 것은 시대착오적인 난센스일 것이다. 고대에 경제 발전은 권력 강화에 수반된 결과였지 그 역은 아니었다. 그렇기는 해도 중앙집권적 황제권은 농업사회의 가장 중요한 생산요소라고 할 수 있는 노동력과 토지를 안정적으로 장악하고 규제하는 정치적 맥락을 창출함으로써 결과적으로 로마 농업사회 발전의 원동력이 되었음이 분명하다.

또한 공화정에서 제정으로의 이행과 더불어 황제권에 순응하는 통합된 정치 엘리트층이 창출되었다. 이는 공화정 말기에 이전투구를 벌이던 귀족층과는 전혀 다른 모습이었다. '황제 숭배'는 정치 엘리트층을 한데 뭉치게 하는 이념적 접착제로 기능하였다. 또한 제정기의 정치 엘리트층 사이에는 로마의 제국주의적 팽창에 대한 광범위한 합의가 존재한 것처럼 보인다. 로마가 강력한 군대를 바탕으로 성공적으로 정복 전쟁을 수행하고 그 전리품을 보장받는 한 로마의 정치 엘리트들은 제국과 황제에 대한 강력한 지지 세력이었다.

황제를 정점으로 하는 중앙집권적 권력은 필연적으로 법과 제도의 발전을 수반하였다. 새로운 정복지를 제국에 통합하는 시민권 정책과 제국 전체에 통용되는 로마법의 발전이 그 대표적인 사례이다. 시민권과 로마법은 제국의 통합을 보증하고, 나아가 로마 농업사회의 안정적 유지와 발전을 떠받치는 제도적 기반이 되었다. 마지막으로 로마는 제국의 효율적인 통치와 행정을 위한 전문적인 관료제를 발전시켰는데, 이 또한 제국의 번영을 위한 필수적인 제도적 기반이 되었음을 기억해야 한다.

1. 정치적 안정성

로마공화정의 한계

공화정의 기원과 발전

로마는 원래 기원전 753년 로물루스의 건국 이래로 왕정 체제로 발전하였다. 그러다가 기원전 509년에 타르퀴누스 오만왕이 추방되고 로마공화정이 수립되었는데, 이때 공화정의 중추적 제도인 콘술직(consul)이 창설되었다. 콘술직에는 임기 1년의 2인이 선출되었는데, 여기서도 알 수 있듯이 로마인들은 왕정의 복귀를 염려하여 권력을 주의 깊게 제한하고 분산시키려 하였다. 이와 더불어 귀족들로 구성되는 원로원(senatus)과 귀족과 평민이 다양한 방식으로 참여하는 민회들(comitia)이 로마공화정의 제도적 기반이 되었다. 비록 민의가 반영되었다고는 하지만 로마공화정은 기본적으로 소수 귀족의 과두 지배 체제였다.

로물루스와 레무스 전설에 의하면, 로마 건국의 시조인 로물루스는 쌍둥이 동생 레무스와 함께 늑대 젖을 먹고 자랐다고 한다.

그런 만큼 로마공화정 초기의 역사는 귀족과 평민 사이의 격렬한 신분 투쟁으로 점철되었다. 신분 투쟁의 결과, 로마공화정에서는 귀족의 패권이 유지되면서도 평민의 주장이 일정하게 수용되는 교묘한 정치적 타협이 이루어졌다. 가령 리키니우스-섹스티우스법으로 콘술 2인 중 1인이 평민에서 선출된다거나, 호르텐시우스법으로 원래 법적 구속력이 없는 트리부스 평민회의 결정이 법의 효력을 갖게 된다거나 하는 타협이 그것이었다.

특히 의미심장한 사실은 로마 민회들 가운데 하나인 켄투리아 회의 개편이다. 켄투리아는 로마 군대의 기본 전투 단위인 백인대를 뜻한다. 전투 조직이 정치 조직이기도 했다는 점은 고대사회가 전쟁이 지배하는 상황에서 군정 일치의 원리에 의해 지배되었음을 시사한다. 또한 켄투리아가 재산 소유의 다소(多少)에 따라 등급화되어 있었다는 사실은 로마 사회가 사회적 계층 분화가 진전된 불평등한 사회였음을 시사한다. 켄투리아 회는 1켄투리아가 1표를 행사하는 단위 투표제와 재산이 많은 상위 등급의 우선 투표제의 원칙에 따라 운영되었다. 켄투리아 회에서는 귀족들로 구성된 기병 18개 켄투리아와 가장 부유한 보병 1등급 80개 켄투리아의 투표 결과가 과반수를 결정지었고, 반수가 넘으면 투표는 즉시 종료되었다. 보병 2등급 이하의 켄투리아들은 형식적으로는 투표권을 갖고 있었지만 실제로 행사할 기회는 없었던 셈이다. 이는 로마공화정이 교묘한 방식으로 귀족과 부유한 평민의 정치적 우위가 관철된 체제였음을 보여준다.

그런데 켄투리아 회는 기원전 241년경에 대대적으로 개편되었다. 전통적인 통념은 이 개편으로 보병 3등급 켄투리아까지 가서야 과반수가 결정되었으리라는 것이었고, 이는 로마공화정이 예전에 비해 크게 '민주화'되었음을 시사한다. 그러나 오늘날의 많은 연구는 켄투리아 회가 그렇게까지 크게 '민주화'되지는 않았다고 본다. 즉 개편으로 보병 2등급 켄투리아에서 과반수가 결정되었고, 보병 1등급이 최우선투표권을 장악하고 있었다는 것이다. 이 사실도 로마공화정이 일반 평민의 요구를 수용하되 귀족과 부유한 평민의 정치적 우위를 의연히 유지했음을 보여준다.[1]

이처럼 귀족의 우위가 유지되는 가운데 성립된 로마 특유의 정치적 타협 체제 속에서 '국가'의 공공성 관념이 발전하였다. '국가(공화정)'를 뜻하는 라틴어 '레스 푸블리카(res publica)'는 그 자체 '공동의 관심사'요 '우리 모두의 재산', 즉 공공재(公共財)였다. 그리고 자기 소유의 토지를 갖고서 가족의 생계를 책임지는 성실한 가장이자 국가 비상시에 자기 비용으로 무장하고 전쟁터에 나가 싸우는 용감한 전사인 로마의 유산 시민은 로마공화정을 떠받치는 가장 중요한 사회적 중추 세력이었다.

공화정의 위기

흔히 로마인들을 '정치의 천재'라고 한다. 앞서 말한 로마공화정의 복잡한 정치 제도적 기제를 고려하면 수긍할 수 있는 표현이다. 그런데 이렇게까지 '천재성'이 요구되었다는 사실 자체가 당시 로마인들이 얼마나 복잡하고 난해한 정치적 문제에 직면해 있었는가를 에둘러 말해 준다. 복잡하고 난해한 정치적 문제란 다름 아니라 왕정의 복귀를 예방하면서도 민주정으로의 발전을 방지해야 하는 과제였다.

로마공화정은 시민의 직접 참여를 통해 민주정이 발전했던 그리스의 폴리스들과는 달리 귀족의 신분적 우위를 보호하면서 평민의 요구를 체제 안으로 흡수하는 독특한 정치체제였다. 이러한 독특함은 많은 이들에게 영감을 불러일으켰다. 특히 당대의 정치사상가 폴리비오스는 로마공화정이야말로 왕정(콘술), 귀족정(원로원), 민주정(민회)의 장점만을 취합한 가장 이상적인 혼합 정체라고 예찬하기도 하였다. 근대에 들어서도 영국의 의회 체제를 로마공화정에 버금가는 이상적인 혼합 정체라고 추켜세우는 일이 많았다.

그러나 로마공화정은 혼합 정체였던 만큼 안정적이기보다는 항상 불안정하였다. 로마공화정기에 크고 작은 신분 투쟁이 잇따랐다는 사실 자체가 그 점을 여실히 보여준다. 더군다나 로마 사회에서는 사회적 계층 분화가 크게 진전되었다. 이것이 로마가 그리스의 아테네와 구별되는 지점이다. 아테네에서는 사회적 계층 분화가 진전되어 공동체 전체의 화합과 존립이 위험에 처한다고 생각될 때 정치권력이 즉각 개입하여 부의 재분배를 단행하였다. 기원전 594년에 아테네의 솔론이 부채 때문에 노예로 전락할 지경에 처한 농민들을 구원하고자 부채 탕감 정책을 펼친 것이 극명한 사례이다. 그러나 로마에서 솔론의 개혁에 상당하는 것은 없었고, 따라서 계층 분화를 저지하는 그 어떤 힘도 작용하지 못하였다.

특히 포에니전쟁이 끝난 뒤, 사회적 불평등은 더욱 심각해져 토지를 상실한 농민들이 속출하고 부유한 지주들은 토지를 겸병함으로써 빈익빈 부익부 현상이 가중되었다. 로마 시민단의 중추이자 팽창의 주역이었던 중소 자영농들이 몰락했는데, 이는 명백히 계속된 전쟁으로 말미암은 타격에서 비롯되었다. 그러나 사회 중간층의 위기와는 대조적으로 로마의 상층은 장기간의 팽창주의 속에서 번영의 과실을 향유하고 있었다. 전쟁의 주된 수혜자들은 원로원 신분, 그중에서도 핵심을 이루는 신귀족 엘리트였다. 그들 중에는 공유지를 무단 점유하여 사유화하거나 중소 농민들의 토지를 갖은 방법으로 취득하여 점차 대농장을 형성하는 사례가 적지 않았다.

이런 상황에서 그라쿠스 형제가 개혁을 단행하였다. 형인 티베리우스 그라쿠스는 '농지법'을, 아우인 가이우스 그라쿠스는 '곡물법'을 시행하고자 하였다. 티베리우스는 기원전 133년 호민관에 선출되자마자 농지법안을 민회에 제출했는데, 그 대체적인 내용은 어떤 시민이든 500유게라(iugera) 이상의 공유지를 점유해서는 안 된다는 것이었다. 그리고 그 기준 이상의 공유지, 즉 당시 대지주들에 의해 소유되고 있던 토지는 몰수되어 토지를 갖지 못한 로마 시민에게 분배되어야 한다고 명시되었다. 그러나 '농지법'은 대농장의 소유자들인 귀족들의 격렬한 반대에 부딪혔고, 결국 티베리우스가 살해당함으로써 실패로 끝났다. 아우인 가이우스는 10년 후인 기원전 123년 호민관에 선출된 다음 곡물법안을 민회에 제출했는데, 그 대체적인 내용은 기아 상태에 처한 로마 시민의 긴급 구호를 목적으로 저렴한 가격으로 밀을 유상 분배한다는 것이었다. 그러나 '곡물법'도 로마 시민을 나태하게 만든다는 명분을 내세운 귀족들의 반대에 부딪혀 결국 실패로 돌아갔다. 요컨대 그라쿠스 형제의 개혁이 실패했다는 것은 로마에서 경제적 재분배 정책이 실패했다는 사실을 의미한다.[2]

그라쿠스 형제의 개혁이 실패로 돌아간 뒤, 로마 사회에서는 정치적으로는 똑같은 시민이되 사회적으로는 부유한 자와 가난한 자가 명백하게 구별되는 위계질서의 형성이 가속화되었다. 이에 따라 가뜩이나 동요하던 중소 자영농으로 이루어진 로마 군대의 근간도 뿌리째 흔들렸다. 이런 상황에서 마리우스는 기원전 107년 자기 비용으로 무장할 수 없는 빈민들과 무산자들의 징집을 공식화하는 일대 군사 개혁을 단행했는데, 이로써 군대는 애써 지켜야 할 재산이 없는 자들로 채워졌다. 그 결과 군대는 자신들의 충성심을 보상해 주지 않는 국가보다는 좀 더 큰 몫의 전리품과 퇴직 상여금을 약속하는 군 지휘관들을 따르게 되었다. 이와 같은 시민군의 '사병화(私兵化)'는 다시 국내 정치에서 군대와 군 지휘관들의 중요성을 증대시키는 결과를 가져왔다. 이로써 자영농이자 병사인 유산 시민에 기반을 둔 로마공화정은 심각한 위기에 빠졌다.

로마제정의 등장과 정치적 안정화

아우구스투스의 천하 통일

로마 팽창주의의 성공은 역설적이게도 로마의 시민 공동체를 근저에서부터 위협하는 두 가지 경향을 동반하고 있었다. 하나는 전제주의로서, 만성적인 전쟁 상태에서 유능한 군 지휘관들은 서로 간에 정도의 차이는 있을망정 대체로 독재 권력을 추구함으로써 종래의 공동체적 질서와 시민의 자유를 압살해 버렸다. 그리고 다른 하나는 시민 공동체 특유의 정신 상태 및 제도와는 양립할 수 없는 공동체 업무의 전문화, 즉 관료제의 발전이었다. 이는 특히 로마가 광대한 영토를 직접 지배하는 방식을 취함으로써 불가피해진 추세였다. 체구가 커진 로마는 이제는 몸에 맞지 않게 된 그리스의 폴리스적 원리 대신 새로운 제도가 필요하였다.

이런 맥락에서 볼 때 로마공화정 말기의 내전은 일종의 '성장통'이었다. 대농장을 소유한 부유한 귀족들과 사병을 소유한 장군들이 로마의 정치를 좌지우지하였다. 기원전 60년 카이사르, 폼페이우스, 크라수스가 결성한 제1차 삼두정은 이와 같은 '부유한 자'와 '강력한 자'가 맺은 정치 동맹의 극명한 사례였다. 카이사르가 동맹자들을 제거하고 종신 독재관직에 오르면서 공화정은 사실상 명이 끝난 것 같았다. 그러나 공화주의자들의 반발로 카이사르가 암살당함으로써 공화국의 명맥은 일단 유지되었다. 그러나 내전은 끝나지 않았다. 기원전 43년 이번에는 옥타비아누스, 안토니우스, 레피두스가 결성한 제2차 삼두정이 시작되었다. 레피두스가 일찌감치 삼두정에서 탈락한 뒤, 옥타비아누스와 안토니우스는 기원전 31년에 악티움 해전에서 격돌하고 여기서 옥타비아누스가 승리함으로써 비로소 내전이 종식되었다. 옥타비아누스는 로마의 '군대'와 '재정'을 장악하고 명실공히 최고 권력자의 자리에 등극하였다.

그러나 옥타비아누스는 공화정을 무시했던 자신의 양부 카이사르가 맞이한 비극적 결말을 잘 알고 있었다. 그래서 적어도 겉으로는 공화정의 전

카이사르의 죽음 카이사르가 암살당한 뒤 옥타비아누스가 등장함으로써 실질적으로 그의 손에 모든 권력이 쥐어졌다. (19세기 화가 빈첸초 카마치니의 그림)

통적인 제도들을 존중하는 척하면서 '시민 중의 으뜸'이라는 '프린켑스(princeps)'를 자처하였다. 자신은 시민과 동등하며, 단지 그중에서 좀 더 출중할 뿐이라는 것이었다. 그는 기원전 28년 공화정의 부활을 선언하였다. 그러나 로마의 모든 실질적 권력이 그의 수중에 있었음은 두말할 나위가 없다. 그는 원로원을 개혁하고 프로콘술(속주 총독)과 임페라토르(대장군)라는 이름 아래 속주 통치권과 로마군 총지휘권을 맡았다. 모든 행정 권한이 임페라토르에게 위임됨으로써 공화정의 행정관들은 사실상 무명의 존재로 전락하게 되었다.[3] 요컨대 옥타비아누스의 '프린켑스의 지배', 즉 '프린키파투스(principatus)'는 1년 임기제 등 공화정의 정치 원리를 거부하고 공화정기의 여러 정무관직에 분산된 권력을 프린켑스에 집중시킨 1인 지배 체제였다.[4] 그렇기에 프린키파투스는 공화정의 낡은 외투를 걸쳤지만, 실상은 새로운 제정이었다고 보아 무방할 것이다. 옥타비아누스는 기원전 27

년 원로원에 의해 '아우구스투스(존엄한 자)'로 추존되었고, 기원전 2년에는 '국부'로 추앙받으면서 실질적으로 황제로 군림하였다.

아우구스투스 황제 아우구스투스는 로마의 내전을 종결짓고 공화정의 부활을 선언했지만 실제로는 전제 군주로서 로마를 통치하였다.

황제권과 '로마의 평화'

아우구스투스가 내전을 종식한 뒤, 로마는 안정과 번영의 시대를 맞이하였다. 아우구스투스의 제정은 당시 로마 제국에 거주하던 약 5천만에서 1억 명에 달하는 주민에게 큰 이득을 주었음이 틀림없다. 당시 경제 상황에 대한 정확한 통계를 내기는 불가능하지만, 2대 황제 티베리우스 재위기에 국고에는 약 30억 세스테르티우스에 달하는 엄청난 액수가 채워져 있었다.[5] 이러한 부는 기본적으로 제국의 각 속주에서 낸 세금에서 나온 것이었다. 그리고 이 세금은 다시 도로 공사와 상수도 공사, 각종 개간 사업 등에 투입되었다. 특히 제국의 대동맥인 도로는 원래 군사적 목적으로 만들어졌지만, 경제적 목적에도 기여하여 제국 내부의 무역 장벽을 철폐하고 상공업의 자유로운 발전을 촉진하였다. 화폐도 단일화되어 제국 경제를 통합시켰다.

안정된 황제권은 농업 발전에도 기여하였다. 이미 공화정 말기에 중소 자영농이 몰락하고 대농장이 등장했는데, 대농장에는 노예노동력이 대규모로 투하되고 있었다. 강력한 황제권은 제국의 변경으로부터 지속적인 노예노동력의 공급을 보장하고, 만성적인 노예 반란을 억제하는 정치적 힘으로 작용하였다. 고대 농업사회에서 가장 중요한 생산요소라고 할 수 있는 노동력의 공급과 유지가 황제권에 의해 보장된 것이다. 요컨대 로마 제국은 막대한 노예노동력의 투입을 통해 농업 생산에서 거대한 가치 창출을 이루었던 것이다.

그런가 하면 강력한 황제권은 점점 더 계층적으로 분화되어 가고, 그럼으로써 '평등한' 시민 공동체에 근거한 협소한 도시국가의 한계가 점점 더 선명하게 드러나는 상황에서, 신분제적 위계질서를 유지하고 재생산하는 데 기여하였다. 특히 황제는 '불평등한' 피라미드형 사회의 정점으로서 만인지상에 군림하며 사회의 하층이 상층에 복종하는 위계질서를 대표하는 상징 권력으로 기능하였다. 그럼으로써 공화정에 만연한 신분 투쟁의 혼란을 봉쇄하고 각 계층이 자신의 신분과 역할에 맡게 제자리에서 열심히 일하는 사회적 분위기를 조성하는 데 기여하였다. 이와 관련하여, 가령 아우구스투스가 오랜 내전으로 피폐해지고 이완된 사회 기강을 바로잡으려는 의도에서 일종의 '풍기단속법'을 실시한 것은 의미심장하다. 이를 통해 그는 건전한 가족생활과 노동의 가치와 미덕을 한껏 찬양하여 사회 안정을 꾀하고자 하였다.

또한 황제는 군통수권을 장악함으로써 로마가 강력한 전쟁 기구로 발전하는 데도 기여하였다. 로마 시대에 전쟁은 일상으로부터의 일탈이 아니라 일상 그 자체였다. 전쟁이라는 항구적인 비상사태에서 군대를 장악한 강력한 황제는 효율적인 전쟁 수행에 필수적인 요소였다. 사실이 그렇다는 것은 공화정기와 비교해 보면 더욱 확실해진다. 공화정기에는 권력의 분산과 견제를 위해 2인의 콘술이 있었다. 그러나 2인 콘술제는 전쟁과 같은 국가 비상시에는 효율성이 떨어졌다. 그렇기에 공화정은 국가 비상시에 임기 6개월의 한시적인 1인 독재관(dictator)을 두었던 것이다. 그럼으로써 신속한 의사 결정과 효율적인 임무 수행을 독려하고자 한 것이다. 황제권의 확립은 독재관직의 '상설화'라고 할 수 있다. 이제는 왕정에 대한 공포와 공화정에 대한 미련이 존재하지 않는 상황에서 독재관직의 '상설화'는 효율적인 전쟁 수행을 가능하게 하였고, 이 성공적인 전쟁으로 로마는 막대한 가치를 제국으로 이전할 수 있었다. 실제로 많은 황제가 몸소 병사들을 이끌고 정복 전쟁의 최전선에서 전투를 수행하여 승전의 영광을 차지하기도 하였고, 포로로 잡히거나 죽임을 당하는 치욕을 겪기도 하였다.

황제권의 변형과 제국의 위기

이처럼 황제권이 강력했지만, 실상 동방의 황제와 비교하여 다소 과장해서 말한다면 로마의 황제는 여전히 아우구스투스가 자처했듯이 일반 시민보다 좀 더 나은 정도였다. 실제로 아우구스투스 생전에 이미 그에 대한 신성화가 개시되기는 했지만, 기본적으로 황제는 일반 시민이 입고 다니던 토가를 걸치는 등 특별한 존재로 간주되지 않았으며, 제위 세습권도 확실하게 보장받지 못하였다. 이는 확실히 공화정의 유산이었다. 평등한 시민단에 바탕을 둔 공화정은 사라졌지만 그 전통은 여전히 제정을 그림자처럼 따라다녔다.

3세기 후반부터 제정의 위기가 가속화되었다. 위기의 원인은 다양했지만, 정복 전쟁이 끝나면서 로마가 '성장의 한계'에 부딪쳤다는 데 위기의 본질이 있었다. 따라서 더 이상의 토지도, 노예도 로마에 공급되지 못하였다. 위기가 심화됨에 따라 개혁의 요구가 비등해졌다. 이때 등장한 황제가 바로 디오클레티아누스였다. 그는 가장 먼저 황제권의 강화에 주력하였다. 이를 위해 그는 동방식 전제주의를 도입하고자 하였다. 황제는 화려한 예복을 입고 등장하였고, 신하들은 그의 앞에 무릎을 꿇어야 하였다. 황제는 신격화되었으며, 제위 세습권도 확실하게 보장되었다. 이를 프린키파투스 체제와 구분하여 도미나투스(dominatus) 체제라고 부른다. 그는 이러한 중앙집권적 황제권과 함께 신분제적 위계질서를 한층 더 공고화하고자 하였다. 특히 농민들의 '농촌 탈출'을 막기 위해 농민을 토지에 강제로 결박하는 '콜로누스(colonus)' 제도를 도입하였다. 이는 직업의 세습화 혹은 고정화라는 일반적인 흐름의 일부였다. 디오클레티아누스 황제는 로마 사회의 안정적 유지와 재생산을 위해 아들이 아버지의 직업을 반드시 이어받아야 한다고 선포하였다.

여기서 알 수 있듯이, 로마 농업사회에서 황제권의 강화는 신분사회의 안정화와 밀접한 관련을 맺고 있었다. 이처럼 황제를 정점으로 하는 '세습화된' 신분제적 위계질서는 결국 개인의 이윤 동기를 저해함으로써 가치 창출을 가능하게 하는 '기술혁신'을 봉쇄했지만, 기술적으로 낙후한 농업사회가 최소한 현상을 유지하거나 낮은 수준이나마 발전하는 데는 기여하였다. 그러나 디오클레티아누스 황제의 개혁은 제국의 수명을 연장하기는 했지만 위기를 완전히 극복하는 데는 실패하였다. 잇따른 콘스탄티누스와 테오도시우스 황제의 개혁도 마찬가지였다. 왜냐하면 제정의 위기는 경제성장이 감속하는 로마 농업사회가 운명적으로 맞닥뜨린 '성장의 한계'에서 비롯되었기 때문이다.

2. 정치 엘리트의 가치관

공화주의적 이상

공화국 시민의 덕성

로마공화정기 정치 엘리트층의 근간은 귀족이었다. 그들은 왕정을 혐오하고 공화정을 이상으로 여겼다. 정치사상가 폴리비우스는 로마공화정이야말로 왕정과 귀족정과 민주정을 황금 비율로 혼합한 가장 바람직한 정치체제라고 평가하였다. 그리고 공화정의 근간은 평화 시에 땀 흘려 일하고 전쟁 시에 자비로 무장하여 중장 보병의 일원으로 용감히 싸우는 농민-병사로서의 시민이었다. 귀족도 이러한 농민-병사의 이상을 공유하였다. 이 점을 잘 보여주는 사례가 킨키나투스였다. 킨키나투스는 공화정이 위기에 빠졌을 때 독재관으로 임명되어 전쟁에 출전하여 승리를 거둔 뒤 다시금 의연히 자신의 포도밭으로 돌아가 농사에 전념했다는 이상적 로마인이었다. 로마 귀족들이 갖고 있었던 킨키나투스에 대한 애정은 로마의 정치 엘리트들의 정신 상태를 잘 보여준다. 그들은 용맹함과 소박함의 미덕을 공화정에 대한 애국심과 결합시켰다.

킨키나투스의 전설은 또한 로마 정치 엘리트들이 갖고 있던 농본주의적 신념을 잘 보여준다. 그들은 국부의 원천이 농업이라고 확신하였다. 그리고 손수 땀 흘려 일하는 자영농을 로마공화정의 근간으로 간주하였다. 시인 베르길리우스는 『농가집(Georgics)』에서 농경을 행복하고 영광된 활동으로 예찬하였다. 콜루멜라도 『농업에 관하여(De Re Rustica)』에서 농사에 대한 실질적인 지식을 집성하여 로마 농장주들과 농민들에게 유용한 매뉴얼을 제공하였다. 이러한 로마 농민들의 이상향에 대해서는 베르길리우스가 다음과 같이 노래하였다. "풍부한 곡물과 캄파니아의 술로 가득 찬/올리브 나무들과 번식하는 가축 떼로 뒤덮인/……/여기서는 언제나 봄과 여름만이 있으니/가축은 일 년에 두 차례 새끼를 낳고, 사과들은 뒷갈이하니."[6]

공화주의적 이상의 쇠퇴

포에니전쟁 이후 중소 자영농이 몰락하고 대농장 체제가 번성하면서 공화주의적 이상도 쇠퇴하기 시작하였다. 애국심과 농본주의에 바탕을 둔 로마 정치 엘리트들도 분열하고 타락해 나갔다. 엘리트들은 양산된 무산자들(프롤레타리)을 권력정치의 도구로 이용하고자 하였다. 일부 학자들은 공화정 말기 로마 사회를 가리켜 부유한 자들이 돈을 이용해 사람들의 자유를 말살하고 통제하는 체제라고 규정하기도 하였다. 가령 정치인들은 자유롭기는 하지만 가난한 시민을 매수하기 위해 '빵과 서커스'를 약속하였다. 무상 곡물 배급도 민심을 조종하는 데 유용한 매수 방법이었다.[7]

공화정에 대한 애국심으로 무장한 병사들도 공화정 말기에 돈으로 팔려 다녔다. 옥타비아누스가 정적 안토니우스를 제압할 수 있었던 것은 마르스 군단과 제4군단의 정예 부대를 제 편으로 끌어들였기 때문인데, 이때 옥타비아누스는 군단병들에게 군단병 1년치 봉급의 2배를 웃도는 금액인 500데나리우스의 보상을 약속했던 것이다.[8] 이러한 물질적 탐욕과 배금주의는 공화정 말기부터 로마 사회에 확산하여 건전한 공화주의적 이상의 빛을 바래게 하였다. 더군다나 속주에서 조세 징수 청부업 등으로 거액을 모은, 일종의 '부르주아'로서 기사층(에퀴테스)이 정치 엘리트층에 가세함으로써 농본주의에 기초한 공화주의적 이상의 쇠퇴는 더욱 가속화된 것으로 보인다.

새로운 지배 이념의 형성

'황제 숭배'의 등장

아우구스투스의 통치가 시작되면서 체제의 정점은 입법자이자 생사여탈권자인 황제가 되었다. 비록 아우구스투스 이래로 황제들은 '프린켑스'를 자처하면서 최대한 시민과 밀착하려는 노력을 기울였다. 그렇기는 해도 절대 권력을 쥔 황제는 점차 시민 위에 군림하게 되었고, 그에 따라 초자연적인 특성이 있는 존재로 묘사되기에 이르렀다. 그리고 이는 권력 행사의 합법성을 증대시키는 선전 도구로 이용되었다.

물론 신과 같은 통치자라는 전통은 이집트나 페르시아와 같은 지중해 동부 지역의 왕국에서 오래전부터 존재하였고, 이를 알렉산드로스 대왕이 그 지역에서의 통치를 편리하게 할 목적으로 채택하였다. 이것이 전 로마 제국으로 확산하여 '황제 숭배'로 정착된 것이었다. 특히 디오클레티아누스 황제가 동양식 전제주의를 받아들임으로써 '황제 숭배'는 가일층 진전되었다. 그리하여 궁정의 엘리트 예술가들은 갖은 수단을 동원하여 황제를 미화하는 데 전념하여 황제의 초상이 찍힌 주화가 보급되고 황제의 동상이 신전에서 숭배되기에 이르렀다. 이러한 '황제 숭배'가 평등한 시민 공동체에 기초한 공화주의적 이상을 대체한 것임은 두말할 나위도 없다. 당연한 말이지만, 공화주의가 공화국의 지배 이념이었듯이 '황제 숭배'는 제정의 지배 이념이었던 것이다.[9]

제국주의적 합의

제국의 팽창과 제정의 번영으로 로마 사회에는 부가 넘쳐흘렀다. 이와 같은 풍요로움이 전쟁의 승리가 가져온 결과였음은 명약관화하다. 제국은 그 자체 거대한 전쟁 기계였고, 승전은 막대한 가치 이전의 방법이었다. 로마의 정치 엘리트층은 로마가 전쟁에서 승승장구하는 동안 제국의 충실한 옹호자들이었다. 그들의 운명은 제국의 운명과 하나였다.

이 점을 잘 보여주는 사례가 율리우스-클라우디우스 황가를 닫고 새로 플라비우스 황가를 연 베스파시아누스 황제에 대한 로마 엘리트층의 지지였다. 베스파시아누스는 원래 한미한 출신이었으나 탁월한 군사적 리더십을 인정받아 콘술과 원로원 의원으로 출세가도를 달린 인물이었다. 그는 황제 네로에 대한 지지층의 이반을 틈타 마침내 황제직에 등극하기에 이르렀다. 그의 야심은 절대적 황제권과 황제직의 세습권을 확보하는 것이었다. 그는 죽어가면서 "아, 나 말이오? 나는 지금 신이 되어 가고 있소."라고 말하였고, 아들 티투스에게 황제직을 물려주는 데 성공하였다.[10] 그리고 아들은 아버지를 이어 콜로세움을 완공하고 유대 반란을 진압하는 등 로마의 번영과 승리를 주도하였다. 플라비우스 황가가 이렇게 성공할 수 있었던 데는 군사적 성공과 제국의 번영이 있었기 때문이다.

그러나 정치 엘리트들의 제국주의적 합의는 실상 취약한 것이었다. 제국이 군사적으로 실패하고 더 이상 물질적 번영을 보증하지 못한다고 생각될 때, 엘리트들의 체제 이탈은 생각 이상으로 심각한 것이었다. 훗날 황제들이 군대에 의해 좌지우지된 '군인 황제 시대'의 정치적 혼란은 제정기 엘리트층의 분열과 무기력, 이를 틈탄 군부의 무력 개입이라는 제정 말기의 극심한 위기를 보여주는 하나의 징후였을 뿐이다.

공화주의적 이상의 잔재

비록 제정의 발전과 더불어 공화주의는 '황제 숭배'로 대체되고 농본주의는 제국주의로 대체되었지만, 농본주의에 기초한 공화주의 이상의 잔재는

마르쿠스 아우렐리우스　후대 사람들에게 '철학자 황제' 혹은 '철인왕'이라는 별명으로 불렸다.

제정기에도 의연히 남아 있었다. 이를 잘 보여주는 것이 스토아 철학이었다. 스토아 철학은 점차 제정기 로마 엘리트층의 지배 이념으로 발전하였다. 스토아 철학의 대표자는 로마제정의 황금기인 '5현제 시대'의 대미를 장식한 마르쿠스 아우렐리우스 황제였다. 그는 『명상록』에서 자연과 운명에 따라 사는 현자의 금욕주의적 삶의 이상을 제시하였다.

로마 정치 엘리트층의 철학으로서 스토아주의는 엘리트들이 지나친 물질적 탐욕과 이기심의 홍수 속에 휩쓸리지 않게 하는 최소한의 방파제 구실을 하였다. 이러한 금욕주의를 공화주의의 연속으로 보기에는 분명 무리가 따른다. 왜냐하면 스토아 철학의 도저한 내면적 · 정신적 자기 규율의 원리는 공화정 시대의 활달한 세속적 삶의 추구와는 동떨어져 있었기 때문이다. 그럼에도 금욕적 삶의 이상이 자연스럽게 공화주의적 절제와 질박함을 연상시킨 것도 부정할 수 없는 사실이다. 말하자면, 스토아주의는 과거 공화정의 유덕한 시민의 소박하고 절도 있는 삶의 철학을 제정의 현실에 맞게 변형시킨 새로운 로마 정치 엘리트의 철학이었던 셈이다.

3. 법과 제도

로마법의 발전과 시민권 정책

로마제국은 방대한 영토를 일관성 있고 통일적으로 지배하기 위해 정교한 법체계를 발전시켰다. 이미 공화정기부터 로마인들은 법률에 탁월한 소질을 발휘하였다. 기원전 5세기에 최초의 성문법인 12표법이 나왔고, 그 이후에도 다양한 입법 활동이 전개되었다. 그리하여 로마 시민과 비시민에게 적용되는 '만민법'으로서 로마법이 발전하였다. 그러나 로마법이 본격적으로 발전한 것은 서기 2세기부터였다. 이 시기는 '로마법의 고전기'라고 불릴 정도로 로마의 법체계가 획기적으로 발전한 때였다. 이 기간에 일련의 위대한 법학자들이 등장하여 로마법의 집성에 기여하였다. 『법학제요(Institutiones)』를 편찬한 가이우스를 위시하여 파울루스, 파피니아누스, 울피아누스 등의 법학자들이 활약하였다. 그리하여 '코덱스'로 통하는 칙령집과 사법(私法)의 주요 개념들을 포함한 『학설휘찬(Digesta)』 등이 발간되었다. 이 법들은 결국 동로마제국 황제 유스티니아누스에 의해 533년에 『로마법대전』으로 통합될 것이었다.

로마법이 갖는 가장 중요한 의의 중의 하나는 사적 소유권을 명시했다는 데 있다. 『학설휘찬』에는 "똑같은 만민법 아래에서 전쟁이 시작되었고, 민족이 구분되었으며, 왕국이 세워지고, 소유권이 표시되며, 경계석이 들판에 설치되고, 건물이 세워지며, 상업적 관계, 판매, 고용 및 채권·채무 관계도 나타나고……."라는 구절이 나온다.[11] 또한 여성의 사적 소유권에 대한 법적 보호도 나타난다. 법의 지배가 관철된 로마 사회에서 여성 자유민의 지위는 그리스보다 훨씬 더 잘 보호받은 것 같다. 특히 결혼 계약에는 여성이 자기 재산을 소유하고 실제로 운용할 권리가 명시되었다.

이처럼 로마법에 나타난 사적 소유권의 보장 조항들은 로마 사회가 사회적 계층 분화가 성큼 진전된 사회였다는 현실을 반영함과 동시에 로마 사회에서 개인의 이윤 동기가 완전한 수준은 아니지만 일정한 수준에서 보장되고 있었음을 시사한다. 사적 소유권 관념의 발전은 개인의 영리 추구 행위를 인정하고 장려함으로써 로마 경제의 발전과 부의 축적에 크게 기여했을 것이다. 로마법의 전통은 중세에 잠시 망각되기도 했으나, 중세 말 근대 초에 이르는 시기에 대대적인 로마법 계수 운동이 발전하면서 다시 근대적 소유권 관념이 발전하는 데 비옥한 토양이 되었다.

한편, 로마공화정의 대외적 성공의 원천 가운데 하나는 로마의 개방적이고 탄력적인 시민권 정책에 있었다. 즉 로마는 정복 혹은 합병된 지역의 주민에게 사정에 따라 완전 시민, 준시민, 동맹 시민 등 차등적 지위를 부여함으로써 시민단 자체를 확장함은 물론이요 시민단 바깥에서 중층적인 외연 구조를 갖게 되었다. 이런 구조는 끊임없는 전쟁 부담을 안고 있던 로마에 두 가지 이점을 제공하였다. 첫째, 강압적인 지배에 뒤따랐을 긴장관계 대신 오히려 신민 공동체들을 로마 지배에 끌어당기는 동화주의—'로마화'—의 수단을 제공하였다. 둘째, 로마에 인력 증강이라는 경제적 · 군사적 이점을 제공하였다. 로마 지배에 복속된 이탈리아인들은 줄곧 로마 군사력의 절반 이상을 구성하면서 로마가 제국으로 성장하는 데 큰 역할을 할 수 있게 했던 것이다.

관료제의 발달

로마공화정은 그리스적 전통에서 유래하는 폴리스로부터 출발하였다. 그러나 폴리스로서는 유일하게 정교한 관료제를 발전시켰다. 여기서 중요한 점은 관료제가 제국 지배의 필요에서 나왔을 뿐만 아니라 관료제의 발달이 제국을 성립할 수 있게 했다는 데 있다. 이 점을 올바르게 이해하기 위해서는 로마와 아테네를 비교해 보는 것이 필요하다. 그리고 이러한 비교로부터 로마의 시민권 정책의 중요성이 재차 확인된다.

아테네는 잘 알려져 있듯이 시민의 직접 참여를 통한 민주정을 발전시켰다. 기원전 5세기 페리클레스의 시대에는 관리 선출을 통한 추첨제와 가난한 시민의 민회 참여를 유도하기 위한 수당제가 도입됨으로써 아테네 민주정의 발전이 심화되었다. 수당제의 재원은 명백히 아테네가 델로스 동맹의 맹주로서 동맹의 기금을 유용하고 이웃 도시들을 제국주의적으로 수탈한 것에서 나왔다. 요컨대 아테네의 제국주의가 민주주의를 완성하는 기묘한 메커니즘이 수립된 것이다.[12] 그러나 아테네 '제국'은 오래가지 못하였다. 그 이유는, 아테네의 시민권 대상이 국내에서 대단히 넓었으므로 시민권을 외국의 비아테네인들에게까지 확대하는 것은 사실상 불가능했다는 데 있다. 게다가 아테네는 사회적 계층 분화가 저지된 사회였다. 즉 시민단 내부의 사회경제적 불평등이 공동체의 존립을 위태롭게 만들면, 솔론의 개혁이 보여주었듯이 정치적 조치를 통해 불평등을 해결했기 때문이다. 사정이 이러했기 때문에 좁은 지리적 조건에서나 가능한, 시민의 직접 참여를 통한 평등한 공동체의 원리를 방대한 제국에까지 보편적으로 적용하는 데는 무리가 따랐다. 이렇듯 직접 민주주의의 원리가 지배하는 상황에서 아테네의 국가와 사회는 여전히 미분화 상태로 남았고, 그러므로 아테네에서 제국 행정을 위한 전문적 관료 기구가 창출될 리 만무하였다. 결국 민주정에 바탕을 둔 아테네 제국의 실패는 예정되어 있었던 셈이다.

로마는 아테네와 전연 달랐다. 로마제국이 성공할 수 있었던 비결은 유연하고 개방적인 시민권 정책에 있었다. 즉 아테네에서는 비아테네인들에게 시민권을 나누어 주는 데 시민의 직접 참여에 입각한 민주주의를 이식해야 하는 부담이 따랐던 반면에 귀족 엘리트 중심의 과두정 형태를 취한 로마공화정에서는 그런 부담이 없었다. 로마 귀족들은 자신들과 동류인 이탈리아 동맹시들의 비로마인 엘리트들에게 기꺼이 시민권을 부여하고 그들을 로마의 지배 체제에 편입시킴으로써 동맹시 주민에 대한 효율적인 간접 지배를 확립하고자 하였다. 이와 같은 사실은 그리스와는 달리 로마에서는 사회적 계층 분화가 진척되었고, 그에 따라 국가와 사회의 분화가 이루어져 있었음을 말해 준다. 이로써 로마에서는 제국 행정을 위한 전문적 관료 기구가 창출될 수 있었고, 이것이 제국을 성립할 수 있게 하였다.[13]

사회적 요인 ;

위계질서의 확립

농업사회는 산업사회와는 근본적으로 다른 사회이다. 이 차이를 일찍이 사회학자 겔너(Ernest Gellner)는 다음과 같이 정리하였다.[14] 산업사회에서는 노동이 버튼을 누르고 레버를 당기는 식의 '의미'를 다루었고, 그렇기에 '의미'를 정리한 작업 매뉴얼이 중요하였다. 일단 이 매뉴얼을 통해 지식을 습득하면, 어떤 지역에서 어떤 직종에서든 호환성 있는 노동이 가능하였다. 물론 그 매뉴얼이 통용되는 범위—아마도 이 범위가 민족(nation)의 범위가 될 텐데—안에서 말이다. 따라서 산업사회는 직업적 · 사회적 유동성이 큰 '평등주의적' 사회였다. 이러한 맥락에서 겔너는 산업사회를 '영구 성장 사회'라고 지칭했는데, 이는 경제성장이 가속하는 산업사회의 특징을 정확히 표현해 주고 있다. 그 반면에 농업사회에서는 노동이 직접 '사물'을 대상으로 하였고, '사물'은 지역마다 직종마다 특성이 모두 달랐다. 그렇기에 농업사회에서는 표준 매뉴얼보다는 지역 및 직종 공동체의 경험과 관습을 통해 전수되는 삶의 지혜가 중요하였다. 게다가 농업사회에서는 개인의 혁신적 활동을 통해 가치 창출이 이루어지고, 혁신에 대한 보상으로 개인의 사회적 지위가 상승하는 일이 극히 드물었다. 이런 이유로 농업사회에서 직업적 · 사회적 유동성은 매우 작았다.

그러므로 로마 농업사회가 엄격한 사회계층 구조로 되어 있었음은 놀랄 만한 일이 아니다. 물론 초기에 로마공화정은 이론상 평등한 시민으로 이루어진 공동체로서 발전하였다. 그럼에도 로마가 팽창함에 따라 사회적 계층 분화도 진전되었다. 아테네 민주정과 같이 사회경제적 불평등을 억제하는 조치는 실행되지 않았다. 즉 로마가 도시국가의 한계를 초월해 나아감으로써 민주정의 실현 가능성도 사라졌던 것이다. 그러므로 로마공화정기에 귀족, 부유한 평민, 가난한 평민, 노예로 이루어진 엄격한 사회적 위계질서가 자리 잡았다. 그럼에도 공화정기에 점철된 신분 투쟁은 여전히 위계질서가 불안정했음을 말해 준다. 로마가 제정으로 이행하고 나서야 위계질서는 황제권을 정점으로 하여 한층 더 강화되어 안정되기에 이르렀다. 이 안정된 위계질서를 바탕으로 노예와 가난한 농민이 토지에 결박됨으로써 농업사회 발전의 가장 중요한 요소들인 노동력과 토지가 안정적으로 확보될 수 있었다.

이렇듯 정적이고 완고한 위계질서에 기초한 로마 농업사회에서 개인의 창의와 기술혁신을 통한 생산성의 비약적인 발전은 기대할 수 없었다. 그럼에도 로마 농업사회는 초보적인 형태로나마 '규모의 경제'를 실현함으로써 일정 수준에서 가치 창출을 이루어냈다. 일반적으로 볼 때, 농업사회의 발전을 좌우하는 가장 중요한 요소는 농업경영의 규모이다. 즉 농경지와 목초지의 면적, 쟁기질 등에 이용되는 견인 가축 및 거름을 제공하는 가축의 규모 등이 수확량을 결정하는 요인이다. 로마 농업사회에서 '규모의 경제'란 대토지 소유제와 대농장제를 통해 농업경영 규모를 확대하고 생산요소인 노예의 투입량을 증대함으로써 수확량을 늘리는 방식을 말한다. 귀족들의 확고한 지배권과 정복 전쟁을 통한 영토 확장, 전리품으로서 풍부하게 유입된 노예노동력의 존재가 이를 가능하게 했음은 두말할 나위가 없다.

1. 사회계층 구조

공화정기

로마공화정은 기본적으로 귀족(patrici)과 평민(plebs), 노예(servus)로 이루어진 신분제적 위계질서에 바탕을 둔 공동체였다. 기원전 451~449년에 제정된 12표법에 따라 귀족과 평민의 구별은 상호 간의 통혼이 법적으로 허용되지 않을 정도로 엄격해졌다. 귀족은 왕정기로부터 유래하는 대대로의 명문 가문 출신으로서 방대한 토지와 가축을 소유한 대지주였다. 물론 그 수효는 많지 않았는데, 공화정 초기에는 원로원을 비롯하여 고위 정무관과 신관직 등을 독점하면서 기병으로서 전투의 주력을 이루고 있었다. 따라서 공화정 초기의 로마의 정치체제는 실질적으로 귀족정이었다고 할 수 있다. 이에 비해 평민은 노예와 달리 자유인이었으나 경제적으로나 신분적으로 귀족보다 하위에 있었고, 정치로부터 실질적으로 배제되어 있었다.

기원전 494년 평민들은 귀족에 맞서 로마시로부터 '철수'하여 성산(聖山)에 집결함으로써 신분 투쟁이 본격적으로 개시되었다. 이는 국가 내부의 특정한 사회계층 전체가 일으킨, 현대적인 의미에서 '총파업'과 같은 것이었다. 이때 평민들은 그들의 권익을 옹호할 호민관직을 신설하는 데 성공하였다. 로마 귀족들은 성공적인 전쟁 수행을 위해 평민에 의존해야 하였고, 그래서 평민들에게 일정한 양보를 거듭할 수밖에 없었다. 기원전 445년에는 귀족과 평민의 통혼이 법적으로 인정되기도 하였다.

기원전 376년 리키니우스-섹스티우스법으로 콘술 중 한 사람이 평민으로부터 선출된 후 잇따라 독재관(기원전 356), 감찰관(기원전 351), 법무관(기원전 337) 등의 고위 정무관직과 신관직(기원전 300)도 평민에게 개방되었다. 하지만 이는 실질적으로 평민 중의 부유한 상층부에만 국한된 것으로서 이를 통해 새로 형성된 지배적인 통치 계급을 노빌레스(nobiles), 즉 벌족이라고 한다. 신분 투쟁의 결과 로마공화정은 혈통에 입각한 귀족정으로부터 노빌레스의 과두정으로 변하게 되었다고 말할 수 있다.

기원전 287년 호르텐시우스법에 따라 트리부스 평민회의 결정이 원로원의 승인을 거치지 않고 그대로 법으로 인정되었다. 이로써 평민이 어엿하게 입법권을 행사하게 되면서 2세기를 넘는 긴 신분 투쟁도 끝나게 되었다. 이 투쟁을 통해 평민은 귀족과 형식적으로 거의 완전히 동등해지고, 그럼으로써 로마는 모든 시민을 공동체적인 일체감으로 견고하게 결속시킬 수 있었다. 신분 투쟁의 결과 사회의 상층부가 점진적으로 확대된 셈이었고, 이 지배층 내의 정치적 합의가 이루어진 것이었다. 이러한 정치적 합의를 바탕으로 단합된 시민 공동체와 그것을 바탕으로 조직된 시민군은 제국 팽창의 동력이 되었다. 더구나 신분 투쟁의 과정을 통해 격심한 계급투쟁이나 유혈 투쟁이 나타나지 않고, 귀족과 평민의 절충과 타협과 양보로써 단합이 이루어진 사실에서 로마 정치 엘리트층의 절묘한 정치 감각을 엿볼 수 있다.

포에니전쟁 이후 로마 사회는 근본적으로 동요하였다. 사회의 근간인 중소 자영농이 몰락하고 대토지 소유제와 대농장제가 등장하였다. 이에 따라 부익부 빈익빈 현상이 가속화되어 무산 대중화가 진행되었다. 빵과 일자리가 없는 무산자들은 도시 로마로 몰려들게 되었고, 이는 심각한 사회 문제를 야기하였다. 중소 자영농을 다시 육성하려고 한 야심적인 그라쿠스 형제의 개혁도 실패하면서 공화정의 위기는 돌이킬 수 없게 되었다.

마침내 아우구스투스의 프린키파투스 체제 아래서 공화정이 사실상의 제정으로 변모하면서 사회질서가 재편되었다. 특히 아우구스투스는 공화정의 근간이자 귀족의 아성인 원로원 재편에 착수하여 200명의 원로원 의원들을 축출하고 권력을 개인 수중에 장악하였다. 그러나 이와 동시에 정치권력에서 배제된 원로원 의원들에게도 사회적 특권을 보장해 줌으로써 이들을 신체제에 흡수하려는 노력을 병행하였다. 이를테면 원로원 의원들과 그 직계 가족 3대에까지 원로원 신분을 보장해 주는 방식으로 아우구

스투스는 새로운 신분제적 위계질서의 기본 틀을 마련하고자 하였다.[15]

제정기

제정기 로마 사회는 기본적으로 자유민인 '인게누스(ingenuus)'와 소유물로 취급되고 심지어 말하는 가축으로 간주한 '노예 집단(Res Mancipi)'으로 이루어져 있었다. 그러나 '인게누스' 안에도 중요한 신분적 구별이 있었으니, 법적으로 신분이 보장되는 로마 시민과 법의 구속과 강제를 받는 시민의 구별이 그것이었다. 그런가 하면 사회적 계층 분화가 심화되어 재산 정도에 따른 계급적 차이도 엄연히 존재하였고, 이는 신분적 차이와 중첩되었다.

로마 시민 중 신분이 가장 낮은 자들은 '후밀리오레스(humiliores)'였다. 이들은 재산이 거의 없는 평민들이었다. '후밀리오레스'는 범죄를 저질렀을 때 아무런 항소권도 갖지 못한 채 황제와 속주 총독의 권위에 일방적으로 종속된 하층 평민들이었다. 가령 트라야누스 황제 시절에 소(小)플리니우스와 같은 속주 총독들은 경미한 범죄를 저지른 하층 평민들에 대해서는 얼마든지 태형이나 십자가형 혹은 광산 노역형이나 검투장 사형과 같은 중벌을 내릴 수 있다고 생각하였다. 하층 평민들 위에는 적어도 5천 세스테르티우스를 소유한 '호네스티오레스(honestiores)'가 있었다. 이들은 사형에 처할 중범죄를 저지른 경우에도 황제를 면담할 특권을 가지고 있었고, 가장 심한 벌을 받을 경우라도 추방이나 재산 몰수 정도를 감내했던 상층 평민들이었다.[16]

이상의 평민 계층 위에는 그 자체 '신분'이라는 뜻을 갖는 '오르도(ordo)'가 있었다. '오르도'는 공화정기에 빗대자면 귀족과 벌족을 합한 넓은 의미의 귀족 신분이었다고 할 수 있다. '오르도' 가운데 가장 낮은 층은 기사 계층(equites)이었다. 그들은 최소한 40만 세스테르티우스의 재산을 가진 부유층으로서, 총독과 황제 비서실 업무를 위시하여 군대 통솔이나 속주 징세의 업무를 담당하는 다양한 관직에 오를 수 있었다. '오르도' 가운데 가장 높은 층은 원로원 신분이었다. 그들은 적어도 100만 세스테르티우스의 재산을 가진 최고 부유층으로서, 군단장에 임명되거나 총독직에 오르거나 도시 로마의 주요 행정관직이나 제사장직을 맡는 등 요직을 독점하였다.[17]

이상과 같은 엄격한 사회적 위계질서에도 불구하고 로마 사회는 이론상 노예도 황제가 되는 것이 가능한 '열린' 사회였다. 로마 사회는 공화정기 이래 하층 계급을 사회의 하층에 포섭하고 편입함으로써 공동체의 활력을 유지해 왔다. 말하자면 사회의 하층으로부터 항상 신선한 피를 수혈받으면서 상층 계급의 폭을 두텁게 만들어 왔던 것이다.[18] 이러한 맥락에서 맨 하층에서 맨 상층으로 수직 상승한 인상적인 경우가 달마티아 지방의 해방 노예의 아들로서 황제직에 오른 디오클레티아누스였다. 그러나 그는 극히 예외적인 사례였을 뿐이다. 제정기에 그러한 사회적 상승은 점차 봉쇄되더니 급기야 사회의 상하층 간의 통로는 완전히 '닫히고' 말았다.

로마가 아직 도시국가의 한계를 벗어나지 못했을 때, 그리하여 시민의 단합과 농민의 군 복무가 반드시 필요했을 때 사회의 하층을 상층에 포용하는 일은 필수적이었다. 그리고 하층 계급이 정복 전쟁을 통해 외부에서 지속적으로 충원되는 한 사회의 하층으로부터 상층으로의 신분 상승은 항상 가능하였다. 이것이 '열린' 사회의 역사적 조건이었다. 그러나 정복 전쟁이 종식되면서 더 이상 외부에서 하층 계급을 충원하는 것이 불가능해지고, 따라서 사회의 일정 비율을 반드시 토지 생산에 묶어두는 일이 필요해졌을 때 사회의 하층으로부터 상층으로의 신분 상승은 차단될 수밖에 없었다. 이것이 '닫힌' 사회의 역사적 조건이었다. 결국 공화정에서 제정으로의 이행은 '열린' 사회에서 '닫힌' 사회로의 이행이었다고 할 수 있다. 그리고 이는 제국의 '변경'이 더 이상 존재하지 않는 '자기 완결적인' 로마 농업사회의 논리적 귀결이었다.

물론 수확량이 일정 수준에서 유지되고 농민의 생계 자체가 크게 위협받지 않는다면 이러한 신분 간 장벽에 기초한 엄격한 신분제적 위계질서는 농업사회의 재생산과 발전에 기여할 것이었다. 그러나 농업 생산성이 떨어지고 흉작과 같은 불운이 닥치면 하층 계급은 토지로부터 탈출하거나 반란을 일으키게 마련이었다. 이를 방지하기 위해서는 (그 자신 '열린' 사회의 수혜를 듬뿍 받았던) 디오클레티아누스 황제처럼 농민을 토지에 강제로 결박하는 방식으로 직업과 신분을 고정하는 특별한 조처를 할 수밖에 없었다. 그러나 이 노력도 한계에 부딪혔다. 5세기 전반에 로마제국에 만연한 바가우다이(산적)의 반란은 로마 농업사회 발전의 임계점을 보여준다. 바가우다이는 독립국가를 선포하고 지주 토지를 몰수하며 노예주를 노예화하며 재판소와 군대를 창설하는 등 한때 제국을 집어삼킬 듯한 기세를 보였다. 결국 바가우다이의 반란은 실패했지만 그렇다고 제국의 붕괴를 돌이킬 수는 없었다.

2. 규모의 경제

토지의 규모

소농 경영과 생계 경제

로마공화정은 잘 알려져 있듯이 전시에 중장 보병으로 출정한 중소 자영농을 근간으로 하고 있었다. 로마를 건국한 로물루스는 각 시민에게 2유게룸(1iugerum=1/4ha=약 800평)의 토지를 할당해 주었다고 한다. 기록에 의하면, 공화정 중기에 4유게룸이나 7유게룸 정도의 토지를 소유한 사람들이 병사와 농민으로서 중요한 역할을 하였고, 공화정의 근간이라는 찬사를 받고 있었다.[19]

그러나 이 정도 규모의 토지 경작으로는 살림이 넉넉할 리 없었다. 당대의 농학자 콜루멜라의 판단에 따르면, 농지 1유게룸당 대략 5~10모디우스(1modius=8.73liter)의 씨를 파종하여 1:4 이하의 비율로 수확했다고 한다. 그의 추산이 야박하게 보일 수 있으므로 족히 잡아 1:5 정도로 수확된다고 가정하면 10모디우스의 씨를 파종하면 50모디우스의 밀을 수확한다고 추산할 수 있다. 이 중 10모디우스는 종자로 비축되어야 하였고, 지력 고갈을 예방하기 위해서는 적어도 격년제 윤작이 필요했으므로 1유게룸당 연간 실질 수확량은 20모디우스에 불과하였다. 만약 7유게룸의 토지를 소유한다면 총 140모디우스의 실질 수확량을 얻게 되는 셈인데, 이는 겨우 한 가족이 생계를 유지할 수 있는 빠듯한 수준이다.[20]

이 계산법에 따르면, 로마 농민이 생계를 유지하기 위해서는 최소한 7~8유게룸의 농지를 소유해야 하였고, 비교적 넉넉한 살림을 위해서는 10유게룸 정도는 경작해야 하였다. 그리하여 일반적으로 볼 때 전성기 로마공화정의 근간인 '근면하고 씩씩한' 중소 자영농들은 약 10유게룸의 토지를 소유한 농민들이었던 것으로 쉽게 추정할 수 있다. 그들은 이 토지에서 밀을 중심으로 한 곡물 경작과 가축 사육을 병행하였고, 기타 농지에 딸린 채원에서 각종 채소와 과일을 재배하였다. 비교적 넉넉했다고는 해도 이러한 소농 경영은 기본적으로는 생계 경제의 범주를 벗어나지 못하는 것이었다.

중 · 대농 경영과 상품경제

포에니전쟁 이후에는 이탈리아 중부 및 남부 지역에서 노예노동력을 이용한 중간 규모 및 대규모의 농업경영이 번성하였다. 사실 공화정 후기에 축적된 부는 노예를 대량으로 투입하는 중간 규모 및 대규모 농업경영에의 투자로 이어졌다. 규모의 경제를 실현할 수 있는 이러한 경제 혁신을 자극한 요인은 매우 다양한 것으로 보이지만, 그중에서도 특히 토지가 안전하고 품위 있는 투자 대상이라는 인식이 널리 확산된 것이 크게 작용한 것 같다. 그리고 중·대농 경영이 전통적인 농업 구조, 즉 자급자족적 곡물 생산 체제와는 달리 기본적으로 포도와 올리브를 중심으로 시장지향적인 환금 작물 생산 체제를 유지했던 만큼 제국의 팽창에 따라 국내외 시장이 비약적으로 확대된 것이 중·대농 경영이 발달하는 데 필수적인 조건이었다.

대체로 보아 한 쌍의 황소를 보유한 농가가 경작할 수 있는 최적의 단위로 여겨지는 80유게룸 이상 500유게룸 이하의 토지가 중간 규모라고 할 수 있고, 500유게룸 이상의 토지는 대규모로서 통상 '라티푼디아'로 불린다. 그런데 '라티푼디아'는 한 명의 대지주가 소유한 곳곳에 흩어져 있는 토지들을 총칭하는 말로서, 대개 하나의 '라티푼디움'은 중간 규모 토지로 편제되어 있었다. 『농서(De Agricultura)』의 저자 카토도 이 중간 규모 토지가 적어도 중부 이탈리아—라티움, 캄파니아, 루카니아—에서 일반적이었고, 농업경영의 최적 단위였다고 기술하고 있다. 즉 카토가 묘사한 이상적인 '농장'은 100유게룸(=25ha)의 포도 농장과 240유게룸(=60ha)의 올리브 농장이었다.[21]

로마 농업사에 대한 한 연구에 따르면, 포도 농장에서는 35~40유게룸 정도가 자급자족을 위해 곡물 경작 및 가축 사육에 이용되었고, 나머지 60~65유게룸 정도에서 시장 판매를 위해 포도가 재배되었다. 올리브 농장에서는 40유게룸이 자급자족에, 나머지 200유게룸이 시장 판매에 할당되었다. 포도 농장에서는 1유게룸당 3쿨레우스(1culleus=524liter=137gallon)의 포도주가 생산되었고, 1쿨레우스의 포도주 판매 가격이 300세스테르티우스였기 때문에, 연간 54,000~58,500세스테르티우스의 판매 수입을 올렸다. 올리브 농장에서는 200유게룸에 6,400그루의 올리브 나무가 재배되었다는 점과 1그루당 15~20파운드의 올리브유가 생산되었다는 점, 그리고 1파운드의 올리브유 판매 가격이 1/2세스테르티우스였다는 기록을 합쳐 보면 연간 48,000~64,000세스테르티우스의 판매 수입을 올렸음을 알 수 있다.[22] 이 정도의 연간 수입이라면 생산에 소요된 부대 비용을 제한다고 해도 상층 평민인 호네스티오레스가 약 5,000세스테르티우스의 재산을 가진 자들이었음을 고려할 때 상당한 정도의 부를 소유자에게 안겨 주었을 것이다.

한편, 공화정 말기에서 제정 초기로 이어지는 시기에 로마제국에서 '라티푼디아'가 한층 더 발달하였다. 이미 언급했듯이, 통상 500유게룸 이상의 농장을 '라티푼디아'로 규정하지만, 실제로는 그 이상의 방대한 '라티푼디아'가 많았다. 이와 관련하여 기원전 49년에 루키우스 도미티우스 아헤노바르부스라는 대지주가 1만 명의 군인에게 40유게룸의 토지를 분배해 주었다는 기록이 나오는데, 이로부터 추정컨대 당시 그는 최소한 40만 유게룸 이상의 토지를 소유했을 것으로 추정할 수 있다. 또한 서기 8년에 이시도루스는 3,600쌍의 황소가 이용되는 36만 유게룸의 토지를 소유하고 있었다고 한다.[23] 앞에서 중간 규모 토지들에 적용한 수확량과 판매 수입을 이 방대한 농장들에 적용하면, 그 수치는 실로 어마어마할 것이다.

노동력의 규모

노예의 수급

로마공화정기의 중소 자영농은 대체로 10유게룸 안팎의 토지에서 곡물과 과일 생산 위주의 자급자족적인 농업경영을 영위하고 있었다. 이 소농들은 포에니전쟁 이후 농토가 황폐해지고 오랜 병역 의무에 시달리며 지주들에게 토지를 빼앗김으로써 일대 위기를 맞이하였다. 그러나 소농이 완전히 사라진 것은 아니었다. 그들은 때로 '콜로누스'로서 일종의 소작인 지위로 떨어지기도 하였고, 아예 일용 노동자의 지위로 강등되기도 했으나 기본적으로는 제정 말기까지 대농장 주변에서 그 명맥을 유지하였다.[24]

그러나 규모의 경제라는 관점에서 농업 생산의 발전에 기여한 것은 명백히 '라티푼디아'와 중 · 대농 경영이었다. '라티푼디아' 경영에서 가장 중요한 것이 노예노동력의 수급이었다. 농학자 카토가 전하는 바로는, 100유게룸의 포도 농장에는 16명의 노예가 일하는 것이 알맞고, 240유게룸의 올리브 농장에는 13명의 노예가 적당하였다.[25] 이 정도의 노예 규모라면 더 큰 '라티푼디아'에서 일하는 노예의 수가 얼마나 많았을 것인가를 능히 짐작할 수 있다. 그러므로 '라티푼디아' 체제가 안정적으로 유지되기 위해서는 여기서 요구되는 수많은 노예가 끊임없이 공급되어야 하였다. 그리고 로마가 수행한 정복 전쟁이야말로 핵심적인 노예 공급원이었다.

그렇다면 전쟁을 통한 '노예화'의 규모는 어떠했을까? 기원전 256년 아프리카에서는 2만여 명의 포로가 노예화되었고, 기원전 261년 시칠리아에서는 25,000여 명이 노예화되었다. 기원전 167년 아이밀리우스 파울루스는 약 15만 명의 에피루스인을 노예로 팔았다고 하며, 카이사르는 갈리아에서 물경 100만 명을 노예로 삼았다고 한다. 전쟁만이 유일한 노예 공급원은 아니었고, 해적도 주요한 노예 공급자들이었다. 여하튼 이렇게 로마에 유입된 노예의 총 규모는 어떠했을까? 그럴듯한 추정에 따르면, 기원전 28년 정도를 기점으로 볼 때 자유민 400만 명에 대해 노예는 300만 명이었다. 그리고 노예의 수는 점점 불어나 자유민의 수를 압도했을 것이다.[26]

노예노동의 조직

'라티푼디아'에서 노예노동은 실제로 어떻게 조직되었을까? 예의 카토가 그 실태를 전해 주고 있다. '라티푼디아'의 소유자는 실제 농장 경영과 노예 감독을 '빌리쿠스', 즉 노예 감독자에게 위임하였다. 카토는 실로 무자비한 노예관을 갖고 있었다. 그는 다음과 같이 말하였다. "늙은 황소와 새끼를 낳지 못하는 가축, 새끼를 낳지 못하는 양, 양모, 가죽, 낡은 수레, 낡은 농기구, 늙은 노예, 병든 노예 그리고 무엇이든 잉여가 있는 것은 판매하라."[27] 노예는 인간이 아니라 농기구와 같은 농업 설비의 하나로 간주된 것이다. 이 상황에서 노동 생산성의 증대를 기대하기는 어려웠다.

공화정 말기에 가면 노예관이 다소 바뀌는 것을 알 수 있다. 농학자 바로는 노예를 관리할 때 처벌의 공포보다는 보상의 매력을 적절하게 쓰라고 충고하였다. "노예 감독자들은 보상에 의해서 더욱 열심히 일하게 해야 하며, 약간의 자기 재산을 갖게 하고, 여자 노예를 배필로 주어 자식을 갖게 하라."[28] 이러한 변화는 기원전 130년대의 시칠리아 노예 반란과 기원전 73~71년의 스파르타쿠스의 반란에 직면했던 노예 소유주들의 공포와 노동 생산성의 하락에 대한 염려에서 유래한 것으로 추정할 수 있다. 이로부터 노예들에 대한 통제와 경제적 이익을 이끌어낼 수 있는 방식으로 좀 더 '온정주의적인' 노예관을 적용할 가능성이 나온 것이다.[29]

그러나 노예 소유주들이 바로의 현명한 충고를 받아들였다는 증거는 아무 데도 없다. 로마 사회에서 노예가 농장에 딸린 부속물, 즉 '말하는 가축'의 신분을 벗어난 적은 한 번도 없었다. 노예에게는 생산성을 증대할 아무런 인센티브도 없었다. 만일 로마 농업사회에서 농업 생산성의 증대가 있었다면, 이는 오직 노예노동을 대량으로 투입하고 노예노동의 강도를 무자비하게 높임으로써만 가능하였다. 비록 바로처럼 개인에 대한 동기 부여와 농업 생산성 증대 사이의 긴밀한 상관관계를 통찰한 이들이 있기는 했지만, 로마 농업사회에서 넘쳐나는 노예들을 '소모하는' 손쉬운 방법을 포기할 이유가 없었다. 그러나 노예 공급이 끊겼을 때, 로마 농업사회의 발전은 이제 불가능해졌다. 이것이 로마 농업사회에서 규모의 경제가 직면한 운명이었다.

3. 가족과 친족 관계

가족제

농업사학자 슬리허 반 바트(Bernard Slicher van Bath)는 농업 발전에 영향을 미치는 중요한 요인으로서 농업경영 규모와 가족 규모의 관계를 거론한다. 즉 양자 사이에 최적의 비율이 성립할 때 잉여생산물이 최대가 된다는 것이다. 이렇게 보면 적은 수의 가족원과 동거 고용인을 가진 대농은 잉여생산물을 최대로 수확할 것이다.[30]

로마 사회의 기본단위는 가족(familia)이었다. 여기서 가족이란 가부장(paterfamilias)의 권위 아래에 놓인 모든 사람과 (노예를 포함한) 재산을 가리키는 말이다.[31] 그런 만큼 귀족의 경우 가족에는 그가 '부양하는' 처자식과 기타 기식자들 이외에 그가 '사육하는' 노예들이 포함되어 있었다. 귀족의 농장이 방대할수록 '말하는 가축'의 수도 많았을 것이다. 물론 적정 규모의 노예 수를 유지하라는 충고가 있었다. 극단적으로는 2명의 노예만으로 충분하다는 의견도 있었다. 하지만 이보다 4, 5배 더 많은 노예를 거느리는 경우가 많았다. 대단히 인색한 자로 알려진 킴베르조차 축제 때 약간의 제물 보따리 몇 개를 가져오는 데 8명이나 되는 노예를 동원하였다. 또한 트리말키오라는 사람은 적어도 500명의 노예를 소유하였고, 이시도루스는 4,116명의 노예를 소유하기도 하였다. 로마 사회의 대지주 대부분은 이처럼 방대한 수의 노예를 거느린 '노예 가족(familiae serviles)'의 가장들이었다.[32]

이처럼 '노예의 낭비'는 슬리허 반 바트가 말한 농업경영 규모와 가족 규모 사이의 최적 비율과는 거리가 먼 것이었다. 기본적으로 로마는 잉여물을 축적하는 사회가 아니라 소비하는 사회에 더 가까웠다. 잉여물이 축적되고 이것이 기술혁신과 자본 투자로 이어져 확대 재생산이 이루어지는 것은 근대 산업사회에 가서야 가능한 일이었다. 로마 사회는 생산이 체감하고 성장이 감속하는 농업사회의 구조물 위에 귀족 사회의 과시적 소비라는 지붕이 얹혀 있는 전근대사회의 전형이었다.

후견제

로마 사회에는 피후견인(clientes)이라는 특이한 존재가 있었다. 피후견인은 일반 평민과 같이 자유인이었으나 후견인(patronus)인 귀족과 신의(fides)로써 맺어진 관계로 법적 인격은 인정받지 못하였다. 따라서 후견인이 그를 대신하여 법정에 나가 변호를 해야만 하였다. 종종 외국의 왕과 귀족도 로마 시민의 피후견인이 되었다.

후견인과 피후견인 사이의 경제적 관계가 어떠했는지는 확실하지 않다. 그러나 후견인이 피후견인에게 가능한 한 경제적으로 후하게 대우해주는 것이 후견인의 명성을 위해 중요했음은 분명한 사실이다. 이를테면 시골 도시라면 몰라도 도시 로마에서 아무개 피후견인의 하소연과 요구와 인사를 모른 체 받지 않고 넘어갈 정도로 강심장을 지닌 후견인은 별로 없었다. 그리하여 좋은 후견인을 만난 피후견인에게는 그 자신의 수입보다 후견인으로부터 받는 수당이 더 확실한 수입원이 되었다. 따라서 도시 로마의 아침은 한 푼이라도 더 챙기고자 했던 피후견인들의 아침 문안으로 북적거렸다.[33]

경제적 보호에 대한 대가로 피후견인들은 후견인을 따라 종군하는 등 물심양면으로 후견인의 자비와 아량에 보답했으리라고 추정된다. 피후견인이 완전한 자유인이 되고 토지 소유자가 되어 독립한 때도 그 이전의 종속적인 관계는 그대로 유지되었다. 확실히, 이 독특한 후견제(clientage)는 로마 사회에서 계층 분화가 첨예하게 진행되는 과정에서 사회 혼란과 해체를 막아주는 방파제의 역할을 하였다.

문화적 요인 ;

실용과 근검

로마는 그리스 문화를 수용하면서 이를 창의적으로 재해석하였다. 로마인들은 활달하고 현세적이며 인간적인 그리스 문화를 그들 자신의 기질에 맞게, 또 제국 지배의 필요에 따라 실용적이고 현실적인 방식으로 변형시켰다. 그리스인들이 주로 철학, 문학, 음악 등 다분히 사변적이고 추상적인 문화 영역에서 두각을 나타냈다면, 로마인들은 건축학, 법학, 의학 등 공리적이고 구체적인 문화 영역에서 재능을 과시하였다.

로마공화정기에는 이상적 시민상이 농민-전사였던 만큼 근면함과 소박함, 용맹심, 절제 등이 바람직한 시민 윤리로 숭상되었다. 이와 같은 윤리는 로마인들에게 체질화되어 로마 특유의 '민족성'을 구성하는 요인으로 자리 잡았다. 그러나 제정으로의 이행과 더불어 이러한 특성은 변화를 겪게 되었다. 공화주의적 도시국가의 좁은 한계에서 벗어난 로마인들은 점차 공동체적인 미덕 대신에 개인주의적이고 가족주의적인 미덕을 좀 더 중요시하게 되었고, 스토아 철학과 에피쿠로스 철학이 유행하면서부터는 내면적 성찰과 세련된 쾌락주의가 가미된 개인주의가 한층 발전하게 되었다.

한편, 로마가 광대한 제국으로 발전하면서 종래의 협소한 폴리스적 지평을 대체하는 새로운 보편주의적 세계관의 필요성이 대두하였다. 제국을 통합하는 상징으로서 '황제 숭배'가 등장한 것도 이 맥락에서였다. 이와 같은 보편주의적 세계관은 현세적 삶에 대한 회의와 내세에 관한 관심과 맞물려 기독교의 확산으로 이어지기도 하였다. 그리하여 유대 민족의 부족 종교에서 출발한 기독교는 제국의 몸을 빌려 세계 종교로 발돋움하게 되었다. 그러나 기독교에 몸을 빌려준 로마제국은 거꾸로 보편적 기독교 공화국의 이념에 압도되고 말았다. 새로운 보편주의 이념은 곧 중세 유럽의 경제체제와 사회구조를 떠받치는 이데올로기적 · 문화적 덮개가 될 것이었다.

1. 과학기술과 교육

실용 기술과 학문의 발전

거대한 로마제국의 각 도시를 잇는 것은 제국의 변경까지 곧게 뻗어 있던 공공 도로, 즉 '로마길'이었다. 제국 북서쪽 끝에서 남동쪽 끝까지 4,080로마 마일에 걸쳐 있던 이 도로는 이정표로 정확하게 구분되어, 자연의 장애물이나 사유지도 아랑곳하지 않고 도시에서 도시로 일직선으로 뚫려 있었다. 구조적으로는 주변이 잘 보이도록 중앙을 높게 하여 모래, 자갈, 시멘트를 몇 층으로 깐 뒤 보통 그 위에 넓적한 돌을 깔았고, 로마 근교에는 곳에 따라 화강암으로 포장하기도 하였다. '로마길'은 튼튼하고 배수가 잘되어, 부분적으로는 오늘날까지도 사용될 정도이다.

'로마길'을 통해 사람들은 가장 먼 속주들 사이도 편리하게, 또 빈번하게 오갈 수 있었고, 군대의 이동이 용이하게 되었다. 빠른 정보 입수와 신속한 명령 전달의 중요성을 인식한 황제들은 광대한 제국 전체에 역참제를 시행하여 하루에 100로마 마일을 주파할 수 있게 하였다. 요컨대 '로마

아피아 가도 제국의 혈관에 해당하는 로마의 도로는 로마제국이 당시 거대한 제국을 유지하는 데 큰 역할을 하였다. 현재도 부분적으로 사용되고 있다.

길'은 경제적으로는 물자와 인간을 수송하는 역할을 하였고, 군사적으로는 군대가 진군하고 제국이 팽창하는 통로가 되었다.[34]

또한 로마인들은 상하수도 시설에도 큰 관심을 두고 있었다. 특히 아우구스투스의 심복인 아그리파는 오물을 방출하는 7개의 거대한 하수도를 건설함으로써 도시 로마의 위생 문제를 해결하는 데 크게 기여하였다. 가장 오래되고 가장 넓은 수도인 클로아카 막시마(cloaca maxima)는 로마 포룸에서 아벤티움 언덕까지 놓여 있었으며, 하수도 본관의 기능을 훌륭하게 수행하였다. 더욱 놀라운 것은 상수도관이었다. 트라야누스 황제 재위기에 황제의 이름을 딴 '아쿠아 트라야나(aqua Traiana)'가 준공됨으로써 도시 로마로의 물 공급이 원활해졌다. 이처럼 로마인들은 현실 생활에 필요한 복잡하고 거대한 수로망의 건설에서 탁월한 재능을 발휘하였다.

로마인들은 제국 지배라는 현실적 필요에서 일찍부터 정교한 법체계를 발전시켰다. 로마가 아직 도시 공화정의 한계를 벗어나지 못했을 때 로마법은 당연히 시민 사이에 통용되는 '시민법'의 형태로 발전하였다. 그러나 포에니전쟁 이후 공화정이 본격적으로 제국으로 발돋움하면서 도시 로마 밖의 모든 주민에게 통용되는 '만민법'이 발전하였다. 로마의 법체계가 점점 더 복잡해지자 법학자들의 자문과 유권 해석이 필요해졌고, 이로부터 '학자들의 해답(responsa prudentium)'이 만들어지기도 하였다. 제국 전체에 통용되는 모든 실정법을 통합하려는 시도가 이어졌고, 이 시도는 동로마제국 황제 유스티니아누스에 의해 『로마법대전』의 편찬으로 결실을 보았다.

이미 앞에서도 강조했듯이 로마법에서 주목할 점은 상속, 계약, 재산과 관련된 민법이 발전했다는 사실이다. 이러한 맥락에서 소유권과 관련한 정교한 구분이 이루어진 것이 이채롭다. 사용 취득권(usucapio), 점유권(occupatio), 사용권(usus), 용익권(ususfructus) 등의 분류가 그것이다. 이처럼 다양한 층위를 갖는 소유권 개념이 발전한 것은 당시 로마 사회에서 계층 분화가 진전되고 개인의 사적 소유권이 크게 확대되고 있었음을 말해 준다. 확실히 사적 소유권의 발전은 개인의 영리 추구 행위를 장려함으로써 경제 발전과 가치 창출에 긍정적인 영향을 끼쳤을 것이다.

한편, 로마인들은 '제왕절개(Caesarean operation)'를 처음 시술한 것으로 알려졌을 정도로 상당히 높은 수준의 의술을 발전시킨 것으로 보인다. 의술의 발전은 기본적으로 로마 군대의 필요에서 유래했을 것이다. 외과 의사들이 정규적으로 군단에 배속되었고, 병원이 부상병을 치료하는 시설로서 로마에서 처음 등장한 것 같다.[35] 특히 갈레누스는 영장류에 대한 해부를 통해 로마 생리학의 수준을 높였는데, 이는 근대 의학에 큰 영향을 미쳤다. 의학의 발전은 건강과 위생에 대한 로마인들의 높은 관심을 반영한다. 이는 로마 농업사회가 상당한 잉여물을 생산하면서 단순 생계만이 아니라 삶의 질에 눈을 돌릴 수 있는 여유를 갖게 되었음을 시사한다. 물론 잉여물이 기술혁신과 자본 투자로 대거 이어지지 못했다는 점에서 그러한 발전이 명백한 한계를 안고 있었다는 점은 두말할 나위도 없지만 말이다.

고대의 교육

로마인들은 건축학, 법학, 의학 등 현실 생활과 맞닿아 있는 영역에서 탁월한 재능을 뽐내었지만, 그에 따라 학문을 보존하고 전수하는 전문 교육기관을 온전히 발전시킨 것은 아니었다. 초등교육의 수준에서 보면 교육의 책임은 전적으로 부모와 가정교사에게 있었다. 자식이 아주 어리면 부모가 교육을 도맡고 유아기를 벗어나면 가정교사를 딸려 주었다. 오랫동안 자녀 교육에 헌신한 것으로 알려진 그라쿠스 형제의 어머니 코르넬리아는 그러한 가정교육의 잘 알려진 사례일 것이다. 초등교육기관이 없었던 것은 아니다. 2세기 이후에 초등학교가 많이 세워졌는데, 두드러진 사례는 로마의 루두스 리테라리우스(Ludus litterarius)이다. 그러나 초등학교는 학생들을 교육하기보다는 망치는 곳이라는 악명을 얻었다.[36]

중등 이상의 교육 현장에서도 사정은 비슷하였다. 많은 웅변 학교와 문법 학교에서 수사학, 그리스 문학, 라틴 문학 등을 교수하였다. 그러나 학교와 선생에 대한 평판은 대단히 나빴다. 특히 2세기 이후에 로마 사회에서 그리스 문화가 열풍처럼 유행하게 되면서 교육 내용은 한층 더 비현실적이고 사변적인 방향으로 치우쳐 갔다. 교육 형식도 그저 단순한 암기식이었던 것으로 보인다. 그리하여 독설로 유명한 풍자 작가 유베날리스는 교사들에 대하여 "6일 내내 헛소리 안 하는 날이 없으며 백 번씩이나 똑같은 배추 접시를 갖다 주는 이 불쌍한 선생들"이라고 비아냥거리기도 하였다.[37]

결국 로마의 전문 교육기관은 큰 실효성이 없었다는 말인데, 그 이유는 무엇일까? 로마 사회는 학교에서 생산되고 전수되는 표준화된 지식을 통해 발전한 것이 아니라 조상과 공동체의 지혜를 통해 발전하는 전형적인 농업사회였다. 카토나 콜루멜라의 농서도 농민이 직접 참조하는 작업 매뉴얼로 널리 활용되지 않았다. 이러한 상황에서 전문 교육의 필요는 자연히 생산활동과는 무관한 영역에서 나타났고, 학교교육은 늘 공허하고 무익하다는 인상을 주게 마련이었다. 이렇게 생산활동과 긴밀히 연계된 전문 교육기관이 발전하지 못했기 때문에 새로운 과학기술이 나타나도 축적되고 발전하며 전수될 수 없었다. 갈레누스의 위대한 의학 지식도 축적되기는커녕 망각되었으며, 훗날 이슬람학자들에 의해 보존되어 근대 유럽 세계로 전해졌다. 이 사실들은 로마 농업사회가 새로운 과학기술과 혁신을 통해 가치 창출을 이루어내는 사회가 아니었음을 웅변으로 말해 준다.

2. 이데올로기와 종교

초자연주의와 인간중심주의

로마인들은 현대인의 관점에서 보면 미신과 초자연주의와 다신교에 탐닉해 있었던 '이상한' 사람들이었다. 이를테면 트리부스 회가 소집될 때 콘술은 민회 소집 전날에 '전조(auspicia)'를 보았다. 민회를 주관하는 유피테르 신이 민회 소집을 어떻게 생각하는지 알아보기 위해서였다. 또한 켄투리아 회에서 투표할 때에도 우선 투표권을 행사하는 켄투리아를 추첨으로 뽑았는데, 이는 추첨이 하늘의 뜻을 나타낸다는 로마인들의 믿음에서 비롯된 것이었다.[38]

그런가 하면 로마는 전형적인 농업사회였기 때문에 당시에 농업과 관련된 신을 섬기는 다양한 축제가 있었다. 농업을 주관하는 사투르누스를 숭배하는 '사투르날리아' 축제가 대표적인 사례이다. 이날은 모든 공공 업무가 중단되고 질펀한 향연이 펼쳐졌다. 그 밖에 동짓날에 거행되는 해맞이 축제인 '브루말리아' 축제가 있었는데, 이와 같은 태양신 숭배 전통은 황소를 제물로 바치는 미트라교로 이어졌고, 로마 군단병들 사이에서 큰 인기를 누렸다. 실상 미트라교는 이집트에서 유입된 이시스교와 더불어 제국의 로마인들 사이에 가장 널리 확산된 (기독교에 대적할 만한) 강력한 이교 신앙이었다.[39]

로마는 팽창을 통해 다양한 문화를 흡수했기 때문에 이들로부터 유입된 다양한 신을 섬긴 전형적인 다신교 사회였다. 2세기 후반의 작가 미누키우스 펠릭스는 로마제국이 팽창정책을 통해 점점 더 많은 다른 문화를 통합하고 수많은 종교를 함께 수용하게 된 과정을 자세히 기술하면서 다음과 같이 말하였다. "각 민족은 자체의 개별적인 의례를 치르고 자기 지역의 신들을 숭배한다. 엘레우시나이의 케레스, 프리지아의 모성신, 에피

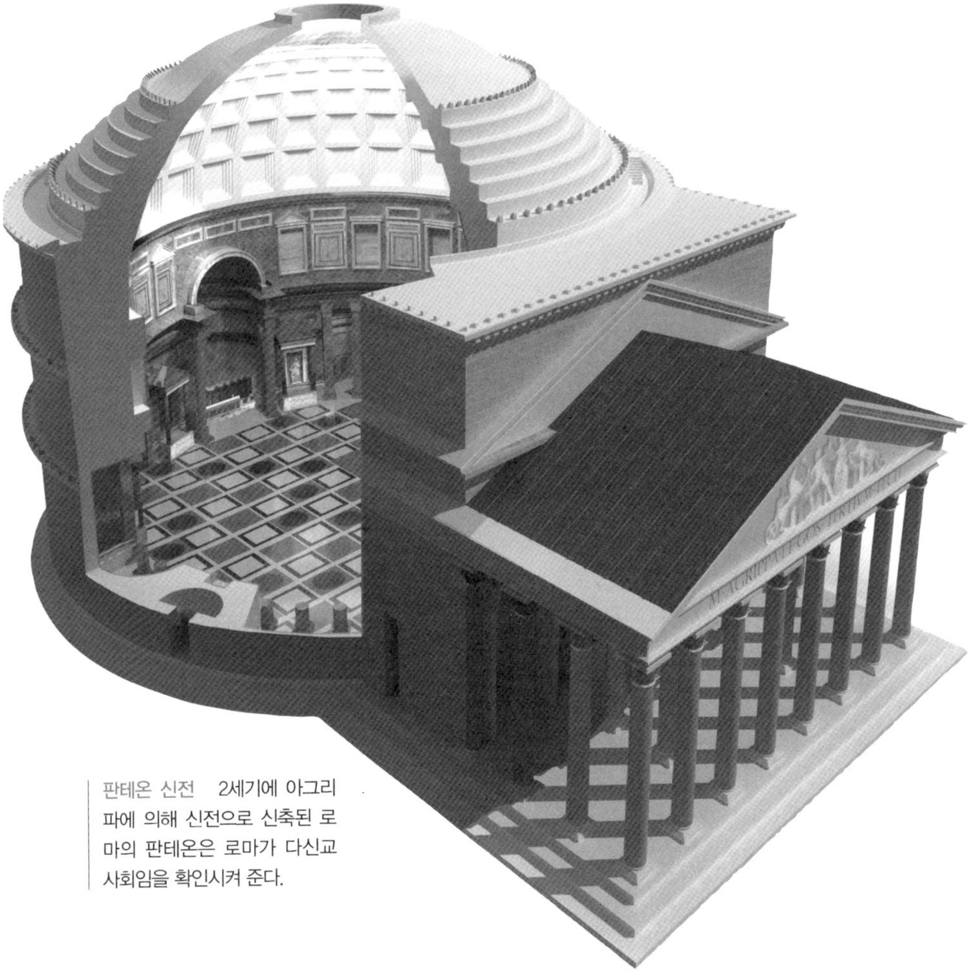

판테온 신전　2세기에 아그리파에 의해 신전으로 신축된 로마의 판테온은 로마가 다신교 사회임을 확인시켜 준다.

다우리아의 이스쿨라피우스, 갈리아의 머큐리가 그것이며, 로마인들은 어느 것이나 다 섬겼다."[40]

이처럼 미신과 초자연주의와 다신교에 빠진 로마인들이었지만, 그들은 또한 그리스 문화를 받아들이면서 그리스 특유의 현세적이고 인간 중심적인 인생관을 굳건하게 유지하고 있었다. 로마인들이 믿는 신도 죽지 않는다는 점에서만 인간과 구별될 뿐 그 나머지 모든 면에서 인간과 같은 특성을 공유하였다. 그들은 각종 신전과 신상을 축조했지만, 그들에게 중요한 것은 신이 아니라 인간, 그것도 현세의 삶을 사는 인간이었다. 스토아 철학자 마르쿠스 아우렐리우스는 신은 존재하지만 신은 인간에게 악을 피할 수 있는 분별력을 주었다고 하면서 다음과 같이 말하였다. "현재만이 우리가 소유할 수 있는 유일한 것이다. 그러므로 가장 중요한 것은 현재를 어떻게 살아가는가이다."[41] 이는 그리스인들이 로마인들에게 물려준 인간 중심의 현실주의적 세계관의 정곡을 찌르는 말이 아닐 수 없다.

황제의 얼굴이 새겨진 동전 로마 제정 시기에는 황제의 얼굴을 동전에 새기는 등 황제 숭배의 분위기가 만연하였다. 위의 동전에는 최후의 서로마 황제 로물루스 아우구스툴루스가 새겨져 있다.

초자연주의 및 다신교 전통과 인간중심주의의 기묘한 공존은 '황제 숭배'에서도 이어졌다. '황제 숭배'에서 흥미로운 점은 인간중심주의가 도를 넘어 인간을 신으로 숭배하기에 이르렀다는 것이다. 신이 '인격화'된 것과 마찬가지로 인간이 '신격화'되었다. 로마 사회에서 신과 인간의 차이는 결코 '절대적'이지 않았던 것이다. 카이사르는 죽은 뒤에 신격화된 첫 번째 사례이다. 카이사르를 위한 제의가 만들어져 안토니우스가 신관으로 취임하였다. 카이사르 사후에 권력 투쟁을 벌인 사람들은 서로 경쟁이라도 하듯이 자신을 신으로 치장하고자 하였다. 그리하여 악티움 해전에서 격돌한 옥타비아누스와 안토니우스-클레오파트라는 각기 디오니소스와 이시스 신에 비유되었고, 이 해전은 곧 신들의 싸움으로 이해되었다. 또한 아우구스투스 사후에 그를 신으로 칭송하는 신상과 비문이 세워졌고, 아우구스투스 숭배는 본격적인 '황제 숭배'의 시작으로 간주할 수 있다.[42]

기독교

기독교의 확산과 기독교 제국의 성립

2세기 이후부터 지중해 연안 로마제국 전체가 점차 기독교적 특성을 띠게 되었다. 처음에 로마 당국자들은 기독교도들을 또 다른 별난 종파쯤으로 간주하고 별로 걱정하지 않았으나 기독교도들이 절대적이고 유일한 하나님에 대한 믿음 속에서 '황제 숭배'를 한사코 거부하자 본격적으로 박해하기 시작하였다. 250년경 이후에는 기독교 자체가 불법으로 간주되었고, 유혈을 동반한 대규모 기소가 시작되었다. 그러나 박해자들에게 기독교도들만큼의 강한 확신은 없었다. 한 역사학자가 날카롭게 지적하듯이, "그들은 [박해자들—인용자 주] 자신의 불을 가지고 불과 싸우지는 않았다."[43]

300년대에 들어서면 로마라는 국가와 재래 종교들 사이의 모든 공식적 관계는 끝이 났다. 313년 콘스탄티누스 황제는 '밀라노 칙령'을 선포하여 기독교인들에 대한 박해를 중지하고 그들에게도 자신들의 종교를 믿을 자유를 줄 것을 결정하였다. 그리하여 기독교도들은 압수당한 모든 재산을 반환받았고, 기독교는 다른 종교와 함께 평등을 부여받았을 뿐만 아니라 경제적 이득도 얻게 되어 이를 이용하여 세력권을 널리 확장하였다. 그러자 재래 종교들의 세력은 점차 잠식되었고, 이와 동시에 번성하는 기독교 공동체와 그 지도자들은 자신의 지위를 강화할 절호의 기회를 잡게 되었다. 마침내 391년 테오도시우스 황제는 기독교를 로마의 사실상 국교로 선포하기에 이르렀다.

다신교 전통과는 맞지 않는 일신교인 기독교는 로마제국에서 어떤 기능을 가졌는가? 이 문제에 한마디로 답하기는 어렵지만, 아마도 일신교가 잡다한 문화와 민족과 종교의 용광로였던 거대한 로마제국을 통합하는 기능을 수행하지 않았을까 생각한다. 그러나 이 판단도 조심스럽다. 왜냐하면 기독교가 제국의 엘리트층과 일반 민중 및 노예를 한데 묶어 주는 사회 통합의 이념적 기제로 작용했다고 확신하기 어렵기 때문이다. 즉 로마의 엘리트층은 세련된 스토아 철학이나 에피쿠로스 철학을 받아들인 합리주의자요 회의주의자로서 기독교를 냉대하거나 무시했던 반면, 노예를 포함한 광범위한 대중은 무식하기는 했으나 비참한 인생 속에서 현세에는 아니라도 적어도 내세에는 지금보다 나은 것을 기대할 수 있다는 희망

밀비우스 다리 전투　박해의 대상이던 기독교는 312년에 막센티우스를 물리치고 콘스탄티누스 대제가 승리함으로써 제국의 종교로 거듭나게 된다.

으로 기독교에 대해 좀 더 적극적인 수용 자세를 취하고 있었던 것으로 보인다.[44] 상황이 그러했다면, 기독교가 거대한 로마제국을 통합하는 기능을 수행했다고 보기는 어렵다. 오히려 로마제국 안에서 또 하나의 거대한 제국, 즉 기독교 제국이 형성되고 있었다고 보는 것이 옳을지 모른다. 결국 로마인들로서는 다음과 같이 실토할 수밖에 없었다. "정복한 우리가 정복당하였다."[45]

3. 민족성과 생활양식

절제의 이상

로마에는 제국을 통합하는 단일한 이데올로기 · 종교적 이념이 부재하였다. 물론 로마화 과정 자체나 로마 시민권이 로마를 한데 묶어 주는 실질적 · 상징적 역할을 했다고 볼 수 있는 측면도 있다. 그러나 제정 말기로 들어갈수록 로마의 팽창이 저지되고 시민권이 남발되면서 그 또한 바닥을 드러내기 시작하였다. 다른 한편, 제정 말기에 한때 기독교가 그런 역할을 떠맡을 수 있으리라는 기대가 있었지만 기독교는 제국의 통합에 기여하기는커녕 오히려 제국의 멸망을 촉진하였다.

그렇다면 로마는 왜 통합 이념이 발달하지 않았을까? 여러 가지 이유가 있겠지만 그중 가장 중요한 것은 고대 로마 농업사회 자체가 통합 이념의 필요를 애당초 갖고 있지 않았다는 데 있지 않았을까 추측해 볼 수 있다. 하나의 사회가 일사불란하게 움직이기 위해 중세의 기독교나 근대의 민족주의와 같은 통합 이념이 필요하다는 생각 자체가 현대인의 편견에 불과할지도 모른다.

프랑스 철학자 푸코(Michel Foucault)는 고대에는 그러한 통합 이념이 없었다고 주장한다. 그에 따르면, 통합 이념에는 으레 무엇인가를 허용하고 금지하는 강력한 도덕적 규제가 작동하기 마련인데, 고대에는 엄격한 도덕적 규제보다는 과잉을 멀리하며 중용과 절제를 추구하는 자기 실천과 삶의 기술이 훨씬 더 중요하였다. 그리스의 아리스토텔레스는 인간이 저지를 수 있는 유일한 잘못은 '과잉'이며, '과잉'은 '무절제함'에서 나오고 그것만이 비난받을 만한 일이라고 하였다.[46] 또한 플라톤은 고대인의 네 가지 덕목을 지혜, 용기, 정의, 절제라고 못 박았다. 요컨대 고대에는 법과 도덕의 강제가 아니라도 개인이 자발적으로 공동체의 규준에 맞는 근면하고 소박하며 절제 있고 용기 있는 삶을 추구하는 것이 모범으로 여겨졌다. 그리고 이는 정확히 고대의 농민-전사의 삶에 요구되는 덕목들이었다.

실용의 이상

로마인들은 '근검절약'의 덕목들을 체현하면서 여기에 '실용'의 덕목을 덧붙였다. 이는 그리스인들과는 달리 로마인들이 광대한 제국을 관리해야 하는 현실적인 문제에 직면했기 때문으로 보인다. 로마인들은 여러 이질적인 민족들과 문화권들을 아우르는 방대한 영토를 효율적으로 통치해야 하였다. 로마인들이 건축학, 법학, 의학 등 공리적이고 구체적인 문화 영역에서 두각을 나타낸 것도 이 맥락에서였다.

로마인들은 무엇이 올바른가의 견지에서라기보다는 무엇이 유익한가의 관점에서 사고하고 행동한 것으로 보인다. 그들은 '유익함(utilitas)'을 추구한 실용주의자들이었다. 그런데 '유익함'이 '도덕적 선(honestum)'과 충돌한다면 어떻게 될까? 로마인들은 이와 같은 도덕적 난제에 대해서도 '실용적인' 답변을 추구하였다. 로마공화정 말기의 사상가 키케로는 다음과 같이 말하였다. "유익한 것처럼 보이는 것에 도덕적으로 옳지 않은 악한 것이 관련되어 있다는 점을 보게 되면, 그때에는 유익함을 포기할 것이 아니라 도덕적으로 악한 것이 있는 곳에 유익함이란 있을 수 없다는 사실을 깨달아야 할 것이다. …… 선한 것은 확실히 유익하다. 그러므로 도덕적으로 선한 것은 무엇이든지 간에 유익하다." 충고는 이어진다. "우리는 우리에게 유익한 것들을 포기해서는 안 되고, 우리 자신에게 필요한 것들을 남에게 양도해서도 안 되지만, 남에게 해만 끼치지 않는다면 누구나 자신의 유익함을 향유해야 할 것이다."[47]

그런데 '유익함'을 추구하는 고대 로마인들의 실용주의 정신을 근대 상업사회에서 나타나게 될, 저 유명한 '베니스 상인'의 물욕이나 이기심과 같은 것으로 이해해서는 안 된다. 로마인들의 '실용'은 근본적으로 고대 농업사회의 근면함과 소박함의 가치 범주를 절대로 벗어나지 않았다. 아마도 이것은 로마의 실용주의가 일정 수준에서 가치의 이전과 창출에 도움이 되었으되 그 이상의 가치 창출과 축적에는 기여하지 못한 이유였을 것이다. 이와 관련하여 키케로는 다음과 같은 일화를 들려준다. "가산에서 최대의 수익을 올리는 것은 무엇이냐는 질문을 받았을 때 그[카토—인용자 주]는 이렇게 대답하였다. '가축을 잘 치는 것이지요.' '두 번째는 무엇입니까?' '웬만큼 잘 치는 것이지요.' '세 번째는 무엇입니까?' '시원치는 않지만, 그래도 가축을 치는 것이지요.' '네 번째는 무엇입니까?' '곡물 경작이오.' 질문하던 사람이 '대금(貸金)은 어떻게 생각하십니까?'라고 묻자, 카토가 되묻기를 '사람을 살해하는 것은 어떻게 생각하시오?' 하였다."[48] 로마는 이윤과 자본을 혐오한 사회였다.

제2장

중세 봉건 유럽

유럽 중세 사회는 봉건사회였다. 봉건사회는 로마제국의 몰락 이후 공권력이 해체된 상황에서 보호와 복종의 독특한 인간적 유대관계로서 발전하였다. 봉건제를 한마디로 정의하기란 쉽지 않다. 봉건제의 특징은 몇 가지 측면으로 나누어 살펴볼 수 있다. 첫째, 봉건제는 법률적 측면에서 '주종제'를 가리킨다. 이는 주군과 가신 사이에 보호와 충성의 관계로 맺어진 쌍무적 계약 관계였다. 둘째, 봉건제는 정치적 측면에서 '지방분권제'였다. 제국의 해체 이후 각 지역에서 왕국이 수립되었지만, 왕권은 허약했고 지방 세력이 할거하였다. 셋째, 봉건제는 사회적 측면에서 '농노제'를 가리킨다. 농노는 노예보다는 자유로웠지만, 영주권에 종속되어 각종 지대 등 무거운 경제적 부담을 지고 있었던 중세의 직접 생산자들이었다. 넷째, 봉건제는 경제적 측면에서 '장원제'였다. 장원은 중세 농업경영의 기본단위이자 중세인들의 삶의 터전이었다.

유럽 중세 사회는 농업사회였다. 비록 11세기 이후 상업이 부활하고 도시가 발달했지만 중세 사회는 전적으로 농업사회의 틀을 벗어나지 못하였다. 도시는 농촌의 바다에 떠 있는 섬이었다. 오랫동안 중세 사회는 정체된 사회로 묘사되었다. 그러나 중세 농업이 정체된 것만은 아니었다. 많은 증거는 중세 사회에서 괄목할 만한 농업 발전이 이루어졌음을 보여준다.

농업사회에서 가장 중요한 생산요소인 노동력의 중세적 형태는 농노였다. 농노는 부자유스러운 신분이었지만 사적 소유를 인정받았다. 이는 중세 농노가 고대 노예보다 노동 생산성이 높았으리라는 점을 시사한다. 물론 이 판단도 조심스럽다. 왜냐하면 근대 미국이나 서인도 제도에서 노예제는 생산성이 낮지 않았기 때문이다. 이른바 '신경제사'의 연구 성과들이 말하는 바는, 특정한 조건에서 노예제도 경제적으로 합리적일 수 있다는 사실이다. 그런 점에서 노예제와 농노제를 단순하게 비교하기는 어렵지만, 봉건적인 유럽 중세 사회가 정체된 사회가 아니었다는 것은 여러 가지 증거를 볼 때 분명한 사실이다.

영주들은 더 많은 수입을 올리기 위해 농노 가족을 기본단위로 하여 토지를 집약적으로 경영하고 새로운 농업기술을 도입하였다. 농업사회에서 핵심적인 또 하나의 생산요소인 토지도 동유럽 지역이 개간되면서 크게 확대되었고, 그럼으로써 중세 농업사회의 토지 면적당 단위 생산력은 한층 증가하였다. 그럼에도 중세 농업사회의 발전 양상을 과장해서는 안 된다. 토지 면적의 증가는 제한적이었고, 농노는 여전히 자신의 사적 이해관계를 자유롭게 추구할 수 있는 존재가 아니었으며, 영주는 세금을 거두고 전쟁을 하거나 소비하고 과시하는 존재였다. 무엇보다 중세 사회는 생산성 향상이 기술혁신이 아니라 더 많은 노동량의 투입으로 달성된 순수 농업사회의 특징을 공유하였다.

이러한 사실들은 중세 사회가 생산이 체감하고 성장이 감속하는 전형적인 농업사회였음을 말해 준다. 영주는 농노를 농토에 묶어 속박하고 과중한 세금으로 생산을 독려하며 전쟁과 강압으로 생산 기반을 확대하는 데 노력을 집중하였다. 하지만 기술혁신에 의한 생산성 향상의 효과는 미미한 특성을 보였던 것이다.

유럽 중세는 5세기 후반 서로마제국이 몰락하면서 개막되었지만 사회의 '봉건화' 경향은 그 이전부터 감지되었다. 그 후 게르만족의 대이동, 노르만족과 이슬람 세력의 침공이 잇따르면서 유럽 사회는 지중해의 해상권을 상실하고 점점 더 '내륙화'되고 '농촌화'되었다. 그럼에도 중세 농업사회의 발전은 꾸준히 이루어졌다. 그리하여 9~11세기에 봉건사회의 기본 틀이 갖추어지고, 12~13세기에 들어 중세 사회의 활력이 최고조에 이르게 되었다.

이 시기에 대대적인 개간 운동이 시작되고 원격지 무역이 발전했으며, 화폐경제가 확산되고 도시와 대학이 발전하였다. 특히 11세기 말부터 개시된 십자군 원정은 그 이전까지 이민족의 침입에 시달리며 수세적 입장에 있었던 유럽인들이 거꾸로 이민족에 대해 공세적 자세를 취하게 되었음을 보여준다. 그러나 14~15세기에 들어서면 중세 농업사회의 성장이 현저히 감속하면서 영주의 수입 위기, 농민 반란, 흑사병의 창궐이 잇따르고, 발전의 동력을 잃은 채 중세 봉건사회는 거대한 위기에 빠지게 되었다. 이로부터 근대사회로의 이행이 본격화되었다.

정치적 요인 ;

봉건적 영주권의 강화

로마 시대에 중앙집권적 권력의 강화는 로마 농업사회가 팽창하고 발전하는 데 중요한 정치적 요소로 작용하였다. 그러나 중앙집권적 권력의 강화와 로마 농업사회에서 가치 창출의 관계는 다분히 '간접적'이었다. 즉 중앙 권력이 직접 생산과정에 개입함으로써 가치 창출 과정을 주도한 것은 아니었다는 것이다. 황제권으로 상징되는 로마의 중앙집권적 권력은 농업사회의 신분제적 질서를 확립하고 성공적인 제국의 군사적 팽창을 가능하게 하는 등 간접적인 방식으로 농업사회의 발전에 기여하였다.

중세에는 농업 제국의 정치적 발전 과정에 역전 현상이 일어났다. 정치권력이 집중되기보다 분산되었던 것이다. 그러나 권력의 분산을 권력의 약화와 혼동해서는 안 된다. 비록 중앙 권력은 허약했지만 지방 권력은 강화되었으며, 따라서 권력의 총량이 감소한 것은 아니었을 것이다. 오히려 지방 권력의 중심인 영주는 더욱 집약적이고 효율적으로 장원을 경영하고 노동력을 통제함으로써 직접 생산과정에 개입하였다. 그러므로 봉건적 영주권의 강화와 중세 농업사회에서의 가치 창출의 관계는 훨씬 '직접적'이었다. 장원으로 편제된 영지라는 제한된 범위 안에서 행사한 영주들의 강도 높은 권력이야말로 중세 농업사회가 발전하는 데 필요한 정치적 요소였다.

기술적 · 경제적 측면에서 획기적인 발전이 없었다는 점에서 순수 농업 사회라는 공통점을 지닌 고대 로마와 중세 유럽에서 이처럼 농업 생산에 대한 통제 방식이 근본적으로 달랐던 이유는 다음과 같다. 로마는 대장원에 노예를 소모품으로 투입했기 때문에 농업 생산에 대한 직접 통제는 농장주의 몫이었다. 로마 정부는 새로운 노예 공급을 위한 정복 전쟁에만 충실하면 되었다. 그런데 봉건 영주에게는 농노가 장원에서 생산의 주체이자 그 자체 통치령의 구성원이었기 때문에 영주가 농노를 통제하고 생산에 직접 개입함으로써만 생산과 가치 창출을 극대화할 수 있었다.

봉건제 아래서 생산과정에 대한 영주의 통제권은 매우 성기고 제한적이었다. 그것은 기본적으로 근대 자본주의적 산업사회에서처럼 경제활동인구 개개인이 생산을 극대화하려고 노력하지 않았기 때문이다. 이는 생산이 체감하는 농업사회에서는 투입한 노력 단위당 추가 산출이 점점 줄어듦으로 농업에 직접 종사하는 사람에게 증산이나 잉여생산에 대한 인센티브가 없었기 때문이다. 따라서 중세 농업사회에서 생산에 대한 영주의 통제권은 노동과정 자체에서보다는 농노의 잉여노동이나 잉여생산물을 강제로 수취하고 전유하는 방향으로 발휘되었다.

영주가 과중한 세금으로 농민을 기아선상으로 몰아붙이게 되면 농민은 생존을 위한 최소한의 곡식이나마 더 생산하지 않을 수 없었고, 이는 사회의 총생산과 총세수를 증가시키는 가장 효과적인 수단이 되었다. 이는 생산이 체감하는 '네거티브 인센티브(negative incentive)' 생산 체제 아래서 총생산과 총세수를 극대화하는 최고의 방법이었다. 그리고 이를 가능하게 한 것이 영주의 군사력과 사법권이었다. 이와 같은 경제외적 강제력을 동원함으로써 직접 생산자 계층을 통제하는 것이 중세 봉건사회의 핵심적인 특징이었다. 그리고 영주의 경제외적 강제력을 뒷받침하는 중세 엘리트층의 다양한 가치관과 제도가 발전하였다.

1. 정치적 안정성

봉건제 성립의 정치적 배경

로마제국의 붕괴

서기 96년 네르바 황제의 즉위에서 180년 마르쿠스 아우렐리우스 황제의 죽음에 이르기까지 근 100년간 지속된 '5현제 시대'를 끝으로 제국의 달은 급속히 기울어지기 시작하였다. 황제의 위엄은 사라지고 군대가 황제를 옹립하고 폐기하는, 이른바 '군인 황제 시대'가 도래하였다. 그리하여 235~284년에 무려 26명의 황제가 번갈아 제위에 오르고 그중 25명이 '비정상적인' 죽음을 맞는 극도의 정치 혼란이 야기되었다.

물론 디오클레티아누스나 콘스탄티누스와 같은 유능한 황제가 등장하여 정치 혼란을 수습하고 제국의 수명을 연장했음은 사실이다. 그러나 이들 황제의 개혁으로도 문제를 근본적으로 치유할 수는 없었다. 테오도시우스 황제 재위기에는 제국이 서로마와 동로마로 이원화되었다. 그런 가운데 제국의 붕괴는 가속화되었고, 북방의 게르만족은 물밀 듯이 로마의 역내로 침공해 왔다. 마침내 476년 게르만족의 용병대장인 오도아케르가 서로마제국의 황제 로물루스 아우구스툴루스를 폐위함으로써 서로마제국은 맥없이 무너지고 말았다.

게르만족의 대이동과 게르만 왕국의 성립

북방 게르만족은 제국의 붕괴 이전부터 꾸준히 로마로 유입되어 왔다. 게르만족은 이미 로마 군단에서 봉급을 받는 직업 군인 등으로 '로마화'되어 가고 있었다. 그러나 로마 문화에 동화되지 않은 많은 게르만족은 제국의 붕괴 이전부터 이미 로마인들을 괴롭히고 있었다. 410년 서고트족의 '로마 약탈'은 세계의 수도인 로마가 일개 야만족의 말발굽에 짓밟힌 충격적인 사건이었다. 그리고 마침내 제국이 붕괴했을 때 게르만족은 로마제국의 고토(古土)에 자신들의 독립적인 왕국을 건설하기 시작하였다.

가장 인상적인 시도는 동고트족의 테오도릭이었다. 그는 '야만족'의 왕이었지만 교양을 갖춘 유능한 지도자였다. 그는 이탈리아 중북부에 동고트 왕국을 건설하고 번창하는 국가의 기틀을 마련하였다. 그러나 테오도릭의 사후에 동고트 왕국은 동로마제국의 공격을 받고 무너지고 말았다. 동고트 왕국의 사례는 이 시기 새로운 국가 창설의 과제가 얼마나 어려운 것이었던가를 잘 보여준다. 그 후에도 롬바드족, 알레마니족, 반달족 등 다양한 국가의 창설 시도가 있었으나 한결같이 실패로 돌아갔다.

유일한 성공 사례는 프랑크족이었다. 프랑크족은 잔인하고 영리한 클로비스의 지도 아래서 갈리아 중심부에 정착하여 프랑크 왕국을 건설하고 메로빙 왕조를 새로 세웠다. 그들이 성공할 수 있었던 데는 이동 거리가 짧았다는 점, 재빨리 로마 가톨릭교로 개종하여 교황으로부터 정통성을 인정받았다는 점 그리고 클로비스의 냉혹하고 무자비하지만 혼란기에는 효과적이었던 권력욕 등의 요소가 작용하였다. 그러나 클로비스 사후에 왕자들 사이에 영지를 분할하는 프랑크족의 관습으로 말미암아 초래된 골육상쟁의 투쟁으로 왕권은 약화되었고, 그 반대급부로 원래 로마의 대지주들이 고용한 토지 관리인에서 유래했던 궁정 집사격의 궁재(majordomus)의 실권이 강화되었다. 프랑크 왕국의 메로빙 국왕들에게서 중앙집권적 권력이란 백일몽에 불과하였다.

제국의 기획

프랑크 왕국은 카롤링 왕조기에 왕권을 획기적으로 강화하였다. 주역은 카롤루스 대제였다. 그는 현재의 에스파냐 북부에서 체코에 이르는 방대한 영토를 강력하게 다스렸다. 게다가 800년에는 로마 교황으로부터 서로마제국 황제의 관까지 받았다. 이로써 이 제위를 인정하지 않았던 동로마 황제들의 항의에도 형식적으로 서유럽에서 로마제국이 부활하였다. 그러나 카롤루스의 사후에 제국은 다시 서프랑크 왕국, 동프랑크 왕국, 중프랑크 왕국(로타링기아)으로 분열되고 왕권은 약화되었다.

이따금 유능하고 강력한 왕들이 등장하기는 하였다. 그 두드러진 사례가 동프랑크 왕국, 즉 독일 왕국의 오토 1세였다. 그는 동방 이민족의 침입을 격퇴하고 영토를 확장시키는 군사적 무용을 과시하였다. 그 공로로 962년에 로마 교황으로부터 신성로마제국 황제의 관을 받았다. 이로써 독일 왕국의 국왕은 제국의 황제를 겸하게 되었다. 그러나 신성로마제국은 언제나 내부의 제후들과 영주들의 국지적 권력을 통제하지 못하는 유명무실한 국가였다. 그렇다면 신성로마제국은 "신성하지도, 로마적이지도, 제국적이지도 않았다"는 평가가 지나치게 가혹한 것은 아니다.[1]

봉건제의 성립

봉건제는 서유럽에서 로마제국이 붕괴한 뒤 정치적 통일 국가를 구축하려는 다양한 기획이 실패로 돌아간 독특한 '중세적' 상황에서 성립하였다. 봉건제가 성립하는 과정에서 그 이전 시대부터 유래하는 다양한 제도가 쓸모 있는 재료가 되었다. 로마 시대의 후견제나 게르만족의 종사제가 그것이다. 후견제는 사회적 강자가 사회적 약자를 보호해 줌으로써 사회적 안전망을 구축하고 이로써 사회의 혼란을 예방하는 기능을 가졌던 독특한 제도이다. 종사제는 게르만족의 수장들이 싸움터와 사냥터에서 거느렸던 종사단에서 유래했는데, 종사들은 수장으로부터 무기와 식량을 지급받고 그 대신 수장에게 충성을 바쳤다. 그런가 하면 프랑크 왕국의 궁재였던 카롤루스 마르텔이 투르와 푸아티에에서 이슬람군의 침입에 맞설 때, 휘하 기사들의 군사적 봉사에 대한 대가로서 나누어 주었다고 하는 '은대지(beneficium)' 역시 봉건제의 기원으로 간주될 수 있다.

봉건제의 성립에서 이와 같은 제도적 기원보다 더 중요한 것은 '봉건적' 유대관계가 발생할 수밖에 없었던 당시의 사회적 상황 자체이다. 즉 국가가 개인을 안전하게 보호해 주는 정치 구조가 존재하지 않는 상황, 그리하여 이민족들의 잇따른 침입으로 개인의 생명과 재산이 극히 위태로워진 상황에서 사회적 약자는 생존을 위해 어쩔 수 없이 사회적 강자에게 몸을 의탁할 수밖에 없었다. 그럼으로써 사회적 강자는 보호를 제공하고 사회적 약자는 충성을 바칠 것이었다. 이러한 탁신(託身)의 사회적 관행이야말로 봉건적 유대관계의 진정한 기원이 아닐까 한다. 위대한 중세사가 블로크(Marc Bloch)에 따르면, 봉건제는 "국가의 심각한 쇠약화, 특히 국가의 보호 기능의 쇠약화라는 현상과 때를 같이하여 일어났다." 그리고 "봉건 시대에 이 같은 유대가 일반화된 것은 다 죽어 가는 국가—카롤링 왕조 국가—의 유산이었다. 곧, 이 국가는 사회가 산산 조각나는 데 대한 대책으로서 바로 이 산산 조각나는 과정 자체로부터 태어난 제도 가운데 하나를 맞세우려고 생각했던 것이다."[2]

봉건제의 시작은 그렇다 하더라도 어떻게 이처럼 불안정하고 전근대적인 사회체제가 서로마제국의 몰락 이후 1000여 년간이나 유지될 수 있었을까? 경제체제가 뒷받침되지 않는 사회체제는 일회성 사건으로 단명할 수밖에 없다. 따라서 봉건 영주들 간의 불안정한 균형 상태가 그토록 오래 유지될 수 있었던 근본적인 원인은 생산이 체감하고 성장이 감속하는 순수 농업 경제의 동학 안에서 찾아야 할 것이다. 봉건제를 유지할 수 있는 영주들의 힘은 대외적으로는 군사력에서, 대내적으로는 사법권에서 나왔다. 생산이 체감하는 농업사회에서 각 영주의 농업 생산은 정체될 수밖에 없었고, 영주들은 더 넓은 영토와 더 많은 농노를 수중에 넣기를 원했을 것이다. 그러므로 공격적 입장에서든 방어적 입장에서든 간에 대외적으로 강력한 군사력은 살아남기 위한 생존의 비밀일 수밖에 없었다.

이와 같은 이유로 대내적인 세금 수취를 극대화하기 위해서는 사법권의 강화 또한 불가피했을 것이다. 그리고 봉건 왕국들과 제후들 간의 균형 상태가 그토록 오래 유지된 것은 군사력의 격차나 절대 규모가 크지 않았기 때문에 가능한 일이었다. 그렇다면 농업사회 특유의 낮은 생산성과 감속하는 경제성장으로 말미암아 유럽 봉건제의 불안정한 균형이 1000년 동안이나 지속된 셈이다.

봉건제, 정치적 안정성인가 불안정성인가?

유럽의 봉건제가 중앙집권적 국가가 쇠약화되고 파편화되는 과정에서 나타난 현상이라면, 서양 중세 사회는 정치적 안정성이 없었다고 볼 수 있다. 일부 역사학자들은 로마 시대에 정치적 안정성이 농업사회의 발전 조건이었다면, 정치적 안정성이 결여된 중세에 농업사회는 정체할 수밖에 없었던 것으로 단정하기도 한다.

그러나 이러한 판단은 피상적이다. 왜냐하면 중세에 중앙 권력은 취약했으나 중앙 권력의 파편들이었던 지방 영주들의 권력은 강력했기 때문이다. 영주권이 제대로 작동하는 한 영지에서의 정치적 안정성은 드넓은 제국에서 관철되는 정치적 안정성에 비할 바 없이 확고하였다. 요컨대 영주권은 강력한 군사력과 사법권이라는 경제외적 강제력에 바탕을 두고 농민들의 잉여노동과 잉여생산물을 전유하고 수취할 수 있었다. 이것은 중세적 형태의 정치권력이요 정치적 안정성의 표현이었다. 그리고 이러한 정치적 안정성 아래서 중세 농업사회의 발전이 이루어졌다.

이에 덧붙여 봉건제를 무정부(anarchy)와 혼동해서는 안 된다는 점을 지적해 둘 필요가 있다. 봉건제는 무정부가 아니라 특정한 정부 형태이다. 중앙 집권이 아니라 지방 분권이라는 형태를 취했을 뿐이지 봉건제 역시 엄연한 하나의 정부 형태라는 것이다. 다만 로마적인 것에 심취하여 로마라는 잣대를 기준으로 볼 때 중세 봉건제가 불안정하고 혼란스럽게 보일 따름이다. 봉건제는 지방 단위의 강력한 영주권에 바탕을 둔 분권적 정치 질서라고 할 수 있다. 과연 중앙집권적인 형태의 정치적 안정성이 로마 농

중세 유럽의 영주와 농민　농민은 영주의 경제외적 강제 아래서 영주에게 다양한 형태의 지대와 세금을 바쳐야 하였다.

업의 발전 조건이었다면 지방분권적인 형태의 정치적 안정성은 중세 농업의 발전 조건이었다.

2. 정치 엘리트의 가치관

호전성

중세의 정치 엘리트층인 귀족은 장원을 보유한 영주로서 중세 사회의 지배 계층이었다. 장원의 보유는 귀족적 위엄의 표징이었으며 상류 계층에 걸맞은 것이라고 간주된 부의 유일한 형태였다. 그러나 귀족이 '귀족다운' 삶을 영위할 수 있었던 배경에는 귀족의 정치적 지배와 장원에서의 경제적 수취를 가능하게 하는 군사력이 있었다. 이와 같은 무력이 없었다면 그들은 농민 대중의 잉여노동과 잉여생산물을 자기의 것으로 만들 수도 없었고, 상류 계층에 걸맞은 안락한 생활을 누릴 수도 없었을 것이다.

따라서 중세 귀족은 근대 기업가처럼 기업(장원) 경영에만 전념하기보다는 전쟁과 군사 훈련에 몰두한 존재였다. 군사력이 없다면 경제력도 없었기 때문이다. 중세에 귀족의 소명 자체가 그들에게 직접적인 경제활동을 금지하고 있었다는 것도 이 점에서 설명된다. 귀족은 몸과 마음을 바쳐 자신의 고유한 책무, 즉 전사로서의 소명에 충실해야 하였다. 요컨대 귀족에게 실제의 전쟁과 그 전쟁을 위한 군사 훈련은 생존의 이유 그 자체였다. 이와 같은 귀족 계층의 집단적 '전사화'가 이루어진 것은 당시의 시대적 상황, 즉 다양한 봉건 왕국과 제후국이 난립하는 분열과 혼란의 시대에 생존을 위한 방어적 무력을 확보할 필요를 반영한 것이었다. 또한 더 근본적으로는 정복 전쟁으로 토지와 인구 등 생산 기반을 확보하는 것이 체감하는 농업 생산에 기술과 자본을 투자하는 것보다 한층 더 효과적으로 가치를 창출하는 방법이었기 때문이다.

유럽 중세에 기술적 발전이 없었던 것은 아니다. 오히려 주목할 만한 발전이 있었다. 그러나 기술은 생산 현장에 활용되기보다는 전장에 적용되었다. 그리하여 기술적 발전이 귀족의 군사적 지배권을 확고하게 만들었다. 그 좋은 사례가 등자의 도입이다. 등자의 보급으로 기병은 말 위에서 양손을 자유롭게 사용할 수 있었고, 자신과 말의 체중을 실어 강력하게 창을 찌를 수 있었다. 쇠사슬과 방패로 보호된 말과 기사는 20세기 독일의 티거 전차에 맞먹는 천하무적의 중세형 전차였다. 그리하여 '기마 충격전'이 중세의 보편적인 전투 형태가 되었고, 당시로서는 천문학적 비용을 들여 강력한 전투력을 보유하게 된 귀족의 지배권은 가일층 공고해졌다.[3]

중세의 정치 엘리트층은 전문적인 전사 집단이었다. '귀족'이라는 말과 '기사'라는 말은 동의어였다.[4] 그들의 삶은 거칠고 포악하였다. 흡사 조직화한 깡패 집단과 같았다. 그들의 최고 가치는 '싸움을 잘하는 것'이었고, 이를 위해 무절제하게 먹고 마시고 놀고 다투기를 좋아하였다. 예컨대 1330년과 1479년 사이에 영국 공작들의 아들 중 46%가 폭력으로 목숨을 잃었고, 이들의 평균 수명은 24세에 불과했다고 한다.[5]

그 와중에 중세 정치 엘리트층에 고유한 호전적 기질이 발전했음은 당연하다. 중세 문학 작품인 『기욤의 노래』에는 다음과 같은 구절이 나온다. "맹세코, 나으리! 그는 정녕 당신의 혈족입니다/저 큰 돼지 허벅살도 저렇듯 먹어치우고/몇 말짜리 포도주도 단 두 모금에 마셔 없애니/이웃에게 싸움을 걸면 얼마나 거셀까요."[6] 이와 같은 전사 집단의 호전성이 많은 사회적 부작용에도 당시 사회에서 인정받고 용납된 것은 농업사회에서 정복 전쟁이 가치 확보를 위한 효율적인 수단이었다는 사실을 보여주는 증거이다.

기사도

1100년경까지 유럽의 전형적인 귀족이란 평상시에는 동료와 싸움을 벌이거나 자신을 지킬 무기조차 없는 약자들을 노략질하는 데 대부분 시간을 허비하는 거칠고 잔인한 전사였다. 그러나 대략 11~12세기 이후부터 귀족은 기사도를 갖춘 고결한 귀족으로 변모하는 것처럼 보였다. 기사의 호전적 기질도 마상시합(tournament) 등을 통해 스포츠로 승화되었다. 이렇게 된 데는 교회의 역할이 컸고, 신흥 국가들이 국지적 평화를 강제하며 귀족 자신들이 좀 더 안락한 생활을 추구한 데도 그 원인이 있었다.[7]

전사의 법도로서 기사도는 교회가 주장하는 여러 덕목을 준수하고 실천하기 위해서만 무력을 사용하라고 가르쳤으며, 여성을 비롯한 약자를 보호하는 임무를 부여하였다. 또한 기독교를 지키기 위해 다른 종교, 특히 이슬람교 등에 대적하는 것이 숭고한 기사의 의무로 여겨졌다. 따라서 십자군에 종군하는 것은 큰 영광으로 생각되었다. 그러나 14~15세기에 들어오면서 기사들로 이루어진 기병대가 보병과 궁수 부대에 참패를 당할 뿐더러 화포 기술이 발달하고 중앙집권적 국왕권이 강화되면서 마침내 전통적인 기사 제도는 무너지고, 기사도 정신은 변질하였다.

물론 기사도의 역할을 과장해서는 안 된다. 기사도 이후의 기사들의 삶도 여전히 '야만적'이었고, 그들의 행위를 강제할 법규도 실질적으로 존재하지 않았다. 일반 농민들을 비롯한 사회적 약자들은 그들의 무시무시한 폭력 아래에 무방비 상태로 노출되어 있었다. 그러므로 사회적 약자들을 보호하는 아름다운 모습을 보여주는 여러 기사 문학에 묘사된 기사도는 현실과는 완전히 동떨어져 있는 경우가 태반이었으며, 그나마 남아 있던 기사도도 봉건제가 붕괴하면서 쇠퇴하고 말았다.[8] 기사도에 대한 미화와 찬미는 대부분 국가나 영주가 자신의 생사를 결정할 일전에 활용하기 위해 양성한 기사 집단의 충성심을 고취하고 그 야만성을 순화시켜 복종을 이끌어내기 위한 정치적 의도가 반영된 것이다. 힘과 정의로 포장된 기

마상시합(토너먼트) 봉건 귀족들의 군사 훈련이자 오락으로서 왕실 자손의 탄생이나 결혼 등을 축하하기 위해 개최되었다. 마상시합에서는 당시 기사도의 로맨스를 반영하는 동작이 연출되기도 하였다.

사가 민중의 영웅으로 문학에 등장하는 것도 서민 대중의 암울한 현실에 대한 대리 만족을 위한 것이었다.

성스러움

중세를 대표하는 또 하나의 정치 엘리트층은 성직자들이었다. 로마제국 말기의 혼란에서도 교회는 특유의 조직력으로 살아남았고 번창을 거듭하였다. 로마 교황을 정점으로 하는 방대하고 복잡한 교회의 조직망이 서유럽 사회들을 촘촘히 엮어 놓았다. 교회는 그 자체가 장원 영주로서 중세 사회에서 가장 부유한 집단이었다. 요컨대 교회와 사제 계급은 귀족-기사 계급과 더불어 중세 농업사회의 최상층에 포진한 엘리트층이었다.

교회와 사제 계급은 성스러움을 사회에 전파하는 것을 직무로 삼고 있었다. 하나님의 가르침을 전하면서 난폭한 귀족을 순화하고 무식한 민중을 교화하였다. 기독교의 교리는 반항보다는 복종을 찬양하였고, 구원과 천국에서의 삶에 대한 기대를 통해 현세의 고단한 삶을 견딜 힘을 사람들에게 주었다.

또한 '노동'과 '청빈'을 몸소 실천하고자 한 수도원 운동도 중세 정치 엘리트층의 주변부에서 중세 농업사회의 발전에 필수적인 가치관을 창안하고 전파하는 데 크게 기여하였다. 즉 기술혁신보다는 노동 강도의 증가를 통해 발전하고 생계 경제의 수준을 면치 못하는 중세적인 저생산성의 농업사회에서 '노동'과 '청빈'의 가치는 남다른 의미가 있는 것이었다.

이처럼 중세 교회와 사제가 현실 만족과 무조건적 복종을 전제로 대가 없는 노동과 절제하는 삶의 모범을 보이고, 또 이를 성스러움으로 포장하여 전파하고 묵시적으로 강요한 것은 농업 생산이 체감하고 경제성장이 감속하기 때문에 경제적 보상을 기대한 자발적 노동의 유인이 없거나 희박했기 때문이다. 따라서 이들은 중세 농업사회의 유지 발전을 위해 이데올로기적으로나 경제적으로 꼭 필요한 계층이었다.

중세 수도원 수도원은 수도자들이 먹고 마시는 것을 모두 충족시킬 만큼 자급자족하였다. 수도사들이 스스로 땅을 경작하고 있는 그림이다.

3. 법과 제도

주종제

봉건제를 뒷받침한 핵심적인 법률적 · 제도적 기반은 주종제였다. 주종제는 좁은 의미의 봉건제와 동의어라고 할 수 있다. 주종제란 가신이 될 자가 주군이 될 자에게 충성을 서약하고, 주군 되는 사람이 가신에게 봉토(feud)를 수여함으로써 성립한다. 주종 관계는 어디까지나 자유인 사이의 사적인 보호와 복종의 유대관계였다. 주군과 가신은 자유로운 전사 상호 간의 상하 관계이지만 영주와 농노의 관계처럼 예속적인 것은 아니었다. 이는 쌍무적 계약 관계로서, 원칙적으로 어느 한쪽이 의무를 수행하지 않을 때에는 파기될 수 있었다. 주군의 의무는 온 힘을 다해 가신과 그의 봉토를 보호하는 것이고, 가신의 가장 중요하고 큰 의무는 군사적 봉사였다. 그 밖에 가신은 주군에 대한 경제적 지원의 의무를 지고 있었고, 주군과 그 종자들에게 숙식을 제공할 의무가 있었으며, 주군이 부르면 언제나 그 궁정에 나가서 중요한 사항에 관한 상의에 응하고 충실한 의견을 제시해야 하였다. 주종제의 발전 또한 농업사회에서 전쟁의 경제적 효과로부터 파생된 부산물임이 분명하다.

가신의 주된 의무가 군사적 봉사였으니만큼 한 사람이 여러 주군을 섬긴다는 것은 현실적으로 어려웠다. 그러나 실제로는 이러한 사례가 비일비재하였고, 12세기에 이르면 대부분의 중요한 봉토 보유자들은 여러 주군의 가신이었다. 이때 혼란을 방지하기 위해 어느 한 주군에게만 직접 군사적 봉사를 제공하고 나머지 주군에게는 군사적 봉사 이외의 다른 가신의 의무를 이행하곤 하였다. 이러한 '무질서'가 봉건제 특유의 지방 분권을 가속하였고, 통일 국가의 등장을 어렵게 하였다.

봉건적 지방 분권제에 기여한 또 다른 요인은 불입권(immunity)이었다.

불입권은 원래 로마 시대에 황제령 등에 대한 특별 면세권을 가리켰으나 중세 시대에는 광범위한 자치권을 뜻하는 말로 사용되었다. 특히 주종제와 관련하여 불입권은 일단 봉토가 가신에게 수여되면 이 봉토의 명목상의 소유자인 주군도 봉토 안에서 일어나는 모든 일에 일절 간섭하지 못하는 봉건적 권리를 가리켰다. 그런 점에서 법률적 위계로 볼 때 가신은 주군의 신하였지만 자신의 영지에서는 절대 권력을 휘두를 수 있었다. 바로 이것이 봉건제 특유의 지방 분권을 촉진한 결정적 계기였다. 요컨대 농업사회로서 고대 로마와 중세 유럽을 비교할 때 로마의 생산 기반이 대농장이었다면 중세의 생산 기반은 장원이었다. 그런데 중앙정부가 정치, 사회, 군사의 면에서 확고한 질서를 유지할 수 있었던 로마의 대농장에 비해 중세 장원은 중앙정부의 보호에 기댈 수 없었기 때문에 자체적인 무력을 보유할 수밖에 없었던 것이다.

재판 영주제

주종제가 자유인들 사이의 관계였다면, 재판 영주제는 자유인과 부자유인 사이의 관계를 규정하였다. 재판 영주제는 9~10세기에 카롤루스 제국이 무너지고 노르만족과 이슬람 세력이 침입하는 사회적 혼란기에 발달하였다. 이때 중앙 권력의 공백을 비집고 지방 세력들이 발호했는데, 이들에게 가장 매력적인 것은 한때 중앙정부가 행사하던 사법권이었다. 왜냐하면 이 사법권은 경제적 수입을 보장하고 확대하는 수단이었기 때문이다. 이렇게 사법권을 장악한 지방 세력들은 자기 영지 안에서 스스로 법이 되었다.

지방의 장원 소유자들과 기사들에 의해 점취된 그 사법권은 기본적으로는 불입권에서 유래하였다. 원래 프랑크족의 불입권은 장원이라는 한계 안에서만 유효한 것으로서, 장원 안에서 가산적(家産的) 성격의 재판권과 행정권을 확립하였다. 그러던 것이 점차 규모가 커져 상급 재판권으로 확대되고, 상급 재판권을 장악한 자들이 자체적으로 국가의 기능을 수행하게 됨으로써 프랑스에서는 상급 재판 영주(seigneur haut justicier), 독일에서는 제후(Fürsten)가 성립하였다.[9] 농노들은 장원 영주들의 크고 작은 재판권 아래에 복속되었는데, 중세의 영주 재판권은 국지적 차원의 강제력 행사 및 행정과 관련된 여러 권한—치안 유지, 벌금 부과, 사용료 징수, 법률 시행 등—이 사법적 기능에 포함됨으로써 근대의 재판권 개념보다 범위가 넓었다.[10]

재판권은 영주들에게 경제력을 가져다주었다. 재판 영주들의 지배를 받는 사람들은 그들에게 인두세를 지불해야 하였고, 결혼 시나 사망 시에 일정한 세금을 납부해야 하였다. 나아가 관세 징수권, 시장권, 수렵권, 시설물 사용 강제권(banalité)도 재판 영주들에게 있었다. 그 외에 농노들은 돼지 방목료나 임야 사용료 등도 물어야 하였다. 요컨대 재판권은 군사력과 더불어 영주층이 농노층을 자신의 지배 아래에 두면서 봉건적 농업사회의 잉여노동과 잉여생산물을 전유하고 수취하는 기반이었다.[11] 영주들의 재판권이 당장은 세수 확보를 위한 단순한 목적으로 활용되었지만, 농노들에 대한 무자비한 제도적 착취가 모든 농노로 하여금 생존을 위해 추가적인 생산을 하도록 강요하는 결과를 가져옴으로써 이 방식으로 창출된 총가치가 중세 사회를 지탱하는 경제적 기반이 되었다. 요컨대 재판권이 경제력을 보장한 것이다.

사회적 요인 ; 봉건적 위계질서의 확립

고대건 중세건 서양 농업사회는 특유의 엄격한 신분제적 위계질서를 이루고 있었다. 중세 봉건제 아래에서는 지배 계급인 '기도하는 자(사제)'와 '싸우는 자(기사)' 그리고 피지배 계급인 '일하는 자(농노)'로 이루어진 '세 위계'가 성립하였다. 가장 중요한 생산요소가 노동력과 토지인 중세 농업사회에서, '세 위계'는 이 두 요소를 안정적으로 결합하고 이로부터 나오는 잉여물을 집단으로 전유하고 수취하는 수단이었다.

이렇게 짜인 봉건적 위계질서 아래서 사회적 유동성은 극도로 제한되었고, 개인의 이윤 추구와 사회적 신분 상승 욕구는 침해당하였다. 봉건적 질서 아래서 농업 생산 여건이 획기적으로 개선될 가능성은 희박하였고, 그리하여 경제 발전은 더욱 감속할 수밖에 없었다. 그럼에도 잊어서는 안 될 사실은 중세 농업사회가 감속하는 사회의 전형을 보여주기는 했지만 여전히 일정한 수준에서 발전이 이루어졌다는 점이다. 대토지 소유제와 소농 경영을 결합한 집약적 농경과 농업기술의 혁신, 대규모 개간 사업 등으로 중세 농업사회는 12~13세기 이후 커다란 발전을 보여주었다.

물론 농업 생산의 체감으로 추가적인 노력 투입에 대한 보상이 점점 줄어들기 때문에 농노들에게 잉여생산의 유인이 없었다는 점은 거듭 강조되어야 한다. 따라서 영주는 농노에게 세금을 강요함으로써 농노가 생존을 위해 최소한 징수당한 세금만큼을 더 생산하지 않을 수 없도록 하였다. 이러한 농업 기반 가치 창출 양식의 산물이 봉건적 위계질서였다. 농노에 대한 영주의 보호 관리와 수탈, 농노의 생계 수준의 삶, 경제성장의 감속과 정체 등 봉건사회가 보여준 여러 가지 모습에서 영주와 농노 사이의 경직된, 적대적 공생 관계가 잘 확인된다. 결국 긴장이 극에 달하면 외부의 작은 충격에도 균형이 무너지게 마련이다. 이미 성장의 한계에 도달했던 중세 유럽 사회에 자연재해와 질병이 창궐하면서 생산성의 위기가 초래되었고, 영주는 수입 감소를 용납할 수 없었기에 농노를 압박하였다. 이에 벼랑 끝에 내몰린 농노는 반란으로 맞서는 과정에서 봉건사회는 붕괴하기에 이르렀다.

1. 사회계층 구조

'세 위계'의 사회

중세에는 세 부류의 사람이 있었다. '기도하는 자', '싸우는 자', '일하는 자'가 그것이다. 1020년 주교 아달베롱 드 라옹(Adalbéron de Laon)이 카페 왕조의 로베르 경건왕에게 헌정한 송시에는 다음과 같은 구절이 나온다. "사람들이 하나라고 믿는 신의 집은 따라서 기도하는 사람, 싸우는 사람, 노동하는 사람의 세 부류로 나누어진다. 공존하는 이 세 집단은 분리되는 것을 허용치 않는다. 한 편의 봉사는 다른 두 편의 활동의 조건이 된다. 각자는 전체를 도울 책임을 지고 있다. 따라서 이와 같은 삼분적인 집합체는 아무튼 통합되게 마련이며 그래서 법이 승리하고 세계가 평화를 누릴 수 있었던 것이다."[12]

이는 봉건적 '세 위계'에 대한 고전적인 언급이다. '세 위계'는 봉건사회에서 직접 생산을 담당하는 농노들을 다른 두 계급에 예속시키는 것을 목적으로 하였다. 이와 동시에 '세 위계'에서 사제가 서열이 높다면, 이는 사제가 이 위계질서의 체제를 통해 기사들을 자기들 아래에 종속시키고 나아가 그들을 교회와 종교의 보호자로 만드는 것을 겨냥했음을 의미한다.[13]

유명한 중세사가 뒤비(Georges Duby)에 따르면, '세 위계'는 대략 서기 1000년을 전후한 시점에 이른바 '봉건혁명'의 과정에서 형성되었다. 이 시기까지 중세 농업사회는 꾸준한 발전을 경험했는데, 늘어난 잉여물을 더 많이 전유하고 수취하려는 지배 계급의 반동으로 탄생했다는 것이다. 이때 세 신분으로 이루어진 위계가 자연스럽고 평화로운 질서로서 머릿속에서 '상상'되었다고 한다. 그리고 이 과정에서 각자에게는 자신의 본분을 벗어나지 않으면서 하나님의 부름에 응하는 순종적 행위가 요구되었다. 이러한 봉건적 상상의 세계는 안정된 농업사회의 현실을 반영하는 것이 아니라 거꾸로 농업사회의 안정화를 추구하는 일종의 이데올로기적 기획이었다.[14]

이와 같은 견해는 봉건적 위계질서가 중세 농업을 발전시키는 데 공헌한 사회적 제도인가, 아니면 농업의 발전이 오히려 위계질서의 확립에 기여했는가 하는 논쟁을 일으킨다. 뒤비가 말한 대로 농업 생산성이 향상된 결과로 늘어난 잉여물을 더 많이 확보하고자 한 지배 계급의 반동이 위계질서의 확립을 낳았다고 볼 여지가 크다. 그리고 이 견해는 '영주의 반동'이 영주와 농노 사이에 격렬한 사회 갈등을 유발함으로써 종내 봉건제의 위기를 가져왔다는 견해로 이어질 수 있다. 그러나 이 견해가 설득력이 있으려면 첫째, 봉건적 위계질서가 형성된 시점이 의미 있는 농업 발전이 개시된 이후임을 연대기적으로 세심하게 입증해야 하고, 둘째, 중세 농노가 상당한 잉여를 보유한 증거를 충분히 발견해야 하며, 셋째, 지역의 봉건 영주가 중앙정부에서 파견된 관리보다 농민 수탈에 더 가혹했다는 사실로써 근거를 보충해야 한다.

이처럼 뒤비의 흥미로운 견해에 약간의 유보 조건을 다는 이유는 봉건적 농업사회의 발전을 지나치게 강조하지 않기 위해서이다. 중세 유럽 사회에서 농업 생산성이 향상되고 경제가 성장한 것은 사실이지만 그 사회가 농업사회의 운명적인 한계를 벗어난 것은 아니었다. 농업사회에서는 작은 파이를 놓고 치열한 사회적 갈등이 벌어졌다. 농업사회에서 노예 반란과 농민 반란은 일상적인 사건으로서 주기적으로 사회를 뒤흔들었다.

물론 근대 산업사회에서도 임금노동자의 파업은 일상적이다. 그러나 이들 반란과는 달리 파업이 체제 자체를 겨냥한 파괴력을 갖는 경우는 극히 드물다. 농업사회의 반란들이 치명적인 파괴력을 지녔던 것은 산업사회에서처럼 확대 재생산 체제를 통해 생산된 것의 일부를 사회의 더 넓은 층에 더 많이 분배함으로써 사회적 갈등을 조정할 수 있는 여지가 크지 않았기 때문이다. 게다가 유럽 중세 사회에서는 영주의 경제외적 강제력이 경제력의 전제 조건이었으므로 농민의 경제적 불만이 즉각 정치권력 자체에 대한 저항으로 이어지곤 했다는 점도 고려해야 한다. 이러한 시각은 농업사회와 산업사회의 경험을 모두 겪고 그에 대해 알고 있는 상태에서 양자에 대한 거시적 비교를 통해서만 확보될 수 있는 시각일 것이다.

이 모든 쟁점에도 뒤비가 말한 대로 중세 농업사회에서 가치 창출을 극대화하기 위해 세 부류의 사람들이 상호의존적인 위계질서 아래서 각자의 역할을 분담하게 된 것은 확실해 보인다. 싸우는 자는 밖으로는 전쟁을 통해 농업 생산 기반을 확충하고, 안으로는 일하는 자를 보호하되 착취함으로써 농업 생산을 극대화한다. 일하는 자는 싸우는 자의 보호와 착취 아래서 오직 생존을 위해 생산활동으로 가치를 창출한다. 기도하는 자는 억압과 착취에 시달리는 일하는 자를 위무하고 모범을 보이며 또 묵시적으로 근로와 내핍을 강요함으로써 생산 증진에 기여한다. 즉 일하는 자에 대한 싸우는 자의 채찍과 함께 기도하는 자의 당근이 보완적인 역할을 하는 것이다. 또한 기도하는 자는 싸우는 자로부터 보호받고 부와 사회적 지위를 보장받으며 전쟁이나 부역에 일하는 자들을 자발적으로 동원할 수 있도록 정신적 지주 역할을 한다.

가속적으로 성장하는 근대 산업사회에서는 개별 이윤을 극대화하려는 개인의 선택과 총생산을 극대화하려는 사회의 선택이 일치할 수 있다. 하지만 감속하는 농업사회에서는 개인의 선택과 사회의 선택이 불일치할 가능성이 크기 때문에 싸우는 자의 채찍이나 기도하는 자의 당근과 같은 이데올로기적 · 정치적 · 문화적 장치들이 사회의 존속과 재생산을 위해 반드시 필요했던 것이다.

사회적 갈등의 분출

장원제의 변화

11세기 이후부터 장원제의 형태에 큰 변화가 일어나기 시작하였다. 이른바 고전 장원제에서 순수 장원제로의 이행이 그것이었다. 고전 장원제란 영주 직영지(mansus dominicatus), 농민 보유지(망스, mansus), 공동지로 3분된 체제를 말하는데, 여기서는 지대가 영주 직영지에 대한 농민들의 부역 노동이라는 형태로 제공된다. 즉 노동지대의 형태로 농민의 잉여노동이 영주에 의해 전유되는 구조로서 부역 노동을 강제하는 영주의 경제외적 강제력의 필요성이 부각된다. 한편, 순수 장원제는 고전 장원제에서 영주 직영지가 소멸하여 장원이 농민 보유지와 공동지로 2분되고, 이에 따라 노동지대가 현물지대나 화폐지대로 바뀐 체제를 가리킨다.

고전 장원제에서 순수 장원제로의 변화는 중세 농업사회가 발전한 결과였다. 즉 인구 증가로 영주 직영지를 나눌 필요가 생겼고, 상업의 부활과 도시의 발달로 화폐경제가 발전함으로써 노동지대보다는 화폐지대의 필요가 커졌으며, 생산성의 측면에서 영주 직영지보다 농민 보유지가 앞서는 현상이 나타났고, 따라서 영주로서는 정액제 대신에 정률제를 도입하고 현물이나 화폐지대를 받는 것이 유리해졌다.

| 지대를 납부하는 농민들 장원의 영주에게 농민들이 화폐와 현물 등으로 지대를 납부하고 있다.

농민의 부역 노동을 통해 경작되는 영주 직영지의 생산 효율은 농민 보유지나 공동지에 비해 낮을 수밖에 없었다. 단 한 순간만 내버려 두더라도 한 해 농사를 망칠 수 있는 농업사회의 생물학적 특성과 생산이 체감하는 농업의 경제적 특성 때문에 이는 너무도 자명한 이치이다. 영주가 지대 수취를 정액제에서 정률제로 바꾼 것은 중세 농업 생산성이 일정하게 향상됨으로써 정률제가 유리해졌기 때문이다. 그리고 비록 농노가 착취의 대상이긴 했지만, 장원의 구성원으로 지위가 인정되어 감에 따라 자연재해에 따른 흉작 시 영주가 농노의 부담을 경감해 줄 필요가 절실해졌기 때문이다.

고전 장원제에서 순수 장원제로의 변화는 중세 농업사회의 중요한 변화를 일으켰다. 영주 직영지의 소멸로 부역 노동이 감소함으로써 농노의 지위가 다소간 개선되었으며 영주의 수입과 지배력을 감소시켰다. 이에 따라 지방 영주 세력과 대립했던 국왕의 권력은 한층 강화되었다. 화폐경제와 상품경제의 발달은 더욱 촉진되었고, 이에 따라 도시의 발달이 가속화되었다. 과연 도시의 발달은 농촌인구를 도시로 유인하고 농노 해방과 도시 부르주아 계층의 발전을 촉진함으로써 농업사회를 해체하는 힘으로 작용하였다.

농민 반란

장원제의 변화가 야기되고 화폐경제와 상품경제가 발달하면서 영주들의 사치품 소비 욕구가 커졌고, 이에 따라 그들은 더 많은 수입을 확보하기 위해 안간힘을 썼다. 영주들의 수입 욕구 증대는 필연적으로 농노들의 부담을 가중시키는, 이른바 '영주의 반동'을 낳았고, 이는 다시 농민들의 저항을 야기하였다. 더욱이 14~15세기에 흑사병이 창궐하고 대기근과 대전쟁이 잇따르면서 인구가 감소하고 촌락들이 황폐해지자 영주 수입은 격감하여 '영주제의 위기', 나아가 '봉건제의 위기'가 도래하였다.

농업 생산이 체감하는 농업사회 특유의 속성 때문에 과세와 착취로 농노를 생존의 한계 상황으로 내몰아댐으로써 증산이 가능해진다는 사실을 체득한 영주들이 예전보다 더 과도하게 농노를 착취하기 시작하였다. 영주로서는 농노를 과도하게 착취하지 않으면 안 될 처지이기도 하였다. 왜냐하면 영주가 부양하는 친족과 기사 등 영주 수입에 의존하는 지배층이 일단 부를 탐닉하고 사치품을 즐기게 되면 이를 포기하는 것은 대단히 어려운 일이 되므로 점점 영주에게 더 많은 것을 바라며 압박을 가했기 때문이다. 그 상태에서 긴축을 이유로 친족과 기사 등 피부양자들에 대한 지원을 줄이거나 끊어 버리면 영주 자신의 지위가 위태로워질 수도 있었다. 이처럼 경직된 봉건사회 아래서 질병과 전쟁 등의 재해로 농업 생산의 절대량이 줄어들면 영주와 농민 간의 충돌은 피할 수 없게 마련이다.

위기에 처한 농민들은 도시로 도주하거나 반란을 일으키는 것으로 대응하였다. 특히 중세 말기에 농민 반란이 빈발하였다. 가장 큰 반란으로는 1358년 프랑스에서 일어난 '선량한 농민 자크'의 반란과 1381년 영국에서 일어난 와트 타일러의 반란을 들 수 있다. 이 반란들은 '세 위계'에 기초한 신분제 자체를 공격하면서 중세 봉건사회를 뿌리째 뒤흔들었다. 반란들은 비록 실패로 돌아갔지만, 중세 농업사회가 바탕을 두고 있었던 신분적 위계질서는 붕괴하기 시작하였다. 정체된 농업 생산을 두고 팽팽하게 적대적 공생 관계를 유지해 온 영주와 농민 간의 대내적인 제로섬 게임의 오랜 균형이 생산 감소와 수입 감소, 그에 따른 사회적 갈등으로 마침내 균형을 잃고 무너지기 시작한 것이다. 경제체제의 붕괴는 사회체제와 정치체제의 붕괴와 더불어 극심한 폭력과 혼란을 불러왔다. 그러나 이는 동시에 근대사회로의 이행이라는 새로운 균형을 확립하기 위한 변화의 시작을 알리는 것이기도 하였다.

해골의 춤　흑사병의 창궐로 유럽 인구의 약 3분의 1이 사망에 이르렀다. 당시 흑사병으로 인한 죽음이 일상화되었기 때문에 죽음이 예술의 테마로 등장하기도 하였다.

2. 규모의 경제

대토지 소유제와 농업경영

장원의 소유권

장원의 소유자는 영주이다. 대부분 상급 주군에 대한 봉사의 대가로 받은 봉토에서 영주의 소유권은 제한받기도 하였다. 그러나 봉토는 영주권을 수반하였고, 또 봉토가 차츰 세습화하면서 영주는 자신의 봉토 안에서 전면적인 소유권을 행사할 수 있었다. 특히 고전 장원제의 경우에 영주는 장원의 농노 노동을 통해 경작되는 영주 직영지에서 나오는 수입으로 그 자신과 식솔을 부양하였다.

농민 보유지는 영주 직영지를 경작하는 농민들의 생계를 위해 농민들에게 분배된 토지를 말한다. 농민 보유지의 소유권은 명백히 영주에게 있으며, 농민들은 단지 점유권만을 행사하면서 사용권 및 경작 이용권만을 가진다고 할 수 있다. 따라서 농민들은 보유지에 대한 자유로운 처분권과 상속권을 갖지 못하였다. 하지만 영주에 대한 의무를 다하고 상속세를 내면 관습적으로 농민 보유지를 대대로 경작할 수 있었다.

한편, 공동지는 농민들이 공동으로 소유하는 토지이다. 영주도 공동소유자 중의 한 명이었을 것이다. 공동지는 장원 농민들의 부족한 토지와 식량을 보충하는 중요한 기능을 수행하였다. 비록 공동지에도 일반적으로 영주권이 적용되기는 했지만, 모든 땅이 영주의 독점적 소유 아래에 있었던 중세 봉건사회에서 공동지는 농민들에게 최소한의 경제적 독립성을 제공하였다. 이렇게 보면 장원은 그 소유권이라는 측면에서 영주의 사유지와 공동지로 나뉘고, 소유권과 사용권이 실현되는 장이라는 측면에서는 영주 직영지, 농민 보유지, 공동지로 나뉜다고 할 수 있다.[15]

장원의 크기와 경영의 규모

장원은 대토지였고, 영주는 대토지의 소유자였다. 많은 경우에 영주는 장원을 수 개 혹은 수십 개 거느렸고, 이 장원들은 영주의 부와 명예를 뒷받침하는 물질적 토대였다. 9세기경에 가장 큰 축에 속하는 영지를 갖고 있었던 생-제르맹-데-프레 수도원의 경우 총 32,748ha에 달하는 영지에 총 24개의 장원을 거느리고 있었다. 그 외에 영지 총면적만 따지면 니벨 수도원은 7세기 무렵에 16,000ha의 영지를, 생-베르탱 수도원은 9세기경에 10,120ha의 영지를 소유하고 있었다. 잉글랜드의 일리 수도원은 11세기경에 총 116개의 촌락에 걸쳐 28,000ha의 영지를 소유하고 있었다. 대토지 곁에 중소 토지가 분포해 있었으며, 작은 수도원은 1,000ha 정도, 개인은 60~180ha 정도를 소유하였다.[16]

실제 장원의 경영이라는 면에서 보면 장원은 대토지 소유제 아래에 있되 영주 직영지의 대농 경영과 농민 보유지의 소농 경영이 병존하였다. 9~10세기에 센 강과 라인 강 사이에 분포한 고전 장원들은 1개의 영주 직영지와 평균 22개의 농민 보유지들이 있었고, 영주 직영지와 농민 보유지의 적절한 비율은 대략 1:2였다.[17] 원래 농민 보유지는 한 세대의 가족을 부양할 수 있는 규모의 토지로 이루어져 있었다. 농민 보유지의 면적은 인구밀도와 토질 등에 따라 다양했으나 평균 10ha 정도였던 것으로 보인다.[18] 따라서 중세 봉건사회에서 농업경영의 기본단위인 장원은 소유권의 측면에서 보면 대토지 소유제였고, 실제 농업경영의 측면에서 보면 대농 경영(영주 직영지)과 소농 경영(농민 보유지)이 중첩된 형태였다.

장원의 생산성

중세에 농업 생산성 수준은 낮았다. 산업 기술이 발달하지 않은 순수 농업 사회에서 농업 생산성 향상은 매우 제한적이었다. 심지어 서유럽에서 18세기까지도 밀과 호밀은 파종량에 대한 수확량의 일반적 비율이 1:3 혹은 1:4였다. 그 정도만 해도 순수 농업 환경에서나마 꾸준한 생산성 향상이 이루어진 결과였다고 할 수 있다. 생산성 향상에 영향을 준 것은 농업경영 규모의 확대와 경작 기술의 발전이었다.

농업경영 규모가 크면 클수록 수확량이 늘어났는데, 이는 절대 면적이 컸기 때문만이 아니라 대규모 영주 직영지에서 인력과 축력을 효율적으로 이용하기 쉬웠기 때문이다.[19] 소규모 농민 보유지의 생산성도 정체하거나 하락한 것은 아니었다. 중세에 농노는 부자유스러운 신분이었지만 그럼에도 노예와는 달리 생산수단을 소유하고 자신의 판단과 계획에 따라 경영할 수 있었으며, 나아가 개인 재산의 취득이 가능하였다. 이는 농민들의 노동 의욕을 고취하였고, 그 점에서 중세 농민들의 소농 경영은 고대의 노예노동에 입각한 라티푼디아 경영보다 훨씬 생산성이 높았다.[20] 또한 경작 기술의 발전도 농업 생산성의 향상에 기여하였다. 가령 이포제에서 삼포제로 이행하고 철제 쟁기와 사료 작물 재배가 보급되면서 생산성이 향상되었다.

생산성의 향상에도 중세 농업은 기본적으로 '한계 경영'이었다는 점을 잊어서는 안 된다. 파종량 대 수확량의 비율이 아주 낮고, 가축 이용조차 제한된 곡물 경작이 더 많았던 시대에 농업경영에서 인간이 생산성 향상에 기여할 수 있는 여지는 매우 작았음이 틀림없다. 일반적으로 볼 때 생계를 유지하기 위해서는 경영 규모, 견인력의 크기, 농민 가족의 크기, 노동력의 크기 사이에 적절한 비율을 유지해야 했고, 최적 비율이 깨지면 당장 생계가 위협받을 수밖에 없었다.[21] 이것이 경제성장이 감속하는 순수 농업사회의 현실이었다.

개간 사업

개간 사업의 전개

중세 농업사회의 꾸준한 발전으로 인구가 증가하였고, 이로부터 다시 경작지가 부족해지게 되었다. 그리하여 11~13세기에 중세 유럽에서는 개간 사업이 활발하게 전개되었다. 숲지와 늪지가 개발되고 제방이 축조되었으며, 새로운 촌락이 건설되어 그 이전까지 중세 유럽인들의 손이 닿지 않았던 잉글랜드 북부, 네덜란드, 독일 동부 등지가 개척되었다. 중세 유럽인들의 대대적인 개간 사업에서 가장 중요한 것은 동유럽 개간 사업과 식민 사업이었다.

> 동방으로 가자
> 그곳이 살기가 낫단다.

이 플랑드르 민요에 나오는 동방이란 엘베 강 동쪽 지역을 가리킨다. 12세기부터 본격적으로 엘베 강 동쪽 지역으로의 대대적인 개간 사업과 식민 사업이 펼쳐졌다. 이 대대적인 사업은 훗날 나치즘에 의해 '동방정책(Ostpolitik)' 내지는 '동방으로의 돌진(Drang nach Ost)'으로 선전되기도 하였다.[22] 사업의 주역은 독일과 슬라브족의 제후들과 주교들, 각종 수도회와 기사단이었다. 특히 독일기사단(튜튼 기사단)은 13세기 이후 동방으로 돌진하여 이 지역에서 기사단 국가를 건립함으로써 훗날 프로이센 국가의 토대를 세우기도 하였다.

귀족들과 수도원들은 이주민들을 모집하기 위해 노력하였고, 이를 전문적으로 담당하는 식민청부업자들(locatores)을 고용하였다. 이주민들은 20~40ha 정도 되는 토지를 싼값에 구매하고 처음 10~20년 동안은 모든 부담에서 면제되는 등 유리한 경작 조건을 보장받았다.[23] 이러한 동유럽 개간지의 자유로운 분위기는 당시만 해도 여전히 열악했던 서유럽 농노들의 환경과 선명하게 대비된다. 한 역사학자는 이른바 '동방의 자유'에 대해 다음과 같이 말하였다. "동방에의 이주는 비단 예속에서의 해방만이 아니라 토지에 대한 확실한 소유권, 토지의 자기 경영에 대한 희구를 채워줄 수 있어서 동방 세계는 곧 서방 세계에 사회적 자유를 상징했던 것이다."[24] 생산이 체감하고 경제성장이 감속하는 농업사회가 정체의 덫을 벗어나는 방법은 개간과 정복, 식민 등에 의한 농토의 확대밖에 없는데, 동방의 자유는 이러한 돌파구를 열어 가기 위한 강력한 인센티브로 작용했던 것이다.

개간 사업과 농업 발전

새로 개간된 지역에서는 농업 생산성이 크게 향상되었다. 12~13세기에 개간된 농토는 효율적이고 집약적인 방법으로 경작되었는데, 쟁기질 후에 써레질을 하고, 호미로 잡초를 뽑아 주고, 해마다 두벌갈이를 해 주어 지력의 회복에 도움을 주었다. 또한 농업의 다양화와 전문화가 크게 진척되어 광대한 토지가 목양을 위해 전용되었고, 다른 지역은 포도 재배에, 또 다른 지역은 면화와 염료 재배 등의 용도로 활용되었다. 새로운 농산물은 그 지방에서 소비되기도 했지만, 그중 상당량은 원격지로 수출되어 식량으로 거래되거나 직조 산업 등의 원료로 공급되었다.

그러나 이주자들의 중소 소유지 곁에 귀족들과 수도원들의 대소유지가 들어서면서 점점 중소 농민들의 경제적 위상이 위태로워졌다. 또한 대토지 소유 귀족들의 재판권 아래에 종속되면서 농민들의 법적 지위도 약화되었다. 대체로 15세기부터 동유럽 지역에서 농노제가 부활하기 시작하였다. 이 시기 서유럽에서는 농노제가 점차 소멸하고 있었음을 고려하면 서유럽의 역사와 동유럽의 역사 시계는 거꾸로 가고 있었던 것이다. 귀족들이 부역을 증대시키려 할 때 동유럽 농민들은 반란으로 맞섰지만, 뿌리 깊고 강고한 촌락 공동체의 전통이 없었으므로 반란은 쉽게 진압되고 말았다.

중소 자영농의 몰락은 대농장보다 생산성이 낮기 때문만은 아니다. 농업의 특성상 중소 자영농은 잉여나 자본 축적이 없어 춘궁기나 흉작 등으로 농사나 생존을 위한 부채가 일단 생기면 부채의 이자는 기하급수적(가속적)으로 늘어나고 농업 생산 증가는 산술급수보다 낮아(감속적) 부채가 누적될 수밖에 없다. 결국 소작농이나 농노로 전락하게 되는 것이다. 이것은 동서고금을 막론하고 중소 자영농이 몰락해 가는 과정을 보여주는 악순환의 전형적인 모습일 것이다.

동유럽 귀족들은 '재판 농노제(second serfdom)'에 기초한 이른바 '농장 영주제(Gutsherrschaft)'를 편제하였다.[25] 영주권의 강화는 현대적 시각에서는 당연히 '퇴보'로 보이지만 이미 서유럽의 오랜 봉건제의 역사 속에서 이는 손쉽고도 효과적인 방식으로 입증되었다. 또한 동유럽의 대농장 체제는 당시 서유럽의 곡물 수요가 증대하는 것과 보조를 맞추어 규모의 경제라는 이점을 살린, 시장을 위한 대량생산이었다는 점에서 결코 일방적인 '퇴보'는 아니었다.

3. 가족과 친족 관계

귀족의 세습권

봉건법에서 토지는 주군에게 군사적 봉사를 바치는 대가로 하사받는 '조건부 소유지'였다. 물론 매입이나 왕실로부터의 수증을 통해 갖게 된 토지에 대해서는 전면적인 소유권을 행사할 수 있었다. 그러나 봉사에 대한 대가로 받는 토지, 즉 '은대지'는 그렇지 않았다.[26] 그러나 '은대지'에 대한 세습권도 오래전부터 널리 관습상 인정되었다. 신성로마제국에서 한 성직자는 다음과 같이 보고하고 있다. 콘라트 황제는 "부친에게 양여된 은대지를 그 후손으로부터 빼앗는 것을 허용하지 않음으로써 기사들의 환심을 샀다."[27]

세습권이 점차 확립되면서 제기된 하나의 난제는 장자 상속의 문제였다. 오늘날 많은 지역에서 장자 상속제는 당연한 것으로 여겨지지만, 실제로는 그렇지 않았다. 많은 경우에 봉토는 여러 아들 가운데 가장 적당하다고 여기는 한 명에게 물려주거나 드문 경우에는 여러 상속인에게 분할되지 않은 채 집단으로 수여되었다. 독일에서 장자 상속은 '오랑캐 풍의 관습'에 불과한 것으로 폄훼되었다. 이렇듯 상속 원칙이 불분명했기 때문에 실제로는 봉토가 분할되는 경우가 많았다. 봉건법에서는 봉토의 분할을 금지하고 있었고, 또한 봉토의 분할은 권력의 세분화를 의미했기 때문에 점차 분명한 상속 원칙이 정립되어야 할 필요성이 대두하였다.

이 맥락에서 오직 귀족의 칭호를 물려받는 자에게만 토지를 물려주는 한사 상속권이나 장자 상속권이 점차 확립되어 나갔다.[28] 장자 상속권의 확립은 한편으로 귀족 가문의 권력을 공고히 하고 신분제 사회의 기본단위로서 가족제를 안정화하였다. 다른 한편으로는 상속에서 배제된 자들의 비농업 활동을 묵시적으로 강요함으로써 농업사회에서 상업사회와 산업사회로 진출하는 통로를 만들었다.

농민 가족과 친족 유대

농민 가족이 생계를 이어가는 토대는 장원의 농민 보유지, 즉 망스이다. 망스는 농민이 주거하는 가택과 경작할 토지로 구성되었다. 여기에 각종 농기구와 생계를 보조할 공동지 이용권이 부속되었다. 요컨대 망스는 한 세대의 농민 가족이 생계를 꾸려 나가는 노동과 생활의 기본단위로서, 농민 가족은 망스에서 가족의 생산과 생계를 위한 필요 노동을 수행하고 망스를 보유한 대가로 장원의 소유자인 영주에게 잉여노동이나 잉여물을 바쳤다. 말하자면 망스란 봉건적 농업사회의 세포조직이었던 셈이다.[29]

그러나 농업사회의 특성상 망스 보유자들의 경제적 부담은 실로 엄청난 것이었다. 노동지대가 통용되던 당시에는 일주일에 사흘 동안 영주 직영지에서 노역한다는 규정이 일반적으로 통용되었고, 현물지대나 화폐지대가 통용되던 당시에도 그들이 지대로 바쳐야 할 현물의 양과 화폐 액수는 상당하였다. 그러나 영주가 농민의 부담을 경감시켜 준다고 해서 잉여 생산이 늘어날 수 있는 것은 아니었다. 생산이 체감하는 농업의 특성 때문에 직영지 노역이 줄어도 망스의 생산이 많이 증가할 수 없었고, 세금 부담이 줄어도 농민에게는 여전히 생계유지 이상의 잉여를 생산할 유인이 없었다. 이는 잉여생산이 발생했다손 치더라도 잉여농산물이 자본으로 축적되거나 재투자될 수 없는 단순 재생산 사회였기 때문이기도 하다. 따라서 중세 농민의 삶은 비참할 수밖에 없었는데, 근원적인 이유는 농업사회의 감속하는 가치 창출 구조 때문이었다.

농민 가족의 규모 또한 농민의 삶과 밀접하게 연관되어 있었다. 중세 초기의 대가족제는 농민의 삶을 개선할 가망이 없는 제도로 보인다. 가령 11세기 바이에른에서 농촌의 가족 공동체는 50명에 달하였다. 50명은 재산 양도를 위해 동의를 얻어야 하는 '근친'의 수였다. 대가족제는 국가의 보호 구조가 지극히 미비한 상황에서 개인을 보호하는 사회적 안전망의 역할을 했을 것이다. 개인이 친족의 유대에서 탈피한다는 것은 당대 사회의 폭력성과 생계 경제 수준을 고려할 때 상상할 수 없는 일이었다. 그러나 13세기부터 곳곳에서 가족 공동체의 규모가 축소되는 과정이 진행되었다. 이때 복수의 의무로 얽혀 있던 '근친'의 수는 대략 사촌까지였던 것 같다.

대가족제에서 소가족제로의 전환은 농민의 경영 규모가 작고 농업 생산성이 크게 증대되지 않는 상황에서 농민의 삶을 개선했을 것이고, 친족의 공동 소유권보다는 가족에 기초한 개인의 사적 소유권의 관념이 발전하는 데 기여했을 것이다. 물론 개인이 대가족에서 빠져나오기 위해서는 사회적 안전망의 상실에 대한 공포를 극복해야 하였다. 따라서 가족 공동체의 축소는 중세 후기에 국가 공권력이 대두하여 평화의 수호자로서 개인을 보호하는 구조가 마련됨으로써 비로소 가능했다고 추정할 수 있다.[30]

문화적 요인 ;

신앙의 시대

오랫동안 서유럽 중세 농업사회는 '암흑시대'로 묘사되었다. 중세 유럽에서는 하나님께 올리는 기도가 기술혁신을 대체하였고, 사회에는 폭력이 난무하였으며, 합리적이고 인간적인 고대 문화는 시들어 광신과 미신이 판치고 있었다는 천편일률적인 이미지가 그것이다. 이는 후대 인문주의자들과 계몽사상가들이 자신들이 활동하던 당시의 새로운 시대, 새로운 사회동학에 근거한 새로운 기준으로 지나간 과거를 재단하는 과정에서 나온 편견이다. 중세 농업사회가 감속하는 농업사회의 전형을 보여주기는 하지만, 그런 한계에도 꾸준한 경제적 · 사회적 · 문화적 발전을 일구어냈음은 부정할 수 없는 사실이다.

실제로 중세 농업사회가 항상 정체된 것만은 아니었다. 등자와 쟁기는 중세 기술혁신을 상징하는 아이콘이다. 등자를 통해 새로운 엘리트층이 등장하였고, 쟁기는 늘어난 인구를 부양할 수 있는 경제적 여유를 사회에 제공하였다. 근대 산업사회의 기준에서 보면, 유치한 수준이기는 했지만 그나마 중세 농업사회에서도 기술혁신은 사회 발전을 견인하는 역할을 하고 있었다는 것이다. 그런가 하면 봉건적 무질서와 폭력에도 점차 중앙집권적 영토 국가가 발전하면서 역내에 질서와 평화를 구현하였다. 무엇보다 로마 가톨릭 교회는 중세 농업사회의 위계질서를 정당화하고 정치적 지방 분권의 한계를 넘어 사회를 통합하는 중세 특유의 이념적 · 제도적 구심체의 역할을 하였다.

이렇듯 봉건제의 태내로부터 발전이 시작되고 또 진행되는 동안에 역설적이게도 봉건제 자체는 더 이상의 사회발전을 가로막는 부담스러운 족쇄가 되어 버렸다. 생산성 향상으로 농민의 사회적 지위가 어느 정도 향상되면서 농노제는 거추장스러운 유산으로 여겨졌다. 이러한 상황에서 중앙집권적 영토 국가가 발전함으로써 점차 봉건적인 지방 분권제가 극복되었고, 그럼으로써 근대 민족국가로의 발전이 준비되었다. 기독교의 발전에 수반된 신앙과 이성의 관계에 대한 새로운 '합리주의적' 논의들은 로마 가톨릭 교회의 권위를 허물어뜨리고 근대 문화의 모체를 형성하는 데 기여하였다. 이것이 중세 문화의 역동적 발전이었고, 이 역동성으로부터 새로운 시대인 근대가 탄생했다고 할 수 있다. 물론 중세 유럽 사회가 발전한 힘의 원천이 기술혁신으로 말미암은 생산성 향상에 있었다고 볼 만한 대목이 있기는 하다. 그러나 중세의 기술혁신은 기본적으로 과학 이론과 연구 개발에 근거한 것이 아니라 1000년에 걸친 시행착오의 산물이었고, 그나마 생산 현장에서 적절히 활용되지도 못하였다. 잉여생산이 있었다고는 해도 이는 영주의 수탈 아래서 농민이 살아남기 위한 몸부림에서 유래하였다. 이로부터 다시 한 번 감속하는 농업사회의 성장 한계를 실감하게 된다.

1. 과학기술과 교육

기술혁신

중세 경제혁명?

경제사학자 랜즈는 대략 1000~1500년에 유럽에서 신석기혁명 이래 최초의 의미 있는 '경제혁명'이 일어났다고 보고 있다. 그리고 이 성과는 명백히 새로운 에너지의 이용과 농업기술의 개량, 집약적 경작 등이 어우러진 결과였다고 한다. 특히 유럽의 중세가 '발명의 발명(invention of invention)'이 정착된 '가장 창의력이 풍부했던 시대'라고 말한다. 가령 이미 로마 시대부터 사용된 물레방아와 중국 및 이슬람 세계에서 전래한 제지법을 '기계화'시킨 것은 중세 유럽인들의 공적이라는 것이다. 또한 이미 고대에 알려진 안경의 품질을 향상시켜 일그러짐을 줄이고 쌍으로 연결하여 착용 가능한 장치로 만든 것과 분말 형태의 화약을 덩어리로 만들어 폭발력을 높인 것도 중세인들의 공적으로 돌린다. 그 밖에 기계 시계와 인쇄술도 중세 유럽의 '발명의 발명'을 통해 진화했던 것이다.[31]

그러나 이 시각은 너무나 과장된 것이다. 랜즈 자신도 인정하듯이, 기술혁신의 자극제가 된 것은 중세의 주 무대인 농촌이 아니라 주변부인 도시였고, 그나마 농토를 떠난 이주자들이 도시에 농촌 사회의 가치와 습관을 들여옴으로써 도시 활동을 속박하였다. 도시의 길드야말로 한쪽이 이득을 보면 다른 쪽은 그만큼 손해를 본다는, 전형적인 제로섬 게임론에 입각하여 일체의 자유 경쟁과 "살그머니 앞질러 나가는 행위"를 규제했다는 점에서 창의적 기업 활동의 굴레였다. 또한 유럽 중세 사회가 농업 생산성 향상이 인구 증가에 미치지 못함으로써 자연재해나 질병의 창궐로써 인구 균형을 맞춰 나가는 악순환에서 벗어나지 못했음은 부정할 수 없는 사실이다.[32] 이 모든 것은 생산이 체감하고 성장이 감속하는 농업사회의 근원적 숙명으로 보인다. 중세의 기술 발전과 경제 성과는 농업사회의 본질적 한계를 염두에 둘 때에만 온전히 평가될 수 있다. 그렇지만 일부 분야에서 보이는 발명과 혁신은 농업사회에서도 일정한 한계 안에서는 역동적 발전이 가능함을 보여준다.

등자

등자는 중세 유럽인들의 발명품이 아니었다. 고대 사르마티아족이나 스키

타이족이 발명했다는 견해가 있다. 그러나 일반적으로 고대 중국에서 발명되었다는 학설이 유력하다. 어떤 경우든 등자는 유럽인들의 발명품은 아니었다. 그러나 유럽인들은 뒤늦게나마 등자를 도입하여 실제 전투에 응용함으로써 유럽 사회에 혁명적인 변화를 몰고 왔다.

프랑크 왕국의 궁재 카롤루스 마르텔은 이른바 '등자혁명'의 선구자였다. 그는 등자를 도입하여 강력한 기병을 양성하는 군사 개혁을 추구하였고, 이 과정에서 기병으로 복무하는 자들에게 '은대지'를 하사하여 봉건사회의 성립을 촉진하였다. 한 역사학자는 다음과 같이 말하고 있다. "반(半) 봉건적인 관계와 제도가 오랫동안 문명 세계에 짙게 깔려 있었지만, 프랑크인들만이 아마도 카롤루스 마르텔의 천재성에 힘입어 등자의 잠재력을 완전히 파악해서, 결국 등자를 이용하여 우리가 현재 봉건제라고 부르는 새로운 사회구조에 의해 지탱되는 새로운 유형의 전투법을 창조하였다."[33] 그러나 세계적 관점에서 이미 새로울 것이 없는 등자가 이처럼 유럽에서 주목받을 수 있었던 것은 유럽이 아직 인류 문명의 사각지대를 벗어나지 못하고 있었음을 보여주는 것이기도 하다.

쟁기

중세 유럽에서 최고의 기술혁신은 단연 무거운 쟁기의 사용이었다. 이전의 쟁기는 북유럽의 습기를 먹은 무거운 토양에서 무용지물이었던 반면 중세 초기에 무겁고 효율적인 쟁기가 개발되어 경작과 배수에 효과적으로 활용되었다. 중쟁기는 통상 여덟 마리의 황소가 끌었다. 이는 인력을 축력으로 대체하고, 흙을 깊이 파내어 뒤엎을 정도로 힘이 넘쳐 농민 노동력을 절감하는 효과가 있었다.

이와 관련하여 말굽에 편자를 박고, 가슴 가죽끈과 같은 적절한 마구를 갖춘 말의 이용도 견인력을 효과적으로 높였다. 중세의 말은 현대의 말보다 약했지만 중세의 소는 현대의 소보다 훨씬 더 약하였다. 말의 속도가 소보다 빨라서 1초당 운반 거리와 무게를 계산하면 생산성이 50%나 더 컸고, 말이 소보다 지구력이 뛰어났기 때문에 하루에 1~2시간 더 일할 수 있었다. 따라서 속도와 지구력이 뛰어난 말의 이용으로 쟁기질과 써레질이 쉬워지고 효율적으로 되었던 것이다.[34]

삼포제

로마인들은 경작지의 절반 이상을 묵혀 둠으로써 비생산적으로 농사를 지었다. 그러나 중세 유럽인들은 삼포제를 도입하여 휴한지를 3분의 1로 줄일 수 있었다. 삼포제는 경작지를 휴한지, 추파지, 춘파지로 나누어 3년을 주기로 순환하는 농법으로서 '중세 서유럽 최대의 농업 혁신'으로 불린다. 새로운 윤작법에는 장점이 많았다. 경작 면적은 8분의 1이 증가하였고, 생산성은 2분의 1이 향상되었다. 1년간 쟁기질, 파종, 수확에 노동력을 균등하게 배분할 수 있었으며, 재배 작물이 다양해져 기근의 위험을 줄일 수 있었다. 마지막으로 삼포제를 통한 봄 파종으로 귀리 생산이 가능해졌는데, 귀리는 최적의 말 사료로서 농마(農馬) 사육에 필요한 잉여곡물을 확보할 수 있었다.[35]

8세기 말부터 귀리 재배 이외에 삼포제에 의해 콩과류 작물의 재배가 시작되었는데, 이 작물들은 지력을 높이는 데 기여하였다. 또한 콩과류 작물 등 봄 파종 작물은 식물성 단백질을 많이 함유함으로써 인구 증가, 나아가 도시의 발전과 상공업의 확대에 궁극적으로 기여하였다. 로마인들도 콩류가 인간의 근력과 정신력의 발전에 도움이 된다는 사실을 알고 있었지만 삼포제 농법이 시행되지 않아 '라티푼디아'의 노예들은 콩을 먹지 못하였다. 중세의 활기찬 발전 뒤에는 콩이 있었던 것이다.[36]

그 밖에 중세 유럽인들은 노동력을 절감하는 방안으로 물레방아를 사용하여 곡식을 빻았다. 물레방아는 다양한 용도로 전환되어 직조, 착유, 맥주 양조, 철공, 펄프 제조 등에 활용되었다. 그런가 하면 곡물 생산의 급증으로 곡물을 빻는 제분의 수요가 증대했지만 빠른 하천을 갖지 못한 지역에서는 물레방아를 설치할 수 없었으므로 그 대신 풍차가 도입되었다. 마

중세 농업의 발전 중세 유럽의 농민이 농마(農馬)를 이용해 밭을 갈고 있다. 중쟁기와 삼포제의 도입으로 중세 농업 생산성이 크게 향상되었다.

지막으로 큰 낫과 갈고리형 낫의 등장도 농민 노동력을 절감해 준 기술혁신의 사례이다.[37]

중세의 교육

종교 교육

중세에는 교회가 교육을 독점하였다. 중세 교육은 한마디로 가톨릭 교육이었다. 기독교는 중세 유럽인들의 생활을 촘촘히 지배하려고 했는데, 교회 교육의 목표는 명백히 이상적인 가톨릭 교인을 양성하는 것이었다. 중세에 종교 교육은 귀족과 성직자만을 대상으로 했다는 점에서 근본적으로 제한적이었지만, 공교육의 기틀을 마련하였다.

수도원 학교는 성직자를 대상으로 베네딕투스에 의해 정규화되었다. 수도원마다 부속학교를 세워 '노동'과 '청빈'을 신조로 자급자족을 하였고, 학문 연구를 수행하였다. 대사원 학교는 교육자 양성 기관으로서 수도원 학교 출신이 수도원에서 내려오지 않음으로써 발달한 학교 형태였다.[38] 거듭 강조하거니와, 생산이 체감하는 중세 농업사회에서 노동과 청빈은 생산을 늘리고 소비를 줄임으로써 농민의 가치 창출을 극대화하는 효과적인 방법이었다. 따라서 수도원 학교는 농민을 정신적으로 훈육하고 농업사회를 이끌어 갈 고급 간부를 육성하는 일종의 '사관학교'로서, 우선 성직자부터 노동과 청빈 같은 농업사회의 절대선으로 강력하게 무장하고 또 솔선수범한 것이다.

그런데 중세 교육을 독점하다시피 한 교회 교육이 일부 귀족과 성직자에게 국한된 것과 속세와 유리되어 수도원 학교로 발전한 것은 중세 교회 교육의 한계인 동시에 유럽에는 뜻하지 않은 행운이었다. 그 이유는 만일 교회 교육이 중세 대학의 모태가 되었더라면 가톨릭 교리에 충실한 감속하는 농업사회의 윤리관이 대학 교육 전반을 지배하는 근본이념으로 자리 잡았을 것이고, 그렇게 되었더라면 중세 대학이 뿌리를 내리고 훗날 계몽사상이 통상 '암흑시대'로 표현하는 중세의 지적 획일성에서 벗어나는 데 훨씬 더 오랜 세월이 소요되었을 것이기 때문이다.

중세 대학

12세기 말엽 학자들 내부에서 부분적인 조직화가 이루어지기 시작하였다. 경제성장으로 인해 학자 수도 대폭 증가하였다. 13세기에 이르러 지식인들의 숫자가 증가하자 이들에 대한 규제의 필요성이 제기되었다. 중세 종교 사회에서는 비주류라고 할 수 있는 학자와 지식인(많은 경우에 타지방 출신이거나 외국인)은 자신을 보호하기 위해 일종의 조직을 갖출 필요성을 느꼈다. 중세 도시에서 이러한 목적을 위해 이용할 수 있는 모범은 길드였고, 13세기 대학의 출현은 그와 같은 길드 조직을 교육에 적용한 것이었다. 볼로냐 대학과 파리 대학 등이 이 방식으로 건립되었다.[39]

중세 대학에는 신학, 법학, 의학의 3개 전공 과정이 있었고, 이 과정에 진입하기 위해서는 문법, 수사, 논리, 천문, 기하, 산수, 음악의 7개 교양교과목(liberal arts)을 반드시 이수해야 하였다. 이를 보면 대학의 교과 과정이

볼로냐 대학　중세 대학은 각기 다른 특수 전문 분야가 있었는데, 이 대학의 학생들은 주로 법조계 진출을 준비하였다.

직접 생산활동에 종사하는 농민 대중보다는 지식인과 지배 계층의 교육을 위한 내용으로 채워져 있었음을 알 수 있다. 중세 유럽 사회에서 농업은 영주들의 수탈로부터 살아남으려는 농민들에 의해 생산 현장의 시행착오를 거쳐 발전하였고, 대학 교육은 실용 학문보다는 인문학적 교양과 이론 위주의 교육으로서 경제적 · 기술적 발전과는 상당한 괴리가 있었다. 따라서 당시의 대학 교육은 생산보다는 권력 강화의 목표에 더 들어맞는 과목 위주로 편성되어 있었다고 할 수 있다.

그럼에도 중세 대학은 어떤 의미에서 중세 문화의 최대 성과로 간주될 수 있다. 왜냐하면 후대의 인문주의자들과 계몽사상가들이 '암흑시대'로 평가절하한 중세는 역설적이게도 그들 인문주의자와 계몽사상가를 육성한 지식의 모체인 중세 대학을 낳았기 때문이다. 중세에 탄생한 대학은 곧 르네상스, 종교개혁, 과학혁명, 계몽사상의 산실이 될 것이었다.

2. 이데올로기와 종교

교회의 역할

로마 가톨릭 교회는 농업을 기반으로 한 중세 유럽 사회의 형성에 결정적으로 기여하였다. 로마제정 말기에 제국이 쓰러지고 게르만족이 밀려오는 격변의 시기에 교회는 행정과 사회보장의 기본 업무를 떠맡음으로써 자신의 존재 이유를 증명하였다. 기독교가 성공할 수 있었던 가장 중요한 요인은 이념과 조직이었다. 기독교의 이념은 거대한 사회적 혼란기에 일신의 영생과 구원, 지상에서의 사랑과 자비에 의한 내세에서의 행복이라는 위안을 주는 복음에 기초해 있었고, 이것이 억압과 노동에서 헤어날 길 없는 고단한 삶을 살아가던 모든 살아있는 남녀의 심금을 울렸기 때문이다. 또한 교회는 수많은 종교가 난립해 있던 당시 상황에서 조직화된 사제단을 가진 유일한 종교였다. 로마의 주교좌가 베드로의 계승자임을 내세워 우월성을 주장하였고, 로마를 중심으로 교회 조직이 체계적인 계서제로 편제되었다. 세속 행정망은 마비되었지만 교회 조직은 살아남아 현세 남녀의 삶을 돌보았다.[40]

이렇게 혼란기를 거치면서 오히려 더 강고해진 교회는 중세 농업사회의 거대한 이념적 · 제도적 구심체로 발전하였다. 중세 교회는 초국가적 조직체로서 교황은 영적 권력 외에 강력한 정치권력을 행사하였고, 중세 교회는 교회법에 따라 독자적인 재판권을 갖고 있었으며, 막대한 경제력을 과시하였다. 중세의 정신계와 문화계는 완전히 교회의 통제 아래에 있었으며, 7성사를 통해 일반인들의 생활까지 깊숙이 관장하였다. 중세 속담 그대로 중세인은 교회를 떠나서는 태어날 수도 죽을 수도 없었다.

특히 기독교 이념은 이미 언급했듯이 봉건제 특유의 '세 위계'를 이데올로기적으로 정당화하는 역할을 하였다. 기도하는 자들은 '세 위계'의 정점에서 싸우는 자들을 자신들의 보호자로 만들고, 일하는 자들이 본분에 어긋나지 않게 순종하고 근면하게 살면서 현실의 고단하고 비참한 삶을 견딜 수 있는 정신적 위안을 제공하였다. 이렇듯 교회는 토지와 노동력의 결합에 기초해 있었던 감속하는 중세 농업사회의 암울한 현실과 혼란 속에서도 안정된 위계질서와 희망의 이데올로기를 제공하였다.

교회와 수도원은 사회 안정을 위한 이데올로기적 장치를 제공했을 뿐만 아니라 부지불식간에 기술혁신과 경제성장에 기여하기도 하였다. 교회의 입장에서는 기도하는 시간도 모자랄 판에 시간 낭비라고 생각된 세속의 노동에서 성직자들을 해방하고 싶은 열망이 강렬하였다. 이 열망은 곧 동력 기계를 도입하여 보급하는 것으로 이어졌다. 12세기 중엽 클레르보 수도원의 작업 기록에는 물레방아에 대한 찬사가 엿보인다. "기계들이 원죄를 속죄해야 하는 인간을 사면해 준 것 같다. 이러한 발명품들 덕분에 남자들은 가혹한 노동을 덜고, 말이 등을 쉴 수 있게 되었으니 하나님께 감사드려야 마땅하다."[41] 그뿐만 아니라 시토 수도원 등이 대대적이고 효율적인 개간 사업을 성공적으로 수행했다는 사실은 널리 알려져 있다.

이 시점에서 그러한 물질적 성과에도 교회가 경제성장과는 애초부터 무관한, 아니 적대적이기까지 한 윤리를 유럽 사회에 보급했다는 엄연한 사실은 새삼 강조할 필요가 있다. 교회는 일체의 영리적 동기를 부정하며 "상인은 거의 혹은 결코 신을 기쁘시게 할 수 없다"고 주장하였다. 그러면서 물질적 이익을 얻는 대가는 영혼을 잃는 것이라고 경고하였다. 시장가격과 대비되는 '공정가격'의 이상이 등장한 것도 이 맥락에서였다. 이는 경제학이라기보다는 경제 신학에 가까운 것이었다. 다음과 같은 재미있는 일화가 있다. 10세기 성자 성 제랄드(St. Gerald)는 로마에서 아주 싼 가격으로 성직복을 구매했는데, 한 상인에게 그 가격이면 정말 "땡잡은" 것이라는 말을 듣자 좋아하기는커녕 그 옷을 판 이에게 서둘러 웃돈까지 얹어 되돌려주었다. 탐욕의 죄로 영혼을 잃을까 두려웠기 때문이다.[42]

교회의 쇠퇴

중세 유럽인들은 국가 공권력이 거의 해체된 상황 속에서 살고 있었다. 여전히 로마제국 아래에 살고 있다는 어렴풋한 인식이 있기는 하였다. 카롤루스의 서로마제국 부활이나 신성로마제국의 등장도 그러한 대중적 인식에 편승하여 제국을 부활시키려는 기획의 연속선상에서 이해될 수 있는 사건이었다. 그럼에도 현실의 정치 질서는 폭력이 만연한 사회에서 개인에게 안정된 사회적 안전망과 소속감을 제공해 주지 못하였다. 그 상황에서 보호의 구조와 소속 의식을 제공한 것이 교회였다. 중세인들은 자신들이 모두 기독교도라는 동류의식을 지녔고, 기독교 공화국에 산다고 느꼈다. 같은 기독교도라는 의식이 폭력적인 환경에서도 부조와 자선 행위를 독려하였다. 한마디로 중세 사회는 로마 가톨릭 교회를 중심으로 정신적으로나마 통합된 세계였다고 할 수 있다.

중세 기독교 세계의 통합성은 11세기 이후에 강력한 도전을 받았다. 성직자의 서임 문제를 둘러싼 교권과 속권의 대립은 한때 교권의 승리로 끝나는 듯하였다. 그러나 이전투구 과정에서 가장 큰 상처를 입은 측은 결국 교권이었다. 그런가 하면 발흥하는 왕국의 국왕들에 의해 모욕당하고 속권에 의해 허수아비 교황이 옹립되면서 '교회의 대분열'이 초래되었다. 교황이 진두지휘한 십자군 전쟁도 소기의 성과를 달성하지 못하면서 교황과 교회의 권위가 크게 실추되었다. 이 상황에서 중세 말기에는 위클리프와 후스와 같은 개혁가들이 등장하고 카타리파나 왈도파와 같은 이단 운동이 우후죽순처럼 번성하였다. 교회의 분열과 쇠퇴는 16세기 프로테스탄트 종교개혁으로 수렴되어 중세 기독교 세계의 통일성을 끝내 해체할 것이었다.

역설적이게도 이러한 일련의 혼란은 서유럽의 미래를 위해서는 축복이기도 하였다. (반사실적 가정이기는 하지만) 만약 유럽이 신성로마제국으로 통일되고, 성장이 감속하는 농업사회의 이데올로기인 중세 가톨릭 교리가 더욱 확고하게 정신세계를 장악했더라면 종교개혁과 르네상스는

중세 상인 14세기 이탈리아의 부유한 상인이었던 프란체스코 디 마르코 다티니의 초상화이다.

물론 자본주의 사회의 태동과 산업혁명의 발생이 훨씬 더 지연되었을지 모를 일이기 때문이다. 이와 관련하여 프랑스 경제학자 코엔은 843년의 베르덩 조약을 통해 카롤루스 대제의 계승자들이 로마제국을 나눈 이래 '세력 균형'이 유럽 정치에서 핵심어가 되었음을 지적하면서 다음과 같이 말하고 있다. "유럽에서는 어떠한 강대국도 제국적 질서를 회복하지 못하였다. 강대국들은 각각 바다 건너편 혹은 산맥 너머에 존재하는 다른 국가들과 경쟁하면서 자신의 경계 안에서 살아가는 법을 배워야만 하였다. 이러한 지속적인 긴장 관계는 유럽적 활력의 기반이 되었다. 유럽은 특히 기독교적인 믿음 위에 존재하는 보편적인 제국이라는 개념과 개별 국가의 특성을 결합하는 법을 배워야 하였다."[43]

3. 민족성과 생활양식

보편주의

중세 유럽인들은 아주 큰 세계와 아주 작은 세계를 동시에 살았다. 여기서 아주 큰 세계란 로마제국과 기독교 공화국이었다. 그들은 공동의 조상으로부터 이어져 내려왔다는 감정으로 결속되어 있었다.[44] 이와 동시에 아주 작은 세계란 자신이 사는 장원과 촌락의 공간이었다. 이 공간은 이미 익숙한 것들과 반복되는 것들로 둘러싸여 있었으며, 여기서 모든 것은 조상의 경험에 의존하였다. 미래에 대한 현실적 기대치는 높지 않았지만 항상 현실의 결핍과 위험에서 벗어날 수 있기를 갈망하고 있었다. 그리고 큰 세계와 작은 세계는 서로 별개의 세상에 존재하는 것처럼 보였다. 이러한 중세적 이원성을 극적으로 보여주는 것이 중세의 언어 세계이다. 즉 한쪽에는 교양인들이 사용하는 보편어로서 라틴어가 있었고, 다른 한쪽에는 다종다

양한 일상어들이 있었다. 이것이 중세인들의 삶을 지배하고 있었던 독특한 이중 구조였다.[45]

개념사가 코젤렉(Reinhart Koselleck)의 설명에 따르면, 이러한 이중 구조는 농업적 · 수공업적 세계의 한 특성이라고 할 만하다. 수확이 자연의 변덕에 좌우되고 기술혁신이 너무도 느린 전근대 농업사회에서 미래에 대한 기대는 전적으로 선조의 경험에 의지할 수밖에 없었다. 변화가 있다고 해도 너무나 느리고 장기적이어서 예전의 경험과 새로운 기대 사이의 간극은 대단히 작았다. 그 반면에 인간이 자연을 통제하고 기술이 발달하는 근대 산업사회에서는 경험과 현실적 기대 사이의 간극이 점점 더 크게 벌어진다. 과거의 경험은 불신받고 새로운 기대가 야기되는 것이다.[46] 이것이 기술 진보가 더딘 감속하는 농업사회와 기술이 비약적으로 발전하는 가속하는 산업사회의 근본적인 차이를 보여주는 설명이다.

그렇다면 '경험공간'과 현실적 '기대치'의 차이가 작고 '경험공간'이 압도적 우위를 점하는 세계에서, 가령 교회가 약속하는 구원이라는 내세의 새로운 '기대치'는 어떠한 역할을 하였는가? 한마디로 그 기대는 감속하는 농업사회에서 개인의 노력으로는 성취할 수 없었기에 현세를 넘어서는 것이었다. 이렇게 기독교의 '기대지평'은 천국을 담보로 현실을 뛰어넘은 내세의 것이었기 때문에 오히려 고단하고 비참한 현세의 '경험공간'을 건실하게 유지하는 데 더 크게 기여할 수 있었을지도 모른다. 중요한 점은 '경험공간'에 어떤 변화가 있거나, 있으리라고 기대조차 할 수 없는 한 제국과 기독교의 '기대지평'과 일상의 '경험공간'은 모순적일지라도 상호 보완적이었다는 사실이다. 감속하는 농업사회에서 중세인들의 '경험공간'은 변할 수 없었지만, 그들의 내세를 향한 '기대지평'은 어둡고 암울한 현실을 보상하기 위해 더욱 밝고 찬란하게 포장되었다. 천국을 지향하는 뾰족한 첨탑과 화려한 스테인드글라스로 치장된 고딕 건축에서 그것을 엿볼 수 있다. 기술혁신으로 자연에 대한 인간의 통제력이 증대된 가속하는 산업사회가 도래한 이후에 '경험공간'에서의 변화가 실제 감지되고 나서야 비로소 인간의 '기대지평'은 내세가 아니라 현세에서의 구원을 지향할 수 있었다. 이러한 변화의 이면에는 감속하는 농업사회에서 가속하는 산업사회에 이르기까지 가치 창출 양식의 혁명적 변화가 도사리고 있었다.

민족주의

중세 보편주의의 토대였던 기독교 공화국이 분열하고 신성로마제국이 유명무실화되면서 각 지역의 토착 국왕권이 강력하게 부상하였다. 그리고 적어도 13세기 말부터 14세기 초까지 프랑스의 필리프 4세 시대에 국왕과 왕국을 위한 죽음은 '순교'라는 생각이 등장하면서 초보적인 형태의 애국심(patriotism)이 발전하였다. 중세 애국심과 근대 민족주의(nationalism)를 수평적으로 연결할 수는 없지만, 양자가 긴밀한 관련을 맺고 있음도 부정할 수 없다.

중앙집권적 영토 국가 안에서는 주민 사이에 강한 문화적 동질감이 형성되었으며, 이러한 문화적 동질감은 항상 언어의 통일과 함께 형성되어 왔다. 같은 언어를 사용하는 사람들 사이에서 느끼는 강한 친밀감과 동시에 다른 언어를 사용하는 사람들에 대해 느끼는 이질감은 원초적인 '민족 감정'의 발생 원인인 동시에 '민족 감정'의 발로이기도 하다. 예를 들면 920년에 프랑스의 샤를 단순왕의 수행원들과 독일의 하인리히 1세의 수행원들 사이에 유혈 난투극이 벌어진 이유는 그들이 서로 상대방이 쓰는 언어를 조롱했기 때문이다.[47]

이 사건 하나만으로 '민족 감정'의 형성을 운위하는 것은 어리석은 일이지만, 중세의 언어적 · 문화적 정체성의 형성과 '민족 감정'의 형성 사이에 불가분의 관계가 있었음을 간과하는 것은 더한층 어리석은 일이 될 것이다. 그러나 인간은 사회적 동물이기 때문에 언어적 · 문화적 정체성 자체는 현생 인류와 함께 형성되고 또 진화해 온 것인 만큼 어느 시대, 누구에게도 새로운 현상은 아니다. 따라서 중세 농업사회에 존재한 언어적 · 문화적 정체성을 '민족 감정'의 맹아로 볼 수 있는 여지는 별로 크지 않다.

농업사회에서는 어느 지역에서나 노동과 토지의 결합만으로 독자적인 생산활동이 가능하였다. 그 때문에 정치적 영토 국가 내에서도 지역 간 교류가 빈번하지 않았다. 따라서 지역별로 다양한 언어(방언)가 병존했으며, 문화적 동질성도 높지 않았다고 할 수 있다. 그러나 상업사회가 도래하면서 대내적으로 지역 간의 교류가 빈번해짐으로써 언어적 · 문화적 동질성이 영토 국가의 범위로까지 점차 확대되었다. 그리고 대외적으로 국제무역이 급격히 증가함으로써 정치적 국가에 소속된 주민의 경제적 이해관계를 국가 단위로 한데 묶는 결과를 가져와서 언어적 · 문화적 동질성의 범위가 해당 국가의 국민과 일치되기에 이르렀다.

그렇다면 농업사회에서 지역별로 분절된 언어적 · 문화적 동질성과 경제적 이해 단위가 상업사회의 도래와 함께 정치적 영토 국가 단위로 확대된 결과가 근대 민족국가의 형성이고 민족주의의 발현이라고 해석할 수도 있다. 마침내 중세 유럽인들이 살았던 아주 큰 세계와 아주 작은 세계 사이에 또 다른 세계가 모습을 드러내고 있었다. 바야흐로 '민족성'을 말할 수 있는 '중간계'가 중세 말 근대 초에 이르러 눈앞에 펼쳐지기 시작하였다.

소결

이상으로 고대 로마제국과 중세 봉건 유럽의 사례를 통해 농업사회의 특징을 검토하였다. 이미 논의했듯이, 농업사회는 본질적으로 기술혁신과 신제품의 대량생산, 이를 통한 새로운 수요 창출에 기초한 확대 재생산 체제가 아니라 토지의 확보와 노동력의 투하에 기초한 단순 재생산 체제를 통해 가치를 창출하는 사회이다. 따라서 전쟁을 통한 더 많은 영토와 더 많은 농업 노동력의 획득이 농업사회 발전의 주요 동력이었다. 그렇다 보니 강력한 중앙집권적 권력과 엄격한 사회적 위계질서 그리고 체감하는 농업 생산의 특징에 따라 경제적 한계 상황에 내몰린 맬더스 트랩 아래의 내핍 경제로부터 유래한 근면과 절약 그리고 내세를 지향하는 가치들이 발전할 수밖에 없었다. 이것이 농업사회의 핵심적인 정치적 · 사회적 · 문화적 특징을 이루고 있었다.

그럼에도 로마와 봉건 유럽 사이에는 제법 미묘한 차이점들이 있다. 정치적인 측면에서 로마제국은 황제권을 정점으로 한 일원화된 중앙집권적 국가 구조를 발전시킨 반면에 봉건 유럽에서는 영주권 중심으로 다원화된 정치 질서가 형성되었다. 확실히 봉건사회의 원심적 정치 질서는 로마제국이 붕괴한 결과일 뿐만 아니라 제국의 재건을 위한 정치적 프로젝트가 지속적으로 좌초한 결과로 초래된 것이었다. 사회적인 측면에서도 고대의 도시와 중세의 도시는 차이가 있었다. 전자가 주로 소비의 중심지였다면, 후자는 소비뿐만 아니라 생산의 중심지, 다시 말해 제조업과 원거리 무역을 위한 활발한 거점의 역할을 자임하려 했다고 할 수 있다. 근대 산업 도시의 원형은 중세의 태내에서 싹트고 있었는지도 모른다. 문화적인 측면에서도 고대에 민족성을 말하기는 대단히 어려운 반면 중세에는 맹아적인 형태로나마 민족성이 움트고 있었다고 볼 수 있다. 특히 로마제국이 붕괴한 후 중세 내내 제국을 재건하려는 정치적 프로젝트가 끊임없이 좌초하면서 정치 단위가 점차 잘게 분할됨으로써 제각기 지역적 특성을 갖는, 근대국가로의 이행을 맞이한 것으로 보인다.

이 사실들은 고대 로마와 봉건 유럽이 농업사회의 두 유형일 뿐만 아니라 서로 연속적, 불연속적으로 시간적인 전후 맥락 속에 놓여 있는 두 사회였다는 점을 잘 보여준다. 다시 말해 서유럽 봉건사회는 고대 로마의 역사적 발전을 이어받아 등장한 사회였다는 것이다. 따라서 로마 사회의 성과와 한계를 파악하지 않고서는 서유럽 봉건사회의 등장과 발전을 이해할 수 없을 것이다. 그럼에도 여기서 강조하는 바는 두 경제사회의 발전 동학과 가치 창출 양식이라는 측면에서 모두 농업사회의 구조적 특징에 근본적으로 얽매여 있었다는 사실이다. 이렇듯 두 사회의 구조적 · 역사적 연관을 동시에 파악할 때에만 농업사회가 훗날 등장한 상업사회 및 산업사회와 본질적으로 구별되는 독자적인 사회 유형이면서 동시에 상업사회와 산업사회를 위한 역사적 전제이기도 하다는 점을 올바르게 이해할 수 있을 것이다.

상업사회 편

제3장 근대 초기 유럽 상업사회

제3장
근대 초기 유럽 상업사회

중세 시대까지만 하더라도 유럽은 경제적 역량으로나 문화적 수준으로 볼 때 인근 이슬람이나 동아시아 세계보다 열등함을 면치 못하고 있었다. 비록 고대 로마제국의 영광에 대한 기억이 여전히 남아 있기는 했으나 제국을 부활시키려는 정치적 기획(프랑크 제국과 신성로마제국)은 끝내 수포로 돌아가고 말았다. 그러나 이러한 정치적 실패에도 중세 유럽 사회는 완만하나마 경제적인 발전을 거듭하였다. 그리하여 중세 유럽 사회에서 꾸준한 농업 생산성의 향상과 상업의 부활 및 도시의 발달은 근대 이후 '유럽의 대두'를 가능하게 하는 중요한 밑거름이 되었다. 과연 11세기 말부터 개시된 십자군 운동은 종래까지 세계사에서 수세적인 위치에 머물러 있던 유럽이 공세적인 위치로 전환함을 알리는 신호탄이었다.

비록 십자군 운동은 실패하고 말았으나, 15세기 후반부터 이른바 '대항해 시대'의 개막과 더불어 유럽은 본격적으로 동양 세계로 팽창해 나가면서 세계사에서 패권적 주도권을 장악하기 시작하였다. 그렇다면 이러한 팽창과 정복의 '동기'와 '기회'는 무엇이고, 또 어떻게 가능하였을까? 먼저 유럽의 팽창과 정복을 가능하게 한 동기로는 기독교를 전파하고 이교도를 개종시킨다는 종교적 동기와 이슬람 세계 건너편에 존재한다고 추정된 전설상의 기독교 왕국과의 전략적 동맹의 필요라는 정치적 동기가 있었다. 그러나 무엇보다 중요한 것은 동양에 넘쳐나는 황금에 대한 신화적 믿음 외에 동양과의 직접 무역로를 개설함으로써 동양 산물을 저렴하게 수입하여 막대한 이윤을 남기려는 경제적 동기였다. 그다음으로 유럽의 팽창과 정복을 가능하게 한 기회로는 원거리 항해와 해상 전투에서의 우위를 보장한 높은 기술력, 중세 귀족 사회로부터 격세유전된 특유의 호전성, 면역력이 없는 신대륙 원주민들에게 치명적이었던 전염병 등을 꼽을 수 있다.

'대항해 시대'에 유럽 각국은 해상로와 해외시장을 장악하기 위해 치열한 각축전을 벌였다. 주지하듯이, 농업사회에서 가장 중요한 생산요소는 토지와 노동력이었다. 농업사회의 가치 창출은 체감하는 농업 생산에 의존했지만 상업사회의 가치 창출은 체증 또는 성장이 가속하는 확대 재투자에 의한 것이었다. 그리고 상업사회에서 가장 중요한 생산요소는 교역로와 시장이었다. 이 요소들을 확보하기 위해 각국은 그에 필요한 정치적 · 사회적 · 문화적 체제를 정비해 나갔다.

가장 먼저 강자로 떠오른 국가는 에스파냐와 포르투갈이었다. 양국은 '대항해 시대'의 선두 주자로서 아메리카와 아시아에서 막대한 이윤을 거두어들였다. 그러나 정부 주도의 일방적인 가치 이전성 약탈 무역은 당분간은 막대한 이윤을 보장했으나 확대 재투자 체제에 의한 지속적인 가치 창출로 발전하지 못하여 양국의 패권은 기울고 말았다. 다음 주자는 네덜란드였다. 17세기는 '네덜란드의 시대'였다. 네덜란드는 민간 주도의 중계무역에 의한 확대 재투자로 상업사회에 진입한 최초의 국가였다. 동인도회사의 설립과 세계 최초 증권거래소의 개설로 암스테르담의 경제 구역은 '17세기 월스트리트'를 방불케 하였다.

네덜란드의 패권은 영국에 의해 강력한 도전을 받게 되었다. 에스파냐의 무적함대를 격파한 영국은 곧 영국-네덜란드 전쟁에서 네덜란드를 제치고 해상권을 장악하게 되었다. 비슷한 시기에 절대왕정을 완성하여 팽창 야욕을 거침없이 드러낸 이웃 국가 프랑스와의 치열한 경쟁 끝에 세계적인 패권 국가로 대두하였다. 영국은 이 시기에 거두어들인 막대한 이윤을 산업혁명을 통해 산업에 재투자함으로써 마침내 19세기에 이르면 '세계의 공장'이자 '해가 지지 않는 제국'으로서의 위용을 과시하게 될 것이었다. 그리고 인류 역사상 최초로 대량생산과 대중소비를 통해 풍요로운 사회인 산업사회를 열어 갈 것이었다.

정치적 요인 ;

근대국가의 발전

한 사회의 경제적 발전을 위해 정치적 안정성을 확보하는 일은 필수적이다. 고대 로마의 사례가 잘 보여주었듯이, 황제권으로 표상되는 중앙집권적 권력의 강화가 정치적 안정성을 보장해 주었다. 그러나 로마제국이 붕괴한 뒤 중세 유럽에서 국가 공권력은 해체되고 파편화되었다. 이 상황에서는 마땅히 정치적 안정성을 담보할 수 있는 새로운 방식들이 고안되어야 하였다. 그리하여 기독교와 '세 위계'에 바탕을 둔 엄격한 봉건적 신분 질서가 등장하였다. 그와 동시에 봉건 영주들은 장원 안에서의 재판권을 토대로 토지와 농민에 대한 강력한 통제권을 행사하면서 그 자체 국가나 다름없는 권력을 강화하였다. 이것이 중세 유럽에서 농업 생산성이 발전한 정치적 맥락이었다. 그럼에도 중앙집권적 권력의 강화를 통한 정치적 안정성의 요구는 끊임없이 제기되었고, 로마제국을 부활시키려는 기획(프랑크 제국과 신성로마제국)이 잇따라 등장하였다. 그러나 제국의 꿈은 실현되지 못하였다. 이는 제국적 통일성을 유지한 세계의 다른 지역과 구별되는 중세 유럽만의 고유한 정치적 특수성이다.

지방분권적인 봉건적 정치 질서에 고유한 만성적 불안정성과 제국적 기획의 실패 사이에서 중세 말부터 중앙집권적인 영토 국가들이 각 지역에서 일어나기 시작하였다. 영토 국가들은 제국처럼 방대한 영역을 아우르지는 못했으나 봉건 영주들의 지방 권력을 복속시키면서 중간 크기의 영역에서 새로운 정치적 안정성을 구축하는 데는 성공하였다. 마침내 국왕이 왕국을 표상하는 상징적 구심으로 부상하였고, 효율적인 통치를 위해 상비군과 관료제를 설치하고 조세 제도와 사법 제도를 통합하였다. 또한 도량형을 통일하고 교량과 운하를 건설함으로써 중앙집권적 권력이 획기적으로 강화되었다. 이것이 절대왕정이다. 절대왕정은 일련의 정치 혁신을 통해 국내 시장의 통합을 추진하였고, 나아가 타국과 해외시장을 놓고 치열한 다툼을 벌였다. 절대왕정의 정치 엘리트들은 국가 간 체제에서 생존과 번영을 위해 부국강병을 의식적으로 추구하였고, 이를 위한 유력한 수단을 상업에서 찾았다. 이것이 바로 절대왕정 특유의 중상주의적 가치관이자 이념이었다. 농업사회의 정치 엘리트들이 농업 생산보다 정복 전쟁이 가치 확보에 더 효율적임을 체득했듯이 절대왕정의 정치 엘리트 또한 중상주의적 정책이 국부 증대에 훨씬 더 효율적임을 간파했던 것이다. 게다가 상업의 확대 재투자에 의한 가속적 · 반복적 가치 창출은 농업 제국의 정복 전쟁에 의한 일회성 가치 확보보다 가일층 효율적인 국부 증대의 수단이 되었다.

학계에서 논란이 있기는 하지만, 대체로 볼 때 절대왕정은 최초의 '근대적인' 국가 형태로 보인다. 여기서 '근대적'이라 함은 '효율적'이고 '합리적인' 통치 체제가 발전했다는 의미이다. 가령 상비군 및 관료제와 같은 새로운 제도와 '국부'라는 새로운 관념이 절대왕정의 '근대적' 성격을 잘 보여준다. 그럼에도 '국가=국왕'이라는 절대왕정의 등식은 '비인격적 권력(impersonal power)'에 바탕을 둔 완전한 의미의 '효율적'이고 '합리적인', 그 점에서 '더 근대적인' 통치 체제와는 다른 것이었다. 절대왕정이 가장 먼저 발전한 곳은 에스파냐와 포르투갈이었다. 여기서는 이슬람 세력을 몰아내려는, 이른바 '재정복(Reconquista)' 운동의 기치 아래 국왕의 군사적 리더십을 바탕으로 절대왕정이 조숙하게 발전하였다. 그리고 양국은 국가의 위신과 부를 위해 대양으로 진출함으로써 '대항해 시대'의 선두 주자가 되었다. 절대왕정이 전형적으로 발전한 곳은 프랑스였다. '태양왕' 루이 14세로 상징되는 프랑스 절대왕정은 귀족 세력을 제압하고 국내 시장을 통합하며 강력한 중상주의 이념으로 대외 팽창을 시도하였다. 그러나 루이 14세가 종교적인 이유로 위그노 상공인들을 대거 해외로 방출한 데서 알 수 있듯이, 농업에 기반을 둔 절대주의 국가인 프랑스의 야심은 결국 상공업에 기초한 네덜란드나 영국과의 경쟁에서 꺾이고 말았다. 이는 프랑스 절대왕정의 한계를 여실히 보여주는 대목이다. 그 반면에 네덜란드와 영국은 절대왕정을 경험하지 않거나 아주 짧게 경험하였고, 시민혁명을 통해 법치주의와 의회주의, 곧 '효율성'과 '합리성'에 근거한 안정된 정치체제가 발전하고 이것이 상업 발전과 상승 작용을 일으키면서 유럽의 패권 경쟁에서 승리자가 될 수 있었다.

1. 정치적 안정성

절대왕정

유럽사의 특수성

중세 봉건 유럽은 정치적 지방 분권으로 특징지어진다. 비록 제국을 부활시키려는 진지한 시도가 있었지만, 이는 모두 실패로 돌아갔다. 제국적 기획이 실패하게 되면서 유럽에는 중간 크기의 중앙집권적 영토 국가들이 발전하였고, 이로써 유럽 특유의 '국가 간 체제(inter-state system)'가 성립하였다. 영토 국가들은 그들끼리의 치열한 생존 게임에서 살아남기 위해 사회의 인적·물적 자원을 효율적으로 동원할 수 있는 합리적인 통치 체제를 발전시키려고 하였다. 효율적이고 합리적인 통치 체제를 발전시키는 데 성공한 국가들은 생존하였고, 그렇지 못한 국가들은 도태되었다.

그라나다 함락 이베리아 반도에서 이슬람 세력을 몰아내기 위한 일종의 십자군 운동인 '재정복(Reconquista)'이 1492년의 그라나다 함락을 계기로 사실상 종결되었다. 새로운 이슬람 신민들이 이사벨라와 그녀의 남편에게 항복하는 그림이다.

그런 점에서 유럽은 중앙집권적 영토 국가가 최초로 발전한 지역이었다고 할 수 있다. 특히 이슬람 세계와 동아시아 세계에서 제국적 통일성이 의연히 유지되었음을 고려할 때, 과연 중간 크기의 영토 국가들의 등장은 유럽사의 특수성이라고 할 만하다. 그리고 이 영토 국가들이 강력한 국왕권을 중심으로 본격적으로 발전한 국가 형태가 15세기 말부터 등장한 절대왕정이었다. 따라서 절대왕정은 제국적 통합이 불가능한 상태에서 중세 특유의 지방 분권을 극복하고 새로운 형태의 정치적 안정성을 보장해야 한다는 당대의 요청에 따라 등장한 '유럽적인' 국가 형태였다.

절대왕정의 대두

절대왕정이 최초로 발전한 곳은 이베리아 반도였다. 특히 에스파냐에서는 '재정복' 운동 속에서 발전한 국왕권을 중심으로 가장 일찍 절대왕정이 모

헨리 8세의 초상　헨리 8세는 이혼 문제를 계기로 가톨릭 교회와 마찰을 빚다 결국 수장법을 통해 영국 국교회를 성립시키며 로마 교황청과 결별하였다.

습을 드러냈다. 10세기 초에 시작된 '재정복' 운동은 1469년 아라곤의 페르난도와 카스티야의 이사벨라가 결혼 동맹을 맺으면서 강력한 에스파냐 왕국이 탄생하는 지렛대가 되었고, 1492년 에스파냐가 이슬람 세력의 최후 거점인 그라나다를 병합함으로써 기독교도들의 승리로 마무리되었다. 그런 점에서 에스파냐의 절대왕정은 철저히 정복 전쟁과 군사적 리더십의 산물이라고 할 수 있다.

영국 또한 절대왕정이 일찍이 발전하였다. 영국에서는 이미 중세 시대부터 국왕권이 강력하였고, 섬나라라는 지리적인 여건으로 왕국의 독립성과 통일성이 그 어느 곳보다 뚜렷하였다. 영국 절대왕정이 본격적으로 발전한 것은 장미전쟁(1455~1485) 이후였다. 장미전쟁은 '귀족층이 자신의 몸에 가한 유혈의 수술'이었는데,[1] 영국 절대왕정은 이 전쟁으로 봉건 귀족층이 몰락한 틈을 타서, 그리고 오랜 무질서에 대한 사회의 염증에 편승하여 대두하였다. 전쟁의 혼란을 수습한 헨리 7세는 귀족의 사병제를 혁파하였고, 헨리 8세는 종교개혁을 단행하여 귀족과 교회 세력을 제압하여 강력한 국왕권을 구축하였다. 그럼으로써 엘리자베스 1세 시대 영국 절대왕정의 황금기를 준비하였다.

절대왕정이 전형적으로 발전한 곳은 역시 프랑스였다. 백년전쟁(1337~1452) 시기에 잔 다르크의 도움으로 왕위에 오른 발루아 왕조의 샤를 7세는 국왕의 명령으로 움직이는 '국왕 칙령군'을 창설하여 군사력을 장악하고, 농민들에 대한 '국왕 타이유(taille royale)'라는 세금을 징수함으로써 농민층에 대한 국왕 지배권을 강화하면서 프랑스 절대왕정의 기틀을 닦았다. 그러나 프랑스 절대왕정의 발전은 부르봉 왕조를 개창한 앙리 4세 때 본격

에스파냐 무적함대의 패배 영국 절대왕정은 에스파냐의 무적함대를 격퇴하면서 엘리자베스 1세 시기에 최전성기를 누리게 되었다.

화되었다. 앙리 4세는 16세기의 오랜 종교전쟁의 혼란을 수습하면서 종교적 신념보다 '국가 이성'을 중시한 '정치파(les politiques)'의 수장으로서 '관직 매매세(폴레트세)'를 통해 왕정의 재정을 확충하고 군사적 정복으로 영토를 확장하며 교량과 운하 건설을 통해 왕국의 통합을 정력적으로 추구하였다. 이를 바탕으로 루이 13세는 중앙의 지방 통제를 위해 지사제를 사실상 창설하였고, 루이 14세는 반항적인 귀족 세력을 제압하고 베르사유 궁정이라는 '권력의 무대'를 유효적절하게 연출함으로써 프랑스 절대왕정의 황금기를 일구었다.

백년전쟁　잔 다르크가 활약한 백년전쟁을 거치면서 프랑스는 절대왕정의 기틀을 닦았다. 그림은 브레스트 성을 포위 공격하는 모습을 담고 있다.

절대왕정의 성격

서유럽의 여러 지역에서 등장한 절대왕정은 중세 특유의 봉건적 무질서를 극복하고 강력한 국왕권을 중심으로 단일한 영토 국가를 발전시킨 새로운 형태의 국가로 보인다. 절대왕정이 도입한 상비군과 관료제, 새로운 조세 제도와 사법 제도 등을 보면 절대왕정을 최초의 '근대국가'의 한 형태로 간주하기에 부족함이 없어 보인다. 특히 절대왕정은 봉건적 영주 계층의 지방 권력을 타파하고 농민층에 대한 직접 지배를 추구함으로써 사회에 대한 국가의 실질적인 통제권을 크게 증대시켰다.

그럼에도 절대왕정에는 한계 또한 분명히 존재하였다. 무엇보다 절대왕정이 얼마만큼 '절대적'이었는지에 대해 이견이 존재한다. 최근의 많은 연구는 프랑스 절대왕정의 실질적인 조세 징수 능력이나 군사력이 생각만큼 대단한 것은 아니었음을 보여준다. 가령 랑그독 지방에서 징수된 세금의 약 42%만이 중앙정부로 흘러갔다든가 루이 14세가 양성했다는 65만의 대군이 실은 유령 군대에 불과했다든가 하는 지적들이 그것이다.[2] 또한 절대왕정이 봉건적 귀족 세력을 제압하고 상공업에 기반을 둔 신흥 부르주아 세력에 의지했다는 것은 사실이 아니며, 오히려 귀족층에 기초한 낡은 정치체제라는 주장이 강력히 존재한다. 말하자면 절대왕정은 농민층을 낡은 사회질서에 묶어 두기 위해 계획된 "재편성되고 재충전된 봉건적 지배기구"였다는 것이다.[3] 이런 측면에서 보면 절대왕정은 결코 근대국가로 간주될 수 없다.

그럼에도 여전히 절대왕정이 도입한 정치 혁신을 과소평가할 수는 없다. 또한 절대왕정이 재정적으로나 행정적으로 낡은 귀족층뿐만 아니라 새로운 상공업자들에게 부분적으로나마 의지했다는 사실도 부인할 수 없다. 그렇기에 좀 더 균형 잡힌 해석은 절대왕정을 낡은 것과 새로운 것의 균형 위에 서 있는 과도기적 정치 형태로 보는 시각일 터이다. 그리고 이런 시각에서 절대왕정이 드러낸 한계를 직시할 필요가 있다. 절대왕정의 또 다른 한계는 국가가 단기적으로는 '인격적 권력'에 많은 영향을 받았다는 점이다. 그렇기에 절대왕정은 유능한 국왕을 맞이하면 크게 번영할 수 있었던 반면에 무능한 국왕이면 혼란과 정체를 면치 못했던 것이다. 예를 들면 에스파냐에서 어느 정도는 유능하다고 볼 수 있는 펠리페 2세의 후임으로 즉위한 무능한 펠리페 3세와 펠리페 4세 그리고 카를로스 2세의 시대에 국왕권이 비대한 관료제의 포로가 되어 힘을 못 쓰거나, 아니면 영국에서 유능한 튜더 왕조의 국왕들에 뒤이어 스튜어트 왕조의 국왕들이 서투른 전제정치를 단행하다 의회의 강력한 저항을 받은 사실이 그것을 여실히 보여준다. 그러나 유능하거나 무능하다는 역사적 판단은 개인 능력에 관한 객관적 평가에 근거하기보다는 현상적 결과를 놓고 유추한 경우가 대부분이다. 실상 패권을 장악한 국가의 지도자는 모두 유능하고, 상실한 국가의 지도자는 모두 무능한 것도 아니다. '짐은 곧 국가'라는 말을 남긴 유능한 절대 군주의 상징인 루이 14세나 전술의 천재 나폴레옹 1세도 감속하는 농업제국 프랑스를 기반으로 가속하는 상업제국 영국의 국력을 극복할 수는 없었다.

이 사실은 절대왕정과 국가 발전의 함수관계에 대한 새로운 통찰로 이어진다. 전근대적 의미의 국력, 즉 국가가 동원할 수 있는 물리적인 힘의 총량 면에서도 강력한 국왕권 자체가 국력의 증대를 담보해 주지 않는다는 것이다. 중요한 것은 정치권력 자체의 크기보다는 권력이 그 사회의 가치 창출과 경제성장에 얼마나 효과적으로 기여하느냐는 점이다. 오늘날 현대 국가들, 그중에서도 서구 선진국들의 특징은 국가의 기능이 통치자 개개인의 역량과 개성에 좌우되기보다는 국민 개개인이 생업과 생산활동을 극대화하도록 작용하는 국가, 즉 가치 창출 양식이라고 하는 일종의 '비인격적 권력'에 의해 국가 발전의 지속성과 효율성이 보장되는 국가가 존재한다는 것에 있다. 따라서 절대왕정은 근대국가로의 이행 과정에 나타난 국가 형태이지만 여전히 완성된 근대국가로 보기에는 문제가 있는 것이다.

근대국가의 발전

네덜란드

네덜란드와 영국에서는 에스파냐와 프랑스에서 발전한 절대왕정이 나타나지 않았거나(네덜란드), 나타났어도 단명하고 말았다(영국). 오히려 진실은 에스파냐와 프랑스의 경우와 같은 절대왕정이 없었던 네덜란드와 영국에서 훨씬 더 효율적이고 강력한 근대국가가 일찍이 발전했다는 것이다. 이러한 정치적 안정성은 양국이 해상권을 장악하고 상업사회로의 순조로운 발전을 기반으로 이루어낸 것이다.

절대왕정의 전형이라고 할 수 있는 프랑스가 영국과의 경쟁에서 결국 영국에 패권을 빼앗기게 된 근본적인 이유 중 하나는 양국의 가치 창출 구조의 차이에 있을 것이다. 국토가 50만 km^2로서 그 절반도 안 되는 24만 km^2의 영국에 패권을 빼앗긴 가장 근본적인 원인 중의 하나는 프랑스 절대왕정이 농업 생산을 국부의 기반으로 하고 있었고, 감속하는 농업 경제로는 영국의 가속하는 상공업 기반의 국부 증진을 도저히 따라잡을 수 없었기 때문이다.

네덜란드는 합스부르크 가문의 에스파냐와의 오랜 독립전쟁(1566~1648) 끝에 독립을 쟁취하여 공화국으로 발전하였다. 네덜란드 독립국 탄생에서 결정적인 전기는 1579년에 북부 7개 주—홀란드, 젤란드, 유트레히트, 헬더란드, 오버레이셀, 흐로닝엔, 프리즐란드—가 유트레히트 동맹을 맺어 에스파냐의 탄압과 중과세에 반발하여 종교적 자유와 정치적 독립을 요구한 반란과 그에 뒤이어 1581년에 독립을 선포한 일이었다. 물론 당장 독립국으로 나아간 것은 아니었고 에스파냐와 지루하고 처절한 군사적 투쟁을 벌여야 하였다. 그러다가 1648년 베스트팔렌 조약으로써 공식적으로 네덜란드의 독립이 국제적으로 인정되었다.[4] 이처럼 왜소한 네덜란드가 거대한 제국 에스파냐를 자력으로 싸워 물리치고 독립을 쟁취할 수 있었던 것은 가속적으로 성장하는 상업 경제의 우월성을 보여주는 한 단면이기도 하다.

신생 독립국 네덜란드의 정치체제는 7개 주의 연방제에 입각한 지방분권적인 공화제였다. 연방의회에서 각 주는 한 표를 가졌고, 의결은 만장일치로 이루어졌다. 그 밖에 국가 평의회라는 다소 약한 행정부가 있었다. 그러나 지방분권적인 외관 뒤에는 실질적으로 홀란드 주 중심의 중앙집권적인 통치 체제가 효율적으로 유지되었다. 그것은 홀란드 주가 정부 비용의 거의 60%를 감당했기 때문이다. 또한 홀란드 주의 최고 행정관(대사법관)이

전체 공화국의 실질적인 수장의 역할을 담당하였고, 매년 연방의회를 주재함으로써 통치의 연속성을 보장하였다. 요컨대 홀란드는 외관상의 중앙 집중화 없이 공화국에서 원하는 것을 얻을 수 있었다.[5]

영국

영국은 16세기 튜더 왕조기에 절대왕정의 발전을 경험한 이후 17세기 스튜어트 왕조기에 절대왕정이 무너지고 의회에 기초한 입헌주의 체제를 발전시켰다. 1688년 명예혁명으로 의회의 우위에 기초한 왕정과 의회의 권력 분점이 이루어졌고, 조금 후에는 '국왕은 군림하되 통치하지 않는다'는 독특한 영국식 통치 원리가 자리 잡게 되었다. 확실히 '의회 내 국왕(King-in-Parliament)'이라는 독특한 영국식 입헌 왕정은 영국 정치사, 나아가 서양 정치사에서 '비인격적 권력'이 등장하는 분수령이었다.

영국이 의회가 지배하는 자유주의적 성격의 '비인격적 국가'로 발전했다고 하여 영국의 국가 권력이 다른 나라에 비해 상대적으로 취약했다고 보는 통념은 잘못된 것이다. 영국 국가는 약하기는커녕 오히려 강력하고 효율적인 '재정-군사 국가(fiscal-military state)'로 발전하였다. 즉 영국은 재무부, 소비세청, 해군이라는 세 가지의 핵심적인 통치 기구를 중심으로 국가를 개인이나 가문의 재산쯤으로 여기는 전근대적인 가산제적(家産制的) 국가에서 탈피하여 근대 관료제로 이행하였다.[6]

명예혁명은 대내적 통치 구조뿐만 아니라 대외적 외교정책에도 근본적인 변화를 몰고 왔다. 명예혁명 이후 영국은 예전의 전통적인 왕조적 논리에서 벗어나 철저히 '국민적 이해관계(national interest)'의 논리에 입각한 새로운 개념의 외교정책을 펼쳤다. 그리하여 영국은 왕실 간의 정략결혼과 왕위 계승 전쟁으로 점철된 왕조 국가적인 영토 게임의 논리에서 탈피하여 (상업)자본주의와 민족국가의 논리에 따른 부국강병을 의식적으로 추구하였다. 공격적이고 무제한적인 상업적 · 식민적 팽창이 이루어진 것도 영국이 가장 일찍 왕조적 영토 게임이라는 제로섬 논리에서 벗어났기 때문

에 가능하였다.[7]

사실 왕조적 영토 확장 게임은 승자로서는 체감하는 농업 생산보다 효율적인 가치 확보 방법이었겠지만, 이는 패자로부터 승자로의 가치 이전이지 새로운 가치 창출이 아니라는 측면에서 전쟁의 쌍방을 모두 포함한 세계적 관점에서는 여전히 농업사회의 제로섬 게임에 지나지 않는 것이었다. 그러나 네덜란드와 영국은 농업사회의 역대 왕조들의 해묵은 유산인 영토 게임에 집착할 절대왕정도 없거나 취약하기도 했거니와, 더 중요하게는 상업혁명과 확대 재투자 체제에 의한 가속하는 경제성장이 포지티브섬 게임을 가능하게 할 만큼 상대적으로 우월한 가치 창출 양식을 내장하고 있었다. 이를 기반으로 두 나라는 차례로 상업시대의 패권국 지위를 점할 수 있었다.

2. 정치 엘리트의 가치관

중상주의

중상주의란 무엇인가?

중상주의(mercantilism)란 한마디로 절대왕정의 경제정책을 일컫는다. 원래 중상주의는 중세 말 이래로 화폐의 중요성이 날로 커지면서 부의 원천이 지금(地金)에 있다고 믿는 관념으로부터 출발하였다. 따라서 중상주의의 초기 형태는 중금주의(bullionism)라고 할 수 있다. 그러나 지금의 양은 한정되어 있었고, 신대륙으로부터 막대한 금과 은을 획득할 수 있었던 에스파냐와 같은 희귀한 경우를 제외하고는 지금을 확보할 수 있는 유일한 방법은 상업과 무역을 통한 것이었다. 외국으로부터 물품을 적게 사들이는 반면에 외국으로 많이 팔아 그 차액만큼의 금을 남기려는 적극적인 상업 및 무

16세기 포토시 광산 1545년 남아메리카의 포토시에서 발견된 노천 광산은 에스파냐에 막대한 부를 가져다줌과 동시에 유럽에 가격혁명을 불러일으켰다.

역 중시 정책이 곧 중상주의가 되었다.

중상주의는 수입을 억제하고 수출을 장려하여 차액을 이윤으로 확보하려는 무역 차액설에 이론적 근간을 두고 있었다. 무역 차액설은 기본적으로 이 세계에서 부의 총량이 고정되어 있다고 보고, 가치 창출보다는 가치 이전을 통해 국가 발전을 추구하려는 이론이다. 이는 나의 이익은 남의 손해, 남의 이익은 나의 손해라는 제로섬의 경쟁 원리를 전제로 한 것이다. 따라서 중상주의는 중계무역에 의한 확대 재투자로 가치 창출이 가속하는 발전된 상업사회나 신기술에 의한 신제품 개발로 신수요를 창출하는 확대 재생산의 반복을 통해 이론상 가치가 무한하게 증식될 수 있는 산업사회에서 통용되기는 너무 낡은 이념이었다고 할 수 있다. 요컨대 중상주의는 국가가 자본 축적과 기술혁신을 통해 '발전'할 수 있다는 좀 더 근대적인 경제관념이나 정책과는 상당한 거리가 있었던 것으로 보인다.

중상주의의 정책 입안자들이 새로운 가치를 창출하는 생산에 완전히 무관심했던 것은 아니다. 루이 14세의 재상이었던 콜베르(Jean-Baptiste Colbert)는 중상주의 정책의 전제로서 프랑스 공업의 육성에 힘을 쏟았다. 그는 국립 공장을 건립하고 자본을 대여하며 기업 보조금을 지급하고 외국인 기술자를 유치함으로써 국내 공업의 육성에 전력투구하고, 이를 바탕으로 수입 억제와 수출 증대를 도모하였다. 이와 같은 콜베르의 공업 중심의 중상주의적 경제정책을 콜베르주의(colbertism)라고 부른다.

영국에서도 각 국가가 보유하고 있는 금과 은의 양이 국력을 대변한다는 중상주의 사상이 확산되면서 금과 은을 확보하려는 움직임이 활발해졌다. 특히 영국-네덜란드 전쟁을 전후한 시기에 영국의 중상주의자들은 네덜란드로 유입되는 통화와 상품의 흐름에 대해 크게 염려하였다. 그리하여 제1차 영국-네덜란드 전쟁(1652~1654)이 크롬웰(Oliver Cromwell)이 공포한 항해법(영국의 항구에 화물을 운반하러 오면 네덜란드 선박을 이용해서는 안 된다는 취지에서 제정된 법)을 계기로 시작되었다. 이 법이 겨냥한 것은 명백히 경제적으로 우세를 과시하고 있던 네덜란드의 상업과 해운업에 타격을 주는 것이었다.[8]

크롬웰의 항해법이나 콜베르주의에서 알 수 있듯이 중상주의는 국부의 획득을 위해 국가의 강력한 간섭과 규제를 활용한다. 따라서 중상주의를 다른 말로 국가주의(statism)라고 부를 수도 있다. 이는 자유무역과 국제분업을 촉진함으로써 국부를 창출하고자 하는 선발국 영국의 방식과는 어긋나는 것이었다. 따라서 중상주의는 곧 자유로운 교역을 위해 자유방임주의(laissez-faire)를 옹호하는 측으로부터 강력한 비판을 받을 수밖에 없었다. 비록 중상주의와 자유방임주의가 외형상으로는 서로 정반대되는 선택처럼 보이지만, 양자는 실상 국부의 증진이라는 똑같은 목표를 달성하기 위한 다른 방법의 선택이었을 뿐이다. 그리고 선택은 자국과 주변 경쟁국 간의 상대적인 경제적 · 기술적 위상에 의해 결정되었다. 이것을 잘 보여주는 사례가 영국이 네덜란드보다 후발국 처지에 놓여 있었을 때는 보호무역정책을 취하다가 나중에 선발국 입장으로 바뀌고 나서는 자유무역정책으로 선회한 사실일 것이다.

중상주의와 중농주의

중상주의는 상공업의 발전이 유아 상태에 있고, 신흥 부르주아 세력이 여전히 귀족 세력보다 미약했던 시절에 국가의 적극적인 개입을 통해 국내 공업과 해외 무역을 발달시키는 데 적격인 경제정책이었다. 특히 중상주의는 유럽 사회가 농업사회의 모태에서 벗어나 상업사회로의 본격적인 발전에 돌입하는 과정에서 매우 유용한 정책이었다. 따라서 중상주의는 적어도 일시적으로는 절대 군주와 궁정 귀족 그리고 특권 부르주아지가 부를 축적하는 것을 가능하게 했으며, 나아가 초기적인 형태의 자본주의 발전에 크게 기여하였다. 그러나 통일된 국내 시장과 해외 무역에서 왕권과의 유착관계를 배경으로 하여 특권과 독점에 힘입어 부를 쌓아올린 대상인들의 경제활동은 장기적으로 국내 산업 자본의 성장을 방해하기도 하였다.

이러한 맥락에서 중상주의의 한계를 극복하려는 새로운 이념들과 정책들이 등장한 것은 필연적이었다. 중상주의의 대안으로 등장한 것 중 주목할 만한 것으로 중농주의(physiocracy)가 있다. 중농주의는 중상주의가 국부의 원천을 금과 은에서 찾은 것과는 달리 그 원천을 토지 재산과 농업에서 찾았다. 이것만 보면 중농주의가 상업사회에서 농업사회로의 퇴행을 옹호한 것처럼 비친다. 하지만 케네(François Quesnay)와 같은 중농주의자들은 국가 간섭이 자연(自然)에 어긋난다고 비난하면서 교역의 자유를 주창했다는 점에서 결과적으로 자유로운 상공업의 발전에 기여하였다. 따라서 중상주의가 국가주의라면 중농주의는 그 원어인 'physiocracy'가 암시하듯이 자연주의라고 할 수 있다. 중농주의는 근대 자본주의의 발전을 가로막는 일체의 규제를 철폐하고자 하면서 경제적 자유주의(자유방임주의)의 도래를 준비하였다. 비록 중상주의와 중농주의 모두 불완전한 전근대적 이념이었지만, 그 단편들이 절묘하게 조합됨으로써 근대 자본주의의 형성에 기반이 되었음은 부정할 수 없다.

현실주의

정치적 현실주의

절대왕정이 종교개혁의 시대에 발전했다는 것은 중요한 함의를 지닌다. 절대왕정의 정치 엘리트들은 종교분쟁이 국가와 사회를 분열시키고 있던 시절에 '국가 이성'을 내세워 국가 통합이라는 현실적인 목표를 추구하였다. 그들에게 어떤 종교적 교리를 따를 것이냐의 문제는 국가 통합이라는 지상 명제에 비추어 보면 사소한 것에 불과하였다.

프랑스 절대왕정의 기틀을 마련한 앙리 4세는 그 자신 가톨릭과 위그노 사이에서 총 여섯 차례에 걸쳐 개종에 개종을 거듭하는 '촌극'을 벌이면서 국왕권과 국가 통합을 강화하는 데 진력하였다. "파리는 미사 한 번의 가치가 있다"는 그의 유명한 말은 파리로 상징되는 프랑스 전체를 얻는 데 필요하다면 위그노로서 얼마든지 가톨릭 미사를 드릴 수 있다는 현실주의적 정치관을 보여준다. 따라서 앙리 4세와 그를 추종한 엘리트 세력을 가리켜 '정치파(les politiques)'라 부르는 것은 참으로 적절해 보인다.

그러나 이 시기 정치 엘리트들의 정치적 현실주의를 과장해서는 안 된다. 앙리 4세 이후 루이 13세와 루이 14세 시대에 프랑스 절대왕정은 다시금 완고한 가톨릭주의로 회귀하였다. 이 과정에서 많은 위그노가 탄압을 받으면서 박해를 피해 인근 네덜란드와 영국으로 이주하였다. 자본과 기술을 가진 위그노의 유출은 프랑스 상공업의 발전에 치명적인 악영향을 미쳤다. 앙리 4세의 시대에 국가 통합을 위해 정치적 현실주의가 필요했다면, 루이 14세의 시대는 국가 통합을 위해 가톨릭 교회와 그 이데올로기가 필요했던 것이다. 그리하여 당근과 채찍이 번갈아 구사되며 위그노에 대한 탄압이 잇따랐다. 개종한 위그노에게는 보상이 주어졌지만, 개종을 거부한 위그노를 기다리고 있던 것은 끔찍한 피의 보복이었다.

루이 14세 시대의 완고한 종교 정책을 단순히 중세적인 종교적 믿음의 통일성으로 되돌아가려는 시도로 간주할 수는 없다. 왜냐하면 이 시기의 종교정책은 결국 확고한 국왕 지배 체제를 구축하려는 의도에서 나왔기 때문이다. 그것은 신민의 종교적 관행을 지배하려는 '태양왕'의 정치적 의지가 표현된 것이었다. 이 점은 루이 14세가 1679년부터 한편으로는 위그노들에 대해 전쟁을 벌이면서 다른 한편으로는 국내에서 로마 교황의 영향력을 제한하고 가톨릭 교회 안의 가장 영향력 있는 개혁 운동인 얀센주의 운동을 탄압하고자 한 데서 드러난다. 요컨대 위그노에 대한 탄압이건 얀센주의에 대한 탄압이건 간에 이는 모두 절대왕정의 정치적 현실주의를 보여주는 것이다. 물론 그런 정치적 현실주의가 위그노 상공업자들과 기술자들의 유출이라는 경제적 손실을 감수한 것이었음을 잊지 말아야 하지만 말이다.[9] 위그노의 대이동은 결과적으로 영국에서 네덜란드로부터 전수받은 상업적 확대 재투자 체제에 산업혁명이라고 하는 공급 부문의 일대 혁신을 일으켜 영국이 세계 최초의 산업 선발국으로 등극하는 원동력으로 작용하였다. 비록 동기는 같은 정치적 현실주의였지만 앙리 4세의 종교적 현실주의와 비교하면 루이 14세의 완고한 종교정책은 근대사를 통해 프랑스가 영국에 패권을 빼앗기게 되는 근본적인 원인 중 하나를 제공한 사건이기도 한 것이다.

경제적 현실주의

절대왕정의 정치적 현실주의가 반드시 경제적 현실주의를 수반한 것은 아니었다. 비록 절대왕정의 중상주의적 엘리트들이 국부를 증진하려는 경제적 목표를 추구하기는 했지만, 중상주의조차도 기본적으로는 부를 권력의 수단으로 이해했다는 한계를 드러낸다. 중상주의의 강력한 국가 간섭은 상공업의 자유로운 발전을 끝내 저해하고 말았던 것이다.

경제적 현실주의가 발전한 곳은 절대왕정이 전형적으로 발전한 에스파냐와 프랑스가 아니라 효율적이고 안정적인 국가를 가장 일찍 발전시킨 네덜란드와 영국이었던 것으로 보인다. 특히 네덜란드에서 경제적 현실주의가 인상적으로 발전하였다. 잘 알려져 있듯이, 네덜란드는 프랑스 위그노의 망명지였으며 홀란드의 유명한 상업 원칙인 "금지는 최소한, 받아들이는 것은 어느 곳이나"라는 말이 암시하듯이 위그노를 비롯한 모든 종파의 박해받는 이들의 안식처였다. 이러한 상황이 네덜란드가 상업 강국으로 발전하는 데 기여했음은 두말할 나위가 없다.[10]

독립전쟁 당시와 그 이후에 형성된 네덜란드의 지배 엘리트들은 도시에서 상공업을 통해 부를 축적한 사람들로서 일종의 상층 중간 계급이었다고 할 수 있다. 그들은 친에스파냐계 귀족들의 빈자리를 채우며 독립전쟁기에 제공한 재정 지원에 대한 반대급부의 차원에서 급속히 신흥 지배 세력을 형성하였다. 이들 신흥 엘리트층은 주의회의 일원으로 활동하면서 친인척들을 관리에 앉히는 등 정치적으로 막강한 권력을 행사했으며, 상업을 통해 축적한 부를 부동산과 개간 사업, 나아가 영국의 제방 사업에 투자하는 등 실리를 추구하는 경향이 강하였다. 네덜란드 주의회는 상업상의 대폭적인 자유를 지지하고 상품의 수입 금지를 반대하였다. 심지어 홀란드 주의 권력을 장악하고 있던 암스테르담 상인들은 독립전쟁 중에 에스파냐인들에게조차 선박과 군수품을 공급하는 일을 주저하지 않을 정도로 상업의 자유를 옹호하였다. 그것이야말로 네덜란드 엘리트들의 경제적 현실주의를 잘 보여주는 대목이라 아니할 수 없다.[11]

한편, 네덜란드 독립전쟁 당시에 위그노 상공인들이 영국으로 이주한 것은 섬나라 영국이 대륙의 계속된 전쟁으로부터 경제활동에 유리한 안정적인 환경을 제공하고 있었기 때문이다. 네덜란드의 지배 엘리트들이 사치품 무역(rich trade)을 중심으로 한 상업으로 부를 축적했으나 후추와 향신료 무역 이후 차 무역을 영국에 빼앗기는 등 새로운 고부가 가치 상품 개발에 실패하자 축적된 자본이 가치 창출보다 독점적 투기성 이윤을 향해 부동산에 투자됨으로써 네덜란드의 발전은 정체하기 시작하였다. 게다가 네덜란드 자본이 당시에 역동적으로 발전하고 있던 경쟁국 영국의 증권 시장으로 대거 흘러나가면서 영국 동인도회사 자본의 약 30%를 담당하는 등 영국 산업발전에 크게 기여하였다. 그럼으로써 네덜란드가 선도한 인류 역사상 최초의 상업혁명과 확대 재투자에 의한 가속적인 부의 창출 신화는 서서히 막을 내리게 되었다.

경제적 개인주의와 이윤 동기의 긍정

경제적 현실주의를 떠받친 것은 경제적 개인주의, 특히 이윤 동기의 긍정이었다. 여전히 가문과 신분의 명예와 특권에 빠져 있는 한 경제적 현실주의가 발전하기란 요원한 일이다. 과연 영국의 경우가 경제적 개인주의와 이윤 동기의 긍정이라는 요소를 잘 보여주고 있는데, 영국의 귀족 엘리트들의 특성이 이를 입증한다. 잘 알려져 있듯이, 귀족은 중세적 위계질서 속에서 특화된 전문 전사 집단이다. 농업사회에서는 정복 전쟁에 의한 가치 창출이 매우 효과적이었으므로 지배 계급이 호전적인 전사 집단으로 구성되는 것은 자연스러운 일이었다.

그 후 점차 상황이 바뀌기 시작하였다. 1500년경만 해도 영국의 모든 귀족이 전장을 경험했지만 엘리자베스 시대에는 귀족 가운데 절반만 경험했으며, 17세기 중엽이 되면 대부분 전투에 나간 적이 없게 되었다. 이는 유럽에서 더 이상 정복전쟁을 통해 획득한 토지와 노동력 등이 많지 않았기 때문에 상업 활동으로 전향한 귀족들의 사정을 반영한 것이었다. 전투라는 전통적 임무에서 벗어난 귀족은 저마다 각종 이윤 사업에 뛰어들어 부를 축적하게 되었다. 1560~1640년에 영국 세습 귀족의 3분의 2가 상공업에 종사하고 있을 정도로 '이재에 밝은' 영국 귀족층은 낡아빠진 특권 개념이나 혈통의 순수성이라는 망상에 빠져 있지 않았다. 따라서 화려한 프랑스의 귀족과 검소한 영국의 귀족 사이의 대비를 통해 양국 경제 발전의 차이를 설명하려는 시도가 종종 이루어지는 것도 그다지 놀랄 만한 일이 아니다.[12]

영국 귀족과 프랑스 귀족의 차이를 다소 도식적이지만 장자 상속제와 연결하여 설명할 수도 있다. 프랑스에서는 모든 자녀에게 귀족의 작위가 수여되었으나 재산은 장자에게만 상속되었다. 따라서 프랑스에는 작위가 있으나 가난한 귀족이 상당히 많았다. 그들은 돈이 없었기 때문에 자신의 신분적 특성에 집착하는 경향이 강하였다. 그 반면에 영국에서는 귀족의 작위와 재산이 모두 장자에게만 상속되었다. 따라서 부모는 귀족이지만 작위도 재산도 없는 자녀는 상업 활동으로 진출하여 부를 축적하고자 하는 경향이 있었다. 이러한 논리는 피지배층에도 확장될 수 있다. 프랑스의 농민들은 자녀 간 균등 재산 분배를 받았던 반면에 영국의 농민들은 장자상속 경향이 있어 차남 이하 자녀는 제 살 길을 알아서 찾아야 하였다. 아마도 이런 사정들 때문에 영국 특유의 상업주의가 널리 확산되지 않았을까 생각한다.

영국 정치 엘리트들의 경제적 현실주의를 잘 보여주는 것은 젠트리층이다. 한마디로 규정하기는 어렵지만 젠트리는 대체로 지방에서 가문의 문장을 소유하고 중소 규모의 토지를 소유하면서 농업개혁에 앞장선 세력이라고 할 수 있다. 이들은 16세기 이래 '인클로저'로 알려진 대대적인 농업운동을 전개하였다. '인클로저'는 흩어져 있는 토지를 한데 합쳐 울타리를 둘러침으로써 사유지임을 명확하게 함과 동시에 이를 목양지로 전환하여 높은 경제적 이윤을 추구하려는 운동이었다. '인클로저'의 결과로 대대로 땅을 부치던 농민들은 토지에 대한 자신의 확실한 소유권을 입증하지 못하면 (이 경우가 대부분이었는데) 토지로부터 쫓겨날 수밖에 없었다. 결국 이 운동은 토지에 대한 사적 소유권과 개인주의의 관념, 나아가 토지의 합리적 이용의 관념이 출현하는 데 기여하였다. 비록 조상 대대로 물려받은 토지와 공유지의 용익권을 잃어버린 농민들 사이에서 '사회적 비참'을 양산하기는 했지만 말이다. 결국 이들 토지로부터 내몰린 사람들이 영국의 도시화를 촉진하고 또 상공업 발전을 위한 풍부한 노동력을 제공하게 되었다.

3. 법과 제도

근대국가의 법적 혁신

로마법

절대왕정의 시대에 로마법이 부활한 것은 '근대국가'가 발전하고 있었음을 보여주는 징후였다. 원래 로마법은 시민 간의 경제적 거래를 규제하는 민법(jus)과 국가와 신민 간의 정치적 관계를 규정하는 공법(lex)으로 이루어져 있었다. 로마 민법에서는 절대적인 사적 소유권의 관념이 표현되어 있었다. 따라서 로마법의 부활은 당시 농업경제의 성숙과 상업에 의한 상품경제의 전반적인 발전을 명확히 반영한 것이자 발전과정을 촉진한 요인이었다. 한편, 로마 공법에는 '절대적 지배권(imperium)'의 원리가 표현되어 있었다. 이는 명백히 절대왕정의 성장과 더불어 발전한 절대적 국가 주권의 현실을 반영한 것이며 동시에 현실의 발전을 촉진한 요인이었다. 울피아누스의 유명한 경구, 즉 "통치자의 의지가 법의 힘을 가진다"는 로마법의 재발견과 절대왕정의 발전 사이의 상관관계를 증명한다.

그러나 이미 여러 차례 언급했듯이, 절대왕정의 '근대적' 성격을 과장해서는 안 된다. 왜냐하면 로마 민법과 공법 사이에는 미묘한 긴장 관계가 도사리고 있었기 때문이다. 즉 민법의 절대적 소유권의 관념과 공법의 절대적 주권의 관념은 서로 모순되고 충돌하고 있었다. 무슨 말인가 하면, 절대왕정의 이념적 원리인 (군주가) "법으로부터 자유롭다(legibus solutus)"는 생각은 사적 소유권에 대한 침해까지도 정당화할 수 있었기 때문이다. 그러나 잠재적 긴장에도 절대왕정의 시대에 로마법의 부활은 아래로부터의 사적 소유권의 발전과 위로부터의 공적 권위의 증대라는 현실적 역사 과정을 명료하게 반영하였고, 또 그 과정을 촉진하는 요인이었다. 그 점에서 법률 분야에서 달성된 '형식적 합리성'은 절대왕정의 최대 성과이다.[13]

경제 제도의 발전

로마법의 부활이 상업사회의 발전을 법적으로 준비했다면 네덜란드에서는 실물 거래와 관계된 '자본주의적' 경제제도들이 선구적으로 발전하였다. 암스테르담 시의 경우 17세기 초에 이미 외국환 환전 은행이 설립되어 상인들이 효율적으로 각국과의 교역이나 거래에 종사할 수 있었다. 또한 환어음을 통한 정교한 국제 환거래도 운영되었다. 1613년에는 주식시장이 개설되어 주식거래를 통한 자금 조달이 쉽게 되면서 암스테르담이 세계 금융시장에서 차지하는 위상을 한층 드높였다.

환어음과 선물거래의 등장은 또 하나의 중요한 제도적 혁신이었음이 분명하다. 1633~1637년 이른바 '튤립 광기' 기간 동안 튤립 한 구근의 값이 무려 1만 길더(당시 집 한 채 가격)에 이를 정도로 폭등하면서 아직 땅속에 묻혀 있는 튤립까지 사고팔게 되었다. 실물 없이 거래가 이루어지는 이러한 매매 사업은 오늘날의 선물거래에 해당하는 것으로서, 당시 꽃 모양과 색깔 등이 기록되어 있는 약속어음이 출현함으로써 비로소 가능해진 것이었다. 이러한 다양한 경제 제도가 상업사회의 발전을 촉진했음은 두말할 나위도 없다.[14]

이상과 같이 네덜란드에서 시작된 인류 역사상 최초의 자본시장과 자본 거래 제도들은 현대 자본주의 경제제도의 기본 골격을 이루는 것으로서 영국의 산업혁명에 버금가는 상업혁명이라고 해도 지나친 표현이 아닐 것이다. 오늘날 현대 산업자본주의의 확대 재생산 체제는 네덜란드에서 성립된 확대 재투자 체제에 공급 부문의 기술혁신이라는 동력이 추가된 것이라고 할 수 있다. 그렇다면 비유컨대 최초로 자본주의 경제로 비상한 네덜란드의 상업혁명이 글라이더라고 한다면 이 글라이더에 엔진을 장착하여 더 높이 더 오래 계속 하늘을 날 수 있도록 한 비행기가 바로 영국의 산업혁명이라고 할 수 있다. 왜냐하면 산업사회의 확대 재생산 체제의 가속하는 가치 창출은 상업혁명의 확대 재투자로 이미 그 기본 골격이 대부분 갖추어졌고, 그 후 고부가 가치 무역이 시들어 상업사회가 정체된 끝에 산업혁명이 일어나면서 신기술에 의한 신제품이 신수요를 창출함으로써 다시 가속적인 성장이 가능했기 때문이다.

근대국가의 정치적 혁신

상비군

절대왕정이 도입한 최대의 정치적 혁신은 상비군(standing army)이었다. 그 이전까지는 전시에 한시적으로 용병이 사용되다가 점차 전시건 평시건 국가의 항구적인 무장력으로서 상비군이 설치되었다. 게다가 16~17세기에 나사우의 마우리츠와 스웨덴의 구스타프 아돌프의 군사혁명은 이 새로운 군대의 규모와 역량을 크게 신장시켰다. 신식 화포로 무장한 군대에서 엄격한 제식 훈련을 도입하고 실전에서 연속 발사 전술을 적용함으로써 마우리츠와 구스타프 아돌프의 군대는 무적의 위용을 자랑하였다. 군대 규모도 비약적으로 커졌다. 17세기 프랑스는 육군만 30만 이상의 상비군을 갖춘 것으로 생각되고 있다.

절대왕정의 시대의 상비군은 오늘날 생각하는 것처럼 국민적 징병군이었다기보다는 여전히 외국 용병들이 주축을 이룬 직업 군대의 성격이 강하였다. 용병들은 험준한 유럽의 주변 산악 지대 출신들, 즉 스위스인, 슈바벤인, 알바니아인, 아일랜드인, 왈라키아인, 터키인, 헝가리인, 이탈리아인으로 충원되었다. 이처럼 절대왕정이 여전히 용병에 의지한 이유는 자신의 신민인 농민을 무장시키는 데 두려움을 품고 있었기 때문이다. 주권론의 창시자인 보댕(Jean Bodin)은 "국가의 모든 신민을 전쟁 기술로 훈련하는 동시에 법과 관헌에 대한 그들의 복종을 유지하는 것은 사실상 불가능하다"고 하였다. 만성적인 농민 반란의 시대에 농민을 무장시키는 것이 얼마나 위험한 것이었는지는 충분히 짐작하고도 남음이 있다. 절대왕정이 농민 무장을 두려워한 것은 농업 생산을 독려하기 위해 농민을 가혹하게 착취하거나 탄압했기 때문인데, 이는 절대왕정이 체감하는 농업 생산과 감속 성장하는 농업 경제에 기반을 두고 있는 한 피할 수 없는 선택이었던 것이다. 그렇다면 용병이야말로 대외 전쟁의 수행뿐만 아니라 내부 반란의 진압을 위한 안전한 군사력이었던 셈이다. 따라서 절대왕정의 정치 혁신을 과장해서는 안 될 것이다.[15]

또한 절대왕정의 시대에 국부의 창출은 어디까지나 제로섬적인 영토게임에 좌우되었다. 각국 정부는 한정된 영토를 최대한 제 것으로 만들기 위해 국가를 전쟁 기계로 재편하고자 하였다. 엄청난 비용이 군대에 투입되었으며, 16세기에 에스파냐에서는 국가 수입의 약 80%가 군사비로 충당되었다. 1789년 프랑스혁명이 발발하기 직전 프랑스에서도 국가 지출 중 약 3분의 2가 군대와 관련된 것이었다. 이러한 기형적 지출 구조가 자본주의적 합리성과 배치된다는 것은 명확하다.[16] 이는 체감하는 농업 생산보다는 정복 전쟁에 국력을 집중하는 전형적인 농업제국의 모습이다.

이상에서 살펴본 바와 같이 에스파냐와 프랑스 등 대륙의 절대왕정이 전통적인 농업 제국의 모습을 답습하고 있었음에도 이 시대를 상업사회로 분류한 이유는 절대왕정의 중상주의적 이념 아래서 네덜란드와 영국에서 상업사회의 확대 재투자 체제가 태동할 수 있었기 때문이다. 그리고 실제로도 상업 국가로서 확대 재투자 체제가 국가 경제의 근간을 이루었던 나라는 네덜란드와 영국뿐이었다.

관료제

관료제는 절대왕정이 도입한 또 하나의 중요한 정치 혁신이었다. 절대왕정의 발전과 더불어 부르주아 출신 관리들도 성장하면서 국가 업무를 전문적으로 다루는 관료제가 성장하였다. 특히 에스파냐는 유럽과 아메리카에 있는 광대한 영토를 통치하고 수호하기 위해 펠리페 2세의 시대(1556~1598)에 방대한 관료제를 정교하게 발전시켰다. 그동안 수도도 없었던 에스파냐에 수도로서 마드리드가 건설되었고, 왕정을 구성하는 여러 영토에 대한 통치를 보필하기 위한 다수의 평의회가 설치되었다. 이 관료제의 중심에는 권력의 최고 원천인 국왕이 자리 잡고 있었고, 세계 각지에서 마드리드로 흘러들어오는 수많은 정보가 평의회를 거쳐 국왕의 최종 재가를 받았다.[17] 이와 같은 관료제의 성장으로 국왕과 신민의 '인격적' 관계는 '공무'를 매개로 한 '비인격적' 관계로 대체되었다. 특히 프랑스의 루이 14세 시대에 국왕 참사회를 비롯한 다양한 국가 기구가 마련되었고, 공무가 세분화되고 정규화된 것은 매우 인상적이다. 또한 국왕의 대리로서 지방에 파견된 지사들의 촘촘한 그물망은 중세적인 지방분권을 타파하고 근대적인 중앙집권을 위한 유력한 도구였다.[18]

프랑스에서 관직은 사적 개인에게 매매될 수 있는 재산으로 여겨졌다. 이는 '공무'의 관념과는 철저히 배치되는 것이었다. 부유한 부르주아들은 여전히 위험한 상공업에의 투자를 꺼리고 안전한 토지와 관직에 투자하여 스스로 '귀족화'되어 갔다. 그리하여 프랑스의 고등법원(parlement)은 이들 '관직 보유자들', 즉 '법복 귀족들'의 아성이 되었다. 물론 관직 매매의 성행은 상품경제 및 화폐경제의 발전에 힘입은 바가 크다. 그렇기는 해도 '귀족화된' 부르주아들이 관직을 사유 재산화하고 또 상속했다는 사실은 절대왕정의 시대에 관료제가 반드시 상업 자본의 발전을 나타내는 징표만이 아니라 오히려 그것의 발전을 저해한 요인이기도 함을 보여준다.[19]

최근의 많은 연구는 근대 관료제라는 외관 뒤에 숨겨진 후견제의 강고한 그물망이 절대왕정을 온통 뒤덮고 있었음을 잘 보여준다. 즉 물질적 이해관계와 권력을 좇아 분주하게 음모를 꾸미고 결혼과 친족에 바탕을 둔 인맥으로 출세를 꿈꾸는 자들로 넘쳐나는 후견제 사회가 절대왕정의 현실이었던 것이다. 루이 14세는 후견제의 정점에 서 있던 인물이었다. 그는 전통적인 전사 집단인 귀족들에게 군 장교직을 보장하였고, 귀족들은 국왕의 총애를 얻기 위해 치열한 경쟁을 벌였다. 그렇다면 절대왕정의 관료제는 통념처럼 '비인격적' 인간관계에 기초한 것이 아니라 오히려 철저히 '인격적인' 유대관계를 통해 작동한 농업사회적인 전근대 현상으로 보이는 것이다.[20] 프랑스는 이 시대를 통해 서유럽에서 상업 국가인 영국과 대척점에서 농업 국가의 특성을 인상적인 방식으로 보여준 나라였다.

한계의 극복

이상의 사실들은 절대왕정이 보여주는 '근대적' 성격에도 그 뒤에서 끊임없이 드러나는 농업사회적인 '전근대적' 구조의 존재를 입증한다. 되풀이하거니와, 이 시기에 가장 매력적인 투자 대상으로 간주된 것이 토지와 관직이었다는 것은 상업 자본이 산업으로 투자되어 더 큰 가치를 창출하는 축적과 발전의 기제가 온전히 정착되어 있지 못했음을 웅변으로 말해 준다. 에스파냐의 몰락과 프랑스의 정체는 그 점을 극적으로 보여주는 실례일 것이다.

그러나 네덜란드와 영국에서는 그 한계가 점차 극복되고 있었다. 네덜란드는 철저히 상업과 해운업을 국가 발전의 기제로 삼은 대표적인 사례였고, 영국은 상업 자본이 궁극적으로 산업에 투자되어 산업사회의 발전을 선도한 대표적인 사례였다. 양국의 공통점은 거듭 강조하거니와 절대왕정을 경험하지 않았거나 짧게 경험하면서 일찌감치 근대국가의 구조를 형성했다는 데 있다. 물론 네덜란드가 상업경제로 한때 번영했음에도 불구하고 결국 산업 잠재력을 발전시키지 못한 채 영국과의 경쟁에서 밀려났음을 고려해야 할 것이다.

이미 언급했지만 영국은 명예혁명 이후 재무성, 소비세청, 해군이라는 '근대적' 통치 기구들을 바탕으로 하여 강력한 '재정-군사 국가'를 발전시킨 경우였다. 영국의 근대국가는 한층 더 효율적인 관료제와 상비군, 나아가 징세 체제를 발전시키면서 무제한적인 상업 팽창을 추구하여 경제 발전의 중요한 전제를 마련할 수 있었다. 이는 국가의 이해관계를 국왕이나 왕조의 이해관계 따위로가 아니라 '국민적 이해관계'로 잘 포장하여 국가와 신민 간에 '비인격적인' 유대관계를 성공적으로 수립할 수 있었기에 가능했던 것으로 보인다. 그렇다면 국가의 정치적 역량은 그 문화적 역량에 좌우되었던 것이다. 모름지기 문화란 결국 "사람들이 자기들의 정치적-경제적 이해관계와 욕구를 포장하는 방식"이 아니던가?[21]

영국의 사례는 그 경쟁자였던 프랑스의 사례와 극적으로 대비된다. 즉 프랑스 절대왕정이 루이 14세 시대에 대내적으로 절정의 영광을 구가하면서도 대외적으로는 영국과의 경쟁에서 항상 밀려났다는 사실은 기본적으로 프랑스의 감속하는 농업 경제가 영국의 가속하는 산업 경제를 준비하는 상업 경제만큼 국부 증진에 효과적이지 못했다는 점에서 기인한 것이지만, 영국과 프랑스의 정치 구조상 차이에서 비롯된 바도 크다. 실제로 당대의 많은 프랑스 관찰자들은 영국을 경탄의 눈으로 바라보면서 찬사를 아끼지 않았다. 결국 프랑스가 영국을 추격하기 위해서는 정치 구조의 쇄신이 필요하였고, 이 과정에서 발발한 것이 프랑스혁명이었다.

사회적 요인 ;

위계질서와 사회적 유동성의 공존

상업사회는 농업사회에서 산업사회로 가는 이행기적 사회구조를 보여준다. 이에 따라 서양 상업사회는 농업사회에 고유한 엄격한 신분제적 위계질서와 산업사회에 고유한 높은 사회적 유동성이 공존하는 특이한 구조를 드러낸다. 이 시대의 독특한 정치 형태인 절대왕정의 경우도 전통적인 귀족 세력과 신흥 부르주아 세력 모두에게 의지하는 '세력 균형'의 양상을 보여준다. 요컨대 귀족은 부르주아의 도전에 직면했으나 부르주아는 귀족을 완전히 제압하지 못한 채 오히려 '귀족화'되어 가는 모습을 보여주는 것이다. 어떤 의미에서 가장 일찍이 상업사회를 발전시킨 이탈리아의 경우 16세기부터 토지와 관직 매매 등 봉건적 성향의 투자가 일어나는 '재봉건화' 현상이 뚜렷이 감지되었는데, 이는 그런 경향을 입증한다. 확실히 '재봉건화'로 인해 상업으로 얻은 이윤이 기술혁신과 자본 투자로 이어지지 않음으로써 상업사회는 점차 몰락의 길을 걷게 되었다.

그렇기는 해도 유럽 상업사회가 보여준 사회적 활력을 과소평가해서는 안 될 것이다. 전통적인 지배층이 봉건제의 위기 속에서 몰락하자 상공업으로 새로운 부를 축적한 부르주아 계층이 급속히 성장하였다. 상품경제와 화폐경제가 발전하고 근대적 기업 형태가 출현하면서 귀족 사회에 고유한 '명예'의 가치는 '이해관계'의 관념으로 대체되었다. 점차 능력에 따른 신분 상승의 가능성이 커지고, 새로운 가치와 문물이 폭넓게 수용되었다. 한마디로 상업사회의 사회적 유동성과 개방성이 한껏 증대한 것이다.

이렇게 사회적 활력이 넘쳐났기 때문에 과거의 유물로 남아 있던 신분제적 위계질서는 점점 거추장스럽게 느껴지기 시작하였다. 곳곳에서 신분사회에 대한 도전이 일어났고, 어떤 곳에서는 그 도전이 혁명으로 비화하면서 신분제적 위계질서가 타도되기에 이르렀다. 근대 초입에 네덜란드, 영국, 프랑스 등지에서 시민혁명이 빈발한 것은 상업사회가 보여준 사회적 활력의 영향을 증명하는 생생한 사례이다. 비록 시민혁명의 양상은 나라마다 다양했지만, 그래서 그런 정치 변화를 반드시 시민혁명이라는 범주로 묶을 수 있는지 의문이 들기도 하지만, 여기서 주목할 점은 신분제적 위계질서가 성공적으로 청산된 곳에서 자본주의 사회로의 발전이 가장 일찍, 가장 성공리에 이루어졌다는 사실이다. 네덜란드와 영국의 경우가 이를 바로 보여준다.

1. 사회계층 구조

신분제적 위계질서의 잔재

중세 유럽 농업사회를 특징짓는 핵심적인 요소는 기도하는 자, 싸우는 자, 일하는 자로 이루어진 '세 위계'였다. 신분제적 위계질서는 상업사회에서도 고스란히 유지되었다. 절대왕정이 귀족 세력을 제압하고 중앙집권적 근대국가의 면모를 발전시켰다고는 하나 실제로 많은 연구는 왕정이 오히려 귀족의 보호자로 기능한 면모를 잘 보여준다. 가령 프랑스 최대의 귀족 반란이었던 '프롱드의 반란'에서 수백 명의 귀족을 거느리고 왕정에 대항했던 콩데 공작은 곧 국왕의 충성스런 신하로 복귀하였다. 콩데를 비롯한 귀족 반란의 많은 주모자가 궁정에 머무르며 국왕의 보호를 받았다. 결국 근대성의 상징으로 보인 루이 14세의 관료제를 지배한 것도 변함없이 세습 귀족들이었으며, 부르주아 출신들도 곧 '귀족화'되었다.[22]

귀족 중심의 전통적인 위계질서가 엄존하는 가운데 영국과 프랑스의 위계질서는 16세기 말부터 중요한 구조적 변화를 겪게 되었다. 첫째, 프랑스에서 '귀족화한' 부르주아, 즉 법복 귀족의 수가 불어나면서 귀족이 흔해지자 점점 '진짜' 귀족인 대검 귀족이 폐쇄화되었다. 1760년부터는 공작들(ducs)과 중신들(pairs)에게만 궁정 출입이 허용되었다. 문제는 출입증을 갖지 못한 가난한 대검 귀족의 후예들이었는데, 결국 그들은 새로운 사회적 상승과 부의 기회를 찾아 식민지로 진출하였다. 둘째, 앞에서도 언급했지만, 영국에서는 귀족 지위가 장자에게만 물려진 데 반해 프랑스에서는 모든 자식에게 귀족 지위가 세습되었다. 그러나 토지 재산은 장자에게만 상속되었기 때문에 프랑스에서는 귀족이되 가난한 귀족들이 넘쳐났다. 셋째, 그런 가운데 귀족층의 문화적 패턴에서 중요한 변화가 일어나 전통적인 '명예'의 가치에 집착하기보다는 공민적 덕성과 사회적 유용성의 기준에 입각한 새로운 이상이 귀족층에 받아들여졌다. 18세기에 많은 귀족이 계몽사상을 수용한 것도 이와 비슷한 맥락에서였다.[23]

이상의 사실들은 귀족 중심의 신분제적 위계질서가 의연히 유지되면서 그와 동시에 귀족층 안에서 중요한 변화가 일어나고 있었음을 암시한다. 무엇보다 귀족들이 상업의 새로운 기회에 투신한다든가 새로운 문화적 가치를 수용한다든가 하는 사실이 그것을 잘 보여준다. 이는 농업사회가 붕괴하고 새로이 상업사회가 대두하는 당대의 시대적 추세 속에서 귀족층이 스스로 적응하지 않을 수 없었던 현실을 반영한다. 이와 같은 귀족의 변화라는 측면에 주목하면 부르주아의 '귀족화'보다는 거꾸로 귀족의 '부르주아화'에 대해 말할 수도 있을 것이다.

이를 가리켜 미국의 역사사회학자 월러스틴(Immanuel Wallerstein)은 '디 람페두자 원리'라고 지칭한다. 그가 말하는 '디 람페두자 원리'란 이탈리아 작가 디 람페두자(Giuseppe di Lampedusa)의 이름에서 따온 것으로서, 그의 대표작 『표범(Il Gattopardo)』에 나오는 한 대사에서 유래하였다. 19세기 중엽 새로운 자본주의의 대세 속에서 몰락해 가는 시칠리아의 한 귀족은 이렇게 말한다. "만사를 전과 같이 유지하려면 모든 것을 바꾸지 않으면 안 된다." 즉 귀족의 기득권을 유지하기 위해서는 역설적이게도 스스로 부르주아로 변신해야 한다는 것이다. 모름지기 사회구조와 지배 계층은 일거에 바뀌지 않는다. 오히려 역사적으로 확인되는 많은 경우에 지배 계층은 스스로 변화를 고안하며, 적은 물론이요 자신을 속이면서까지 새로운 지배 질서를 모색한다. 귀족의 '부르주아화'가 그런 경우이다.[24]

일찍이 농업사회에서 확인되는 부르주아의 '귀족화'는 곧 상업으로 축적한 부가 토지와 권력으로 회귀한 것을 말하며, 나아가 경제성장이 가속되는 특유의 가치 창출 과정이 감속되거나 중단된 것을 의미하였다. 그러나 귀족의 '부르주아화'는 상업적 부가 자본으로 축적되어 상업사회가 성숙해 갔음을 말하는 것은 물론이요 상업자본주의 사회의 도래와 함께 기업가와 자본가를 배출하기 위한 전제들이 갖추어졌음을 의미하였다. 그 시작이 네덜란드에서 이루어졌다면 그 종착지는 영국이었다.

사회적 유동성의 증대

부르주아의 '귀족화'건 귀족의 '부르주아화'건 간에 농업사회가 점차 산업자본주의 사회로 발전해 가는 이행기에 해당하는 상업사회에서 양 계층이 서로 융합하면서 새롭게 열린 상업적 기회에 적응해 간 것만큼은 분명한 사실로 보인다. 특히 17세기 네덜란드는 사회적 유동성이 매우 큰 독특한 계층 구조를 보여준다. 그 대표적인 사례가 야콥 포펜(Jacop Poppen)의 경우이다. 그는 청어를 통에 담는 일을 하는 미천한 신분의 아버지에게서 태어났으나 암스테르담의 시장을 역임하는 한편 사망할 당시에는 (오늘날의 가치로 환산하여) 약 9톤의 황금에 달하는 재산을 남겼다. 그런가 하면 바닝 콕(Banning Cocq)은 당시 네덜란드의 유명한 대상인이었는데, 그의 아버지는 네덜란드로 이주할 당시 유랑 걸식하는 사람이었다. 이들은 단 한 세대 만에 사회의 최하층에서 최상층으로 상승한 사람들로서 당시 네덜란드 사회가 얼마나 사회적 유동성이 큰 사회였는지를 단적으로 증명하고도 남음이 있다.[25] 이는 궁극적으로 상업의 확대 재투자를 통해 부의 축적을 기하급수적으로 증가시킬 수 있었기에 가능한 일이었음은 두말할 나위가 없다.

물론 17세기 네덜란드 사회를 능력에 따른 경력이 완전히 보장된 이상 사회로 보아서는 곤란하다. 많은 학자가 지적했듯이, 네덜란드는 친에스파냐계 귀족층이 몰락한 뒤 '상층 중간 계급의 사회적 독재'가 관철된 사회였다. 중간 계급의 '귀족화' 현상이 진전되면서 사회적 유동성이 저하된 측면이 있었던 것도 틀림없는 사실이다. 하지만 보수적인 귀족층이 네덜란드 사회를 지배한 적은 한 번도 없었다. 또한 네덜란드의 지배층인 상층 중간 계급이 하층민의 도전으로부터 심각하게 위협받은 적도 없었다. 그 이유는 프로테스탄트 국가인 네덜란드가 가톨릭 교회의 재산을 몰수하여 여기서 나온 재원으로 당시로서는 상당히 파격적인 사회복지를 실행했다는 데 있다. 네덜란드의 지배층은 사회적 평화를 위한 대가를 지급했던 것이다.[26]

네덜란드의 경쟁자였던 영국은 조금 다른 모습을 보여준다. 16~17세기 튜더 왕조와 스튜어트 왕조 시대의 영국은 고도로 세분화된 신분제 사회였다. 엘리자베스 1세 시대 영국 사회에서 최상층은 약 60명 정도 되는 작위 귀족이었고, 그 아래에는 6,000명 남짓 되는 젠트리가 포진하고 있었다. 이들은 작위 귀족과 더불어 영국 사회의 지배층을 형성하고 있었다. 젠트리는 농업 생산에 직접 종사하지 않으면서 지방에서 넉넉한 지주로서 생활을 영위하는 사람들이었다. 젠트리 아래에는 넉넉한 중소자영농층인 요우먼이 있었다. 영국의 유명한 창병과 궁병이 대부분 요우먼 출신이었다는 점에서 그들은 군사력의 주축이 되었다. 더 아래에는 다양한 성격의 토지보유농과 오막살이농 그리고 농업 노동자들이 있었다. 이처럼 피라미드형의 영국 사회에는 엄격한 신분제적 위계제가 관철되고 있었다.[27]

그러나 신분 간의 유동성은 활발하였다. 특히 제임스 1세 때 귀족이 2배 증가했는데, 왕권 강화와 재정의 필요성 때문에 왕이 귀족의 지위를 팔아넘겼기 때문이다. 젠트리 역시 17세기 초엽에 1만 명을 웃돌 정도로 증가하였다. 이들 가운데 일부는 상인 출신이었지만 대부분 자영농으로부터 신분 상승한 사람들이었다. 젠트리는 일반 시민과 엄격하게 구별되지는 않았다. 젠트리 가문의 차남 이하의 아들은 일반적으로 상업 활동에 종사하여 새로운 부를 축적할 기회를 포착하였고, 나중에 다시 토지를 사들여 지주의 생활로 복귀하곤 하였다. 젠트리와 세습 귀족의 차이도 분명하지 않았다. 1560~1640년을 기준으로 세습 귀족의 3분의 2가 교역이나 산업 활동과 관계하고 있을 정도로 영국의 귀족층은 낡아빠진 특권 개념이나 혈통의 순수성이라는 망상에 빠져 있지 않았다. 지주층과 금융 및 상업 투자가들은 부(富)라는 매개체에 의해 융합되어 영국 사회의 단일한 엘리트층을 형성하였다.

영국의 젠트리는 상공업자의 이미지가 강한 '부르주아'의 범주에는 포함되기 어렵다. 젠트리는 '부르주아'보다는 차라리 '귀족'에 가깝다. 그럼에도 젠트리는 자신의 위와 아래의 사회계층으로부터 새로운 피를 수혈받으면서 오랫동안 영국 사회의 지배층을 형성하면서 성공적인 사회 통합을 이루어 영국 사회의 자본주의적 발전을 이끌었다. 따라서 영국 사회는 '부르주아적'이지는 않았지만 '자본주의적'이었다고는 할 수 있다. 실제로 상업사회의 많은 사례에서 (비록 일반화할 수는 없지만) 귀족층에서 역동적인 기업가들이 배출되었음을 확인할 수 있다. 거꾸로 '부르주아'라는 말은 당대에 역동적인 기업가 계층을 지칭하기보다는 주로 임대수입생활자(rentier)로서 여가를 가진 사람(유한자)을 뜻하였다.[28]

이 모든 사실은 네덜란드건 영국이건 간에 (정도의 차이는 있지만) 귀족과 부르주아의 구별이 상당히 모호했으며, 농업사회에서 부의 원천인 토지와 상업사회에서 부의 원천인 상업이 반드시 구별되지 않았다는 점을 보여준다. 모든 면에서 상업사회는 과도기적인 사회였던 것이다. 해외무역에 나선 귀족과 토지를 사들이는 부르주아의 서로 모순되는 듯한 모습이 과도기적 현상일 것이다. 중요한 점은 이 시대에 새로이 열린 상업적 기회는 전통적인 신분제적 위계질서를 동요시키고, 좀 더 사회적 유동성이 큰 '근대사회'로의 발전을 촉진한 요인이었다는 사실이다. 요컨대 '신분사회'와 '근대사회'는 서로 공존하면서 상업사회의 독특한 역동성을 구성한 것이다.

2. 규모의 경제

자본과 국가의 결합

네덜란드 동인도회사

네덜란드의 동인도회사는 역사상 최초의 근대적 주식회사라고 할 만한 것으로서 16~18세기 유럽의 해외 팽창에서 핵심적인 위치를 차지하였다. 이 회사는 네덜란드 국가가 개별 회사에 독점권을 부여함으로써 설립되었다. 특허장 34조에 따르면, 희망봉 동쪽과 마젤란 해협 서쪽 사이의 지역에 대한 항해권을 독점적으로 동인도회사에만 부여하고, 이를 어긴 다른 선박은 그 선박과 상품을 모두 압수당한다고 규정되어 있다. 이러한 방식으로 회사는 국가의 기능을 상당한 정도로 인수했음을 알 수 있다. 특허장 35조에 따르면, 동인도회사가 네덜란드 의회를 대신하여 아시아의 국가 및 영주들과 조약을 체결하고 전쟁을 선포하며 요새와 상관을 건설하고 군인을 충원하는 등 국가가 해야 하고 또 할 수 있는 여러 기능을 대신할 수 있다고 규정되어 있다. 이렇게 보면 동인도회사는 일종의 '국가 밖의 국가'가 되는 셈이었다.[29] 네덜란드가 사적 이윤추구를 위해 설립된 회사에 국가 통치권 수준의 독점적 권한을 부여하였고, 이 과정을 통해 인류 역사상 국토 규모가 가장 작은 경제적 패권 국가로 등장할 수 있었음은 새삼 주목할 필요가 있다.

동인도회사는 소자본을 모아 규모의 경제를 달성한 전형적인 사례였다. 회사는 세계 최초의 유한회사(Limited Liability Company)로서 많은 주주로 구성되어 있었으며, 주식으로 모은 총자본은 640만 길더에 이를 정도로 대규모였다. 투자자 중에는 12,000플로린이라는 거액을 투자한 대주주도 있었고, 소액 주주들도 상당수 있었다. 또한 회사는 교역 상품의 독점과 독점 집산시장(Starpelmarkt)을 통해 규모의 경제를 달성하기도 하였다.[30] 회사는 유럽의 상품을 아시아에 가져가서 팔고 그 대신 아시아의 상품을 유럽에 가져와서 판매할 정도로 국제적 규모의 무역을 담당하였다. 초기에는 인도네시아 등지의 후추, 정향, 육두구와 같은 향신료의 비중이 컸으나 후기로 갈수록 일본이나 중국의 차와 도자기 등이 중요한 비중을 차지하였다. 또한 아시아 내의 지역 간 교환을 통해 여러 단계의 거래를 거치며 이익을 창출하였다. 실례로 유럽에서 은을 들여와 중국 비단을 구매하고, 이것을 일본에 판매하고 구리와 금을 구매하였다. 이를 다시 인도의 직물과 교환하고 몰루카 제도에서 직물을 팔고 정향과 육두구 등 향신료를 사들여 유럽에 재판매하는 식이었다. 이것이 확대 재투자의 반복에 의한 가속하는 경제, 즉 기하급수적으로 증가하는 부의 축적 과정이다.

영국 동인도회사

영국은 동양 진출이라는 면에서 포르투갈이나 네덜란드보다 후발주자였으며, 영국의 동인도회사 역시 네덜란드의 동인도회사보다 규모나 운영체제 면에서 훨씬 뒤떨어지는 수준에 있었다. 초기의 동인도회사는 개별항해 및 합본 기업 체제에 머물러 있었다. 그 당시 회사는 한 번 항해할 때마다 자금을 모으고, 배가 화물을 싣고 귀국하면 그 수입품 혹은 수입품 판매 대금을 투자액에 비례해서 주주에게 분배하는 개별 항해의 방식을 택하였다. 법인으로서의 자본금을 갖지 않고 항해 때마다 결산하는 조합으로서 발족했는데, 항해 때마다 결산하다 보니 리스크 분산을 할 수 없어 사업이 투기적으로 되었다. 이는 상관 건설과 같은 장기 고정 투자에도 적합하지 않았다. 그리하여 개별 항해 방식으로는 이미 영속적인 회사 조직을 갖추고 경영하고 있는 네덜란드 동인도회사와 경쟁할 수 없었기 때문에 서너 번의 항해를 묶어 운영하는 비교적 영속적인 합본 기업이 조직되었다.[31] 1613년 이후에는 리스크 분산을 쉽게 할 수 있도록 결산 단위가 3회 이상의 항해로 늘어나기도 하였다.

주식회사 체제로의 본격적인 전환이 일어난 것은 이른바 '크롬웰의 개편' 이후였다. 청교도혁명이 발발한 뒤 크롬웰이 사실상 정권을 장악하고 있던 1650년 무렵부터 의회를 중심으로 동인도회사에 관한 체제 재정비에 대한 논의가 이루어진 끝에 1657년 10월 공화정권에서 새로운 특허장이 내려왔다. 이것을 동인도회사에 대한 '크롬웰의 개편'이라 지칭한다. 지금까지 시행해 오던 원금과 이익을 포함하는 분배 방식은 중지되고 이윤만을 주주에게 나누는 본래 의미의 배당제가 채택되었으며, 각 출자자는 총회에 출석하고 그 출자액에 따라 기업과 무역과 경영에 대하여 투표하고 의결하게 하는 주식회사 체제로 전환되었다. 이 때문에 1657년 이후에는 거액의 자금 조달이 쉬운 영구 주식 자본이 되어 자본 동원력이 비약적으로 강화되었다.[32]

네덜란드와 영국의 동인도회사가 발전하는 데는 대항해 시대의 개막과 원거리 무역의 세계적 확장이 안성맞춤의 무대를 제공하였다. 특히 국가 권력이 자본과 결합하여 독점적 특권을 보장함으로써 동인도회사는 거대한 이윤을 획득하는 데 성공하였다. 이러한 독점체들은 수입과 판매 또는 수출과 같은 상업 부문은 독점했지만, 가치 창출의 기본이 되는 산업 생산 부문이 없었다. 따라서 근대 초기의 상업 자본의 형성이 곧바로 산업 자본의 형성을 의미하는 것은 아니다. 게다가 초기 독점체들의 특권은 나중에 시민혁명의 과정에서 비판의 표적이 되었다.[33] 이러한 한계에도 동인도회사는 유럽의 팽창을 선도한 선구적인 근대적 기업 형태의 하나로서 그 역사적 의미를 결코 과소평가해서는 안 될 것이다. 마땅히 확대 재투자에 의한 상업사회의 가속적인 가치 창출의 상징이자 성공 사례로 인정해야 할 것이다. 산업혁명에 의한 확대 재생산 체제가 제임스 와트(James Watt)의 증기 기관으로부터 시작되었다면, 상업혁명에 의한 확대 재투자는 네덜란드의 동인도회사로부터 시작되었다고 할 수 있다. 그만큼 동인도회사의 탄생은 혁명적인 발상의 전환을 상징한다.

토지의 집중

영국의 인클로저

14~15세기 영국에서는 장원제와 농노제가 붕괴하고 있었다. 그러나 농민들은 토지 소유권을 확보하는 데 성공하지 못하였다. 지주들은 대토지를 겸병하면서 농민들을 토지로부터 추방하였다. 이를 인클로저 운동이라 부른다. 이 대대적인 농업 운동은 새로운 국제무역의 발전과 더불어 플랑드르 및 영국의 이스트 앵글리아 지방에서 모직물 공업이 번창하여 양모 수요가 증가하자 일부 지주들이 각기 앞을 다투어 농지를 목양지로 바꾸고자 하면서 이루어졌다.

인클로저 운동의 과정에서 많은 농민이 토지와 분리되면서 하나의 계층으로서 농민층이 영국 사회에서 소멸하였다. 토지를 잃은 농민들은 농업 노동자로 생계를 이어가거나 일자리를 찾아 도시로 몰려들었다. 당장은 유랑 걸식하는 일이 다반사였고, 국가는 유랑민들을 태형으로 다스리거나 낙인을 찍고, 끝내 교수형에 처하는 등 혹독하게 다루었다. 이러한 끔찍한 풍경에도 영국의 농업은 대토지 소유제 아래서 순조롭게 발전하였다. 무토지 노동자들이 양산되고, 이들을 고용하여 토지를 합리적으로 이용하는 차지농들이 등장하면서 지주/자본가적 차지농/농업 노동자로 구성된 영국 특유의 3분할제(tripartite system)가 성립하였다. 그리고 토지와 분리되어 도시로 몰려든 농민들은 산업혁명이 성공적으로 추진되는 데 필요한 산업 노동자의 역할을 담당하게 되었다.

프랑스의 사례

프랑스의 농업은 영국과는 사뭇 다른 모습을 보여준다. 프랑스에서는 이미 13세기 말에 소규모 농민 생산이 발달하고 봉건 지대가 하락하였다. 백년전쟁 이후 영주들은 농민들이 경작하던 보유지와 공동지에 대한 소유권을 확보할 수 없었는데, 이는 농민들의 저항과 농민들을 징세 대상으로 보면서 영주들과 경쟁한 절대왕정의 농민 보호 정책 덕분이었다.

프랑스는 대토지 소유제가 유지되는 가운데 소농 경영이 지배적인 특징을 보여준다. 16세기 중엽 이후 토지 집중이 심화하고 있었지만, 토지 소유자들이 큰 경작 단위로 토지를 운영하는 대신 이전과 마찬가지로 소규모 분할지로 나누어 임대하였다. 이렇듯 영세한 소농 위주의 농업 경영은 토지와 농민의 분리를 막을 수 있었지만, 이는 궁극적으로 프랑스의 농업 생산력의 발전에 제약을 가하는 결과를 초래하였다. 또한 상대적 과잉 인구를 농촌에 그대로 묶어 둠으로써 농업 인구가 비농업 부문으로 이동하거나 도시의 산업 노동자로 변신할 가능성을 약화시켰다.

네덜란드 상업과 해운업, 규모의 경제와 생산 효율

17세기는 네덜란드 상업과 해운업의 시대였다. 1670년을 기준으로 볼 때 네덜란드의 선박 총톤수는 영국의 3배였으며, 영국, 프랑스, 포르투갈, 에스파냐, 독일의 선박 총톤수를 합친 것보다 더 많았다. 18세기 초까지만 해도 영국 작가 디포(Daniel Defoe)는 네덜란드인을 가리켜 "세계의 운송업자, 유럽의 중개무역상, 대리상인, 브로커"라고 불렀다. 그들의 활동 반경

은 광범위하여 발트 해, 지중해, 카리브 해, 아프리카 연안, 나아가 인도양까지 포괄하였다.[34]

이러한 규모의 경제는 명백히 네덜란드의 높은 상업상의 생산 효율에 의해 뒷받침된 것이었다. 무엇보다 네덜란드의 뱃삯은 유난히 쌌다. 그 이유는 네덜란드의 선박 건조 비용이 낮았기 때문이다. 목공술의 우위, 재료 사용의 경제성, 노동 절감형 기계, 표준 부품의 생산, 대규모 재료 구매, 건설 자재의 값싼 수송 등이 구체적인 비용 절감의 주요 요인들로 꼽힌다.

네덜란드의 선박 건조 비용은 영국보다 무려 40~50%나 낮았다. 네덜란드 배에는 승무원이 18명 정도 필요한 데 비해 다른 나라 배에는 26~30명의 승무원이 필요하였다. 따라서 네덜란드 선박들은 인건비가 적게 들었고, 생산 효율이 높았다. 그러니 뱃삯이 쌀 수밖에 없었고, 네덜란드 해운업은 다른 나라에 비해 경쟁력이 있었다.[35]

3. 가족과 친족 관계

핵가족제의 발전

일반적으로 단정하기는 어렵지만, 상업사회에서는 핵가족제가 널리 발전한 것으로 보인다. 네덜란드에서는 자녀가 일찍 분가하여 삶의 터전을 이루었는데, 주로 토지나 재산을 상속받지 못한 자녀는 상업 등에 종사하여 부를 축적하였다. 영국에서도 자녀는 성년에 도달하면 독립된 가구를 이루어 분가하였다. 자녀 간에 불평등 상속(주로 장자상속)이 지배적이었기 때문이다. 젠트리의 차남 이하 아들들은 새로운 기회를 찾아 식민지 교역 등에 투신하여 상업사회의 인력 풀을 형성하였다. 이로부터 상업사회에서는 농업사회와는 달리 핵가족제가 널리 확산되었다.[36]

그러나 핵가족제가 이 시대의 표준적인 가족제도였다고 생각하는 것은 오산이다. 영국에서 핵가족제를 유지한 주류 국교도들과 달리 상공업의 발전에 크게 기여한 퀘이커교도나 유니테어리언교도들은 종교적으로나 사회적으로 차별을 받았기 때문에 그들 간의 확대된 친족 관계를 통해 안전을 도모하고 사업을 추구하였다. 표본이 크면 더 정확한 결과를 얻어낼 수 있다는 이치와 마찬가지로 확대된 친족 관계에서는 검증되고 엄선된 인자들이 사업에 투신할 가능성이 높았고, 이것이 사업의 성공률을 높이는 비결이었다. 이렇게 보면 상업사회의 발전이 반드시 핵가족화로 이어지는 것은 아니라는 사실을 알 수 있다.[37] 다만 농업사회에서는 핵가족이 분화된다고 해도 새로 비옥한 농토를 확보할 수 없었고 또 농업 생산으로 부를 축적하기 어려웠던 반면, 상업사회에서는 비록 위험부담은 있었지만 새로운 핵가족에도 상업과 해외 진출을 통해 부를 축적할 기회가 제공되었다는 점만큼은 지적할 필요가 있다.

여성의 사회참여

상업사회에서 여성의 사회참여 양상도 인상적이다. 그 대표적인 사례가 17세기 네덜란드의 경우이다. 여성들은 가사 운영에서 매우 큰 권한을 행사하고 있었고, 때에 따라서는 남편의 사업에 참여하는 것도 장려되었다. 이는 당시의 많은 네덜란드 가정이 항해를 생업으로 삼았기 때문에 남성이 장기간 집을 비우는 경우가 빈번하였고, 따라서 자연스럽게 여성에게 많은 책임이 위임되었기에 가능한 일이었다. 이에 네덜란드 여성은 남성의 당당한 파트너 역할을 할 수 있었다.

활발한 여성의 사회참여는 학문과 예술에서도 재차 확인된다. 예컨대 슈르만(Maria van Schuurman, 1607~1678)은 당대의 일급 지식인들과 교류했던 뛰어난 예술가이자 언어학자요 신학자였다. 화가인 레이스터(Judith Leyster,

1609~1660)는 〈류트 연주자〉라는 유명한 그림을 남겼다.[38] 그러나 17세기 네덜란드에서 여성의 사회참여 중요성을 과장해서는 안 될 것이다. 이러한 사례는 소수의 상층 계층 출신의 여성들에 국한된 것이었다. 일반적으로 볼 때 여성의 사회참여는 상업사회는 물론이거니와 훗날 산업사회에서도 완전하게 발전하지는 못하였다. 그럼에도 그 이전 농업사회와 비교해 볼 때 상업사회에서의 여성 참여는 인상적이며, 이는 상업사회 특유의 상대적으로 높은 사회적 개방성으로부터 말미암은 것이었다.

문화적 요인 ;

과학혁명, 프로테스탄티즘, 초기 민족주의

서양에서 상업사회가 발전한 시대는 곧 과학혁명의 시대이기도 하였다. 경험적 관찰의 중요성과 과학적 인식이 크게 발전하였고, 과학이 조선과 항해, 군사 기술 등에 응용되어 유럽인들의 대항해와 신대륙 정복을 가능하게 하였다. 상업은 그 이전 시대에도 발전했지만 16세기 이후 상업의 발전은 명백히 과학적, 합리적인 사고와 제도의 밑바탕에서 이루어졌다는 데 중요한 특징이 있다. 원래 과학기술이 뒷받침되지 못했던 시절에 상업은 리스크가 큰 사업이었다. 예컨대 바다는 예기치 않은 폭풍과 해적이 들끓는 위험 지대였다. 물품을 가득 싣고 안전하게 자기 배가 귀환하기를 학수고대한 중세 상인들이 의지한 것은 기도밖에 없었을 것이다. 상업의 발전이 정규화되고 자본주의로 발전하기 위해서는 조선과 항해 기술의 발전 외에도 리스크를 최소화하는 보험 제도 등이 발전해야만 하는 것이다. 이것이 과학적인 기술과 합리적인 제도의 발전 없이 상업사회의 형성을 논할 수 없는 이유이다.

상업의 시대는 또한 종교개혁의 시대이기도 하였다. 1517년 독일 성직자 마르틴 루터의 95개 조 반박문의 게시로부터 촉발된 종교개혁은 중세 유럽 기독교 사회의 통일성을 깨뜨렸다. 이로부터 로마 가톨릭 교회(구교)와 대립하는 새로운 프로테스탄티즘(신교)이 등장하여 널리 확산되었다. 프로테스탄티즘은 신앙의 개인화와 세속적 직업윤리의 발전을 수반하면서 전 유럽에 급속히 확산되었다. 특히 예정설을 핵심 교리로 하는 캘빈주의자들은 각국에서 청교도(잉글랜드), 장로교도(스코틀랜드), 고이센(네덜란드), 위그노(프랑스) 등의 다양한 이름으로 불리면서 주로 상공업자들 사이에 크게 확산되어 자본주의적 직업윤리가 발전하는 데 기여하였다. 종교개혁은 어김없이 신교와 구교 사이에 격렬한 분쟁을 낳았고, 그런 가운데 많은 프로테스탄트교도는 박해를 피해 좀 더 자유로운 곳으로 대규모 이주를 단행하였다. 자본과 기술을 가진 프로테스탄트교도들, 특히 위그노는 이주한 곳에서 상공업 발전의 주역이 되었다.

이상 살펴본 새로운 과학 문화와 종교 문화 외에도 상업의 시대에는 민족 문화가 발전하였다. 상업의 시대는 초기 민족주의가 발전한 시대이기도 하였다. 민족주의의 등장을 1789년 프랑스혁명 이후로 잡는 견해가 일반적임을 고려하면 근대 초기에 민족주의의 등장을 말하는 것은 불가피한 논쟁을 일으킬 것이다. 그럼에도 민족'주의'까지는 아니더라도 이 시대에 '민족적' 정체성과 '민족' 의식이 크게 발전한 것은 부인할 수 없는 사실이다. 특히 네덜란드와 영국은 이와 같은 '근대 초기 민족주의'가 발전한 주요 무대였다. 이 두 개의 프로테스탄트 국가에서 국가의 이해관계는 더 이상 국왕이나 왕조의 사적 전유물로 여겨지지 않았고, 새로운 의미의 '국민적 이해관계'로 이해되었다. 상업의 체증하는 이윤과 거대 자본의 축적으로 상업에 직접 종사하거나 상업적 이해를 함께하는 신민들의 사회적 통합이 달성되었고, 그 가운데 나라마다 독특한 민족성과 민족문화가 형성되었다. 네덜란드, 특히 영국은 이러한 경제적 이해 공동체에 바탕을 두고 국가가 사회의 인적 · 물적 자원을 효과적으로 징발하여 성공적인 국가 발전을 도모할 수 있었던 대표적인 사례이다. 다시 말해 네덜란드와 영국이 상업과 해운 분야의 패권 국가로 발돋움할 수 있었던 것은 혈통과 역사에 기반을 둔 '정치적' 민족주의가 아니라 이익 공동체에 기반을 둔 '경제적' 민족주의의 역할이 컸기 때문이다.

농업사회에서는 국왕과 지배 계층이 농민을 수탈하였고, 농민은 이에 줄곧 저항해 왔다. 이는 농업 생산이 체감하기 때문에 한계 상황에 몰리지 않은 농민은 증산 의욕을 가질 수 없었기 때문이다. 국부 증진을 위해 지배 계층과 피지배 계층인 농민이 계속 충돌할 수밖에 없었던 농업사회와 달리 상업사회에서는 개인의 이익은 물론 동시에 국부 증진을 위해서도 지배 계층과 피지배 계층인 상인이 서로 협조하고 연합할 수 있게 되었다. 국가가 회사에 국가에 준하는 권한을 부여한 동인도회사의 경우가 대표적인 사례 중의 하나이다. 이처럼 관과 민이 경제적 이해관계를 공유하는 공동 운명체로 묶임으로써 상업사회에 이르러 민족주의 혹은 국가주의가 활기차게 형성되고 발전하게 되었던 것이다.

1. 과학기술과 교육

과학혁명

인문주의와 '학'의 발전

대항해 시대에 조금 앞서는 르네상스 시대에 인문주의(humanism)가 크게 발전하였다. 인문주의에 대한 평가는 다양할 수 있으나 무엇보다 사실성과 객관성을 추구하는 '학(學, science)'의 관념이 발전하는 데 크게 기여하였다. 콘스탄티누스 황제의 기증장이 허위 문서임을 밝힌 인문주의자 로렌초 발라(Lorenzo Valla)의 엄격한 문헌학적 작업은 그의 내밀한 정치적 의도가 무엇이었든 간에 결과적으로 사실적 · 객관적 학문 추구의 정당성을 웅변으로 보여준다.

더욱 중요한 사실은 인문학과 인문주의의 발전이 자연과학의 발전과 결합했다는 점이다. 1543년에 인류 역사상 가장 혁명적인 책자 가운데 하나인 『천구의 회전에 관하여』에서 지동설을 제시하여 17세기 과학혁명의 포문을 연 폴란드의 천문학자 코페르니쿠스는 르네상스 인문주의의 산실이었던 이탈리아의 볼로냐 대학과 파도바 대학 등에서 수학한 인물이었다. 그의 위대한 과학적 발견은 어떤 의미에서 르네상스 인문주의의 산물이기도 했던 것이다.

과학혁명

대략 1500~1700년에 이르는 시기는 '과학'이 '혁명적으로' 발전한 시대였다. 한 역사학자는 "크리스트교의 대두 이래 어떠한 것도 이것(과학혁명)에 비하면 빛을 잃고, 르네상스나 종교개혁은 단순한 에피소드에 불과한 위치로 격하되어 버리고 만다"고 평가하기도 하였다. 과학혁명은 사람들에게 종래와 다르게 생각하도록 가르쳤다. 과학이 전격적으로 실용에 옮겨지게 되는 데는 시간이 필요하였다. 과학혁명은 최소한 한 세기 이후에야 산업혁명을 촉발할 것이었다. 그러나 과학혁명은 그 자체만으로도 사람들의 세계관이 근본적으로 변화했음을 의미하였다. 이는 "사물의 이상적 본성에 따라 질서가 부여된 사물의 세계로부터, 확고한 메커니즘에 따라서 앞과 뒤에서 움직이는 세계로 바뀌는" 심각한 변화였다.[39]

과학혁명의 대표적인 인물로는 코페르니쿠스 외에 갈릴레이와 뉴턴을 꼽을 수 있다. 갈릴레이는 고전의 권위에만 의존하는 태도를 비판하고 자연 자체가 거대한 책이며, 오직 이 책을 통해서만 과학적 진리를 얻을 수 있다고 역설하였다. 그는 자신이 개량한 망원경으로 천문학적 가설들을 확인하였고, 고대 아리스토텔레스 물리학의 전제를 공격하여 근대 역학의 새로운 전제를 마련하는 데 지대한 공헌을 하였다. 뉴턴은 진정한 의미에서 과학혁명의 기린아였다. 그는 역학, 광학, 천문학 등에서 탁월한 업적을 내면서 기계론적 우주관을 확립하고 자연의 합리성을 입증함으로써 르네상스 이래 축적된 자연과학적 성과를 집대성하여 과학혁명을 완성하였다. 그 밖에 베이컨과 데카르트 등이 새로운 과학적 방법론의 등장을 예고

하였다. 그들은 과학과 신학을 구분하고 과학을 통해 인간의 운명을 개선하고자 하였다.[40]

갈릴레이와 종교재판　갈릴레이는 가톨릭 교회에서 금하는 지동설을 주장하다 가택연금에 처하게 되었다. 그러나 성경 교리에 대한 도전은 더욱 거세졌다.

기술혁신과 군사혁명

기술 발전

과학혁명의 성과가 온전히 실용에 옮겨지기에는 한 세기 이상의 시간이 필요했으나 그럼에도 상업의 시대는 초기 과학의 성과가 응용되어 상당히 인상적인 수준의 기술 발전이 이루어진 시대였다. 나침반과 천문관측의, 정밀한 항해 지도가 항해 시 배의 위치를 파악하는 데 도움을 주어 항해술의 발전에 기여하였다. 조선술도 발전하여 원거리 항해에 적합한 튼튼하고 빠른 선박들이 건조되었다.

특히 (순수과학이 아니라) 응용과학의 천국은 네덜란드였다. 국내 운하와 제방 건설의 필요가 기술 발전에 대한 높은 관심을 설명해 준다. 17세기 네덜란드 국부의 원천은 상업 및 해운업 외에도 기술 수출이었다. 유럽 전역에 네덜란드 기술 이민자촌이 빼곡히 들어섰다. 네덜란드는 농업기술의 수출 외에 해운 기술의 발전에도 전력투구하였고, 항해 기술의 개량으로 비용 절감을 꾀해 세계적인 해운 국가로 발돋움할 수 있었다. 캘빈주의 국가인 네덜란드와 종교적 친화성을 가진 스코틀랜드가 기술 교류를 통해 건실한 상업적 유대를 구축하였다. 실로 많은 스코틀랜드인이 네덜란드에서 기술 교육을 받았는데, 이것이야말로 18세기 스코틀랜드에서 계몽사상이 예외적으로 발전한 이유를 설명해 준다.[41]

그런가 하면 이 시대에 인쇄술의 발전을 빼놓을 수 없다. 15세기 중엽

구텐베르크의 인쇄기 구텐베르크의 활판 인쇄기로 인해 서적이 싼값에 유통될 수 있었고, 지식과 정보의 전달과 확산이 용이하게 되었다.

독일의 구텐베르크가 활판 인쇄술을 발명한 이래 인쇄술은 유럽 전역으로 빠르게 보급되어 권위 있는 고전 판본과 서적이 싼값에 대량으로 제작되었다. 이로써 지식과 정보가 신속하게 확산되었고, 결과적으로 르네상스와 종교개혁, 나아가 과학혁명을 가능하게 하는 문화적 하부 구조가 구축되었다.

군사혁명

과학기술의 발전이 가장 눈부시게 꽃핀 영역은 군사였다. 군사혁명은 화승총과 대포의 등장으로 상징되는 화포혁명 외에 합리적이고 과학적인 군사 조직과 전술에서 진가를 발휘하였다. 이러한 측면에서 나사우의 마우리츠는 군사혁명의 진정한 대가였다. 그는 군대에 일상적인 '훈련'의 개념을 처음 도입한 인물로서, 병사들이 빈둥거리는 것을 혐오하여 특별한 훈련이 없을 때에도 '삽질'을 시킬 정도로 규율과 근면을 강조하였다. 특히 총을 다루는 과정을 동작별로 세밀하게 연구함으로써 정식화, 합리화하여 이를 집중 반복시켰다. 이러한 훈련을 바탕으로 그는 한 열의 병사들이 총을 쏜 후 맨 뒤로 이동하여 재장전하고 그다음 열이 총을 쏘는 식의 이른바 '연속 발사'를 실전에 도입하여 큰 성과를 올렸다. 1597년 투른하우트 전투에서 에스파냐군이 2,350명이 전사한 데 비해 마우리츠에 의해 훈련받은 네덜란드군은 불과 7명만 전사하는 대승을 거두었다.[42]

군사혁명은 유럽 국가 간의 전쟁뿐만 아니라 유럽이 비유럽 세계로 팽창하고 이를 정복하는 데도 강력한 수단을 제공하였다. 신대륙 원주민들의 석제 무기는 에스파냐인들의 화승총과 강철 대포의 상대가 되지 못하였다. 게다가 적의 살상을 목표로 하는 호전적인 유럽인들의 전투 방식은 원주민들에게는 참으로 낯선 것이었다. 그런가 하면 포르투갈은 대포가 장착된 '전함'을 통해 아시아의 바다에서 우위를 누렸다. 어찌 보면 배에 대포를 싣는다는 발상은 단순한 것 같지만 배의 균형을 잃지 말아야 한다는 점에서 상당한 기술 수준이 필요하다. 이윤 동기에 의해 자본 축적을 가능케 한 상업적 확대 재투자 체제가 상업시대의 경제적 패권의 원천이지만, 그 과정의 한 단면을 단순화시키자면 유럽의 기술이 유럽의 패권을 낳았고, 다시 유럽의 기술은 르네상스와 과학혁명을 통해 확산한 과학 문화의 소산이었다고 할 수 있다. 과학과 기술 사이에 존재하는 엄연한 차이를 고려해도 그렇다고 볼 수 있다.

2. 이데올로기와 종교

종교개혁

루터주의

유럽의 패권이 과학 문화에 의해 뒷받침된 것만큼 그것은 유럽 특유의 종교 문화에 힘입은 바가 크다. 16세기 초에 터져 나온 종교개혁은 유럽인들 사이에서 다시금 종교적 열정에 불을 붙였다. 이 시기 유럽의 많은 탐험가가 이교도를 박멸하고 기독교를 전파한다는 십자군적 열정에 불타 위험천만한 모험의 장도에 올랐음을 기억하면, 대항해와 종교개혁 사이의 긴밀한 상관관계를 짐작할 수 있을 것이다.

마르틴 루터　가톨릭 교회의 부패에 대한 저항에서 시작된 종교개혁은 다음 몇 세기를 걸쳐 유럽 사회의 많은 부분에 변화를 가져오게 된다.

종교개혁은 1517년 독일 성직자 마르틴 루터가 가톨릭 교회의 부패와 타락을 고발하는 95개 조 반박문을 비텐베르크 성문에 게시함으로써 시작되었다. 루터는 인간의 구원은 교회의 성사와 개인의 공덕으로써 가능한 것이 아니라 오직 신의 은총으로써만 가능하다고 확신하고 의인설—"신앙으로써만 의롭게 된다."—을 주장하였다. 또한 성직자들의 권위를 부정하고 만인이 사제이며, 오직 기도와 성경에 몰입하라고 요구하였다. 곧 가톨릭 교회와 루터파 사이에는 치열한 분쟁이 일어났다. 그 결과 가톨릭 교회에 의해 보편적으로 통합되어 있던 유럽의 기독교 세계에서 프로테스탄티즘이 출현하며 나타난 충격은 인간의 종교적 심성을 결정적으로 변화시켰고, 정치 및 사회에 대한 새로운 관념을 조성하였다.

캘빈주의

루터 외에 또 한 명의 중요한 프로테스탄트 개혁가는 캘빈이었다. 그는 프랑스에서 종교개혁을 일으켰으나 실패하고 추방당하였다. 프랑스의 강력한 왕권이 일찍이 교회를 장악하여 교황권의 남용을 견제하고 종교개혁의 여파에도 대응할 수 있었기 때문이다. 캘빈은 스위스의 제네바로 이동하여 그곳에서 자신의 교리를 실천에 옮길 기회를 가졌다. 교리의 핵심은 예정설에 있었다. 예정설은 인간의 구원은 신에 의해 미리 예정되어 있다는 교리이다. 아무리 선행을 베풀어도 (물론 이는 칭찬할 만한 행위이기는 하지만) 이는 구원 여부와는 본질에서 아무런 관련도 없다는 것이다. 예정설을 받아들인 캘빈주의자들은 신에 의해 선택되었다는 선민의식을 갖고 신의 영광을 지상에서 구현하려는 전투적인 신앙생활에 몰입하였다. 나아가 그들이 가진 세속적 직업은 그 자체 신의 부르심(calling)으로서 신이 부르신 곳에서 성공하는 것은 구원의 확실한 징표라는 강한 확신을 갖게 되었다. 신의 부르심, 곧 '천직'에서 거두는 성공이 영적 구원과 결합한 것이다. 독일 사회학자 베버(Max Weber)는 캘빈주의를 핵심으로 하는 새로운 프로테스탄티즘의 윤리에서 자본주의 정신의 출현을 보았다. 베버의 테제는 오늘날 여러 방면에서 비판받고 있지만, 프로테스탄티즘에 깃들어 있는 새로운 종교문화와 당시에 태동하고 있던 자본주의 사이의 상관관계를 설명하는 하나의 유력한 가설로 남아 있다.

루터주의가 황제에 맞서는 독일 귀족층 사이에 널리 확산된 반면 캘빈주의는 상공업 계층 사이에 주로 전파되었다. 캘빈주의의 교리가 상공업자들의 취향에 맞았는지 아니면 당시 사회에서 여전히 비주류에 머물러 있던 상공업자들이 주변적인 종교 교파인 캘빈주의에 이끌렸는지는 불분명하다. 그러나 여전히 귀족 중심의 신분제적 위계질서가 건재하고 토지 재산이 가장 중요한 부의 원천으로 간주되는 사회에서 상공업 계층은 종래의 가톨릭 교회가 아니라 캘빈주의에서 자신의 영적 안식처를 발견했음이 틀림없다. 그런가 하면 종교적 소수파인 캘빈주의자들이 박해를 받으면서 토지 재산의 취득과 관직 및 작위 취득에 제한을 받게 되었고, 이것이 캘빈주의자들이 상공업 분야에 널리 진출한 계기가 되었다는 주장도 설득력이 있다. 어떤 경우든지 간에 종교개혁과 프로테스탄티즘의 등장은 서양 사회가 상업사회로 진입하면서 다원화, 개방화되는 일반적인 추세를 반영한 것이다. 거꾸로 프로테스탄티즘, 특히 캘빈주의는 경제에 대한 새로운 관념을 유포시킴으로써 상업사회의 발전을 한층 더 촉진했으니, 하일브로너와 밀버그는 다음과 같이 말하고 있다. "예전에는 '분수'를 알고 지킴으로써 사회적 · 경제적 안정성을 갖는 것이 이상이었지만, 캘빈주의는 경제적 성장, 물질적 개선 및 이를 위한 투쟁 등의 이상을 존경할 만한 것으로 만들었다."[43]

종교와 국가의 관계

에스파냐

에스파냐 국가는 독실한 가톨릭 교회의 수호자였다. 이사벨라 여왕이 콜럼버스의 항해를 후원한 것도 그의 항해 목적이 식민지 개척이 아닌 가톨릭 전파에 있다는 강한 의지가 마음에 들었기 때문이다. 에스파냐의 신대륙 진출의 주된 동기는 경제적 동기 외에도 신대륙에 새로운 가톨릭 국가를 세우는 것이었다. 본국 에스파냐의 종교적 · 사회적 폐단이 존재하지 않는 새롭고 완벽하며 이상적인 사회를 만들기 위해 식민지 건설 후 교회와 국왕이 동일한 개념의 사회제도를 만들고자 하였다.

정통 가톨릭 신앙의 수호에 대한 에스파냐의 집착은 역기능을 가져오기도 하였다. 16세기 에스파냐에서 정통 가톨릭 신앙의 수호에 대한 국왕과 교회의 관심 그리고 여기에 소수 인종에 대한 가톨릭교도들의 뿌리 깊은 적대감이 결합하여 '순수하고 깨끗한 피'에 집착하는 사회가 나타났다. 순수함에 대한 집착은 그것이 신앙이 되었든 혈통이 되었든 점차 16세기 에스파냐인들의 문화 세계를 위축시킴으로써 예전에는 풍요로웠던 문화적 다양성을 억압하여 에스파냐의 활력을 질식시켜 버렸다. 그 일례로 가톨릭 중심의 반종교개혁 기간에 에스파냐가 외부 세계와 단절하게 되고, 그에 따라 에스파냐 대학들이 스콜라적 정통 신앙을 강화하게 되자 17세기에 에스파냐는 유럽의 과학을 혁신하도록 이끌었던 새로운 역동적인 사조로부터 고립을 자초하였다. 그 결과 스페인은 과학혁명의 시대로부터 소외되고 말았다.[44]

네덜란드

네덜란드는 친가톨릭적인 에스파냐와의 오랜 독립전쟁 끝에 프로테스탄트 독립국가로서 출범하게 되었다. 특히 네덜란드는 고이센으로 불린 캘빈교도들의 나라였다. 그러나 네덜란드에는 캘빈교도(프랑스의 위그노까지 포함)만 아니라 가톨릭 왕당파, 얀센파, 청교도 등 모든 교파의 망명자들로 넘쳐났다. 그런가 하면 네덜란드는 17세기에 데카르트, 스피노자, 로크와 같은 철학자들의 피난처이기도 하였다. 이는 당시 네덜란드의 자유로운 문화적 분위기를 입증해 준다. 각국의 반정부 세력들의 서적들이 자유롭게 출판된 곳도 네덜란드였기 때문에 네덜란드인들은 위험천만한 불온서적 판매를 통해 돈벌이에 나설 정도였다. 따라서 반체제 세력들에게 네덜란드는 축복의 땅이었다.[45]

네덜란드의 '자유'에 대해 과장할 필요는 없다. 데카르트와 로크는 네덜란드에서 환영을 받았지만 스피노자는 출판 금지에 묶여 고단한 삶을 영위하였고, 그로티우스는 평생 감옥에 있어야만 하였다. 암스테르담 교도소는 가혹하고 잔인하기로 이름이 높았다. 탈주자들에게는 쇠사슬이, 흉악범들에게는 차꼬가 채워졌고, 입이 험한 자들에게는 재갈이 물렸고, 게으른 자들에게는 물탱크에 던져지는 형벌이 가해졌다. 가장 '자유로운' 국가의 가장 '악랄한' 형벌이었던 셈이다. 그럼에도 네덜란드가 당시 유럽에서는 상대적으로 가장 자유로운 문화적 분위기를 갖고 있던 나라라는 사실에는 변함이 없다. 이는 당시 네덜란드가 인류 역사상 최초로, 가장 완전한 의미의 상업사회를 발전시켰다는 사실에서 유래한 것이다. 규제와 금지가 지배하는 사회에서 '타자'와의 거래를 통해 최대의 이윤을 추구하는 상업은 결코 발전할 수가 없다. 당시 데카르트는 암스테르담에 대해 다음과 같이 말하였다. "세계의 다른 어느 곳에서 이토록 손쉽게 편리한 물품들과 진기한 물품들을 찾을 수 있을 것인가. 세계의 다른 어느 나라에서 이토록 완전한 자유를 누릴 수 있을 것인가."[46]

영국

영국은 종교개혁이 위로부터 국가의 행위로 이루어진 나라였다. 1534년 헨리 8세는 자신의 이혼 문제를 계기로 영국 교회의 수장은 영국 국왕이라는 수장법을 통과시켜 영국 교회를 로마로부터 독립시켜 국교회를 설립하였다. 그 후 헨리 8세는 수도원을 해산하고 그 재산을 몰수하여 왕실의 수입으로 삼는 한편, 측근과 공로자들에게 분배하여 국왕권을 획기적으로 강화하였다. 이처럼 국왕의 개인적인 문제를 계기로 종교개혁이 단행될 수 있었던 것은 이 시기 영국인들에게 광범하게 교황과 로마에 대한 반감이 있었고, 초기적 형태의 민족주의가 싹트고 있었기 때문이다.

종교개혁 이후 영국은 네덜란드와 더불어 전형적인 프로테스탄트 국가로서 발전하였다. 그리하여 가톨릭 국가인 프랑스의 많은 캘빈주의자들(위그노들)이 박해를 피해 영국에 이민을 왔다. 영국에서도 국교도와 다른 비국교도 사이에 차별이 있었지만, 비국교도들은 다양한 영역, 특히 상공업 분야에서 두각을 나타내었다. 경제사학자인 머사이어스(Peter Mathias)는 영국 산업혁명의 원인을 설명하는 자리에서 기업가적 역량(entrepreneurship)이야말로 산업혁명을 설명하는 '비밀 병기'라면서 기업가적 역량의 중요한 기원으로 주로 프랑스 위그노로 구성된 숙련공 이민자들을 꼽았다. 그들은 영국에 기술과 자본을 들여옴으로써 산업화에 필요한 전제들을 공급했다는 것이다. 또한 퀘이커파나 유니테어리언파 등 종교적 소수파들은 토지 매매에 심각한 제한을 받게 됨으로써 자연히 (부동산이 아니라) 동산적 형태의 부에 관심을 끌게 되었고, 이것이 영국에서 상공업이 발전한 이유였다고 보았다.[47] 이렇게 보면 16세기 이래 유럽에서 발전한 새로운 종교 문화가 과학 문화와 더불어 상공업의 발전과 긴밀한 상관관계가 있었음을 명확하게 알 수 있다.

3. 민족성과 생활양식

모험심과 실리주의

모험정신 혹은 기업가 정신

대항해 시대에 모험정신은 (일반화된 시대정신이었다고까지 말할 수는 없어도) 진가를 발휘한 정신적 풍토였다. 포르투갈의 '항해왕' 엔히크와 바스쿠 다 가마가 아프리카 해안을 답사하려면 보하르도 곶을 지나면 바다가 부글부글 끓고 피부가 새까맣게 변하는 지옥의 입구가 입을 벌리고 있다는 전설에 맞서야 하였다. 이 '거대한 두려움의 장벽'을 걷어내지 않고서 대항해는 가능하지 않았던 것이다. 이와 마찬가지로 아스테카 제국을 정복한 에스파냐의 코르테스와 그의 일행도 고산 지대의 희박한 공기와 급격한 일교차 그리고 무엇보다 낯선 곳에서의 고립감과 싸우지 않고서는 정복 사업을 완수할 수 없었다. 유럽인들의 용기와 모험심은 역대 동서양의 어떤 정복자들의 경우와 차별될 만큼 특별한 것은 아니었다. 하지만 그러한 용기와 모험심이 없었다면 대항해와 정복은 불가능했을 것이다.

일찍이 슈펭글러(Oswald A. G. Spengler)는 영국의 제국주의자인 로즈(Cecil Rhodes)의 말을 빌려 와 서양의 운명에서는 '팽창이 전부'라고 주장하였다.[48] 슈펭글러의 견해를 어떻게 받아들이든 간에 유럽인들이야말로 먼 곳에 닿으려는, 먼 곳을 알려는 주체할 수 없는 욕망을 가진 사람들이었음은 확실하다. 물론 '바이킹적' 모험심과 팽창욕은 유럽인들의 전유물이 아니라 모든 민족과 국가에 함께 잠재된 하나의 성향이라고 말할 수 있다. 그러나 유럽인들의 모험심과 팽창욕은 특별한 것이었고, 또한 특별한 결과를 낳았다. "이처럼 세계의 많은 지역이 팽창과 정복의 잠재력을 가지고 있었지만 …… 최종적으로는 유럽에 주도권을 빼앗겼다. …… 중국의 정화 함대가 한때 아프리카의 동해안을 따라 내려가서 희망봉 근처까지 갔지만 끝내 아프리카 남단을 돌아 유럽까지 도달하는 일은 일어나지 않았다. 최종적으로 희망봉을 돌아 아시아로 진입해 들어온 것은 유럽인들이었다."[49]

그런 모험정신의 기원은 무엇인가? 이미 언급했듯이, 십자군의 향수에 젖은 유럽인들의 기독교적 열정이 모험심의 명분을 제공했음이 틀림없다. 종교적 명분 외에도 유럽 귀족으로부터 격세유전된 특유의 호전성도 고려해 볼 만한 요인이다. 본국과 아메리카 사이의 '거리' 역시 호전성이 마음껏 발휘될 수 있었던 조건으로 작용하였다. 에스파냐인들은 아무도 자신을 알아보지 못하는 낯선 곳에서 거추장스러운 규율을 벗어버린 채 이방인들에 대해 마음껏 힘과 분노를 폭력적으로 발산했던 것이다.[50] 이는 여행이 일탈의 유혹을 낳는 이치와 유사하다. 그러나 종교적 열정이건 호전성이건 간에 그 이면에는 위험을 감수하는 데 대한 충분한 보상이 될 만한 엄청난 이윤이 도사리고 있었음은 숨길 수 없다. 코르테스 자신이 실토했듯이 당시 유럽인들은 오직 황금으로만 고칠 수 있는 병에 걸려 있었다.

모험정신을 좀 더 사회학적으로 분석해 볼 수도 있다. 미국 기업사를 연구한 역사학자 도플링거(Thomas M. Doerflinger)에 따르면, 상업의 발전에는 필수적으로 '원기 왕성한 기업가 정신'이 요구되었다. 근대 초기 상업처럼 예측할 수 없는 변수들이 많은 영역에서 성공하기 위해서는 역경에 맞서는 모험정신이 필요했다는 것이다. 도플링거는 두 가지 이념형의 기업가 유형을 제시하였다. 하나는 베버가 말한 프로테스탄트 유형의 '금욕적 축적가'이고, 다른 하나는 '대담한 모험가'이다. 양자의 장점이 결합되는 것이 가장 이상적이겠지만, 18세기 미국 상업자본주의의 발전을 주도한 상인들의 경우에는 기꺼이 리스크를 감수하려는 공격적인 모험가 유형이 많았다. 이들이 슘페터(Joseph Schumpeter)가 말한 혁신적 기업가이다.[51]

모험적 기업가 정신이 자리 잡게 된 것은 상업사회의 도래와 함께 일어난 일이다. 농업사회에 기업가 정신이 없었던 것은 체감하는 낮은 농업 생산성 때문이다. 상업, 특히 장거리 무역에 의한 이윤은 그 규모가 매우 클 뿐만 아니라 확대 재투자로 부의 축적을 기하급수적으로 늘려 갈 수 있다. 따라서 위험을 무릅쓰고 열정을 가지고 미지의 세계에 도전하는 기업가 정신이 탄생하게 된 것이다. 물론 농업사회에도 야심적 모험가들이 많이 있었다. 칭기즈칸과 같은 정복자가 대표적인 인물이다. 그러나 농업사회에서 모험에 대한 대가는 성공했을 때에도 지도자와 그 측근 일부에 한정될 수밖에 없었다. 정복 전쟁 같은 모험의 대가는 일회성 가치 이전으로 끝나고 말았기 때문이다. 이것이 생산이 체감하는 농업사회의 한계였다. 대항해 시대의 선두 주자인 포르투갈과 에스파냐의 경우는 상업사회를 열어젖혔지만, 일회성 약탈 무역으로 확대 재투자보다는 일회성 가치 이전적 부의 축적에 머물렀다. 이들은 모험가 집단이었을망정 기업가 집단이었다고는 볼 수 없다. 이들이 축적한 부가 실제 내용 면에서 농업사회의 여느 정복자들의 것과 별반 차이가 없었기 때문이다.

네덜란드는 대주주와 소액주주를 가릴 것 없이 대자본을 형성하고 위험을 분산하며 동인도회사라는 유한회사를 통해 중계무역으로 확대 재투자에 의한 가속적인 가치 창출을 처음 실현하였다. 이것이 확대 재투자 체제로 정의되는 상업사회의 실체이다. 여기서 신용을 목숨과 같이 중요하게 여기고 모든 합리적 · 과학적 수단과 방법을 동원하여 비용을 최소화하고 이윤을 극대화하는 기업가 정신이 자리 잡기 시작한 것이다. 상업사회에서 모험의 대가는 농업사회의 일회성 가치 이전과는 달리 체증하거나 가속하기 때문에 지도자인 기업가와 그 측근뿐만 아니라 함께 모험에 동참한 투자자 등 모든 이에게 보상할 수 있을 만큼 컸던 것이다. 따라서 네덜란드와 동인도회사를 근대 기업가 정신이 시작된 모태로 볼 수도 있다. 덧붙이자면 산업사회의 기업가 정신은 상업사회에서 대항해의 위험에 대한 도전이 신기술과 신제품 개발에 대한 도전으로, 확대 재투자를 위한 열정이 확대 재생산을 위한 것 등으로 바뀌었을 뿐 그 실체는 크게 달라진 것이 없다고 할 수 있다.

앞서 도플링거가 '금욕적 축적가'와 '대담한 모험가'로 분류한 기업가의 유형을 살펴보았다. 기업가의 정의와 범위에 따라서 그 기능과 역할이 정해질 수 있다. 대담한 모험가가 대집단의 최고 지도자 또는 대기업의 CEO처럼 위험을 무릅쓰고 새로운 패러다임을 구축하는 사람이라면, 금욕적 축적가는 집단이나 기업의 피고용자나 관련 하청 기업인과 같이 모험가를 따라 모험에 동참하고 성과를 나누는 추종자들로 볼 수 있다.

그렇다면 대담한 모험가를 지도자적 기업가(leading entrepreneur), 금욕적 축적가를 추종자적 기업가(following entrepreneur)라고 정의할 수 있을 것이다. 농업사회에서는 지배자 또는 지도자적 기업가의 성공이 일회성 가치 이전으로 보상될 뿐이며 추종자적 기업가에게는 보상이 돌아올 수 없어 기업가 정신 자체가 용인될 수 없었다고 할 수 있다. 그리고 지배자와 피지배자는 체감하는 농업 생산에 의한 제로섬 게임의 사회에서는 충돌을 피할 수 없었다. 그런데 가치 창출이 체증하고 경제성장이 가속하는 포지티브섬 게임의 사회에서는 지도자적 기업가와 추종자적 기업가 또는 지배자와 피지배자가 나누어 가질 수 있는 보상이 충분히 지속적으로 창출될 수 있기 때문에, 이 두 가지 역할 또는 개념이 동반하여 근대적 개념의 기업가 정신이 형성될 수 있었던 것으로 보인다.

실리주의적 태도

'대항해 시대'를 모험정신으로만 설명하는 것만큼 단순한 논리도 없을 것이다. 특히 이를 종교적 열정으로만 설명하는 것은 단순하다 못해 잘못된 논리이다. 유럽인들이 팽창으로 나선 배후에는 물질적 동기가 자리 잡고 있었다. 이미 언급했듯이, 코르테스는 자신을 비롯하여 유럽인들이 황금만이 치료할 수 있는 병에 걸려 있다고 고백할 정도였다. 마르코 폴로는 지팡구(일본)를 황금이 지천으로 깔린 나라로 소개함으로써 유럽인들의 '황금병'을 부추겼다.

상업시대 초기에 물질적 환상으로 자극된 모험정신이 필요했다면, 상업시대 후기에는 훨씬 더 현실적이고 실리주의적인 물질 만능주의적 행태를 보인다. 불온서적까지 돈벌이에 이용하는 네덜란드인들의 실리주의에 대해서는 앞서도 언급한 바 있다. 그러나 실제로 많은 지역에서는 여전히 완고한 종교적 · 정치적 이념이 굳건하게 뿌리를 내리고 있어 온전한 의미의 실리주의적 발전을 확인하기란 쉽지 않다. 예컨대 프랑스의 절대왕정이 상업시대의 농업 체제이기는 하지만 위그노를 추방한 프랑스 루이 14세의 종교 정책은 실리주의와는 정반대되는 것이라 할 수 있다. 그럼에도 상업사회의 발전과 더불어 교리와 원칙에 얽매이지 않는 실리주의적 태도는 명예를 귀하게 여기는 귀족층에까지 파고들어 점차 확산되기 시작하였다. 비록 한 세기 넘게 신교도와 구교도가 유혈 투쟁을 벌였지만, 그 이후 종교적 신념은 강요할 수 없는 문제임을 깨닫고 점차 종교적 관용의 분위기가 발전한 것도 실리주의적 태도가 발전하는 데 중요한 요인이 되었다.

근대 초기 민족주의의 발전

근대 초기 민족주의

통상 민족주의는 1789년 프랑스혁명 이후에 출현했다고 한다. 그러나 최근의 많은 연구는 혁명 이전에 이미 민족주의가 등장했음을 보여준다. 적어도 16세기 이후 네덜란드와 영국에서 근대 초기 민족주의가 발생했다는 것이다. 근대 초기에 중앙집권적 영토 국가가 형성되는 과정이 근대 초기 민족주의가 대두하는 특수한 정치적 맥락을 이루었다. 국가 건설자들은 사회의 물적 · 인적 자원을 효과적으로 동원하여 국가 간 경쟁에서 승리하기 위해 주민을 견고하게 통합하고 그들의 도움을 끌어낼 필요가 있었다. 이 과정에서 민족주의는 효과적인 수단이 되었다.

절대왕정에서 민족국가로 단선적으로 발전했다고 믿기는 어렵다. 민족국가는 왕정과 그에 대한 정치적 · 종교적 반대파 사이의 복잡한 갈등과 협상의 과정에서 형성되었다. 갈등과 협상의 과정에서 양파는 모두 '민족'을 호명하였고, 그렇게 호명되는 과정에서 '민족'은 사람들에게 익숙한 용어로 자리 잡아 점차 '담론'으로 발전하였다. 근대 초기 민족주의의 존재를 강력하게 주장하는 사회학자 고스키(Philip S. Gorski)는 민족주의적 담론이 종교적 담론과 긴밀하게 결부되어 발전했으며, 가장 이른 발전의 사례는 네덜란드였다고 지적한 바 있다.

네덜란드는 친가톨릭적인 에스파냐와의 오랜 독립 투쟁 과정에서 민족주의를 발전시켰다. 네덜란드의 프로테스탄티즘이 에스파냐에 반대하는 민족주의적 담론에 중요한 재료를 제공하였다. 네덜란드 독립의 아버지인 오라녀 공 빌렘을 모세와 다윗에, 에스파냐 국왕을 파라오와 사울에 비유하며 거만하고 잔인한 에스파냐인들을 '외국 민족'으로, 네덜란드인들을 '하나님의 선민'이나 '어린 양들'로 묘사하는 언어는 네덜란드의 근대 초기 민족주의를 잘 보여주는 사례이다.[52] 그러나 에스파냐의 간섭과 세금 인상에 반발하여 정치적으로 영국 또는 프랑스의 일부가 되기를 요청하기까지 했던 네덜란드의 민족주의가 종교적이거나 정치적인 차원 외에 활발하게 발전하는 상업사회에 기초한 경제적인 이익 공동체라는 차원에 깊이 뿌리를 두고 있었음을 다시 한 번 기억해야 할 것이다.

영국의 민족적 정체성

근대 초기 민족주의의 발전을 가장 두드러지게 보여준 곳은 영국이다. 영국은 16세기 위로부터의 종교개혁을 통해 프로테스탄트 국가로서 발전하였다. 프로테스탄티즘의 발전과 더불어 민족주의도 점진적으로 발전한 것으로 보인다. 엘리자베스 1세 시대에 영국 국교회가 확립되면서 프로테스탄트 영국의 민족적 정체성이 크게 발전하였다. 그리고 영국 청교도혁명을 거치면서 '자유인으로 태어난 영국인(free-born Englishman)'이라는 이념과 절도 있고 검소하며 근면한 삶을 예찬하는 '국민(Country)'의 이념이 영국 민족문화의 주요한 요소로 자리 잡게 되었다.

어떤 면에서 영국의 민족적 정체성은 프랑스와의 대립에서 발전하였다고 할 수 있다. 프랑스를 적으로 간주한 영국인들은 프랑스의 가톨릭 교회, 빈곤, 귀족의 폭정 등을 자신들과 비교했으며, 프랑스인들에게서 찾아볼 수 없는 덕성들—정직, 독립, 솔직함, 인내심 등—을 자신들의 미덕으로 확인하고 찬양하였다. 특히 프랑스의 절대왕정에 대조되는 영국의 입헌 왕정과 의회 전통에 대한 열렬한 찬양이 두드러졌다.[53]

16세기 이후 국가 간 경쟁이 치열하게 전개된 유럽의 국제 관계 속에서 영국이 거대 제국을 추구한 합스부르크 가문 치하의 에스파냐, 역시 보편 왕정을 추구한 루이 14세의 프랑스 그리고 상업 제국을 추구한 네덜란드와 각축을 벌이면서 민족주의가 점차 발전했음에 유의해야 한다. 영국인들은 커피하우스와 선술집, 교회 등 사회성의 네트워크 속에서 가령 프랑스와의 전쟁이 어떤 의미가 있는지, 그 속에서 지켜내야 할 국익이 무엇인지를 토론하고 상상하며 이해하고자 하였다. 그렇다면 영국 민족주의는 국내의 종교 문화의 맥락에서뿐만 아니라 근대 초기의 치열한 국제 관계의 맥락에서 발전했다고 할 수 있다.[54] 그리고 일단 국익이 민족주의적 담론과 이념으로 정당화되면서 영국 국가는 사회 통합을 강력하게 달성하고 사회의 인적 · 물적 자원을 효과적으로 동원하는 정치적 역량을 발휘할 수 있었다. 정치적 역량이 영국이 세계적인 상업 국가로 도약하는 데 필수적인 전제였음은 두말할 필요도 없다.

경제사학자 랜즈는 영국인들의 민족적 자의식이 그렇게 이른 시기에 나타나 강하게 표출된 것에 놀라워하며 이를 영국을 번영할 수 있게 한 중요한 조건으로 간주하였다. 예컨대 1470년대에 이미 포테스큐(John Fortescue)는 영국의 우월성을 당연한 것으로 간주하면서, 이웃 프랑스를 가장 풍요한 땅에서 가장 빈곤하게 사는 나라로 무시하는 식으로 강한 민족적 자의식을 가감 없이 드러내었다. 다른 나라 사람들도 영국을 찬양하기는 매한가지였다. 그들에게 영국은 거지도 셔츠를 입고 신발에 양말을 신고 있었을 정도로 부유한 나라였다. 랜즈에 따르면, 이 모든 것은 (이미 셰익스피어의 작품들에서도 잘 나타나듯이) "민족주의의 본질인 주체성과 우월성의 표현으로, 영국은 이 새로운 정서를 최초로 고양시킨 국가 중 하나였다."[55]

왜 네덜란드와 영국인가?

근대 민족주의가 그 사회의 인적 · 물적 자원을 효과적으로 동원하여 국가 간 경쟁에서 승리하기 위한 필요에서 발생한 것이라면, 왜 민족주의는 다른 나라가 아니라 네덜란드와 영국에서 시작되었을까? 왜 네덜란드나 영국과 경쟁하던 유럽 대륙에서 먼저 시작되지 않았을까? 그리고 그보다 수천 년의 역사를 통해 수많은 국가가 약육강식의 무한 경쟁을 거듭해 왔는데 왜 하필 이 시대에 와서 민족주의가 등장하게 되었을까? 이상과 같은 의문에 대한 합리적인 논증 없이는 근대적 의미의 민족주의 발생을 온전히 설명할 수 없을 것이다.

거듭 강조하거니와 농업사회에서 농민은 잉여생산을 위한 노력을 투입할 유인이 희박하다. 생산이 체감하기 때문에 추가로 투입한 노력으로 얻을 수 있는 만족이 결코 매력적이지 않으며, 설혹 잉여가 확보되었다 하더라도 장기적으로 보유하거나 재투자할 기회가 적기 때문이다. 따라서 지배 계층은 국부의 증진을 위해 농민을 수탈하며 기아선상으로 내몰 때 농민들은 불가피하게 증산을 위한 노력을 투입하게 된다는 사실을 시행착오를 통해 경험적으로 체득하게 된다. 결국 국부의 증진을 위해 지배 계층과 피지배 계층 사이에 억압하고 억압당하는 적대적 관계가 성립하게 되는 것이다. 정복 전쟁을 통한 가치 확보는 승리한 측의 지배 계층에 대한 일회성 보상이기 때문에 전쟁이 끝남과 동시에 농업 생산의 체감 때문에 지배 계층과 대다수 농민 대중 사이의 관계는 여전히 전쟁 이전의 적대적 상태로 되돌아갈 수밖에 없다. 따라서 모든 사회계층이 공동 이익을 위해 공동 운명체로서 발전을 도모하는 근대적 형태의 민족주의가 탄생할 수 없었던 것이다.

그 반면에 생산이 체증 또는 가속하는 상업사회에서는 추가적인 노력 투입당 추가 산출이 점점 더 증가하게 된다. 즉 상인이 상행위를 통해 얻는 이익은 확대 재투자를 반복함에 따라 기하급수적으로 증가한다. 그리고 상인들 개개인은 잉여생산에 해당하는 이윤을 재투자함으로써 자본으로 축적할 수 있기 때문에 추가적인 노력의 투입에 매력을 느끼게 된다. 상업사회의 지배 계층은 상인들이 상행위를 원하는 만큼 마음껏 할 수 있도록 협조하고 도와줌으로써 국부의 증진을 최대화할 수 있다는 사실을 체득하게 된다. 따라서 상업사회의 지배 계층과 피지배 계층인 상인들의 관계는 우호적이고 협조적일 수밖에 없다. 그리고 모든 사회계층이 일치단결하여 국익 수호를 위해 전력을 다할 수 있게 된다. 이것이 신분제적 사회질서를 넘어 '우리는 하나'라는 의식과 신조로 엮인 국가주의 또는 민족주의의 시작이다.

수천 년 인류 역사를 통해 수없이 많은 국가와 종족이 명멸했지만 모두 근대적 형태의 민족주의를 갖지 못한 것은 본질에서 계층 간 충돌을 가져오는 농업 생산의 체감하는 성향 때문이라고 할 수 있다. 네덜란드와 경쟁하던 에스파냐의 경우에는 식민지 정복과 일회성 약탈 무역에 의존했다는 점에서 가속하는 상업사회는 아니었다. 영국과 경쟁하던 프랑스 또한 넓은 국토와 농업 생산에 기반을 두어 국부를 창출한 국가였지만, 중상주의적 정책에도 불구하고 확대 재투자에 의한 가속하는 상업사회는 아니었다. 따라서 상업사회의 확대 재투자 체제에 의한 기하급수적인 가치 창출을 체계적으로 실현하기 시작한 네덜란드와 영국에서 민족주의가 싹트기 시작한 것은 결코 우연이 아니었다. 왜냐하면 민족주의는 기본적으로 생산, 즉 가치 창출이 가속하는 사회에서 계층 간의 이해가 동반하는 것을 전제로 한 '집체적' 국가 발전 전략이기 때문이다. 산업혁명으로 상업사회의 확대 재투자 체제의 한계가 극복되고 확대 재생산 체제의 확립으로 가치 창출이 본격적으로 가속하기 시작한 산업사회에서 민족주의가 완성된 것이나, 선진국을 추격하고자 하는 후발 산업국에서 (비록 왜곡된 형태이지만) 파시즘과 나치즘 등의 극단적 민족주의까지 출현한 것은 가속적으로 성장하는 사회야말로 민족주의가 개화하는 토양이었음을 말해 준다.

소결

이상으로 상업사회를 태동시킨 마지막 농업사회의 제국 에스파냐 이후 네덜란드와 영국의 사례를 통해 상업사회의 특징을 검토하였다. 이미 논의했듯이, 상업사회는 농업사회와 산업사회 사이에 끼어 있는 과도기적인 사회의 특징을 보여준다. 상업사회에서는 확보된 이윤이 그대로 소비되기보다는 그 일부가 자본으로 축적되고, 또 축적된 자본이 더 많은 이윤을 위해 상업 거래에 투입되는 확대 재투자 체제이다. 상업사회에서 경제성장은 지구상의 어디엔가 존재하고 있던 신상품의 발굴, 즉 특정한 농업 생산물의 유통에 의존하는 사치품 무역을 통해 이루어진다. 이러한 농산물은 대개 비탄력적 수요 구조를 보여주므로 수요는 일부 엘리트층에서 대중으로 확산되고 나면 정체된다. 그러므로 또다시 새로운 상품을 찾아 나서야 하는데, 여의치 않으면 상업사회의 경제는 선순환에서 이탈한다. 그런 점에서 상업사회는 여전히 농업사회의 탯줄을 끊지 못한 사회이다. 그럼에도 상업사회에서는 확보된 부(富)가 권력이나 토지를 확보하는 데 소진되지 않고 자본으로 축적되어 확대 재투자를 반복함으로써, 대규모 이윤이 확보되고 가속적 성장이 가능해졌다는 점에서 이전의 감속하는 농업사회와는 질적으로 다른 모습이 확인된다.

에스파냐는 어떤 의미에서 최초의 전 지구적 해상 제국이라고 할 수 있지만, 신대륙에서 유입된 막대한 은과 금을 국내 제조업에 투자하는 대신 전쟁 비용으로 소진하거나 수입한 공산품에 대한 지불 수단으로 사용했다는 점에서 근본적으로는 농업 제국의 범주를 벗어나지 못하였다. 그리고 상업사회와 산업사회로 이행하는 데 따르는 필요한 전제 조건들을 갖추지 못한 채 쇠락하게 되었다. 또한 상공업 세력을 박해하고 제국 유지와 왕조 권력이라는 낡은 명분에 집착하여 실익 없는 일련의 전쟁으로 국부를 탕진한 것도 에스파냐가 본질에서 농업사회의 구조에서 벗어나지 못한 증거로 간주될 수 있다. 네덜란드는 에스파냐와는 달리 미래의 이윤을 담보로 현재의 비용을 조달하는 최초의 정교한 금융 체제를 발전시켰다. 이를 바탕으로 막대한 상업 이윤을 확보하고 가속적 경제성장을 이룩했다는 점에서 실상 최초의 온전한 상업사회의 모습을 갖추었다. 그러나 자본주의적 확대 재투자 체제의 성립을 보여준 네덜란드였지만 산업혁명과 확대 재생산 체제의 산업사회에 이르지 못한 채 결국 영국과의 패권 경쟁에서 밀리게 되었다. 그 주요한 이유는 여러 가지가 있겠지만, 네덜란드의 상업 자본이 기술혁신과 신상품 개발에 실패하고, 금융 자본화하거나 투기 자본화했다는 데서 찾을 수 있다. 그 반면에 영국은 네덜란드처럼 확대 재투자 체제를 통해 경제성장을 이룩하면서도 전적으로 중계무역에만 의존하지 않고 대서양 무역을 통해 충실한 국내 제조업 기반을 확보하였다. 특히 영국 정부는 양모 수출을 금지하고 모직물 반제품 및 완제품의 수출을 장려하는 등 산업 진흥 정책을 펼쳤을 뿐만 아니라 신교도 상공업자들의 자본과 기술을 광범위하게 받아들임으로써 상업사회에서 산업사회로 나아갈 수 있는 발판을 마련하였다.

한편, 네덜란드와 영국에서 주목해야 할 점은 효율적이고 합리적인 통치 기구에 기초한 근대국가가 발전했다는 것이다. 이것을 근대국가의 최고, 최후의 형태라고 할 수 있는 민족국가로 볼 수 있느냐의 문제는 논란의 여지가 많다. 그러나 최근 많은 학자가 당시 네덜란드와 영국에서 민족주의가 처음 등장했다는 데 공감을 표하고 있다. 또한 당시 네덜란드와 영국에서는 여전히 귀족 세력이 온존하는 가운데 신흥 부르주아 세력이 등장하여 독특한 사회적 세력 균형을 이루며 부상하고 있었다. 그 가운데 전통적인 '명예'의 가치가 '이해관계'로 대체되고 신분제에 기초한 위계질서가 약화하면서 사회적 유동성이 증대하기 시작하였다. 이러한 사회적 활력은 문화로 전이되어 종교개혁과 과학혁명, 새로운 형태의 민족문화의 개화로 이어졌다. 이러한 독특한 정치적 · 사회적 · 문화적 발전은 결국 시민혁명과 산업혁명을 통해 산업사회로의 이행을 가능하게 하는 역사적 조건을 창출하였다.

산업사회 편

제4장 선발 산업국, 영국과 미국

제5장 후발 산업국, 독일과 이탈리아

제4장

선발 산업국, 영국과 미국

영국과 미국은 근대 서양에서 산업사회의 발전을 주도한 대표적인 선발 산업국(leading industrialized nation)이다. 우선 영국은 인류 역사상 처음으로 '산업혁명'을 일으켰다는 점에서 의문의 여지없는 선발 산업국이다. 그런가 하면 유럽에서 멀리 떨어져 있는 지정학적 조건을 지닌 미국은 비록 산업화 시기는 늦었지만, 민간 상업 자본이 산업 자본으로 변모하는 등 여타 후발 산업국의 정부 주도 산업화와 대비해 볼 때 비교적 자생적인 민간 주도 산업화를 이룩했다는 측면에서 영국과 함께 선발 산업국으로 분류될 수 있는 나라이다. 이 두 앵글로 색슨 국가는 다른 나라들의 산업화에서 중요한 본보기가 되었다.

'산업혁명'이란 일반적으로 18세기 중반 이후 약 100년 동안 유럽에서 발생한 생산기술과 사회조직상의 측면에서 종래의 농업사회에서 이탈하는 급격하고도 단절적인 변화를 가리키는 말이다. 초점을 기술혁신에 맞추느냐 아니면 사회 진보에 맞추느냐에 따라 산업혁명에 대한 정의는 사뭇 달라질 수 있다. 그러나 경제학적으로 볼 때 산업혁명은 식량 공급의 증가 속도가 식량 수요의 증가 속도를 따라잡지 못하는 '맬더스적' 농업사회로부터 기술혁신을 통해 식량 및 생필품 공급의 파격적인 확대가 가능해지는 '탈맬더스적' 산업사회로 이행해 나가는 결정적인 계기로 이해된다. 한마디로 산업혁명이란 인류의 가치 창출의 원천이 체감하는 농업 생산에 의한 감속하는 사회에서 기업의 확대 재생산에 의한 가속하는 사회로 바뀌는 패러다임의 일대 변혁을 뜻하는 것이다.

산업혁명의 본고장은 영국이었다. 대략 1760~1840년대에 영국은 생산의 기술 및 조직의 눈부신 혁신을 통해 감속하는 농업사회로부터 가속하는 산업사회로 변모해 나갔다. 이를 바탕으로 영국은 19세기에 '세계의 공장'으로 불리며 이른바 '팍스 브리타니카'를 실현하였다. 일반적으로 경제발전이라고 함은 수요와 공급의 선순환 구조를 통한 가치 창출의 확대를 의미한다. 영국의 발전을 견인한 것은 무엇보다 해외시장의 수요였다. 이미 영국은 북아메리카와 아프리카, 아시아 등에 이르는 방대한 식민지와 교역권을 확보하고 있었고, 여기서 나오는 수요가 산업 생산, 즉 공급을 자극하였다. 확실히 영국에 앞서 최초의 자본주의 사회의 발전을 개시한 것으로 평가받는 네덜란드 경제가 고부가 가치의 사치품 무역(rich trade)에 의존했다면, 영국의 대서양 무역은 모직물 산업이 면직물 산업으로 발전하는 등 기본적으로 제조업에 기초한 것이었다.

제조업 기반 무역은 면직물 산업의 기술혁신을 자극하였다. 곧이어 새로운 기술적 환경은 영국의 풍부한 석탄 자원과 결합하게 되었다. 왜소한 인력이나 지역적으로 제한된 수력이 화석 연료에 의한 거대한 산업 동력으로 대체되고, 새로운 기술을 통해 신제품이 대량생산되어 수요를 지속적으로 확대 창출함으로써 인류 역사를 근본적으로 뒤바꾼 산업혁명이 가능했던 것이다. 물론 영국 산업혁명을 가능하게 한 중요한 정치적 · 사회적 · 문화적 요인들이 있었다. 무엇보다 영국은 가장 일찍 의회에 기초한 안정된 정치체제를 구축하였고, 경직된 신분 구조에서 탈피하여 유연한 계급 구조에 기초한 시민사회를 발전시켰으며, 경험주의와 실용주의에 기초한 합리적인 경제 문화의 발전을 선도하였다. 이와 같은 근대국가 체제와 시민사회, 경제 문화는 산업혁명이 왜 영국에서 일어났는지를 설명하는 유력한 요인일 것이다.

미국은 영국의 식민지였다가 18세기에 독립하여 독자적인 국가 발전을 추구하였다. 대략 1840~1860년대에 최초의 산업적 도약을 경험하고 남북전쟁을 거치며 동북부 공업 지역을 기반으로 하는 산업자본주의가 우세해짐으로써 미국은 유럽의 식민 경제로부터 탈피하여 마침내 19세기 말부터 눈부신 경제 발전을 이룩하게 되었다. 미국의 경제 발전에도 영국과 마찬가지로 수요와 공급이 중요한 역할을 했음은 분명하다. 확실히 방대한 영토에 밀려오는 이민은 유럽 선진 기술의 자연스러운 이전과 함께 풍부한 노동력을 공급하였고, 거대한 수요자층을 형성하였다. 19세기 중엽 이후의 교통 · 통신 혁명은 방대한 영토를 하나의 거대한 생산 기지인 동시에 소비 시장으로 묶어냈다. 이는 먼저 산업화한 영국 및 유럽 선진국의 원료 공급처 및 상품 시장의 역할을 벗어나 독자적인 산업 생산국으로서의 면모를 갖추어 가는 과정이었다. 미국을 산업화할 수 있게 한 중요한 정치적 · 사회적 · 문화적 발전이 있었다. 독립혁명과 남북전쟁을 거치면서 구축된 안정된 정치체제와 낡은 봉건적 유제로부터 자유로운 중산층 중심의 역동적인 사회구조 그리고 친기업적 경제 문화야말로 미국이 그토록 짧은 시기에 산업화와 경제성장을 달성하면서, 20세기에 이른바 '팍스 아메리카나'를 실현할 수 있었던 진정한 요인일 것이다.

정치적 요인 ; 민족국가의 발전

영국과 미국은 선발 산업국이 민족국가의 역량을 발판으로 하여 '제국'으로 발돋움하는 역사적 과정을 인상적으로 보여주는 사례이다. 영국은 17세기 내전을 통해 절대왕정에서 입헌왕정으로 변모하여 가장 일찍 의회 중심의 안정된 민족국가 체제를 구축하였다. 미국은 18세기 독립혁명을 통해 영국의 지배로부터 독립하여 연방헌법과 '선출된 왕(대통령)' 그리고 연방의회에 기초한 안정된 국가 체제를 정비하였다. 양국은 모두 군사적으로나 행정적으로나 재정적으로 건실하고 효율적인 국가 체제를 발전시키면서 곧이어 세계 경제의 패권 국가로 떠올랐다. 양국의 정치적 안정성이 양국의 눈부신 경제 발전에 크게 기여했으리라는 데는 이견이 있을 수 없다. '팍스 브리타니카'와 '팍스 아메리카나'는 그 점을 웅변하는 상투어이다.

영국과 미국의 정치 엘리트층은 의회를 통해 권력을 장악하고 그들 자신의 소수 이해관계를 다수 이해관계, 즉 국민적 이해관계와 일치시키는 데 성공하였다. 그러한 성공은 산업화된 사회의 가속하는 가치 창출 체제와 맞물려 국가 경제가 비약적으로 성장할 수 있었기에 가능한 일이었다. 또한 세수 확대를 추구하는 지배층과 개개인의 이윤 극대화를 바라는 시민 대중의 이해관계가 일치하게 되어 양자가 동반자적 관계를 형성함으로써 시민 대중의 자발적 협력을 유도할 수 있었기 때문에 가능한 일이기도 하였다. 정치 엘리트층 내부의 분열과 대립으로 단속적으로 정치 위기가 야기되곤 했지만, 의회를 중심으로 하는 안정된 양당 체제 자체는 굳건히 유지되었다. 또한 양국에서 경제 발전으로 새로이 배출된 기업가들이 정치 엘리트층에 자연스레 충원되었고, 중간 계급 혹은 중산층도 정치 엘리트층의 지배와 경제 발전의 목표를 지지하였다. 이와 같은 친산업적 정치 엘리트층의 확산은 영국과 미국 정부 안에서 친산업적 정책 기조가 자리잡는 데 크게 기여하였다. 양국의 정치 엘리트층은 그들 자신 간의 갈등을 조정하고 폭넓은 국민적 합의를 통해 점차 강력한 민족주의적 · 제국주의적 지향을 드러내고, '팍스 브리타니카'와 '팍스 아메리카나'를 실현하는 데 주도적인 역할을 하였다.

산업사회는 태생적으로 확장 지향적이라는 측면에서 제국주의적인 성향을 지니고 있다. 산업사회의 골격에 해당하는 확대 재생산 체제는 점점 더 많은 생산요소의 확보와 더 큰 시장을 필요로 한다. 영국과 미국은 국내외를 막론하고 산업화되지 않은 지역을 원료 공급처 및 상품 시장으로 확보하기 위해 영향력을 행사하였다. 그리고 지구상의 제한된 자원과 시장을 선점하고 후발 산업국으로부터 기득권을 방어하기 위해 무력의 행사도 불사하였다. 물론 기술혁신으로 신제품을 출시하여 신수요를 창출하기도 하지만, 산업사회의 질적 발전은 산업사회의 양적 확장과 동반될 때 비로소 가능한 것이기 때문에, 산업사회 초기 영국과 미국의 제국주의적 팽창은 자본주의적 산업사회의 성립과 발전 과정에서 초래된 현상으로 볼 수 있다.

영국과 미국이 '제국'으로서 세계 경제의 패권 국가로 급부상하는 데는 법과 제도의 역할도 컸다. 가령 영국은 해군, 재무성, 소비세청으로 이어지는 강력한 국가 기구들을 통해 효율적인 '재정-군사 국가'를 구축하였다. 또한 미국에서도 군사 및 행정의 다양한 기구들이 그런 역할을 떠맡았음은 물론이요 더 나아가 독점의 폐해를 규제하는 '반독점법' 등이 특정 기업의 시장독점을 억제하여 경쟁 체제를 활성화시켜 기업 혁신을 자극하고 국제 경쟁력을 배가하는 데 기여하였다. 영국과 미국이라는 두 앵글로 색슨 선발 산업국의 경제 발전을 설명하면서, 개인과 기업의 자유와 창의를 보장하고 경쟁을 촉진한 다양한 법과 제도의 역할을 빼놓을 수는 없을 것이다.

1. 정치적 안정성

혼돈에서 질서로

영국 내전

16세기에 확립된 영국 절대왕정은 1603년 엘리자베스 1세가 후사 없이 사망함으로써 새로운 국면에 접어들게 되었다. 새로운 스튜어트 왕조의 왕들은 국내 사정에 어두웠고, 낡은 정치적 · 종교적 관념을 고집하였다. 제임스 1세는 왕권신수설에 집착하였고, 당시 점차 세력을 넓혀 가던 프로테스탄티즘의 한 분파인 청교도들과 교리 문제로 대립하였다. 사회는 변모했으나 관념은 요지부동이었다. 그런 가운데 찰스 1세가 의회를 무시하고 자의적인 전제 통치를 강화하면서 왕당파와 의회파의 대립이 극심해지고, 이는 마침내 무력 충돌로 이어졌다. 영국 내전이 발발한 것이다.

영국 역사상 처음으로 왕이 참수되고 공화국이 수립되었다. 크롬웰의 공화국은 당시 해상권을 장악하고 있던 네덜란드의 패권에 도전하면서 영국 경제 발전의 튼실한 토대를 마련하였다. 그러나 종교적 금욕주의와 경건주의에 입각한 크롬웰의 '신정 정치'는 많은 이들의 염증을 불러일으켰고, 그가 죽은 뒤 왕정이 복고되었다. 그러나 왕정은 역사로부터 배운 것이 별로 없었다. 의회에서는 '토리'와 '휘그'로 불리는 당파들이 등장하여

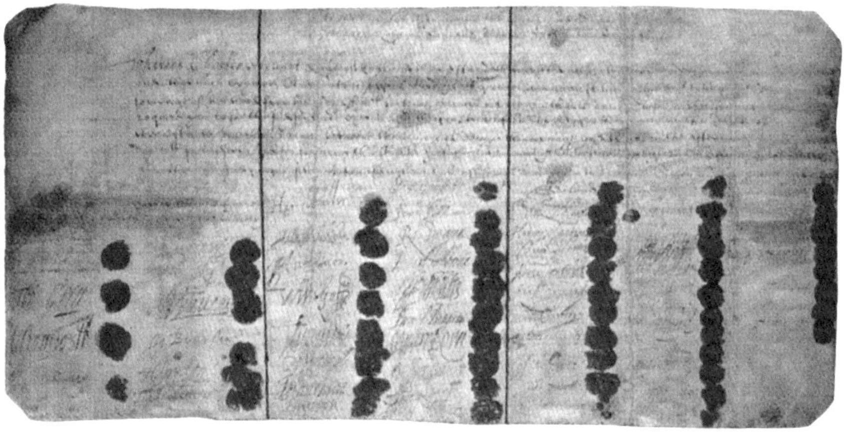

찰스 1세의 처형 왕당파와 의회파의 대립은 결국 영국 내전을 통해 국왕의 참수라는 결과를 가져왔다. 그림은 찰스 1세의 사형 집행영장으로, 올리버 크롬웰의 서명도 보인다.

첨예한 갈등을 빚었다. 결국 1688년 명예혁명을 통해 스튜어트 복고 왕정은 맥없이 무너지고 왕과 의회가 권력을 분점하는 것을 명시한 '권리장전'이 반포됨으로써 절대왕정은 입헌왕정으로 대체되었다. 그 후 영국에서는 '의회 내 왕'과 '왕은 군림하되, 통치하지 않는다'는 독특한 전통이 수립되었고, 의회가 확고히 권력의 중심에 서게 되었다.

독립혁명

17세기 이후 영국 이민의 결과로 북아메리카에 영국 식민지가 개척되었다. 식민지인들은 가혹한 환경은 물론이요 원주민들과도 사투를 벌이면서 점차 북아메리카 동부 해안 지대에 13개의 식민지를 건설하였다. 북아메리카 식민지에 대한 영국의 정책은 기본적으로 '유익한 방치(salutary neglect)'로 알려졌다. 그러나 1763년 7년 전쟁이 끝난 후 영국의 정책은 방치에서 간섭으로 돌아섰다. 예컨대 설탕법(Sugar Act) 등을 통해 뉴잉글랜드 식민지들의 교역을 억제하고 엄격한 세금 징수를 위한 조치들이 도입되었고, 이는 식민지인들의 불만을 야기하였다. 불만이 쌓이면서 식민지인들은 영국 의회에 자신들의 대표자가 없는데도 식민지에 세금을 부과하는 것은 부당하다고 여겼다. "대표 없이 과세 없다(No representation, no taxation)"라는 유명한 말도 그 맥락에서 나왔다. 곧 영국 정부와 식민지는 무력으로 충돌하였다. 이것이 미국 독립혁명이다.

흔히 독립혁명에서 '혁명'이 아니라 '독립'에 강조점을 두는 경향이 있으나, 미국 독립의 '혁명적' 측면을 간과해서는 안 된다. 비록 미국혁명이 프랑스혁명이나 러시아혁명에서 두드러지는 사회혁명적 성격은 다소 약하지만 지적 · 정치적 혁명으로서의 성격은 매우 인상적이다.[1] 영국 내전은 원래 존재하던 정체의 성격이 다른 것으로 바뀐 것이지만 미국혁명은 원래 아무것도 존재하지 않던 데에서 새로운 정체가 만들어진 사건이기에 그만큼 '혁명적인' 것도 드물 것이다. 1818년 애덤스(John Adams)는 다음과 같이 말하고 있다. "그러나 미국혁명은 어떤 의미가 있습니까? 독립전쟁을 뜻합니까? 혁명은 전쟁이 시작되기 전부터 진행되고 있었습니다. 그것은 사람들의 마음과 가슴속에 있었습니다. 종교에 관한 생각, 의무와 책임에 관한 생각 …… 에 변화가 일어났던 것입니다. 사람들이 갖고 있던 도의, 견해, 소감, 정서에 일어난 이 급격한 변화가 진정한 미국혁명이었습니다."[2] 물론 이러한 화려한 수사 뒤에 독립혁명이 식민지로부터의 탈피, 특히 영국의 원료 공급처 및 상품 시장의 역할을 하는 경제 식민지로부터의 탈피라는 현실적 의미가 도사리고 있었음을 놓쳐서는 안 된다.

이상적 정체의 추구

영국인들은 그들 자신의 정체가 고대 로마공화정과 같은 혼합 정체에 기초한 이상적인 '혼합 왕정(mixed monarchy)'이라고 생각하였다. 즉 영국의 정체야말로 로마공화정의 집정관, 원로원, 민회에 각기 상응하는 왕, 상원, 하원이 서로 견제와 균형을 이루는 최적의 체제라는 뜻이었다. 18세기 월

폴(Robert Walpole)의 집권 이래 굳어진 '부패(Corruption)'가 스캔들이 되었을 때 비판자들이 우려한 것도 자랑스러운 혼합 정체의 헌정적 균형이 깨졌다는 것이었다. 이러한 비판은 곧 영국의 애국주의적 담론이 확산되고 민족적 정체성이 형성되는 중요한 계기가 되었다.[3] 주목해야 할 것은 비판이 당시 영국의 입헌 왕정 체제에 대한 영국인들의 자부심이 얼마나 컸는지를 잘 보여준다는 점이다. 영국 정체에 대한 자부심이야말로 영국의 경제 발전을 위한 중요한 정치적 전제 조건이었다.

영국으로부터 독립을 추구한 미국의 혁명가들도 로마 공화국으로 상징되는 혼합 정체를 역사상 가장 탁월한 것으로 믿었다. 그들은 공화국이야말로 인민의 덕과 자유를 구현하는 데 가장 이상적인 정치체라고 생각하였다. 그들이 혼합 정체에 찬사를 보낸 것은, 그것이 공화국의 취약점을 극복하고 국민의 자유를 보전하는 데 제 몫을 할 수 있다고 여겼기 때문이다. 이러한 생각에서 그들이 영국을 비판한 논거는 영국이 한때는 로마공화정과 같은 혼합 정체였지만 이제는 '부패'의 대홍수 속에서 변질되고 타락해 버렸다는 것이었다. 요컨대 미국인들은 영국의 '타락한 시대와 부패한 국민'을 통렬히 비판하면서 "그토록 오랫동안 우리를 질리게 한 저 부패의 대홍수에서 구제받을 만한 미덕"이 남아 있는지에 대해 강력히 의문을 제기했던 것이다.[4] 따라서 미국의 논객들은 혼합 정체가 아직 때 묻지 않은 '신대륙', 즉 미국에서만 재건될 수 있다고 믿었다. 그들이 키케로나 리비우스나 타키투스와 같은 고대 로마의 저술가들을 즐겨 인용한 것도 이상적인 것으로 여긴 로마공화정에 대한 향수 때문이었다. 그러했으니만큼 미국인들은 공화국의 각 권력 기관이 서로 견제와 균형을 이루는 조화롭고 이상적인 정치체제를 '무'에서 새로 만드는 데 열정을 쏟았다. 그 결실인 연방헌법과 수정 조항 그리고 연방의회 등이 보여주는 복잡하고 세심한 조항들과 절차들도 권력의 균형이 한군데로 쏠리지 않게 하려는 미국인들의 관심을 잘 보여준다.

영국과 미국에서 보이는 이상적 정체에 관한 관심은 자국의 정체에 대한 영국인과 미국인의 강한 자부심으로 이어졌다. 과거의 정체에 대한 향수이든 현재의 정체에 대한 수용이든 미래의 정체에 대한 열정이든 간에 이상적인 정체에 대한 꿈은 사람들 사이에서 '국민'을 일깨우는 데 기여하였다. 물론 '국민'은 초기 산업사회의 현실에서 볼 때 하나로 통합되어 있지 않았다. 19세기 영국에는 부자와 빈자라는 '두 개의 국민'이 있다는 디즈레일리(Benjamin Disraeli)의 말은 계급 분열의 현실을 드러내어 준다. 그럼에도 새로운 자본가 계층의 합세 때문에 과거에 비해 크게 확대된 지배 엘리트층은 국민의 이름으로 국론을 통일하고 국력을 결집할 수 있는 수준에 거의 근접하였다. 그렇다면 양국의 정체가 '안정적'이라고 말하는 것은 곧 양국의 정체가 산업사회의 확대 재생산 체제에 뿌리박은 것이었고, 또 그러한 산업자본주의적인 국민 의식이 성공리에 구축되었음을 뜻하는 것이다.

민족국가, 근대국가의 최고 · 최후 형태

16세기 이후 근대국가는 중세 봉건 시대의 지방분권적 정치 질서를 타파하고 등장한 새로운 정치 형태이다. 근대국가는 16세기 이후 유럽에서 만연한 전쟁의 발발과 자본주의의 발전이라는 조건 속에서 사회의 인적·물적 자원을 효과적으로 동원하는 과정에서 대두하였다. 농업사회가 기본적으로 제로섬 사회였기 때문에 국가적 목적을 위한 자원의 동원이 국가와 국민 간의 필연적인 충돌을 일으켰다면, 산업사회는 기본적으로 포지티브섬 사회이므로 국가적 자원 동원은 국가와 국민의 동반자적 협력 관계를 형성할 수 있다. 이것이 감속하는 농업사회에서는 불가능했던 근대 민족국가가 가속하는 산업사회에서 비로소 발현되고 완성될 수 있었던 이유이다.

이론적인 차원에서 마르크스(Karl Marx) 이래로 국가가 '불편부당한 중재자'라는 관념을 소박하게 주장하기는 어려워졌다. 그렇다고 해서 마르크스와 마르크스주의자들이 말하는 대로 국가를 '계급 지배의 도구'로 단정하기도 어렵다. 진실이 어디에 있는지는 여전히 불투명하지만 적어도 근대국가가 '객관적인' 중재자로 내세우는 국가 이데올로기와 그에 따른 국가 기구를 발전시켰음은 틀림없어 보인다.

근대국가는 무엇보다 폭력 수단을 독점하여 사적 복수를 금지하고 대내적 평화를 실현하며 자신이 관할권 안에서 최고의 권위체라고 선포한다. 이로써 국가는 실정법을 초월하는 최고의 권능으로서 이른바 '주권'을 소유하게 되는데, 누구도 이 주권국가의 의지를 거스를 수 없다는 관념이 나타난다. 이에 따라 근대국가는 징병권과 징세권을 행사하여 사회의 자원을 효과적으로 동원한다. 또한 근대국가는 국가가 특정 왕이나 왕조의 개인 재산이 아니라 공공재라는 관념을 제시하고, 그 가운데 법의 지배라는 원칙을 확립한다. 이로써 권력의 자의적인 행사는 금지되고 '중립적인' 혹은 '객관적인' 지배가 관철된다. 그리고 관료제가 지배의 효과적인 도구로서 발전한다.

무엇보다 근대국가의 발전에서 중요한 것은 국가의 존재를 주민의 마음속에 각인시키는 일이었다. 여기서 '정당성'의 문제가 제기된다. '정당성'이란 특정 집단의 성원에 의해 존중되는 어떤 위세를 말하며, 그럼으로써 그 위세는 성원에 의해 자발적이고 능동적으로 수용되고 내면화된다. 요컨대 이탈리아의 마르크스주의 사상가인 그람시(Antonio Gramsci)가 지적했듯이, 어떠한 국가도 단지 강제력만으로는 참다운 국가가 될 수 없다. 강제 외에 반드시 국민의 자발적인 동의가 필요한 것이다. 따라서 국가는 항상 '강제+동의'라고 할 수 있는 헤게모니(hegomony)를 행사해야 한다. '정당성'에 대한 이러한 논점들에 대해서는 근대국가의 기원을 탐구한 역사가 스트레이어(Joseph Strayer)가 다음과 같이 호소력 있게 설명한 바 있다. "국가는 주로 그 주민의 가슴과 마음속에 존재한다. 만일 그들이 거기에 국가가 있다는 것을 믿지 않는다면, 국가의 그 어떤 논리적 권능의 행사도 생겨나지 못할 것이다."[5]

이처럼 국가가 주민의 마음속에 들어가기 위해서는 주민이 국가가 '우리의 것'이며 '우리는 하나'라는 강한 일체감을 느낄 수 있어야 한다. 프랑스혁명기 자코뱅 혁명가들의 다음과 같은 말은 국가가 주민의 '조국'이 되고 주민이 국가의 성원, 즉 '국민'이 되는 놀라운 연금술을 보여준다. "여러분의 조국을 사랑하십시오. 왜냐하면 그것은 결국 여러분의 것이기 때문입니다." 이로써 국가는 '조국'으로, 주민은 '국민'으로 호명된다. 그리고 '국민'은 언어, 혈통, 종교 등의 동질적인 문화를 공유하는 '민족'으로 가정되면서 국민적 일체감이 한층 더 고양되기에 이른다. 이것이 근대국가의 최고 · 최후 형태로서 민족국가가 성립하는 과정이다. 민족국가의 구성 과정이 가장 먼저 시작된 곳이 네덜란드라면, 가장 성공적으로 수행된 곳은 영국과 미국이다. 영국과 미국의 근대국가는 특정한 국민적 목표를 위해 대중의 역량을 하나로 결집하고 동원하는 데 탁월한 능력을 발휘하였고, 이것이 양국의 경제 발전과 대외 팽창에 기여했으리라는 데는 의심의 여지가 없다.

그러나 국민 대중은 어떠한 현란한 정치적 수사나 정교한 법적 질서에도 장기적으로 현혹되거나 무조건 승복할 만큼 맹목적인 집단이 결코 아님을 기억해야 한다. 지나간 역사를 통해 수없이 많이 출현한 걸출한 지도자들이나 정교한 정치체제들이 근대 민족국가만큼 국민의 자발적인 동의를 성공적으로 이끌어낼 수 없었던 것은, 체감하는 농업 생산과 감속하는 경제구조로 말미암아 국가의 목표와 국민 개개인의 목표가 일치하기 어려웠기 때문이다. 상업사회의 확대 재투자에 의한 생산의 체증이 확대 재생산에 의한 가속하는 산업사회의 성립으로 진화하면서 국가의 목표와 국민 대중의 목표가 일치할 수 있게 되었다. 이는 국가의 강제를 국민적 합의를 통한 자발적 동의로 미화시킬 수 있었던 이유이자 산업사회의 성립과 함께 인류 역사상 최초의 근대 민족국가가 출현할 수 있었던 근본적인 원인이었다.

2. 정치 엘리트의 가치관

자유로운 국민의 이념

영국 내전과 미국 독립혁명은 양국의 국민 의식과 정체성이 형성되는 데 중요한 계기가 되었다. 이를테면 영국 내전에서 의회파는 스튜어트 왕조와 왕당파에 맞서는 과정에서 "자유롭게 태어난 영국인"의 대표자임을 자처하였다. 그리고 의회를 영국 국민의 자유권을 대변하는 기관으로 내세웠다. 17세기 영국에서 '국민'이란 같은 언어와 혈통을 타고난 '민족'으로 이해되지 않았다. 여기서 '국민'이란 곧 자유로운 영국인이 소지한 정치적 권리의 대표자, 즉 의회를 뜻하였다. 따라서 '국민'은 나라의 전체 거주자를 뜻하는 것이 아니라 거주자 중의 일부, 즉 의회에서 자신을 스스로 대변할 수 있는 정치적 특권을 가진 소수 엘리트층을 가리키는 말이었다. 이들이 영국의 '정치적 국민(political nation)'이었다. 이들의 힘과 영향력이야말로 당시에 농업사회의 잔재가 광범위하게 존재하는 가운데 국가 목표에 동의하지 않는 주민 다수가 포진하고 있었음에도 국가가 주민을 효율적으로 동원할 수 있었던 이유를 설명해 준다.

'정치적 국민', 곧 의회파는 자신을 '지방(Country)'의 대표자로 내세우면서 '궁정(Court)'의 대표자로 간주된 왕당파에 맞서 싸웠다. 의회파의 논법에서 '지방'은 건강하고 소박하며 절제 있는 미덕을 간직한 세력이었던 반면 '궁정'은 병약하고 낭비하며 무절제를 일삼는 세력이었다. 그런 만큼 '지방'은 진정한 영국인을 가리켰고, '궁정'은 불행히도 영국인의 범주에서 제외되었다. 이렇게 보면 통상 '지방'으로 옮기곤 하는 'Country'란 결국 '국민'을 뜻하는 것으로 보아야 할 것이다.[6] 이러한 국민 의식은 16세기 헨리 8세의 종교개혁 이래로 형성된, 영국인은 프로테스탄트요 선민이라는 의식과 더불어 영국인들의 국민적 정체성을 형성하는 데 밑거름이 되었다.

여기서 중요한 것은 '국민'을 호명한 주체가 의회에 포진한 엘리트층이었음에도 이 한 줌의 '정치적 국민'이 역사상 유례를 찾아볼 수 없는 강력한 헤게모니를 행사했다는 점이다. 그에 따라 영국의 일반 주민도 점차 자기 자신을 영국 민족의 일원으로 자임하게 되었던 것이다. 그리하여 영국인은 건강, 소박, 절제의 미덕을 갖춘 자유로운 프로테스탄트 선민이라는 의식이 말 그대로 전 사회에 확산되었다. 이 의식은 기득권 세력뿐만 아니라 그것에 반대하는 세력까지 공유하는 영국의 보편적인 정치 문화가 되었으며, 아무리 첨예한 정치 갈등이 발생하더라도 분쟁이 정치 문화의 틀을 벗어나는 경우는 별로 없었다. 어쩌면 이것이 영국에서 혁명보다는 개혁이 선호되고, 그럼으로써 영국 특유의 정치적 안정성이 확보되는 주된 이유였을 것이다. 요컨대 영국의 정치 엘리트층은 비록 수적으로는 소수였지만, 자신의 계층적 이해관계를 국민적 이해관계로 포장하고 윤색하며 호소하는 데 성공한 것이다.

재차 강조하거니와, 이와 같은 성공은 상업사회와 산업사회가 도래하면서 소수 엘리트층이 주도한 국가 목표의 달성 과정이 기하급수적인 부의 창출로 뒷받침되는 가운데 국부의 일부가 국민에게 환원되는 선순환 구조가 성립됨으로써 가능했던 것으로 보인다. 실제로도 18세기 말 영국의 보통 사람들은 커피하우스와 선술집, 교회 등에 삼삼오오 모여 당시 프랑스와 벌이고 있던 전쟁이 영국의 국익에 어떠한 의미가 있는지에 대해 열띤 토론을 벌이고 있었던 것이다.[7]

앵글로 색슨의 자유로운 국민적 전통과 산업 체제는 미국에도 전파되어 이곳에서 정치 문화가 형성되는 데 큰 영향을 미쳤다. 혁명기 미국의 정치 엘리트층도 영국과 대립하는 과정에서 멀리 떨어져 있는 거대 권력에 대한 두려움을 공유하였고, 자유의 수사를 열심히 구사하였다. 1792년 매디슨(James Madison)은 "유럽에서는, 자유의 특권을 권력이 부여해 왔다. 미국은 권력의 특권을 자유가 부여하는 본보기를 세웠고, 프랑스가 그것을 본받았다"고 하였다. 이처럼 미국이 자유의 땅이고, 자유를 위해 권력을 제한해야 한다는 생각은 미국의 새로운 정치 엘리트들의 신조가 되었다.

베일린(Bernard Bailyn)에 따르면, 그들의 신조를 이념적으로 뒷받침한 사상적 원천은 공화주의, 청교도의 성약론, 계몽사상 등이었으나 이처럼 다양한 이념적 경향들을 한데 묶어 준 것은 영국 내전기 자유의 이름으로 전제 정치에 반기를 든 정치혁명의 전통이었다. 혁명 전통은 하나같이 궁정과 내각을 비판하고 '국민'을 내세우던 17세기 말 18세기 초의 반권위주의 경향 속에서 확고한 형태를 갖추었다고 한다. 미국에서도 영국처럼 자유로운 국민의 이념이 국민 의식의 밑거름이 된 것이다.[8] 그와 같은 정치 이념의 발전은 새로이 도래하는 상업사회와 산업사회의 활력이 나날이 국부를 확대하고 있던 당시의 넘쳐나던 낙관적인 분위기를 반영한 것으로 해석될 수 있을 것이다.

제국주의

역설은 19세기 후반에 이르러 앵글로 색슨 세계의 특색 있는 대내적인 자유의 수사와 이념이 대외적으로는 제국주의로 발현될 수밖에 없었다는 사실이다. 19세기 말 영국의 징고이즘(Jingoism)은 호전적 민족주의와 제국주의의 대표적인 사례였다. 새로운 물결이 소수 엘리트층의 선동과 조작으로 밀려온 것은 아니었다. 확대 재생산으로 대변되는 산업사회의 가속적인 성장은 점점 더 많은 생산요소의 투입과 더 큰 시장을 필요로 하므로 영국은 부족한 자원과 원자재를 해외에서 조달하고 상품 수출 시장을 확보해야 하였다. 따라서 영국의 자유민주주의가 대외적으로 제국주의로 발전한 것은 근대 산업자본주의가 배태하고 있는 숙명적 모순이었다. 그리고 대내적으로는 정치적 국민에 의해 활성화된 민족주의의 경제적 수혜가 대중에게까지 확산됨으로써 다시 일반 대중에 의해 자발적이고 능동적으로 민족주의가 전유되는 과정의 일부였다. 그런 만큼 19세기 후반 민족주의의 발전을 '아래로부터의 국민화(nationalization from below)'로 파악할 수 있을 법도 하다.[9]

그렇기는 해도 아래로부터 분출한 열정에 명확한 국가적 목표를 부여하고 그 실행 과정을 지도한 것은 역시 정치 엘리트층이었다. 인도의 총독을 역임한 커즌(George Curzon)은 영국 국민에 대한 자부심 속에서 영국 제국의 사명을 역설하였다. 디즈레일리도 부자와 빈자라는 '두 개의 국민' 통합을 역설하면서 다음과 같이 말하였다. "영국의 인민, 특히 영국의 노동 대중은 위대한 국가에 소속되어 있음을 자랑으로 삼는다. 그 위대함을 유지하기 위해 …… 영국이라는 세계 제국을 위해 오랜 전통에 빛나는 자랑스러운 제도를 승인해야만 한다."[10]

미국에서도 세기 전환기에 제국주의적 목소리가 높아지기 시작하였다. 특히 루스벨트(Theodore Roosebelt)는 미국의 군사적 팽창주의의 옹호자로서 내부적으로는 인디언에 대한 지배권과 외부적으로는 중남미에 대한 지배권을 거침없이 주장하였다. 그는 미국의 제국주의를 문명과 야만의 투쟁으로 간주하고 흑인종과 황인종에 대한 백인종의 우월성을 역설하였다.

흥미로운 것은 제국주의의 담론이 여전히 자유의 수호자라는 외투를 걸치고 있었다는 점이다. 백인종이 세계의 문명화라는 거대한 사명을 떠맡고 있다는, 이른바 '백인의 짐(Whitemen's Burden)'이나 미국이 대서양 연안에서 태평양 연안에 이르는 북미—많은 경우에 캐나다, 멕시코, 쿠바 등 중미까지 포함하는—를 정복하고 토착 아메리카인들을 지배하도록 하나님으로부터 위임받았다는 '명백한 운명(Manifest Destiny)'의 담론은 백인 중심주의 혹은 앵글로 색슨 중심주의를 명백히 보여주고 있다. 영국과 미국의 엘리트들이 이러한 수사를 구사했다는 사실을 단순히 위선으로 볼 것이 아니라 그들의 입장에서는 진정한 소명으로 확신하고 있었다고 볼 필요가 있다. 그들은 그렇게 생각하도록 교육받았고 그러한 교육 내용을 신념으로 내면화했다는 것이다. 즉 17세기의 "자유롭게 태어난 영국인"은 그 자유의 가치를 알지 못하는 '신세계'와 '원주민'을 교화하고 계몽하도록 하나님으로부터 선택받은 사람들이었다. 그리고 이러한 믿음은 영국과 미국이 국외의 식민지로부터 원자재를 조달하고 또 생산한 제품을 팔아 이윤을 확보하기를 반복하는 산업사회에 전형적인 확대 재생산 체제에 꼭 맞아떨어지는 것이기도 하였다.

엘리트주의

영국과 미국의 엘리트층은 건국 초기에 '정치적 국민'으로서 대단히 응집적인 지배 계층을 형성하고 있었다. 이 사실은 19세기 후반 이래로 대중사회가 도래한 뒤에도 기본적으로 변함이 없었다. '노블레스 오블리주'는 대중사회 속에 사는 엘리트들의 도덕적 사명감을 표현한 덕목일 것이다. 제1차 세계대전기에 옥스브리지 출신의 귀족 청년들이 소위 계급장을 달고 최전선에서 쓰러져 나간 것이나,[11] 제2차 세계대전기에 독일 공군(루프트바페)에 맞서 싸운 젊은 '스핏파이어' 전투기 조종사들의 투혼은 범용한 다수 속의 비범한 소수의 가치를 입증하는 '노블레스 오블리주'의 대표적인 사례로 종종 간주된다. 처칠(Winston Churchill)은 제2차 세계대전기에 전체 영국 국민을 위해 산화한 영국의 엘리트 군인들을 가리켜 다음과 같이 말하였다. "역사상 이렇게 많은 사람이 이렇게 소수 사람에게 이렇게 많은 것을 빚진 적이 없었다."[12]

'노블레스 오블리주'의 덕목은 영국에서 왕실의 전통과 그에 대한 영국인들의 자부심에서 정점을 이루게 된다. 왕실은 국민에 대한 신성한 의무를 지고 있는 귀족들의 머리 꼭대기에 장엄하게 앉아 있었다. 19세기 후반부터 왕실에 의해 수여되는 빅토리아 여왕 훈장, 가터 기사장 및 바스 기사장 등 훈장 체계가 부활 혹은 신설되었고, 제1, 2차 세계대전 전사자 추모일 등을 비롯한 각종의 왕실 의례들이 거행되었다. 흥미로운 사실은 패권 국가로서의 영국의 힘이 쇠잔해질수록 영국 왕실의 '전통의 발명'은 더욱 활기를 띠게 되었다는 것이다. 그리하여 "영국의 힘이 쇠락하면서 …… 우리만의 독특한 것이자 다른 나라는 쫓아올 수 없는 것으로서 왕실에 대한 자부심이 높아 갔다."[13] 오늘날에도 영국 왕실의 앤드류 왕자가 포클랜드 전쟁에 조종사로 참전한 사실은 '노블레스 오블리주'의 숭고한 사례로 칭송되고 있다. 이처럼 왕실을 정점으로 하는 영국의 엘리트주의는 현재도 면면히 이어지고 있다.

영국인들은 자신들의 번쩍이는 전통에 대한 자부심이 너무나 컸기 때문에 왕실의 전통이 없는 미국인들에 대해서는 우월감을 갖고 있었다. 미국인들은 "그토록 활력에 넘치는 사람들"인지는 몰라도, 너무나 "전통을 결여하고 있어 이[대관식—인용자 주]처럼 고결한 것을 세상에 내놓기 위해서는 수천 년을 기다려야 할 판이다."[14]

그러나 미국은 영국과는 다른 방식으로 엘리트주의를 발전시켜 왔다. 확실히 미국은 왕정이나 귀족층이 없거나, 있어도 하나의 제도로 안착시키는 데 실패한 사회였다. 다시 말해 미국은 봉건사회의 단계를 건너뛰어 자본주의가 급속히 발전한 사회라는 점에서 이러저러한 수다한 계급과 그에 따른 전통적인 가치들을 결여하고 있었다. 그렇기에 '노블레스 오블리주'의 덕목이 강조되기는 했지만, 이 덕목을 밑받침하는 사회계층이 없었기에 대중적 설득력이 있기는 어려웠다. 이러한 맥락에서 미국의 엘리트를 연구한 밀스(C. Wright Mills)는 미국에는 널리 인정받는 전통 따위가 있을 수 없으며, 나아가 미국의 엘리트층은 보수주의나 자유주의와 같은 일관된 이데올로기를 개발해 내지 못했다고 본다. 밀스는 미국의 권력 엘리트층에는 기껏해야 '노동-획득, 노력-성공'의 원칙이 있었을 뿐이라는 것이다.[15] 이처럼 밀스는 미국의 권력 엘리트층을 비판적으로 보고 있지만, 그의 비판에 핵심이 있다. 즉 누구라도 열심히 일하면 성공할 수 있다는 '아메리칸 드림'이야말로 그 신화적인 성격에도 미국의 엘리트층이 스스로 도취해 있고, 미국 대중을 도취시키는 가치관의 핵심에 확고히 자리 잡고 있는 것이다.

영국의 엘리트주의가 수 세대 전 과거에 성취한 성공의 표현으로서 대중 '위에' 솟아 있는 경향이라면, 미국에서 그것은 현재적 성공의 표현으로서 대중 '속에' 묻혀 있는 경향인 것으로 보인다. 그러나 어떤 경우이든 두 사회에서 엘리트층은 공히 사회에 모범을 제시하고 사회를 통합하는 중요한 기능을 수행한다. 그리고 앞에서 살펴본 제국주의가 영국과 미국의 엘리트층이 내면화하고 있는 대외적인 가치관의 표현이라면 엘리트주의는 대내적인 가치관의 표현으로 간주될 수 있다. 이렇게 대내외적으로 제국주의와 엘리트주의는 서로 긴밀하게 맞물려 있었고, 이러한 이념적 덕목과 이를 감당하는 계층은 소수 엘리트 교육기관을 통해 재생산되었다.

영국과 미국에서 민족주의가 성숙하고 산업사회가 크게 발전하고 힘을 발휘할 수 있었던 것은 국민 대중의 자발적인 결집을 가능케 할 수 있었기 때문이다. 산업사회의 가속적인 가치 창출이 사회계층 간의 포지티브섬 게임에 의한 동반자 관계를 형성할 수 있었던 것이 기본 배경이 되었음은 주지의 사실이다. 그러나 구조적으로 경제 발전의 성과로부터 소외되거나 소외되었다고 느끼는 노동자 계층이 형성되고 또 빈부의 격차가 실제 벌어지는 것이 산업사회의 단면이다. 따라서 자본주의를 지향하는 산업사회에서 국론을 통일하는 것은, 그중에도 국민 대중의 자발적 참여와 협조를 유도하는 것은 매우 힘든 일이다. 영국과 미국에서 이것이 가능했던 것은 상대적으로 유능한 엘리트층의 역할이 있었기 때문이다. 장구한 농업사회의 역사 속에서도 명민하고 희생적인 엘리트들이 수없이 많이 출현했지만, 이들의 역할이 소수 지배층과 다수 대중의 상충하는 이해관계를 동반자 관계로 역전시키는 것은 불가능하였다. 그러나 산업사회에서는 국가 발전과 현재의 이해관계가 동반하는 자본가와 기업가 계층이 지배 계층에 가세함으로써 사회 지배 계층 대비 다수 대중의 세력 분포가 양적 · 질적 측면을 모두 고려할 때 어느 정도 대등해졌다. 따라서 소수 엘리트에 의한 여론 통일을 위한 캐스팅 보트와 같은 역할이 가능해진 것이다. 또 자유민주주의 체제 아래서 장기적으로는 경제성장의 혜택이 대중에게도 재분배될 수 있는 발전(potential pareto improvement)이라는 측면에서 대중 설득이 가능했기 때문에 영국과 미국의 엘리트층이 국론 통일과 국가적 역량 결집에 결정적인 기여를 할 수 있었던 것이다.

3. 법과 제도

소유와 경쟁

소유권

영국과 미국에서는 선발 산업국답게 일찍부터 자본주의적 경제 발전의 전제 조건이라 할 수 있는 사적 소유권의 관념이 발달하였고, 이를 뒷받침하는 각종 법과 제도가 완비되었다. 영국의 경우 16세기 이래로 의회에서 통과된 많은 인클로저 관련 입법은 공유지를 사유화하고 사유화된 토지에 대한 개인의 절대적 · 배타적 소유권의 관념을 확립하는 중요한 계기였다. 그리고 잇따른 수렵법(Game Law)은 사유지 내에서의 밀렵을 절도로 간주하고 엄벌에 다스림으로써 그 이전까지 관습에 따라 농민들의 당연한 권리로 여겨지던 공유지 안에서의 사냥과 수렵 및 채취 활동을 '불법화'하여 근대적 소유권의 관념을 제도적으로 뒷받침하였다. 이러한 맥락에서 로크(John Locke)의 사상은 각별한 의미가 있는데, 그는 생명(life)과 자유(liberty) 외에 소유(property)를 인간의 천부적인 자연권으로 간주함으로써 근대 자유주의 사상의 진정한 시조가 되었다. 로크의 사상에서 개인의 이 세 가지 기본권이 침해될 때 지배자에 대한 저항은 정당한 것으로 인정되었다.

로크식의 자유주의 사상은 미국에도 큰 영향을 미쳤다. 미국의 수정 헌법 제5조에는 다음과 같은 구절이 나온다. "누구라도 정당한 법의 절차에 의하지 아니하고는 생명, 자유 또는 재산을 박탈당하지 아니한다. 또 정당한 보상 없이, 사유재산이 공공용으로 수용당하지 아니한다." 미국혁명기 연방파와 반연방파 사이의 갈등에서도 사적 소유권의 원칙은 확고히 옹호되었다. 반연방파가 연방에 반대한 이유는, 비대한 연방 정부가 개인의 자유와 재산을 침해할지 모른다는 의구심을 품고 있었기 때문이다. 그러나 베일린에 따르면, 연방파도 "사유재산을 인신적 자유의 토대로서 보호하고 경제 발전을 촉진하는 데 대해 선배와 적수보다 더하지도 덜하지도 않은 결의"를 갖고 있었다. 베일린은 미국혁명기의 논객들이 고전적 공화주의 사상을 더욱 깊이 연구하여 이를 소유권의 문제와 연결했다고 본다. 웹스터(Noah Webster)는 공화국의 토대로서 '미덕'이 '애국심, 즉 사심 없는 공공 정신과 조국에 대한 애착심'만을 의미한다고 보는 것은 단순하다고 주장하였다. 그는 인간을 실제로 움직이는 동기는 '이기심'이며, '재산과 지배 사이의 뗄 수 없는 관계'에 주목해야 한다고 생각하였다. 오직 재산만이 공화국의 시민적 자유에 필요한 기초라는 것이다.[16]

이처럼 소유가 자유의 토대라는 생각은 영국과 미국에서 확고한 이념과 법적 제도로서 확립되었고, 곧 모든 근대사회에 통용되는 기본적인 조직 원리로 자리 잡았다. 바꿔 말하면, 소유권이야말로 '부르주아' 사회의 견고한 토대였던 것이다. 요컨대 한 사회가 '부르주아적'이라 함은 곧 사적 소유권의 절대성이 보장되고 계약 관계가 법에 따라 문서화되어 보호받는 규준이 됨을 뜻한다.[17] 물론 농업사회도 사유재산권을 기초로 성립될 수 있었고, 토지나 재산을 더 많이 가진 부르주아일수록 사유재산권에 더 집착하는 것은 당연한 현상이다. 아울러 부르주아 사회가 곧 자본주의 사회를 뜻한다고 보기도 어렵다. 그럼에도 '보이지 않는 손'에 의해 지배되는 산업사회의 시장 경쟁 원리 아래서는 법으로 보장되는 소유권과 계약 관계는 개인의 이기심에 의한 가속적인 부의 축적과 상승작용을 하며, 그럼으로써 자본주의의 발전으로 이어지는 미끄럼틀의 역할을 한다.

경쟁 원리

유럽에서 산업화가 본격적으로 전개되고 있을 무렵인 19세기 초, 자본주의를 비판하던 초기 사회주의자들이 특히 자본주의의 경쟁 원리에 대해 적대적인 태도를 보인 것은 이상한 일이 아니다. 그들의 눈에 경쟁은 개인의 사악한 이기심을 누그러뜨리기는커녕 불을 질러 사회를 파멸의 구렁텅이로 몰아넣는 악의 원천으로 보였다. 그들은 인간의 본성이 이기심과 경쟁에 있는 것이 아니라 협동에 있다고 보았다. 그들에게 사회는 협동 원리가 지배하는 공동체로 발전해야 하였다. 생산이 체감하고 성장은 감속하는 종래의 농업사회에서는 이기심과 경쟁이 절대 악이었고, 협동은 절대선이었다. 농업사회에서 고착된 고정관념에서 탈피하여 새로 도래하기 시작한 가속하는 산업사회에서의 이기심과 경쟁의 역할을 새로 규명하고 또 수용하는 것은 결코 쉬운 일이 아니었을 것이다.

그러나 자유주의자들은 경쟁이야말로 개인의 창의성을 자극하여 사회를 진보시키는 원리라고 칭송하였다. 만약 경쟁이 없다면 고인 물이 썩듯이 사회는 퇴화할 것이라는 게 그들의 생각이었다. 실제로 20세기 하이에크(Friedrich von Hayek)에 이르기까지 자유주의자들의 믿음에 의하면, 인간은 실수를 저지를 수밖에 없고 또 기본적으로 미래를 내다보지 못하는 존재이며, 인간의 인식 능력은 수백만, 수천만의 개인들이 공유하고 있다는 것이다. 따라서 자유주의는 분업과 시장에 기초한 자유로운 사회가 더 많은 사람의 현명한 지성을 활용할 수 있다는 점에서 협동과 계획에 기초한 획일적인 사회보다 발전할 확률이 훨씬 더 높다는 가정에 바탕을 두고 있었다. 그 점에서 예측할 수 없는 것을 최대한 예측하기 위해서는 다수 지혜를 이용하는 데 유리한 자유의 원리가 필수적이라고 보았다. 그리고 어떤 예측이 맞고 틀리는가는 초월적인 지성이 판단할 문제가 아니라 철저히 시장에서 경쟁의 성과를 통해서만 판정될 수 있다는 것이다. 이와 같은 이기심에 근거한 경쟁 원리가 그리스를 위시한 역대 문명 속에서 수많은 현학에 의해 가설로 제기되거나 이론으로 검토되지 않았을 리 없다. 그런

데 하필 상업이 발전하고 산업이 태동한 시점에, 그것도 영국에서 갑자기 자유주의 이론이 등장하여 산업사회의 성숙과 발맞추어 동반 발전한 것은 이기심에 기초한 경쟁 이론이 산업자본주의 사회의 경제성장에 가장 잘 맞아떨어지는 이론임을 암시하는 것이다.

사실 시장 원리는 기본적으로 시장이 가격과 품질에 관한 완전한 정보를 가진 수없이 많은 판매자와 구매자 사이의 거래와 교환이 완전히 자유롭게 이루어지는, 이른바 완전 경쟁의 가정에 바탕을 두고 있다. 이러한 가정에서 보면, 투명한 시장 질서를 어지럽히는 것이야말로 사회 진보의 방해물이었다. 이 맥락에서 근대 자본주의의 독점이 시장과 갈등하고 경쟁했다고 보는 견해는 흥미롭다. 이와 같은 견해를 받아들이든 받아들이지 않든 간에 시장 경쟁의 원리를 옹호하는 견해에서 독점은 절대 악이었다. 민간기업이 시장 경쟁을 통해 어느 정도 자생적인 산업화를 이룩한 선발 산업국인 영국과 특히 미국에서 독점에 대한 불신은 대단히 뿌리 깊은 것이었다.

선진국 영국을 추격하며 뒤늦게 산업화를 시도한 후발 산업국 독일은 국가 주도의 카르텔 형성을 통해 단기간에 효과적으로 산업 경쟁력을 확보할 수 있었다. 또한 19세기 후반부터 기업의 규모가 커지면서 이른바 독점 자본주의가 등장한 이래 미국에서도 경쟁에 대한 순진한 믿음은 더 이상 만병통치약이 아니었다. 그럼에도 20세기 초반 미국의 '반독점법(Anti-Trust)'은 여전히 독점에 대한 미국인들의 반감을 잘 드러낸다. 비록 미국은 대외적으로는 보호무역주의와 산업 정책을 통해 영국으로부터 경제적 패권을 넘겨받았지만, 미국의 자본주의는 독일식의 담합이나 독점을 배제하면서 거대한 국내 시장을 기반으로 한 일종의 '과점적 경쟁' 체제로 발전하였다. 그리고 이미 산업 경쟁력의 절대 우위에 선 미국에는 시장 경쟁 원리에 입각한 자유무역이 실리와 명분의 양 측면에서 가장 효과적인 세계화 전략이 되었다. 결국 선진국으로서의 현실과 영국에서 비롯된 앵글로 색슨 전통의 자유무역과 경쟁 원리에 대한 확고한 믿음이 신자유주의를 잉태하였다.

특허권

특허권은 시장 경쟁의 원리에 바탕을 두고 개인의 창의성과 그에 따른 물질적 보상을 인정하고 보호하려는 법적 장치이다. 특허권이 영국의 경제 발전에 크게 기여했다는 것은 잘 알려진 사실이다. 실제로 특허 출원 수의 증대는 산업혁명과 정확히 보조를 맞추고 있었다. 18세기 초 한 자리 수에 머물던 연간 특허 건수가 중반 이후로 기하급수적으로 증가하기 시작하였다. 다음의 표는 산업혁명의 진행과 더불어 특허 수도 증가하고 있음을 잘 보여준다.

영국 등록 특허(1617~1852년)[18]

연도	건수	연도	건수	연도	건수	연도	건수
1617	(4)	1688	4	1743	7	1798	77
1618	6	1689	1	1744	17	1799	82
1619	5	1690	3	1745	4	1800	96
1620	2	1691	20	1746	4	1801	104
1621	2	1692	25	1747	8	1802	107
1622	3	1693	19	1748	11	1803	73
1623	5	1694	9	1749	13	1804	60
1624	3	1695	8	1750	7	1805	95
1625	2	1696	3	1751	8	1806	99
1626	3	1697	3	1752	7	1807	94
1627	6	1698	7	1753	13	1808	95
1628	3	1699	5	1754	9	1809	101
1629	4	1700	2	1755	12	1810	108
1630	5	1701	1	1756	3	1811	115
1631	2	1702	1	1757	9	1812	118
1632	6	1703	1	1758	14	1813	131
1633	4	1704	4	1759	10	1814	96
1634	12	1705	1	1760	14	1815	102
1635	11	1706	5	1761	9	1816	118
1636	11	1707	2	1762	17	1817	103
1637	15	1708	2	1763	20	1818	132
1638	8	1709	3	1764	18	1819	101
1639	1	1710	–	1765	14	1820	97
1640	3	1711	3	1766	31	1821	109
1641	–	1712	3	1767	23	1822	113

연도	건수	연도	건수	연도	건수	연도	건수
1642	1	1713	2	1768	23	1823	138
1643~59	–	1714	3	1769	36	1824	180
1660	3	1715	4	1770	30	1825	25
1661	4	1716	9	1771	22	1826	141
1662	6	1717	6	1772	29	1827	150
1663	2	1718	6	1773	29	1828	154
1664	4	1719	2	1774	35	1829	130
1665	2	1720	7	1775	20	1830	180
1666	2	1721	8	1776	29	1831	151
1667	5	1722	13	1777	33	1832	147
1668	3	1723	7	1778	30	1833	180
1669	–	1724	14	1779	37	1834	207
1670	2	1725	9	1780	33	1835	231
1671	4	1726	5	1781	34	1836	296
1672	3	1727	7	1782	39	1837	256
1673	4	1728	11	1783	64	1838	394
1674	5	1729	8	1784	46	1839	411
1675	11	1730	12	1785	61	1840	440
1676	4	1731	9	1786	60	1841	440
1677	7	1732	3	1787	55	1842	371
1678	7	1733	5	1788	42	1843	420
1779	3	1734	8	1789	43	1844	150
1680	1	1735	1	1790	68	1845	572
1681	5	1736	5	1791	57	1846	493
1682	8	1737	4	1792	85	1847	493
1683	7	1738	6	1793	43	1848	388
1684	13	1739	3	1794	55	1849	514
1685	5	1740	4	1795	51	1850	513
1686	3	1741	8	1796	75	1851	455
1687	6	1742	6	1797	54	1852	(470)

영국 의회는 특허를 보호하는 데 열심이었다. 이를테면 증기 기관에 대한 와트의 특허권(1769년 1월)이 만기가 다가와 7년밖에 남지 않자 하원은 재빨리 그의 특허권을 25년 더 연장해 주는 시혜를 베풀었다. 그 밖에도 수력 방적기를 발명한 아크라이트(Richard Arkwright)가 1769년에 특허를 출원, 이를 바탕으로 자금을 확보하여 18세기에 가장 큰 대기업 중 하나를 일구어낸 일도 유명하다. 특허 외에도 1760년에 영국 기예 협회(Society of

1800~1870년간 연도별 수여된 특허 건수[19]

Allan Gomme, *Patents of Invention*(London: Longmans, Green & Co., 1946)을 참조하여 작성함.

Arts)는 성능 좋은 방적기를 개발한 자에게 포상 제도를 시행했는데, 첫 수혜자는 제니 방적기를 발명한 하그리브스(James Hargreaves)였다. 이처럼 영국 산업혁명은 개인의 기술적 창의성을 법적으로 보호하는 과정을 통해 더 잘 이해될 수 있을 것이다.

이와 같은 제도와 사조는 미국으로 고스란히 전수되었다. 미국 헌법은 특허권과 저작권에 대한 제도를 명시하여 개인의 발명과 창작을 장려하고자 하였다. 헌법에는 의회가 "저자와 발명자들에게 그들의 저작물과 발견물에 대한 배타적인 권리를 제한된 기간 보장해 줌으로써 과학과 유용한 예술의 진보를 촉진"하고자 한다고 씌어 있다. 곧 초대 대통령 워싱턴(George Washington)이 특허법에 서명하였고, 제퍼슨(Thomas Jefferson)은 효율적인 특허 업무를 맡았다. 당시 제퍼슨은 하루에 무려 14건의 특허장을 발급하는 '과중한' 업무에 시달리기도 했다고 한다.[20] 흥미로운 사실은 19세기에 들어 영국과 미국에서 특허권 부여 건수가 폭발적으로 증대하기 시작했는데, 이미 초반 무렵부터 미국의 특허 건수가 영국의 그것을 앞지르고 있었다는 점이다. 이는 영국과 특히 미국에서 폭발적인 부의 증대와 궤를 같이하는 것이다.

경제 발전을 장려하는 국가 활동

사회간접자본(SOC)에의 투자

영국 정부는 이미 17세기 중반부터 사회간접자본에 대해 대대적으로 투자하고 있었다. 1660~1689년까지 30년 동안 하천과 항구의 개발을 위해 15개의 법령이 나왔다. 1690~1719년까지는 유료 도로 건설을 위한 59개의 법령이 나왔으며, 1720~1749년까지는 무려 130여 개의 법령이 의회에서 통과되었다. 이와 같은 정부의 정력적인 입법 활동에 힘입어 1750~1820년까지 운하를 중심으로 3,000마일의 수로가 개통되었으며, 1750~1760년대에는 도로 건설이 활발하게 이루어져 1770년에 15,000마일의 도로가 개통되었고, 1836년에 22,000마일로 절정에 달하게 되었다.[21]

영국의 산업혁명을 논할 때 철도 건설은 빼놓을 수 없는 중요한 사건이다. 당시 철도는 승객과 화물, 특히 제조업 상품의 가장 효율적인 운송 수단이었을 뿐만 아니라 동시에 제조업 발전의 기반이 되는 철강 산업 진흥에 크게 기여하는 철강의 대량 수요처였다. 1830년대부터 본격화된 철도 건설에는 막대한 자본이 들었기 때문에 처음부터 민간 자본이 개입할 수밖에 없었다. 그러나 정부는 '독점의 횡포'를 막기 위해 1844년에 철도법을 제정하였다. 비록 이 법은 시행되지 않았으나 사회간접자본의 공익성을 정부가 처음부터 인식하고 있었다는 것을 보여준다.

미국도 1860년대부터 막대한 외자를 도입하여 사회간접자본의 확충에 적극 투자하였다. 1860년에 4억 달러, 1890년에 30억 달러의 외자가 도입

| 첫 번째 대륙횡단철도 1869년 5월 미국에서 대륙횡단철도가 개통됨으로써 서부 지역의 개발이 활기를 띠게 되었다.

되어 주로 철도, 운하, 채권 등에 투자되었다. 사회간접자본 확충 사업은 이미 19세기 초부터 진행되었다.[22] 1815~1843년까지 운하 건설 투자액은 총 13,000만 달러였는데, 그중 75%가 공공 투자였다. 1844~1860년까지는 총 5,700만 달러가 투자되었는데, 그중 66%가 공공 투자였다.

운하 건설에 대한 대규모 공공 투자를 통해 화물 운송 비용이 많이 감소하였다. 예컨대 1825년 허드슨 강과 이리 호를 연결하는 운하의 개통으로 1톤당 100달러였던 뉴욕-버펄로 구간의 화물 운임이 10달러로 하락하였다. 철도의 경우도 남북전쟁이 끝난 4년 후인 1869년에 대륙횡단철도가 완성되어 이른바 '철도의 시대'가 도래하였다. 그 후 철도 길이는 10년마다 갑절씩 늘어나 20세기 초에 이르면 총 26만 마일에 달하였다. 철도 건설로 미국의 동북부와 서부가 하나로 묶여 미국이라는 거대한 경제권과 시장이 탄생하고 경제성장이 가속화되기 시작하였다.[23]

보호주의

개인과 사기업의 자유와 시장 경쟁의 원리에 대한 뿌리 깊은 믿음을 간직했다고 하는 앵글로 색슨 세계에서도 국제경쟁력을 확보하기 전에는 국가의 강력한 보호주의 정책이 필요하였다. 가장 인상적인 경우는 1789~1801년에 미국의 재무장관이던 해밀턴(Alexander Hamilton)이 추구한 국가 주도의 경제성장 정책이다. 그는 국내의 신흥 기업을 보호하기 위해 관세를 부과하고 세수를 확보하고자 하였다. 고관세 정책을 계승한 것이 1861년의 모릴법(Morrill Act)이다. 이는 저율로 되어 있던 관세를 일제히 인상한 법률이었다. 이로써 공화당 특유의 보호관세 정책이 확립되었고, 19세기 말까지 고관세 정책이 견지되었다. 비록 고관세는 보호관세에 반대하던 남부인들이 1828년의 관세를 지칭했듯이 '추악한 관세(Tariff of Abominations)'로 비난받기도 했지만, 이는 반대로 미국 정부가 국내 산업을 보호하고 육성하기 위해 일찍부터 보호주의를 시행했음을 입증한다.

보호주의 정책의 도움으로 미국의 산업구조 자체가 바뀌었다. 1849~1858년에 수출액이 GNP에서 차지하는 비중은 평균 5.6%였는데, 1889~1898년에는 평균 8.9%까지 상승하였다. 그런가 하면 1860년 당시 미국 수출품의 주종을 이룬 것이 원재료 및 식료품이었던 반면에 1914년에는 공업 제품의 완성품과 반제품이 전체 수출의 약 50%를 차지하기에 이르렀다. 그와 동시에 1860년에 2분의 1에 달하던 공업 완제품의 수입은 1914년에 들어 4분의 1까지 감소하였다. 이 수치들은 자유경쟁보다는 보호주의가 미국의 초기 산업화에서 매우 중요한 역할을 하였고, 다양한 보호주의 정책을 통해 미국이 후발국형 산업구조에서 급격히 선발국형 산업구조로 변모했음을 잘 보여준다.[24]

기술 유치 및 기술 유출 방지를 위한 노력

18세기 영국 소설가 디포(Daniel Defoe)는 1772년에 출간된 『영국 통상 계획(A Plan of the English Commerce)』에서 헨리 7세(재위 1485~1509)가 걸음마 단계에

있던 자국의 제조업을 육성하기 위해 비밀리에 외국인 기술자들을 유치한 일화를 흥미진진하게 소개하였다. 일화에서 보듯이, 영국은 이른 시기부터 외국으로부터 기술을 유치하는 일에 열성을 보였다. 종교개혁 이후 영국이 유치한 외국인 기술자들의 대부분은 플랑드르와 프랑스 출신의 신교도들이었다. 예컨대 플랑드르 출신의 신교도 기술자들은 1567년에 발발한 에스파냐와의 독립전쟁 이후 대거 영국으로 이주하였다. 특히 프랑스의 캘빈주의자를 가리키는 위그노가 영국의 기술 이민에 큰 몫을 담당하였다. 당시 위그노 가운데는 제철 및 염료 분야에서 하이테크 기술을 소유한 자들이 많았는데, 영국의 찰스 2세(재위 1660~1685)는 1681년에 그들에게 교회를 제공하는 등 유치 노력을 벌이기도 하였다.

더욱 흥미로운 것은 1685년 프랑스의 루이 14세가 위그노에게 일정 지역에서 신앙의 자유를 허용한 종래의 낭트 칙령(1598)을 폐지하고 가톨릭 정책을 강화함에 따라 프랑스의 위그노 상공인들이 대거 외국으로 이주하였는데, 다수가 영국에 흡수되었다는 사실이다. 당시 프랑스 인구는 2,000만 명 정도였는데, 그중 10%가 위그노였다고 한다. 위그노는 당시에 기술과 자본을 소유한 상공인들이 주종을 이루고 있었다.

여러 연구를 종합해 볼 때, 50만~150만 명 정도가 프랑스 땅을 떠난 것으로 보인다. 한 목격자는 이때 4만~5만 명 정도가 영국에 정착했다고 보고하였다. 그들은 주로 런던에 정착한 것으로 보이는데, 런던 주변의 위그노 교회가 30여 개인 것에서 추정할 수 있듯이, 최소 2만 명에서 최대 5만 명 정도의 위그노가 런던 주변에 살고 있었던 것 같다.[25]

그런가 하면 영국은 기술 유치뿐만 아니라 기술 유출을 방지하는 데도 힘을 쏟았다. 예컨대 1719년에 영국 의회는 기술 인력의 이민 혹은 외국 취업을 금지하는 법을 제정했는데, 이 법은 1825년까지 오랫동안 효력을 발휘하였다. 1750년에는 모직과 실크 산업의 공구 및 기구의 수출을 금지하는 법이 제정되었고, 1785년에는 여러 종류의 기계류 수출 및 기술 인력 매수를 금지하는 법, 즉 공구법(Tools Act)이 통과되었다.

위그노 상공인들의 이주는 영국의 기술 발전에 크게 기여하였다. 위그노 기술자인 파팽(Denis Papin)은 1695년에 와트의 증기기관보다 70여 년 먼저 피스톤 증기기관을 양수 장치에 응용하였다. 이 기술은 뉴커먼 기관을 거쳐 산업혁명의 심장인 와트의 증기기관으로 진화할 수 있는 환경을 제공하였다. 1716년 라 투슈(La Touche)라는 위그노는 아일랜드로 이주하여 가장 큰 은행을 설립하였다. 프랑스 출신의 위그노가 아일랜드에서 일으킨 리넨 공업도 '아이리시 리넨'이라는 이름으로 알려져 영국 리넨 공업의 주축을 이루었다. 쇠락을 면치 못하던 영국의 실크 공업도 위그노의 대량 기술 이민 이후에 빠르게 회복되었다. 그리하여 1685년에는 프랑스로부터의 직물 수입이 더 많았으나, 상황은 18세기에 완전히 역전되었다. 여기에 자극을 받은 프랑스의 루이 14세는 유출된 기술자들의 송환을 위해 백방으로 노력하였다. 당시 영국에 파견된 프랑스의 외교 사절단 중의 한 명은 다음과 같이 말하고 있다. "영국은 오렌지 왕가 이후에 프랑스로부터 이주한 신교도들에 힘입어 실크, 제지, 범포(sail-cloth) 등 이전에는 프랑스로부터 수입하던 물품들의 공장을 거의 완전한 상태로 옮겨 버려서 이제는 우리가 수입하는 처지가 되고 말았다."[26]

19세기 후반 이후 미국이야말로 이민을 통해 기술혁신과 경제성장을 달성한 전형적인 사례라고 할 것이다. 미국의 이민은 영국처럼 기술 이민이라기보다는 노동 이민이라는 성격이 강하였다. 그러나 당시 초기 산업사회의 기술은 대부분 숙련 기능공에게 체화된 기술이었기 때문에 노동 이민은 곧 기술 이민을 포함하고 있었다. 미국은 일찍부터 유럽의 선진 기술을 유치하는 데 열심이었다. 1780년대부터 호환 가능한 부품 생산에 기초한 '미국식 체제'가 도입되었다. 1780년에 프랑스 주재 미국 대사는 프랑스 병기 산업에서 호환성 있는 부품 사용에 감명을 받아 이를 자국에 소개하였다. 속설에 따르면, 1798년에 휘트니(Eli Whitney)가 이 '표준 체제(uniformity system)'를 채택하여 1만 정의 머스킷 총의 납품 계약을 정부와 체결하였다. 이는 20세기 포드식 대량생산의 먼 기원을 이룬다고 한다(실제로

'휘트니 머스킷'의 부품은 호환할 수 없었다). '미국식 체제'를 통해 미국 산업은 수공업 생산에서 요구된 맞춤 과정을 생략하고 생산 비용을 절감하는 효과를 거둘 수 있었다. 그 밖에 영국 철강 공업의 최신 기술이 속속 미국에 유입되었다. 1783년 영국의 코트(Henry Cort)가 개발한 압연법이나 1784년의 교반법 등이 1830년대에 미국에 확산되었고, 19세기 중반과 20세기 초반에는 각각 영국에서 개발된 베세머법(산성 전로법)과 토머스법(염기성 전로법)이 널리 채택되어 미국 철강업이 발전하는 데 기여하였다. 이처럼 미국에서 '강철의 시대'가 도래할 수 있었던 것은 새로운 기술의 적극적인 수용 덕분이었다.

사회적 요인

사회적 유동성의 증대

농업사회에서 노동이 직접 사물(thing)에 대해 이루어진다면, 산업사회에서 노동은 의미(meaning)을 둘러싸고 이루어진다. 즉 농업사회에서는 직접 토지에 대해 근력이 가해지지만 산업사회에서는 레버를 당기고 버튼을 누르는 방식으로 노동이 가해진다는 것이다. 그러므로 매뉴얼대로 기계를 조작하고 주어진 공정에 요구되는 동작을 익힐 수만 있다면 누구나 어디서나 일할 수 있다는 것이 산업사회가 보여주는 진기한 특성이다. 노동자들은 매뉴얼을 읽을 수 있는 문자 해득력과 간단한 산술 능력을 비롯한 소통 능력을 갖춘다면 전천후로 일할 수 있으며, 국가는 국민의 기본적인 소통 능력을 함양하기 위해 초등 의무교육을 시행한다. 보통 이러한 의무교육은 '국민 교육'이라는 이름으로 시행되곤 하였다.

산업사회가 갖는 또 다른 특징은 직업적 · 사회적 유동성(mobility)이 크다는 점이다. 이는 농업사회에서 개인이 특별한 경우가 아니라면 조상 대대로 해 온 가업, 즉 농사일을 평생 수행하는 것과 확연히 구분된다. 산업사회에서 개인은 원칙적으로 직종을 자유로이 옮길 수 있다. 이때 이동은 수평적으로 이루어지기도 하고, 수직적으로 이루어지기도 한다. 수평적으로 이루어진다는 것은 비슷한 직군 간에 이동하는 직업적 유동성을 뜻하며, 수직적으로 이루어진다는 것은 사회적 지위의 상하가 바뀌는 사회적 유동성을 뜻한다. 특히 근대사회에서 사회적 유동성은 대단히 중요하다. 왜냐하면 근대사회가 출생에 따라 경력이 고정되는 전통적 신분사회의 경우와는 달리 철저히 개인의 재능에 따라 경력이 바뀔 수 있는 계급사회의 조직 원리에 토대를 두고 있기 때문이다. 이러한 현상은 개인이 투입한 노력과 재능에 대한 보상, 즉 생산이 체감하는 농업사회와는 근본적으로 차별화되는 것이다. 따라서 근대사회에서는 개인이 능력만 있다면, 이론상 사회의 사닥다리를 타고 사회의 밑바닥에서 맨 꼭대기로 지위 상승을 성취할 수 있다. 이는 투입한 노력과 시간에 따라 그 성과에 해당하는 산출, 즉 생산이 가속적으로 증가하는 사회에서만 가능한 것으로서, 산업사회는 이러한 근대사회의 조직 원리를 전형적으로 체현하거나 적어도 이념형으로 여기는 그런 사회인 것이다.

직업적 · 사회적 유동성이 큰 근대 산업사회에서 개인에게 열리는 사회적 신분 상승의 기회는 계층 및 계급 간의 만성적인 갈등을 몰고 오기 마련이다. 사회적 갈등은 다양한 방식으로 조정되며, 조정의 물질적 기반은 산업사회의 가속적인 경제성장이다. 왜냐하면 갈등 쌍방을 동시에 만족시키기 위해서는 쌍방에게 동시에 경제적 보상이 주어져야 하기 때문이다. 산업사회에서 경제 발전의 주역은 기업과 기업가이며, 사회계층적으로는 중산층 혹은 중간 계급이 사회의 상하를 중재하는 역할을 한다. 그런 가운데 이른바 '규모와 범위의 경제'가 달성되고 생산력은 혁명적으로 발전하며 사회의 총 가치 생산은 기하급수적으로 증대한다. 그리고 기하급수적 성장만이 사회 각 계층이 동시에 경제적, 사회적으로 동반 성장하는 포지티브섬 게임의 사회를 실현할 수 있었던 것이다. 영국과 미국은 근대 산업사회의 발전을 보여주는 전형적인 사례들로서, 특히 경제 발전 혹은 쇠퇴가 생산요소 간 최적의 조합을 넘어 전체 사회의 역동적인 생명력에 좌우된다는 사실을 훌륭하게 입증하고 있다.

1. 사회계층 구조

용어의 정의

도식적으로 말한다면, 농업사회에서 산업사회로의 이행과 더불어 신분사회에서 계급사회로의 이행이 이루어진다. 상업사회는 과도기적 단계라고 할 수 있다. 신분(order)이란 개인이 관습이나 법률에 따라 한 사회에서 차지하는 위치를 가리키며, 이는 통상 출생으로 결정된다. 그 반면에 계급(class)이란 관습이나 법률과는 상관없이 개인이 경제적 능력과 역할에 따라 한 사회에서 차지하는 위치를 가리키며, 이는 통상 재능에 의해 결정된다. 따라서 신분제 사회는 사회적 엔트로피(무질서도)가 작은 사회이며, 계급사회는 사회적 엔트로피가 큰 사회이다.

계급이라는 말 대신 계층(stratum)이라는 말도 자주 사용된다. 계급 및 계층에 대해 명확하게 정의하기는 어렵다. 마르크스주의자들은 계급이라는 용어를 선호하며, 비마르크스주의 사회학자들은, 계급이라는 말의 용도 폐기를 선언하는 정도까지는 아니더라도, 계급 대신에 계층이라는 용어를 선호하는 경향이 있다. 여기서는 일단 계층을 "위계적인 사회구조에서 일정한 위치를 차지하는 집단"을 뜻하는 용어로, 계급을 "그런 집단이 내부에서 연대 의식을 깨닫고 외부에서 대립 관계를 보는 역사적 현상"을 뜻하는 용어로 사용하기로 한다.[27]

이렇게 보면, 계층은 계급사회뿐만 아니라 신분사회에도 적용될 수 있는 폭넓은 개념이 된다. 계급의 개념도 계급사회 이전 사회는 적용하지 못할 이유가 없지만 대개 계급사회에 적용되는 개념으로 당연시된다. 다만 계급은 영국 역사가 톰슨(Edward P. Thompson)의 지적대로 계급 구성원들의 '의식'을 통해 형성된다는 점에서 단순한 사회학적 개념을 넘어 문화적 개념으로 간주될 필요가 있다. 그렇다면 계급은 계층보다 내적 동질성이 훨씬 더 강한 개념이다. 그러나 계급이든 계층이든 혹은 사회학적 개념이든 문화적 개념이든 간에 이 모든 것이 근본적으로는 그 사회의 경제적 가치 창출 체제 및 축적된 부와 밀접한 관련을 맺고 있음을 부정할 수 없다. 왜냐하면 태초에 계급과 계층이 재산권을 기준으로 분화되기 시작했으며, 사회적 유동성 또한 경제적 유동성과 동반하여 발생한 현상이기 때문이다.

계급 구조

중간 계급

중간 계급(middle class)은 의미론적으로는 적극적인 내용을 갖지 못하는 용어로 보인다. '중간'이라는 말 자체가 A와 B 사이에 끼어 있다는 뜻 이상도 이하도 아니기 때문이다. 중세 농업사회에서 중간 계급을 굳이 지목하라면 도시민들이 유력한 후보가 될 것이다. 왜냐하면 농촌의 장원을 중심으로 하는 중세 농업사회에서 기본적인 계급 관계는 영주와 농민이며, 도시민은 이 기본 관계에서 이탈하여 영주와 농민 중 어느 편에도 속하지 않는 중간 지대에 자리 잡고 있었기 때문이다. 도시민은 문자 그대로 중세 도시를 가리키는 '부르구스(burgus)'에 사는 주민이며, 이로부터 '부르주아지(bourgeoisie)'라는 말이 나타났다. 그러다가 19세기 초 유럽, 특히 영국에서 부르주아지를 중간 계급이라는 표현으로 대용하는 어법이 등장하였다. 중간 계급이란 상층 계급(upper class)과 하층 계급(lower class) 사이에 끼어 있는 계급이라는 뜻이며, 구체적으로는 지주와 농민 혹은 귀족과 평민 사이에 있는 계급이라는 뜻이다.

계급을 다른 계급과 구분되는 명확한 자기의식을 지닌 집단으로 규정한다면 중간층을 중간 계급으로 부르기에는 못내 주저되는 대목이 있다. 왜냐하면 중간 계급은 신분적으로 보나 직업적으로 보나 내적 동질성이 매우 취약하기 때문이다. 그래서 중간 계급들(middle classes)이나 중간 부류

(middle sorts)라는 다소 막연한 복수형 개념이 쓰이기도 하고 혹은 중산층이나 중민이라는 말이 엄밀한 정의 없이 통용되기도 한다. 산업사회 초기에 중간 계급이라는 말은 주로 독립적인 소기업가나 자영농, 수공업자나 상인 등을 가리키는 말이었다. 그러나 대기업 중심의 자본주의가 발전한 산업사회 후기에 들어서면 그와 같은 구 중간 계급이 대부분 몰락하면서 대기업에 고용된 사무직 종사자들이 주축이 되는 신 중간 계급이 떠오르게 되었다.

역사적으로 신/구 중간 계급을 명확히 분별해 내기란 쉽지 않다. 18세기 프랑스에서 '부르주아지'라는 말은 귀족에 대항하는 의미로 통용되었지만, 실제로 '부르주아지'가 귀족과 어떻게 구별되는지에 대해서는 논란이 많다. 현대의 많은 학자는 오랫동안 '부르주아지'가 귀족과 경제적 · 문화적 측면에서 거의 구별되지 않았다는 데 동의한다. '부르주아지'와 귀족은 모두 토지 재산과 이자 소득(rent)으로 먹고살았다. 이를 '부르주아지의 귀족화'로 부르건 아니면 '귀족의 부르주아화'로 부르건 간에 양자가 융합되었음은 틀림없다. 그리하여 오늘날의 상공인을 '부르주아지'로 보는 시각은 19세기 이후 영미권의 관행을 18세기 프랑스에 억지로 끼워 맞춘 잘못에서 유래했다고 할 수 있다. 게다가 '부르주아지'와 귀족은 문화적으로도 잘 구별되지 않았다. 양자 모두 계몽사상에서 유래한 지적 교양을 두루 갖추면서 사회의 문화적 엘리트를 형성하고 있었다는 말이다. 이러한 사정은 중간 계급에도 되풀이된다. 실제로 19세기 후반 영국 사회에서 중간 계급은 경제적으로 토지 재산이나 이자 소득으로 살았던 경우가 많았고, 문화적으로 귀족을 흉내 내려는 경향이 강하였다.

그럼에도 대체로 19세기 이후 중간 계급은 사회의 상층과 하층보다 꽤 뚜렷한 사회적 지위와 의식을 소유하고 있었던 것으로 보인다. 중간 계급은 산업혁명의 최대 수혜자였고, 산업자본주의의 발전에 따라 중산층은 사라지고 양극화된다는 마르크스의 예언과는 달리 위축되기는커녕 팽창했으며, 나름의 인상적인 사회적 역동성을 보여주었다. 많은 학자는 20

세기 파시즘의 등장을 가능하게 한 것은 중산층의 보수적 역동성이었다고 생각한다. 오늘날에도 그들은 소멸하기는커녕 번창하는 것 같다. '중산층의 몰락'을 운위하는 경우가 많지만, 이도 역시 자본주의적 산업사회에서 중산층은 원래 역동적인 계급이라는 전제 아래서 그 역동성이 사라질지 모른다는 근심을 나타낼 뿐이다. 사실상 19세기 영국에서 중간 계급은 다른 계급과 구별되는 뚜렷한 라이프스타일과 자기의식을 소유하고 있었던 것으로 보인다. 이를테면 '고상한 사회(respectable society)'의 담론은 중간 계급이 귀족적 라이프스타일을 모방하려고 한 유치한 사례로 간주될 수도 있지만, 그와 동시에 귀족 계급과 노동자계급과는 구별되는 그들만의 독특한 라이프스타일을 가꾸려는 염원의 발로라고 볼 수도 있다. 그런가 하면 영국의 중간 계급은 공리주의나 자유방임의 이념을 통해 상당히 명확한 이념적 지향도 발전시켰다.

이보다 더 흥미로운 사실은 19세기 말 이후 미국에서 중간 계급이 보인 역동성이다. 자본주의가 고도로 발전한 이후에 독립적인 자영업자층보다는 새로이 대기업에 고용된 전문직 사무원들이 새로운 중간 계급으로 부상하였다. 일부 학자들은 이들을 최고 경영진의 명령에 일방적으로 따르기만 했던 무기력한 존재로 보기도 하지만, 다른 학자들은 그들이 보여준 능동적 역량에 주목한다. 예컨대 준즈(Olivier Zunz)는 대기업의 중간 관리자들이 대기업의 기술 문화와 기업 윤리를 홍보하는 역할을 하면서 부의 집중을 견제하고 건전한 여론 형성을 주도해 나갔다고 주장한다. 그들이야말로 "미국을 하나의 기업으로 만든" 사실상의 주인공이었다는 것이다.[28] 챈들러(Alfred D. Chandler, Jr.)도 소유와 경영이 분리된 경영자본주의의 세계에서 전문 경영자들은 단기 목표와 단기 이익을 추구하는 데 연연해하지 않고 회사의 장기 발전을 위한 계획을 수립하고 집행하는 과정에서 대기업 중심의 자본주의 발전에서 능동적인 역할을 했다고 본다.[29] 이렇게 보면 미국의 중산 계급은 경제성장에 중추적 역할을 한 산업사회의 주인공이라고 할 수 있다.

기업가

준즈와 챈들러의 견해는 중간 계급이 산업사회의 발전에 미친 영향력을 올바르게 평가하는 데 도움을 준다. 그러나 중간 계급이 산업사회의 기술혁신과 가치 창출에 어떤 기여를 했는지에 대한 일반론을 제시하기란 쉽지 않다. 무엇보다 중간 계급이라는 범주에는 준즈와 챈들러가 말한 대기업에 고용된 전문직 종사자들 외에도 교사나 공무원 혹은 자영업자 등과 같은 다양한 직종군이 포함되기 때문이다. 또한 준즈와 챈들러의 논의는 대기업 특유의 경영 계서제에 속해 있는 전문직 종사자들의 능동성을 잘 조명하고 있지만, 경영 계서제란 관료적 질서와 유사해서 전문 경영인들의 능동성이 얼마만큼 허용되었는가의 문제는 여전히 논란거리가 된다.

만약 대기업의 위계질서가 관료제와 유사하다고 하면, 여기서 중요한 것은 인간이 아니라 직무이다. 인간이 직무를 선택하는 것이 아니라 직무가 인간을 선택하는 것이다. 이것이 베버(Max Weber)가 말한 관료제의 근대적 합리성이다. 챈들러가 말하는 경영 계서제라는 것도 장기 투자와 장기 성장이라는 경영 목표 아래서 철저히 사익(私益)과 사견(私見)을 배제한 직무 중심의 비인격적인 기업 구조가 발전한 결과이다. 그렇다면 기술혁신을 추구하고 가치 창출을 주도하는 역동적 인간의 모습은 실종되기 십상이다. 이로부터 중간 계급 외에 산업사회의 다른 주인공이 필요해진다.

기업가(entrepreneur)가 바로 그 주인공이다. 통상 기업가란 기업을 소유하고 경영하는 존재로 간주된다. 그러나 기업가가 자본주의적 산업사회에서 발전의 견인차라고 말할 때, 기업가는 좀 더 특정한 의미를 부여받게 된다. 여기서 주목할 만한 것이 슘페터(Joseph Schumpeter)의 논의이다. 그는 경제 발전의 동력이 기업가의 혁신이라고 보았다. 혁신이란 생산수단의 새로운 조합을 뜻한다. 구체적으로 말하면 새로운 제품의 도입, 새로운 생산 방법의 도입, 새로운 시장의 개척, 새로운 원료 및 반제품 공급원의 확보, 독점의 창출과 분쇄와 같은 새로운 산업 조직화 여부 등이 새로운 조합의 실례들이다. 이와 같은 혁신, 즉 '창조적 파괴'를 통해 경제는 발전한다. 따라서 슘페터가 말하는 기업가란 단순히 기업을 소유하거나 경영하는 사람이 아니라 혁신을 몸소 실천하는 사람이다. 혁신의 기능을 수행하지 않으면 기업가가 아닌 것이다. 반대로 기업을 소유하거나 경영하지 않더라도 혁신의 기능을 수행한다면 그는 엄연히 기업가이다.

이 지점에서 흥미로운 것은 혁신적 기업가의 행동 뒤에 숨어 있는 동기에 대한 슘페터의 통찰이다. 그가 말한 바로는, 기업가를 움직이는 동기는 최대한의 이윤 추구가 아니라 '자기 왕조를 건설하려는 꿈과 의지'이고 '승리자가 되고자 하는 의지'이며 순수한 '창조의 기쁨'이다. 요컨대 기업가에게 기업 활동이란 일종의 스포츠가 되며, 이윤은 전투의 목적이 아니라 전투에서의 승리에 따라오는 전리품일 뿐이다. 이렇게 보면 기업가란 합리적 동기만으로 움직이는 존재가 아니다. 결국 슘페터는 합리적으로 행동하는 기업가의 비합리적 동기를 밝혀내고자 한다. 그리고 이러한 비합리성이 "창조적 파괴"를 가능하게 하고 경제 발전을 이끌어낸다는 점을 암시한다.[30]

슘페터의 기업가상은 현실의 기업가에 대한 묘사가 아니라 일종의 이념형이다. 또한 현실에서 어느 정도의 혁신을 수행해야만 기업가로 불릴 수 있는지 판정하기도 쉽지 않다. 따라서 기업가 개념의 추상성을 고려하면서 개념을 조심스럽게 사용해야 한다. 그럼에도 슘페터의 개념은 적어도 두 가지 사실을 알려준다. 첫째, 산업사회가 끊임없는 기술 및 경영의 혁신으로 확대 재생산을 통해 가속적인 발전을 거듭하는 사회라면 창조적 파괴자로서의 기업가는 산업사회의 주역이다. 둘째, 기업가는 통상 이윤 동기에 따라 움직이지만, 그것이 전부는 아니다. 이 점은 미묘하지만 중요한 대목이다. 산업사회에서 개인을 움직이는 동인은 물질적 욕구이다. 한 사회가 물질적 유인을 충분히 제공하는가는 그 사회가 경제적으로 발전할 수 있는 중요한 조건이 된다. 앞서 살펴보았듯이, 사적 소유권이나 특허권이 잘 발달한 앵글로 색슨 세계에서 산업사회가 선도적으로 발전한 것은 우연이 아니다. 그럼에도 물질적 유인 외의 다른 유인들의 존재가 '결과적으로' 경제성장에 기여한 경우도 많다. 킨들버거(Charles P. Kindleberger)는 권력 추구, 미의 추구, 모방욕, 명예욕, 허영심, 종교적 확신, 공포, 잔인함 등이 때때로 산업혁명에 긍정적으로 기여했음을 인정한다.[31]

이와 관련하여 구체적이고 흥미로운 사례가 있다. 역사가 돌젤(Robert F. Dalzell, Jr.)은 보스턴 제조업자들의 사례를 통해 산업 발전이 반드시 위험을 기꺼이 무릅쓰는 강렬한 이윤 극대화 동기에 의해 추동되는 것은 아님을 입증하였다. 그가 연구한 '월섬-로웰 체제(Waltham-Lowell system)'는 원기 왕성한 혁신적 기업가 정신에서가 아니라 안전한 수입원을 찾으려는 보수적인 위험 회피 정신에서 구축되었다. 즉 투자자들은 높은 이윤을 가져다주지만, 위험성이 큰 상업에 돈을 투자하는 대신 그들이 보기에 "적지만 지속적인 보상"을 가져다주는 제조업에 돈을 투자하여 원래의 자기 재산을 지키면서 사회적 지위를 누리는 편을 선호하였다. 이 경우에는 이윤 극대화 동기에 의해 추동된 혁신적 모험정신이 아니라 보수적인 사회적 안정성을 추구하려는 욕구가 산업 발전의 숨은 동인이었다는 것이다.[32]

그렇기는 해도 근대 산업사회가 물욕을 다른 모든 욕망으로부터 해방하여 으뜸가는 독립적 욕망으로 정립하고, 이를 경제 발전과 연결 지은 역사적으로 유일한 사회라는 점은 변함이 없다. 허쉬먼(Albert O. Hirschman)에 따르면, 근대 사상가들의 거의 모든 노력은 많게는 물욕이나 명예욕, 작게는 식욕이나 성욕 같은 일체의 인간 욕망, 즉 정념(passion)을 잘 길들여 사회질서를 확립하는 문제에 바쳐졌다. 그런 가운데 점차 물욕이 다른 정념을 압도하는 특별한 정념으로 간주되고, 물욕은 곧 이해관계(interest)로 이해되었다. 그럼으로써 모든 개인은 자신의 이해관계를 고려하고 그에 따르는 과정에서 자신의 정념을 통제하게 되었다는 것이다. 몽테스키외는 다음과 같이 말하였다. "비록 그의 열정[혹은 정념—인용자 주]이 사악해지도록 부추긴다 할지라도, 자신의 재산[이해관계—인용자 주] 때문에 그렇게 할 수 없는 상황에 놓이게 된다." 이렇게 되니 비용이 많이 드는 외부로부터의 강제는 최소화되고 규율은 내면화되었다. 그러나 물욕 혹은 이해관계는 그 자체가 길들지 않는 또 다른 욕망이어서 또 다른 문제를 낳았는데, 자본주의 사회를 어떻게 유지할 것인가의 문제가 그것이다.[33] 허쉬먼이 말하는 요지는 명확하다. 근대 자본주의 사회에서 인간을 움직이는 동기는 특권화된 물욕이며, 물욕은 거꾸로 자본주의 사회를 발전시키는 데 기여했다는 것이다. 다시 말해, 가치 창출이 가속적으로 증가하는 산업사회에서는 추가적인 노력에 대한 보상이 점점 더 커지기 때문에 인간의 이기심은 더 큰 보상을 기대하고, 더 많이 더 열심히 일함으로써 점점 더 많은 가치를 창출하게 된다는 것이다. 이는 사상가들의 원래 의도와는 무관하다. 어쨌든 근대 산업사회는 인간의 물욕을 어떻게 자극하고 동시에 통제하느냐를 핵심적인 과제로 삼고 있다고 할 수 있다.

사회적 역량

기업가의 역량과 그를 움직이는 다양한 동인, 그중에서도 이기심은 산업사회 발전의 주요한 원천이다. 이기심이 인간이 본래 타고난 심성이라고 보면, 과거 농업사회라고 해서 이기심이 없었을 리 없다. 그러나 생산이 체감하고 성장이 감속하는 농업사회에서는 추가적인 노력에 대한 보상이 점점 줄어드는 경제사회 고유의 동학으로, 인간의 이기심이 산출을 최대화하기보다는 투입을 최소화하는 역(negative) 인센티브로 작용하게 되었던 것이다. 그러나 가치 창출이 가속적으로 증가하는 산업사회의 속성에 따라 이기심을 산출 극대화의 동력이자 인센티브로 작용할 수 있도록 바꿀 수 있었던 것이다.

이 같은 이기심을 실제 가치 창출로 연결하는 것은 기업가를 둘러싸고 있는 사회적 환경이다. 문제는 한 사회가 기업가를 배출하고 기업가의 역량을 북돋워 주는 능력을 갖추고 있느냐 하는 점이다. 킨들버거는 '사회적 역량(social capability)'으로 개념화하고 있으며, 생명력이나 역동성 혹은 '생명의 약동(élan vitale)'이라는 개념들과 바꿔 쓰기도 한다. '사회적 역량'의 개념은 계량화하기 어렵다는 단점이 있으나 분명히 실체로서 존재하는 것이다. 1652년 한 네덜란드인은 당시 쇠퇴해 가는 베네치아의 지배층에 대해 다음과 같이 비꼬았다. "도시 귀족은 상인이 아니다. 그들은 해상 무역을 무릅쓰려고 하지 않고 집과 유가증권에서 이익을 추구하려고 하며 그래서 바다를 빼앗기도록 허용하고 있다." 이는 베네치아의 생명력이 소진되고 있다는 비판이다. 킨들버거는 여기에 덧붙이고 있다. "어느 나라든 늙어갈수록 미래보다는 과거에 그리고 상공업 대신에 예술, 학문, 문학에 관심을 둔다. 데이비드 리스먼과 그의 동료들이 미국에 대해서 이야기하는 것처럼 생산의 영웅들이 소비의 영웅들로 대체된다."[34] 경제의 초점이 제조업에서 금융으로 옮겨가면서 돈이 생산에 투자되는 대신 저택에 투기되는 것은 한 사회의 생명력이 다해 가고 있다는 쇠퇴의 징후임을 암시한다.

킨들버거의 '사회적 역량'은 흔히 사용되는 '사회적 자본(social capital)'의 개념과 유사하다. 사회적 자본은 논자마다 조금씩 다르지만 생산 및 소비 활동을 포함하는 경제활동의 토대가 되는 공공재를 말한다. 통상 사회간접자본과 동일시되기도 하지만, 실제로는 그것을 포함하는 더 넓은 개념이다. 광의의 개념으로 보면 사회적 자본은 공동체와 사회조직을 건설적으로 유지하고 발전시키는 일체의 사회적 도덕 및 규범과 네트워크를 포함하는 개념이 된다. 콜먼(James Coleman)은 사회적 자본을 '사람들이 공통의 목적을 위해 단체와 조직 내에서 함께 일할 수 있는 능력'으로 보았고, 후쿠야마(Francis Fukuyama)는 그러한 사회적 자본의 핵심을 '신뢰(trust)'에서 찾았다. 사회적 자본이 충분하면 최소한의 비용으로 경제적 안녕과 경쟁력이 획득될 수 있다는 것이다. 그런가 하면 퍼트넘(Robert Putnam)은 이탈리아의 사례를 들어 지역사회가 보유한 사회적 자본이 경제적 번영 및 정치적 민주주의의 발전과 긴밀히 관련되어 있음을 훌륭하게 증명하기도 하였다.[35]

결국 사회적 역량이나 사회적 자본의 개념은 경제성장과 가치 창출이 탁월한 개인에 의해서만이 아니라 전체 사회와 공동체의 자산에 좌우됨을 보여준다. 사회적 환경이든 사회적 역량이든 혹은 사회적 자본이든 간에 이러한 사회 공동체의 자산이 수천 년의 역사를 통해 산업(상업)자본주의 체제의 성립과 함께 본격적으로 등장한 것 또한 인간의 이기심에 기반을 둔 확대 재생산 체제의 산물이기 때문이다.

2. 규모의 경제

영국의 개인적 자본주의

영국 산업혁명은 새로운 기계와 기술을 개발한 발명가들이나 맨손으로 회사를 일으킨 기업가들과 같은 탁월한 개인들의 집단 전기처럼 보이기도 한다. 수력 방적기를 발명한 아크라이트는 가난한 집안에서 태어나 이발사 등의 직업을 전전하다가 방적기를 발명한 뒤 특허권을 얻고 재력가들을 끌어들여 직물을 생산하는 합자회사를 차려 기업가의 삶을 시작하였다. 아크라이트의 공장은 한창때 1,900명의 노동자를 고용했으며, 아크라이트 자신은 50만 파운드라는 거액의 유산을 남겼다. 또한 필든(John Fielden)은 아버지로부터 물려받은 오막살이 작업장을 19세기 전반 영국에서 가장 큰 기업으로 일으켰다. 그의 '필든 브라더즈' 회사는 1855년 당시에 1,600대의 방직기와 10만여 개의 방추, 2,000여 명의 노동자를 거느린 굴지의 대기업이었다.

19세기 후반에 미국과 독일을 중심으로 발전한 대기업의 규모와 비교할 때 19세기 영국 기업은 중소기업에 불과한 것으로 보인다. 기업의 소유자가 경영자의 역할을 동시에 수행하였고, 따라서 영국 기업은 가족적 성격이 강하였다. 게다가 영국은 19세기 후반의 이른바 '제2차 산업혁명'의

물결에도 적응하지 못하였다. 흔히 말하는 '경로 의존성(path dependency)' 때문이다. 이는 "사건들이 특정한 방식으로 진행되어 경제 과정과 제도를 변경 불가능할 정도로 경직적으로 만듦으로써 영향을 미친다는 것"을 뜻한다.[36] 다시 말해 영국은 이미 '제1차 산업혁명'에서 확립된 기성 산업, 즉 사양 산업 중심의 경제구조가 경직적으로 존재하고 있어서 '제2차 산업혁명'의 새로운 산업 분야에 탄력적으로 적응할 수 없었다는 것이다. 돌이켜보면 상공업 분야에서 영국을 훨씬 앞서 있었던 대륙의 도시에서는 강력한 길드의 전통 때문에 산업혁명이 태동할 수 없었고, 길드의 전통이 미약한 영국의 지방(시골)에서 새로운 면방직 공업 중심으로 산업혁명이 일어난 것 또한 경로 의존성에 기인한 것이었다.

챈들러에 따르면, 영국은 그와 같은 상황에서 다른 나라, 특히 미국과는 질적으로 다른 자본주의의 양태를 보여주며 발전하였다. 무엇보다 영국은 종래의 소비재 중심의 산업구조를 중화학 공업 중심의 산업구조로 바꾸는 데 실패하였다. 기업 구조도 소유와 경영이 분리되지 않은 상태에서 영국 자본주의는 이른바 '개인적 자본주의(personal capitalism)'로 전개되었다. 그리하여 19세기까지만 하더라도 당당히 '선발 산업국'으로서 세계 최고의 위치에 있었던 영국은 제1차 세계대전을 전후한 시기에 '후발 산업국'에 추월당하는 신세로 전락하는 역설을 경험하게 되었다. 새로운 산업 분야를 발전시키지 못하고 기업 구조를 근대화시키지 못함으로써 영국의 기업들은 장기 투자와 장기 성장 대신 단기적인 이윤 획득에 주력하면서 미국에 뒤처지게 되었다는 것이 챈들러의 주장이다.[37] 덧붙이면, 이는 영국이 제조업 경쟁력에서 뒤떨어지고 금융 산업에 우위를 보인 현상과 같은 맥락에서 이해되어야 할 것이다.

미국의 경쟁적 경영자본주의

영국과는 달리 미국은 '제2차 산업혁명'의 수혜를 충분히 누리면서 '경쟁적 경영자본주의(competitive managerial capitalism)'의 전형으로 발전하였다. 발전 과정에 대해서는 기업사의 대가인 챈들러가 잘 정리하고 있다. 그는 19세기 후반부터 경영자들의 '보이는 손'이 시장이라는 '보이지 않는 손'을 대체했다고 주장하였다. 기업의 경영이 시장의 기능을 상당 부분 흡수했다는 것이다. 즉 대기업들은 시장에서 이루어지던 거래를 내부로 흡수하여 장기적인 목표에 따라 자원을 합리적으로 배분하고 처리하기 시작했다는 것이다. "많은 경제 부문에서 관리에 의한 조정이 시장에 의한 조정보다 더 유익하다는 것이 입증되었다. 경영진의 보이는 손이 그 가치를 증명하였다." 그런데 여기서 경영진은 회사의 주식도 갖지 않고 소유자들과 아무런 인적 관계도 맺지 않은 전문 관리자들이라는 점에서 '보이는 손'은 소유와 경영이 분리된 '근대적 경영자본주의(modern managerial capitalism)' 시대의 진정한 주역이었다.[38]

미국은 그러한 성격의 자본주의가 전형적으로 발전한 나라였다. 미국의 독특한 성장의 조건은 다음과 같다. ① 급속하게 팽창하는 국내 시장의 존재, ② 자본 집약적인 생산 기술의 발전, ③ 상품 가격이나 생산량을 규제하는 담합을 금지하는 법적 환경(반독점법)의 존재이다. 특히 세 번째 조건은 일개 기업이 시장을 독점하는 것을 막고, 2~3개의 기업이 과점적 경쟁을 통해 건설적으로 발전할 수 있게 하였다. 그런 가운데 미국 기업들이 '규모와 범위의 경제(economy of scale and scope)'를 실현했다는 것이 챈들러의 주장이다. 챈들러가 말하는 규모의 경제란 대규모의 생산 및 배급의 단위가 생산 및 배급의 단가를 감소시키는 경제이고, 범위의 경제란 분리된 생산 및 배급 시설을 결합하여 상품의 다각화를 달성하고 비용을 절감하는 경제를 뜻한다. 이러한 규모와 범위의 경제를 통해 경영 계서제가 발전하고 전체 경제가 성장하였다. 그리고 이와 같은 경영자본주의적 기업 구조의 발전과 더불어 이른바 '근대적 산업 기업(modern industrial enterprise)'이 성장하였다. 이처럼 미국의 대기업들은 3대 요소인 설비, 기술, 인력을 효율적으로 관리하는 '조직 역량(organizational capabilities)'을 통해 다른 국가들과의 경쟁에서 승리했다는 것이 챈들러의 결론이다.[39]

챈들러의 주장을 액면 그대로 받아들일 필요는 없다. 그러나 챈들러의 논의가 암시하듯이 미국 기업의 성공은 '덩치 큰 놈이 이긴다'는 속설을 입증하는 것으로 보인다. 또한 영국에 대한 미국의 승리는 '아마추어보다 프로가 더 강하다'는 속설을 입증한다. 사실, 킨들버거가 말했듯이, 산업혁명기 영국을 성공하게 한 아마추어 기업가의 역량은 19세기 후반 이후의 변화된 환경에서는 오히려 실패의 원인이 되었다. 변화된 환경이란 기술의 고도화와 그에 따른 공정의 복잡성 증대 그리고 소유와 경영의 분리에 따른 전문적인 조직 역량의 발전 등을 뜻한다. 영국이라는 아마추어는 이른바 '경로 의존성' 효과 때문에 프로페셔널로 쉽게 변신할 수 없었다. 아마추어와 프로페셔널이 벌이는 크리켓 경기에서 누가 승리할지는 뻔하다. 이 경우에 흔히 말하는 '신사와 선수(gentlemen vs. players)'의 비유는 영국과 미국의 경쟁에 잘 들어맞는다.[40] 그러나 챈들러가 말하는 '덩치 큰 놈'이 곧 킨들버거가 말하는 '프로페셔널'은 아니다. 가령 틈새시장을 노려 세계적인 성공을 거둔 이탈리아와 일본의 중소 규모 가족 기업은 덩치는 작지만 프로페셔널이라고 할 수 있다. '덩치 작은 프로페셔널'의 특이한 성공을 설명하기 위해서는 양국의 독특한 사회적 역량과 장인 문화의 전통을 이해해야 할 것이다.

더 중요한 점은 틈새시장의 존재에서 엿보이는 근대 산업 발전의 독특한 구조이다. 보통 눈에 잘 들어오는 것은 덩치가 큰 기업들이다. 그리고 대기업이 독립적인 소기업을 점차 흡수하면서 챈들러가 말하는 규모의 경제가 실현되었음은 부정할 수 없다. 그럼에도 역사적인 견지에서 근대적 대기업이 단번에 전통적 기업을 대체했다고 말할 수는 없다. 오히려 대기업들은 중요한 기능을 내부로 흡수하면서 그와 동시에 다른 많은 작업을 외부로 하청을 주는 방식으로 전통적인 부문을 남겨두곤 하였다.

19세기 미국 대도시의 산업화를 연구한 윌렌츠(Sean Wilentz)는 뉴욕 시의 제조업자들이 기계화와 규모의 경제를 실현하는 대신 분업을 고도화하여 작업 공정을 세분화하는 방식으로, 중요한 부문은 장인이나 숙련공에게 맡기고 나머지 대부분은 미숙련공이나 가내 노동자 혹은 청부업자에게 하청을 주었음을 지적하였다. 이것이 '사이비 장인 제도(bastard artisan system)'이다. 나아가 새뮤얼(Raphael Samuel)은 기계화된 대규모 작업장 중심의 근대적 공장제가 일시에 가내 수공업이나 공장제 수공업과 같은 전통적인 소규모 생산 체제를 대체한 것이 아니라 그것을 남겨두고 껴안으면서 발전했다는 '통합/불균형 발전'을 제시하였다.[41] 이러한 사실은 대기업이 지배하는 현실에서도 소기업이 생존하고 번영할 수 있는 여지가 있으며, 그러한 가능성을 이론화할 필요가 있음을 말해 주고 있다.

그러나 규모와 범위의 경제를 단위 기업으로부터 기업군 또는 국가 단위로 확대하여 해석해 보면, 결국 이는 근대 산업사회를 발전시키고 성숙시킨 힘의 원천임을 쉽게 알아차릴 수 있다. 기업군 단위는 출자로 연결되어 있고 국가 단위는 국적으로 연결되어 있지만, 이들이 경영 시스템이나 기업 문화를 공유하고 있다는 점에서 가치를 창출하는 집단으로서 기업의 확장된 개념으로도 간주할 수 있다. 오늘날 틈새시장에서 성공한 중소 규모 가족 기업이나 IT 벤처로 시작하여 세계적인 대기업으로 발전한 성공 사례들도 대부분 기존 대기업의 하청으로부터 파생된 것이거나 최소한 선진국의 국적을 가진 기업이었다. 따라서 넓은 의미의 규모와 범위의 경제는 21세기 산업사회 전반에 걸쳐 여전히 유효함을 알 수 있다.

3. 가족과 친족 관계

가족 중심의 개인주의

농업사회의 일반적인 가족 형태가 3~4대가 같이 사는 대가족이라면, 산업사회의 가족 형태는 한 세대가 같이 사는 핵가족이다. 특히 고도 산업사회에서 개인주의가 만연하면서 가족이 해체되고 있다는 우려의 목소리가 높기도 하다. 그만큼 산업사회는 인간 사회를 고독한 개인들로 원자화하고 있다는 것이다. 그러나 역사적으로 볼 때, 중세에서 근대로 이행하는 과정에서 가족은 해체되기보다는 강화되었다는 증거가 많다. 중요한 것은 가족의 개념이다. 근대사회에서 가족과 가족주의가 강화되었다는 주장은 가족에 대한 특정한 개념에 기초한 말이다. 다시 말해 근대의 가족이란 단순히 혈연 공동체만을 의미하는 것이 아니라 특정한 감수성, 즉 가족은 사랑으로 엮인 공간이라는 감수성에 바탕을 두고 있다. 그리하여 근대 이후에 아끼고 보살펴야 하는 부부간 사랑의 결실로서의 어린이 개념과 부부 관계를 공동체의 감시와 규제로부터 보호하는 과정에서 발달한 '사생활권(privacy)'의 관념이 발전하는 것은 그와 같은 근대 특유의 감수성을 보여준다. 따라서 근대 산업사회에서 핵가족과 개인주의가 대세라는 주장이 잘못된 것은 아니더라도 가족이 해체되거나 가족주의가 경시된다고는 할 수 없다. 오히려 농업사회의 생산 및 소비 양식에 적합한 가족의 개념이 산업사회의 생산양식에 적합한 가족의 개념으로 바뀌었다고 보는 것이 적절할 것이다.

산업화가 진척된 19세기 후반 영국 사회에서도 가족의 중요성은 경시되기는커녕 크게 강조되었다. 빅토리아 시대로 불리던 당시 영국 산업사회에서는 놀랍게도 '고상함(respectability)'이 최고의 미덕으로 찬미되었다. '고상한 사회'에서의 가정은 거칠고 삭막한 산업사회에서 사람들에게 안식과 위로를 주는 '둥지'로 여겨졌다. 집은 아기자기한 장식품들로 치장되었고, 피아노와 찻잔 세트가 가정의 필수품으로 아낌을 받았다. 가정에서 여성은 현모양처가 되어야 하였고, 남성에게는 가장으로서 가족을 부양하고 적절한 사회 여론을 형성할 임무가 부여되었다. 그뿐만 아니라 가족들과 함께 즐기는 여가 활동이 '고상한' 삶을 위한 필수불가결한 요소로 간주되었다. 당시 영국에서 온천과 같은 휴양지 개발 붐이 일어난 것도 그러한 맥락에서였다.[42] 이는 농업사회의 가정이 경제활동을 하는 직장을 겸하고 가족이 직장 동료의 역할까지 했던 반면, 산업사회의 가정은 직장으로부터 분리된 순수한 휴식과 안식의 공간으로 그리고 가족은 사랑으로 묶인 순수 혈연 공동체로 진화되었기 때문으로 보인다.

이처럼 통념과는 달리 산업화에도 가족은 물론이고 심지어 대규모 친족 관계도 살아남았다. 미시사가인 레비(Giovanni Levi)는 산업사회의 토대라고 할 수 있는 시장이 전통적인 친족 관계를 해체하고 개인들을 원자화시켰다는 통념은 신화일 뿐이라고 일축하였다. 그에 따르면, 역사가들은 17세기 이탈리아에서 널리 확인되는 금전적인 토지 거래의 확산이 곧 자기 조절적인 시장경제가 존재한다는 사실을 입증한다고 생각하였다. 관찰의 규모를 극단적으로 좁혀 그 경우를 살펴보면 흥미로운 하나의 현상이 나타난다. 즉 금전적 토지 거래는 확산되었지만, 가격의 변화폭은 극도로 다양했다는 것이다. 같은 토질 및 규모의 토지에 대해서도 가격이 다양했음은 물론이다. 레비는 누구도 주목하지 않았던 그러한 다양성이 어디에서 기인했는지 숙고하였다. 그의 결론은 가격이 통념처럼 항상 수요와 공급의 법칙에 의해 결정된 시장가격만은 아니었다는 것이다. 즉 토지 가격은 계약 당사자들 사이의 친족 관계에 따라 다양하기도 했다는 것이다. 구체적으로 말해, 거래를 통해 토지 주인이 바뀌는 과정에서 가격이 결정되는 데 있어 사회적 · 개인적 관계가 중요한 역할을 했다는 것이다. 요컨대 친족 관계가 시장 거래를 결정한 것이다.[43] 이러한 사례가 특정 지역에서 한때 나타난 극단적인 경우라고 하더라도, 산업사회에도 대규모 친족 관계에 의미를 부여할 수 있는 증빙 자료는 될 수 있을 것이다.

이상의 사실은 무엇을 의미하는가? 시장경제와 산업사회의 발전이 곧 기존의 가족과 친족의 해체를 뜻하지 않는다는 것이다. 가정과 가족이 생산활동의 근거인 직장으로부터 분리되고, 생산의 거점이었던 가정이 소비의 중심으로 바뀜에 따라 생산 공동체이던 가족이 소비 공동체로 재정립되었다. 그럼으로써 산업사회의 가족과 가족주의는 사회적 유대와 네트워크를 보존하고 재생산하는 최소 단위로서 경시되기는커녕 도리어 강조되었던 것이다. 인간이 본래 사회적 동물이라는 사회적 측면과 인간사회가 혈연 집단으로부터 시작되었다는 사실이 부정되지 않는 한 완전히 '개인화된' 사회란 존재하지 않는다. 중요한 점은 개인주의가 사회적으로 대세라 하더라도 그것을 보완하여 인간관계와 공동체를 유지하는 혈연적 접착제가 항상 등장한다는 사실이다. 이를 더욱 극단적으로 발전시킨다면, 가족과 민족은 사실상 근대 이후에 나타난 역사적 현상이라는 주장도 가능할 것이다. 그 과정은 서로 다르더라도 가족과 민족은 근대 이후에 새로운 의미가 부여되었으며, 산업사회의 생산과 소비 양식 그리고 가속하는 가치 창출 양식에 따라 새로운 형태로 발전해 나갔다는 주장에는 충분히 공감할 수 있을 것이다.

'젠더화된' 사회

산업사회의 발전으로 여성이 해방되었는가, 아니면 새로운 굴레 아래에 들어갔는가 하는 다소 진부한 논쟁이 있다. 우세한 견해는 해방론이지만 소수 견해로 이중 굴레론이 있다. 가령 산업사회의 발전과 더불어 여성이 사회참여의 다양한 기회를 보장받고 실제로 경제활동을 담당함으로써 가족 안에서 발언권을 강화할 수 있었다는 견해는 일반적으로 타당하다. 그러나 여성이 경제활동에 참여하면서도 가사 노동에서 해방되지 못했음에 주목하면서 여성이 가장이자 주부라는 이중의 굴레 속에서 더 큰 착취를 받게 되었다는 주장도 타당하다.

문제는 두 견해 중 어느 하나를 택하는 것이 아니다. 정작 문제는 근대 산업사회가 '젠더화'되어 있다는 점을 이해하는 것이다. 즉 산업사회에서 성별에 따라 직업적 · 사회적 특화가 이루어진다는 것이다. 가령 빅토리아 시대 영국의 '고상한 사회'에서 여성은 '가정의 천사'로 특화되었다. 여성의 해방을 사회참여와 동일시하는 관점에서 보면, 이러한 역할 분담은 산업화에도 여전히 여성은 종속적인 지위에 묶여 있었다. 그런가 하면 산업혁명기에 열악한 환경에서 저임금으로 일한 여성 노동자들은 경제활동에 참여했더라도 그 지위가 상승했다고는 할 수 없다. 오히려 여성 노동자들은 철저하게 착취당하고 있었다.

이보다 더 평가하기 어려운 문제는 19세기 후반 이래로 경영자본주의가 발전하고 그에 따라 신 중간 계급이 부상하면서 여성들이 대기업에 전문직 사무원으로 취업한 경우에 발생한다. 이는 여성해방 과정과 긴밀히 관련된 것처럼 보이지만 자세히 살펴보면 반드시 그렇지는 않다. 오히려 사무직 종사자들은 젠더에 따라 서로 다른 직무를 부여받으며, 그런 가운데 전통적인 가부장제 이데올로기가 사무실로 들어와 여성에게 상부의 명령에 순종하는 행동 양식이 강요되었다.[44] 이는 산업사회에서 여성의 역할이 증대된 것은 사실이지만 이를 여성해방과 단선적으로 연결 짓는 것은 성급하다는 점을 잘 보여준다.

산업사회의 발전을 자유와 평등의 진화와 항상 동일시하는 것은 위험하다. 물론 이론상 산업사회는 개인의 재능에 따라 경력이 결정되는 사회이기는 하다. 그러나 산업사회의 발전에도 개인의 계급 상승은 가능했지만 계급 간의 불평등 구조 자체는 온존한다. 계급뿐만 아니라 젠더와 인종 사이의 차별 구조도 엄존한다. 월러스틴은 근대 자본주의의 발전이 오히려 인종주의를 강화했다고 본다. 이는 자본주의적 산업사회에 고유한 계급 구조 자체가 언제나 온존한다는 사실과 깊은 관련이 있다. 즉 누군가는 계급 구조의 하위에 있어야 하는데 외모로 쉽게 구별되고 오래전부터 전해 내려오는 차별 이데올로기, 즉 인종주의나 가부장주의의 멍에를 안고 있는 인종과 젠더의 범주가 그러한 차별 과정에 간편하게 동원된다는 것이다. 그러므로 산업사회는 계급사회이면서 동시에 '인종화'되고 '젠더화' 되어 있음에 주목해야 한다. 사실 이러한 차별은 논리적으로 볼 때 모든 개인이 지성을 소유하고, 이를 발현할 기회를 주어야 한다는 자유주의적 원칙에 어긋난다.

그렇다고 하여 현대 사회에서 모든 사람이 공감하는 자유주의적 원칙이 산업사회의 발전과 궤를 같이하면서 상호보완적으로 정착되었음을 부정할 수는 없다. 인종과 젠더를 불문하고 개인의 지성이 존중되고 균등한 기회가 부여되는 것이 산업사회에서 결과적으로 나타나는 현상인지, 아니면 산업사회의 발전을 위해 필요로 하는 덕목인지 그 인과 관계는 더 따져보아야 할 일이다. 그럼에도 '인종화'되고 '젠더화'된 계급사회 자체가 근본적으로 산업사회에서 나타난 현상이라는 사실에는 의문의 여지가 없다. 실제로 산업화가 좀 더 진척된 사회일수록 인종과 젠더에 대한 자유주의적 원칙이 조금이라도 더 잘 준수되고 있다는 엄연한 사실이 이를 입증한다.

문화적 요인 ;

자본주의적 경제 문화의 창출

산업사회는 일반적으로 자본주의적 생산관계에 토대를 두고 있다. 물론 예외적인 경우도 있는데, 20세기 소련과 동유럽 등지의 공산주의적 산업사회의 경우가 그것이다. 그러나 일부 관찰자들은 공산주의적 산업사회도 자본주의의 변종, 즉 일종의 국가 자본주의였을 뿐이라고 비판하기도 한다. 이 비판에 반드시 동의하지는 않더라도 공산주의적 산업사회가 자본주의적 산업사회와의 경쟁에서 패배했음은 분명하다. 그리고 그 원인은 확대 재생산 체제에 의한 자본주의 사회의 가속적인 가치 창출을 계획 경제에 의한 공산주의 사회가 당해 낼 수 없었기 때문이다. 그런 만큼 '산업사회=자본주의 사회'라는 등식이 항상 성립할 수는 없다 해도 최소한 '산업사회≒자본주의 사회'라는 등식이 잘못된 것은 아닐 것이다. 그렇다면 산업사회는 대체로 자본주의에 토대를 두면서 확대 재생산 체제에 의한 자본 축적과 기술혁신을 통해 가속하는 가치 창출을 이루어내는 사회라고 정의할 수 있다.

자본주의적 산업사회의 특징은 여러 각도에서 조명할 수 있지만 그 가장 중요한 특징은 정치적인 것과 경제적인 것의 분리에 있다. 농업사회, 예를 들면 중세 봉건사회에서 정치적인 것과 경제적인 것은 서로 뒤얽혀 있었다. 정치권력을 쥔 영주가 장원에서 재판권을 통해 농민의 경제적 잉여를 전유하였다. 이를 마르크스주의자들은 '경제외적 강제'라고 부른다. 즉 경제적 잉여를 전유하기 위해서는 반드시 경제외적인(주로 정치적인) 강제력이 필요하다는 말이다. 생산이 체감하는 농업사회에서는 영주가 정치적 강제력으로 농민의 경제적 잉여를 빼앗아 가기 때문에 농민에게는 생존 그 자체가 위협받지 않는 한 증산에 노력을 투입할 유인이 별로 없다. 자본주의 사회는 이와 다르다. 이 사회에서는 '경제외적 강제'가 아니라 '경제적 유인'이 통한다. 산업사회의 노동자는 중세 농민처럼 영주 재판권에 종속되어 영주에게 지대를 납부하는 존재가 아니라 자유 의지로 자기 경제활동의 성과를 판매하는 존재이다. 그가 경제활동을 하지 않더라도 아무도 제재를 가하지 않는다. 이러한 맥락에서 산업사회란 정치, 사회, 문화 속에 묻혀 있던 경제가 솟구쳐 나와 독자적인 논리로 운동하며, 나아가 다른 정치, 사회, 문화의 여러 관계를 규정하는 사회라고 할 수 있다.

가치 창출이 가속적으로 증가하는 산업사회에서는 개인이든 기업이든 그 경제활동 주체가 투입한 노력에 대해 얻는 산출의 보상이 점점 커지게 되어 있기 때문에 외부적 강제가 없어도 제각기 경제적 유인 때문에 자발적으로 경제적 잉여를 극대화한다. 노동자가 노동력을 판매하는 이유는 혹은 판매하지 않을 수 없는 이유는 생존을 위해서이다. 생존에 내몰려 일터로 나간다는 측면에서는 강제력이 작용한 결과라고 볼 수 있지만, 우선 일터에 대한 선택권이 있고 연금이나 퇴직금과 같은 유형의 잉여가 제공될 뿐만 아니라 이때의 강제는 철저히 경제적이고 또 그 과정은 최소한 자발적인 형태의 것이다. 그럼에도 산업자본주의 사회에서 노동자들이 노동조합을 결성하고 별도의 사회계층을 형성하여 자본가들이나 기업가들과 충돌하는 것은 노동자들의 노동에 대한 보상이 가속하는 산업사회의 가치 창출 양식과 일치하지 않기 때문이다. 다시 말하면 이는 이론상 자본가의 경제활동에 대한 보상은 확대 재생산을 통해 가속적으로 증가하는 데도 불구하고 고용 노동자의 노동에 대한 보상인 임금은 여전히 등속적으로 증가한다는 뜻이다.

노동자의 임금이 생존권 차원에서 보장되어야 한다는 문화적 합의가 있으면 노동자는 일정한 사회적 보호를 받게 된다. 그 반면에 적자생존의 자본주의 시장경제 아래서 기업별로는 승자가 될 기회보다 패자가 될 위험이 더 크기 마련이고, 이때 자본주의적 기업가들은 적자와 자본 잠식이라는 위험을 감수할 수밖에 없다. 따라서 그들은 노동에 대한 보상을 최대한 줄이려고 하는 것이다. 그러나 가속적인 산업사회가 노동자들에 대한 등속적인 보상 체제 사이의 균열을 메워 확대 재생산 체제의 선순환을 보장하는 일은 중요하다. 그리고 이를 가능하게 하는 중요한 요소 중 하나는 문화, 특히 경제 문화(economic culture)라고 할 수 있다.

산업사회 이전에는 정치, 사회, 문화의 전 영역을 포괄하는 넓은 의미의 문화가 경제를 지배했다는 믿음이 주류를 이루고 있었다. 그런데 산업사회에서는 반대로 경제가 기성 문화를 지배하거나 아예 고유한 문화를 생산한다. 산업사회 특유의 경제 문화의 존재를 운위할 수 있는 것도 이와 같은 이유이다. 실상 농업사회의 문화도 농업 생산이라는 가치 창출 양식 속에서 태동하고 발전해 온 것이다. 다만 산업사회의 경우처럼 경제가 문화를 형성하는 과정이 단기간에 극적으로 나타난 것이 아니라 수천 년의 세월을 두고 수없이 많은 경제외적 요인들과 상호 영향을 주고받으며 진화해 왔기 때문에 경제 문화의 측면으로 설명되지 않았을 뿐이다.

산업사회의 경제 문화는 특정인이 특정한 목적을 위해 특정한 순간에 만들어낸 것이 아니다. 오래전부터 다양하게 진화하며 전수되어 온 농업사회의 문화적 전통이 우연히 산업사회의 경제성장과 맞아떨어지기도 하고, 경제성장의 과정에 문화적 전통이 억지로 꿰어 맞추어지기도 한다. 어떤 경우이든 경제성장을 촉진하거나 경제성장에 적응된 경제 문화가 폭넓게 존재하고 있을 때에 자본주의적 산업사회의 발전은 쉬워질 것이다. 문화적 전통이 비교적 잘 맞아떨어진 경우는 영국이나 미국과 같은 선발 산업국에서 확인할 수 있다. 선발 산업국은 프로테스탄티즘, 민족주의, 실용주의 등에 기초한 독특한 경제 문화가 산업사회의 발전을 위한 비옥한 토양이 되었다. 그리고 문화적 전통이 인위적으로 또는 반강제적으로 꿰어 맞추어진 측면은 선발 산업국도 없지 않았지만, 특히 독일과 이탈리아, 일본과 같은 후발 산업국은 더욱 분명하게 나타난다.

1. 과학기술과 교육

기술 중심주의

과학과 기술은 늘 한 쌍으로 거론되지만, 실상 양자는 다르다. 과학이 자연 현상에 대한 인간의 호기심을 학문적인 체계를 갖추어 설명하는 이론이라면, 기술은 인간의 복지 향상을 위한 목적을 실질적으로 달성하는 구체적인 방법이다. 과학자는 이론의 타당성과 논리적 체계성에 집착하지만 기술자는 이론이 실무에 응용되어 성과를 내지 않으면 아무런 가치가 없다고 생각한다. 기술이 발전한 나라가 과학도 발전한 것이 가장 이상적인 경우라고 할 수 있다. 그러나 과학은 발전했지만 기술은 그에 못 미치기도 하며, 기술은 발전했지만 과학이 그에 못 미치는 나라도 많다. 물론 과학과 기술이 모두 함량 미달인 나라가 더 많다. 그중 앵글로 색슨 세계의 선발국들은 대체로 과학과 기술이 함께 발전한 나라에 속한다. 굳이 과학과 기술의 상대적 발전을 나누어 비교해 보면 과학보다는 기술이 앞서고, 기술을 중시하는 경제 문화가 먼저 발전했다고 할 수 있다.

그 이유는 많지만, 특히 앵글로 색슨 세계의 고유한 경험론의 전통을 중요한 이유로 꼽을 수 있다. 예를 들면 영국의 베이컨(Francis Bacon)은 철학에서 과학을 분리하고 엄격한 실험과 관찰을 통한 과학적 방법을 제시하였다. 그는 주어진 공리에서 결론을 이끌어내는 연역법을 배격하고, 실제 경험적 관찰을 통해 일반적 결론을 도출하는 귀납법을 선호하였다. 그는 유명한 우상 비판을 통해 일체의 선입견과 도그마로부터 탈피해야 함을 역설하였다. 그에게 진리에 이르는 길은 사변이 아니라 경험이었다. 추운 겨울에 냉동에 관한 실험을 하다가 병을 얻어 사망한 것도 그와 같은 자신의 신념 때문이었다. 또한 로크는 인간의 본유 관념을 부정하고, 인간 의식은 일종의 '백지 상태'로서 살아가면서 경험을 통해 백지에 글자를 한 자씩 써 나가야 한다고 주장하였다. 그런가 하면 흄(David Hume)은 독단론에 치우친 철학자들을 겨냥하여 A라는 현상 다음에 B라는 현상이 나온다고 해서 미래에도 반드시 그럴 것이라는 보장은 없다고 하였다. A와 B의 인과 관계는 단지 경험에서 유추된 것이며, 자명하고 보편타당한 진리는 아니라는 것이다. 이처럼 영국에서는 유럽 대륙의 합리론과는 달리 철저히 경험을 신봉하는 사고방식이 일찍부터 발전하였다.

이러한 철학적 바탕도 그러하거니와 그보다 더 중요한 것은 도서 국가인 영국이, 16세기 이후 유럽 대륙을 휩쓴 종교 분쟁과 국가 간 전쟁에서 한발 떨어져 냉정하게 국가 발전을 도모하며 상업사회의 확대 재투자 체제의 한계를 극복하고 산업혁명을 통해 확대 재생산 체제의 산업사회를 발전시켜 나가는 과정에서, 기술 중심 문화를 형성했다는 점이다. 이와 같은 기술 문화를 보여주는 것이 이른바 '실천적 인간(practical man)'에 관한 영국 특유의 신화이다. '실천적 인간'이란 실제 일을 하면서 배워 나가는 사람이다. 그들에게 체계적이고 논리적인 교육은 필요 없었다.[45] 이는 그들의 일 자체가 과학기술을 처음 개발하고 또 터득해 가는 과정이었기 때문이다. 물론 당시 영국에서 과학기술에 관한 한 아직 교육할 방법이 없었기 때문이었는지도 모른다. 후발 산업국 독일에서 기술 교육이 체계를 갖추고 발전하여 영국을 앞설 수 있었던 것은 후발국의 이점을 활용한 결과일 것이다.

영국이 과학기술 수준에서 오랫동안 독일과 프랑스에 한참 뒤떨어져 있었음에도 결국 '세계의 공장'이 되었다는 사실만큼 흥미로운 것은 없다. 19세기까지만 하더라도 프랑스는 수학과 화학 분야에서 독보적인 위치를 차지하였다. 그러나 19세기 초 한 프랑스 관찰자는 프랑스의 산업이 영국의 그것에 못 미친다는 점을 한탄하고 있었다. 그에 따르면 "프랑스는 여전히 영국만큼 많은 기계를 가지지 못하였다." 그 이유에 대해 다른 프랑스 관찰자는 다음과 같이 말하였다. "파리에서는 철로에 대해 이야기하지만 런던에서는 그것을 만든다. 영국은 사업 기질과 그것에 동반하는 덕성, 즉 냉정, 절약, 꼼꼼함, 체계, 인내 등이 빛난다. 프랑스의 몫은 오히려 취향과 예술의 기질이다."[46] 이러한 기질적 차이의 연원을 어떻게 설명할 수 있을까? 아마도 프랑스에서는 넓은 국토와 농업 생산의 풍요로움에 의해 가능해진 귀족적 여유가 자연현상에 대한 과학적 호기심을 촉발했을 것이다. 그 반면에 영국에서는 척박한 섬에서 중계무역에 의한 확대 재투자의 한계를 극복하기 위해 자연법칙을 실제의 가치 창출에 활용하는 과정에서 기술 중심의 사고가 우위를 점하게 되었을 것이다. 이러한 저간의 사정으로부터 그런 기질적 차이를 추론해 볼 수도 있지 않을까 한다.

좀 더 균형 있게 사실을 살펴보자면, 영국에서도 기술은 어쨌든 과학의 도움으로 만개할 수 있었다는 점을 덧붙여야 한다. 가령 와트는 자신의 정신적 스승인 블랙(Joseph Black)과 작업하면서 응축기와 관련한 과학적 문제를 탐구하고 해결하는 방법을 터득하였다. 그 밖에도 와트는 에든버러와 글래스고의 유명한 교수들과 철학자들은 물론 외국의 과학자들과 교류하면서 증기기관의 열효율을 계산해 낼 수 있었다. 기술 진보에는 축적된 과학 지식이 반드시 필요했던 것이다.[47]

기술 교육

'실천적 인간'의 신화와 아마추어적 도전 정신이 영국의 초기 산업 발전에 기여한 것은 부인할 수 없다. 그러나 이러한 전통은 19세기 중반 이후부터 한계에 부딪히기 시작하였다. 실제로 산업혁명기 영국의 발명가와 기업가 대부분은 '땜장이(tinker)'로 불리는 비전문가요 영국 국교회로부터 차별받아 공직 진출이나 부동산 매입 경로가 막혀 어쩔 수 없이 사업에 발을 담근 감리교도, 침례교도, 퀘이커교도와 같은 비국교도였다. 유전학의 비유를 빌리자면, '땜장이' 발명가는 돌연변이 천재였고, 비국교도 사업가는 일반적으로 확대가족의 혈연관계를 사업에 이용했으므로 국교도 핵가족보다 더 큰 표본 집단에서 추출된 만큼 확률적으로 우성인자들이었다. 이렇게 '예외적인' 능력을 소유한 비전문가와 비국교도는 영국의 기적을 일구어낸 역군이었다. 그러나 농업사회의 잔재 속에서 그들에게 발명과 사업은 생업이라기보다는 일확천금의 복권과도 같은 것이었다. 그렇기에 이들은 일단 성공하면 서둘러 시골에 토지와 저택을 사들이고 국교회에 가입하며 자녀를 엘리트 학교에 보냈다.[48]

19세기 중반부터 이웃 독일과 프랑스는 후발국의 이점인 프로페셔널 정신으로 무장하여 전문적인 훈련과 지식을 습득한 기술 인력을 대량으로 배출하기 시작하였다. 이 경쟁에서 영국은 당해낼 재간이 없었다. '신사와 선수'의 크리켓 경기였으니 말이다. 그러나 영국은 또 하나의 앵글로 색슨 국가로서 영국의 분국(分國)이라고 할 수 있는 미국을 통하여 선수 중의 선수로 화려하게 재등장하여 팍스 아메리카나 시대를 열었다.

당연히 영국도 과학기술 교육을 북돋우기 위한 노력에 착수하였다. 1860년대에 영국은 실무 교육을 담당하는 이른바 '붉은 벽돌' 대학들과 '판유리' 대학들을 건립하였다. 그 후에도 기술 교육을 위한 법률과 위원회를 설치하고, 그 재원도 마련하였다. 그러나 킨들버거는 이러한 노력도 기본적으로 '우리'를 위한 것이 아니라 '그들'을 위한 것이었다고 일침을 놓았다. 영국 사회에서 기술 교육은 여전히 품위 없는 것으로 간주되었고, 성공한 사람들은 자식을 이튼과 해로, 옥스퍼드와 케임브리지에 보냈던 것이다.[49] 그런 점에서 전문적 과학기술 교육을 위한 영국의 자성과 개혁 노력은 그리 성공적이지 못하였다. 이것이 20세기 영국의 침체를 설명해 주는 하나의 요인이다.

미국은 처음부터 이와는 다른 모습을 보여주었다. 건국 초기부터 미국인들은 교육열이 대단하였다. 그들은 프로테스탄트로서 유럽 사회의 박해를 피해 신대륙으로 건너왔고, 그들 자신이 교육을 받지 못했기 때문에 자녀가 성경도 못 읽는 무식한 사람이 되는 것을 두려워하였다. 따라서 매사추세츠 식민지가 건설된 직후 곧바로 하버드 대학이 건립되었고, 1647년에는 주민 모두가 글을 읽을 수 있도록 의무교육이 시행되었다. 그런가 하면 가구가 50호에 이르는 읍(town)에는 1명의 교사를 의무적으로 두게 하였다.

19세기에는 농학이나 공학 교육 위주의 주립 대학들이 건립되어 생업을 위한 실질적인 기술 교육이 보급되고 대학 제도가 '대중화'되는 데 기여하였다. 초기 산업화에서 주인공은 영국의 귀족 계층과는 달랐지만 주로 '자수성가한 사람(self-made man)' 계층이었다는 점에서는 영국과 유사하다. 이들은 사업에서 막대한 부를 축적하였고, 이로부터 '백만장자(millionaire)'라는 말이 나오기도 하였다. 처음에 이들은 '강도 귀족(robber baron)'으로 경원시되기도 했으나, 곧 '산업 지도자(captain of industry)'로 대접받게 되고, 거대한 산업 가문을 이루었다. 카네기(Carnegie), 록펠러(Rockefeller), 모건(Morgan)이 그 사례이다.

영국이든 미국이든 산업 가문은 영원하지 않았다. 많은 경우에 산업 가문은 3대 이상을 넘기지 못하고 명멸해 갔다. 한 세대가 부를 모으면 다음 세대가 최고의 부를 집중하며, 그다음 세대는 부를 탕진하는 식이다. 이를 토마스 만(Thomas Mann)의 소설 작품에 빗대어 '부덴브로크 증후군(Budenbrook syndrome)'이라고 한다. 가문만이 아니라 국가도 이에서 벗어나지 않는다. '부덴브로크 증후군'이 보여주는 사이클은, 교육 문제와 관련해서는 실무경험 교육, 과학기술 교육, 인문예술 교육으로 이어지는 사이클을 연상시킨다. 첫 번째 세대는 현장에서, 두 번째 세대는 전문 기술 기관에서, 세 번째 세대는 엘리트 교육 기관에서 배운다는 것이다. 그러나 이러한 도식은 기술 교육과 교양 교육을 분리하여 마치 두 가지의 서로 다른 교육이 양립할 수 없는 대체 관계에 있는 것처럼 맞세운다. 그러나 앞에서 말한 '사회적 역량'이나 '사회적 자본'의 개념을 꼭 도입하지 않더라도, 두 가지 종류의 교육은 경제 발전을 위한 사회문화적 자산의 필수적인 부분으로서 서로 보완관계에 있다. 가령 19세기 초 독일에서 (독일식 표현을 그대로 빌리면) 정신과학과 자연과학을 아우르는 연구 중심 대학을 표방하며 등장한 근대 대학이 독일 경제 발전의 저력이었음을 기억해야 한다. 또한 미국과 (비록 쇠퇴했다고는 하나 여전히 강국으로 남아 있는) 영국에서도 엘리트 교육과 기술 교육, 교양 교육과 첨단 교육은 늘 공존해 왔다. 중요한 것은 양자의 균형이다. 한쪽으로 쏠림 없는 균형적인 교육이야말로 확대 재생산 체제의 선순환을 통한 경제 발전과 가치 창출을 위해 '사회적 역량'과 '사회적 자본'을 비축하는 가장 효과적인 방법일 것이다.

2. 이데올로기와 종교

프로테스탄티즘

영국과 미국은 모두 선발 산업국이면서 동시에 프로테스탄티즘이 주류인 나라이다. 그러므로 많은 사람이 산업 발전과 프로테스탄티즘 사이에 긴밀한 함수관계를 가정해 온 것도 무리는 아니다. 베버는 프로테스탄티즘과 자본주의 정신의 관계를 설득력 있게 논증하였다. 그에 따르면 프로테스탄티즘, 특히 캘빈주의는 세속적 직업에서 근면하게 일하고 노동의 성과를 절제하는 삶이 신앙을 입증하는 가장 확실한 방법이며, 그 때문에 축적된 부는 신의 은총을 받았다는 명백한 증거라고 믿음으로써 결과적으로 근면, 성실, 절제라는 자본주의적 규율의 문화와 정신을 발전시켰다는 것이다.

베버의 논증은 논리적으로 개연성이 있지만, 역사적으로 확증되기는 어렵다. 실제로 많은 비판자는 가톨릭이 발전한 지역에서도 나름의 고유한 경제 발전의 논리가 작용하여 산업화할 수 있었음을 주장하였다.[50] 이는 반드시 프로테스탄티즘이 아니더라도 발전의 논리에 포섭될 수 있는 또 다른 문화적 전통이 얼마든지 있을 수 있음을 시사한다. 또한 캘빈주의가 자본주의를 낳은 것이 아니라 자본주의적 발전의 현실에 종교가 적응한 것을 베버가 거꾸로 해석했다고 볼 수 있는 여지도 있다. 이와 같은 비판들을 염두에 둔다면, 세속적 노동에 종교적 가치를 부여하면서 가장 성스러운 것(종교)에서 가장 속된 것(경제)을 추론하는 베버의 논리가 탁월하기는 하지만 이를 액면 그대로 받아들이기는 어렵다.

역사가 이니스(Stephen Innes)는 17세기 미국 뉴잉글랜드의 청교도 문화에 대한 사례 연구를 통해 캘빈주의 윤리가 자본주의 정신의 발전에 깊은 영향을 미쳤음을 실증하고자 하였다. 그에 따르면, 우리가 흔히 '사회적 자본' 혹은 '인간적 자본'이라고 부르는 규범, 네트워크, 신뢰와 같은 무형의 자산은 뉴잉글랜드 자본주의를 발전할 수 있게 하는 경제 문화의 바탕을 이루었다. 또한 개인의 '향상(improvement)'을 중시하고 근면과 절제의 윤리를 강조하는 태도가 발전하였다. 이러한 청교도적인 노동과 생산의 윤리는 많은 비판을 받기도 하였다. 소설가 포크너(William Faulkner)는 다음과 같이 조롱하였다. "당신은 8시간 먹을 수도 없고 8시간 마실 수도 없으며 8시간 사랑할 수도 없다. 당신이 할 수 있는 일은 8시간 일하는 것이다. 그것은 당신 자신과 다른 사람 모두를 비참하고 불행하게 만든다." 그런데 이러한 비난들이 퍼부어졌다는 사실 자체가 그와 같은 경제 문화가 실재하고 있었다는 반증으로 읽힌다. 실제로 뉴잉글랜드인들은 8시간 일하는 것은 비참하고 불행한 일이 아니라 존귀하고 행복한 일이라 여겼다. 이니스에 따르면, 뉴잉글랜드에서 발전한 노동과 생산에 대한 독특한 문화적 태도, 즉 근면하게 노동하고 정직하게 거래하며 절제 있게 소비하고 공동체를 배려하는 청교도적 규율 문화는 이른바 '도덕적 자본주의(moral

헨리 포드와 대량생산　1908년부터 조립 라인을 통해 모델 T 자동차를 대량생산한 포드주의는 미국주의를 가능케 한 원동력이 되었다.

capitalism)' 혹은 '공동체적 자본주의(communal capitalism)'를 낳았다.[51]

이니스의 견해에 문제는 없지 않다. 그가 강조하는 '사회적 자본'이나 '인간적 자본'은 '모든' 자본주의 발전에 필요한 전제 조건이지 '어떤' 자본주의, 즉 '공동체적 자본주의'만의 전제 조건은 아닌 것 같다. 그가 말하는 '공동체적 자본주의'와 같은 것이 실재했는지도 의문이다. 그럼에도 노동과 규율을 강조하는 뉴잉글랜드의 경제 문화가 자본주의적 경제 발전을 위한 비옥한 토양이 아니었을까 하는 그의 주장은 경청할 만하다. 특히 17세기 후반부터 제철 공업이 급격히 발전하면서 외부에서 많은 비청교도 노동자들이 유입되었을 때에도 뉴잉글랜드 행정 당국이 가장 우선시한 과제는 그들에게 노동과 규율의 문화를 주입하는 것이었다. 이러한 태도에는 경제를 살리기 위해 먼저 문화를 돌본다는 논리가 엿보인다.

이와 비슷한 논리가 20세기에도 되풀이되었다. 노동 과정을 잘게 분해하고 부품을 표준화하며 컨베이어 벨트 체제를 도입하고 고임금 정책을 펼치면서 대량생산 · 대중소비의 신화를 창조한 포드사는 다양한 종교적 · 문화적 배경을 지닌 이민 노동자들에게 영어를 가르치고 새로운 산업 기술에 적합한 새로운 노동자를 형성하는 데 열성을 보였다. 포드사의 사회조사국(Sociological Department)은 '포근하고 아늑한 가정생활'이라는 중간 계급의 가치를 노동자들에게 불어넣어 유순하고 성실한 노동자의 이미지와 문화를 창출하고자 노력하였다.[52] 여기서도 생산을 위해 먼저 문화를 돌본다는 예의 논리가 엿보인다. 요컨대 17세기 뉴잉글랜드의 경우이든 20세기 포드사의 경우이든 새로운 자본주의적 생산관계의 발전이 그에 적합한 생산과 노동의 문화를 빚어내었음을 잘 보여준다. 그리고 청교도와 중간 계급의 문화라는 기성의 문화 전통이 새로운 생산의 문화를 위한 재료로 동원되었다.

공리주의와 자유방임주의

앵글로 색슨 세계에서 특이하게 발전한 이데올로기가 있다면 이는 아마도 19세기 공리주의일 것이다. 공리주의는 자유주의의 한 갈래로 여겨진다. 보통 자유주의는 개인주의의 철학적 토대 위에서 개인의 권리를 보편타당한 형평의 원리인 자연법의 이치에 따라 정당화한다. 그 반면에 공리주의는 자연법이 아니라 효용성의 잣대로 사물을 평가한다. 공리주의자에게 세상은 쓸모 있는 것과 쓸모없는 것, 이 두 가지로 나뉘어 있다. 예를 들면, 벤담(Jeremy Bentham)은 영국의 대표적인 공리주의자로서 죄수들을 가장 효율적으로 관리하는 '원형 감옥(판옵티콘)'과 수에즈 운하 및 파나마 운하를 구상하기도 하였다. 그는 아내를 택할 때에도 성격이나 외모보다는 재산을 일차적으로 고려하고, 자신의 시신을 해부용으로 기증할 정도로 빈틈

없는 공리주의자였다. 그 반면에 밀(John Stuart Mill)은 여러모로 벤담과는 다른 공리주의자의 면모를 보여준다. 벤담은 쾌락의 크기가 같다면 시와 쇠못이 똑같은 가치를 가진다고 생각했으나 밀은 쾌락의 크기와는 관계없이 쇠못보다 시가 더 좋다고 생각하였다. 따라서 밀의 공리주의는 벤담의 그것보다 좀 더 인간적인 모습을 띠고 있었다.

자유방임의 원리도 공리주의와 비슷하게 효용과 편의를 중시하였다. 자유방임(laissez-faire)이란 문자 그대로 '그냥 내버려 둔다'는 뜻이다. 즉 국가가 경제에 간섭해서는 안 된다는 논리인데, 그냥 내버려 두면 수요와 공급의 법칙에 따라 경제는 알아서 잘 굴러간다는 것이다. 따라서 국가는 최소한의 역할로서 야경꾼의 역할만 하면 되었다. 애덤 스미스(Adam Smith)로부터 유래한 자유방임의 경제학은 19세기 영국 기업가들에게 금과옥조로 여겨졌다. 당시 어린아이들 사이에서도 '그냥 내버려 둬'라는 말이 유행할 정도였다고 한다. 이러한 생각은 국가로부터 개인의 자유를 옹호한 자유주의의 원리들과 잘 어울렸다.

앞에서 살펴보았듯이, 영국의 경제 발전이 국가의 역할 없이 이루어진 것은 아니었다. 16~17세기만 해도 후발국 상태에 있던 영국의 정책과 제도, 정치 엘리트들의 역할은 선발국인 에스파냐와 네덜란드를 추월하고 선발 산업국으로 도약하기 위한 경제 발전의 엔진이었다. 자유방임의 원리는 18~19세기 당시의 산업 선발국으로 발돋움한 영국에 필요한 이데올로기였다. 이는 자유방임의 원리가 영국이 먼저 산업적, 기술적으로 성장하여 누구도 넘볼 수 없는 강력한 경쟁력을 갖춘 뒤에야 통용된 일종의 이데올로기였음을 뜻한다. 19세기 말과 20세기 초 미국에서도 자유방임의 목소리가 높았으나 실제로는 보호주의 정책이 강력하게 유지되었다. 흥미로운 것은 기업의 자유와 자유 경쟁의 원리를 지키기 위해서라도 독점을 금지하는 국가의 간섭이 필요했다는 역설이다. 따라서 자유방임의 원리는 후발국에까지 항상 일반화될 수는 없는 원칙이었다.

민족주의

영국은 서양에서 민족주의를 가장 먼저 발전시킨 나라이다. 이때의 민족주의는 체계적인 강령과 조직을 가진 이데올로기라기보다는 느슨한 의미에서 민족의식이나 국가적 정체성을 가리킨다. 19세기 말 징고이즘과 같은 극단적인 민족주의 이데올로기가 출몰하기는 했지만, 이는 다소 예외적인 사례이다. 영국은 오랜 세월에 걸쳐 자연스럽게 보이는 형태로 민족주의를 발전시킨 나라이다. 영국 민족주의에서 흥미로운 것은 '잉글랜드적인 것(Englishness)'을 핵심으로 하는 '영국적인 것(Britishness)'이 영국인들의 정체성으로 자리 잡아 가는 과정이다. 여기서는 간단히 영국이라고 했지만 실제로 영국은 잉글랜드인, 스코틀랜드인, 웨일스인, 아일랜드인으로 이루어진 다민족국가이다. 잉글랜드, 스코틀랜드, 웨일스, 아일랜드는 같은 혈통과 언어를 타고난 종족-민족이고, 영국은 말 그대로 시민-국민이라고 할 수 있다. 양자 사이에는 당연히 갈등과 대립이 있었다. 그럼에도 영국은 (아일랜드의 경우를 예외로 하면) 시민에 기초한 상위 민족주의가 종족에 기초한 하위 민족주의를 성공적으로 포섭하고 통합한 사례에 속한다.

종족 간의 수평적 갈등과 대립에도 영국에서 가장 먼저, 가장 성공적으로 민족주의를 발전시키고 또 안정적으로 자리 잡을 수 있게 한 원인은 무엇일까? 이는 수천 년 동안 농업사회에서 지배층과 신민이 체감하는 농업생산을 두고 필연적으로 충돌할 수밖에 없었는 데 반해, 영국은 상업사회의 확대 재투자 체제와 산업사회의 확대 재생산 체제를 통해 지배층과 신민 간의 수직적 이해가 동반할 수 있는 사회를 정착시킬 수 있었기 때문이다. 감속하는 사회의 제로섬 게임 때문인 적대적 관계가 가속하는 사회의 포지티브섬 게임 때문인 우호적 동반 관계로 반전된 것이 민족주의를 출현할 수 있게 한 것이다.

영국의 국민국가 구성 과정은 대단히 성공적이어서 영국에는 민족주의가 없다는 착시 현상을 유발하기도 한다. 설령 있다고 해도 민족주의는 아닌 애국주의가 있을 뿐이라는 것이다. 과연 영국은 민족주의가 없었는가? 이 문제와 관련하여 다음과 같은 생각을 해 볼 수 있다. 원래 가진 자는 말이 없다. 말이 많은 것은 못 가졌기 때문이다. 게임 이론에서 통하는 말을 빌려 보면 다음과 같다. "그것을 주어 버림으로써 당신은 그것을 갖고 있음을 보여준다. 그것을 얻으려고 애씀으로써 당신은 그것이 필요하고 부족하다는 점을 인정한다." 영국은 전자의 경우이고 독일은 후자의 경우이다. 영국은 이미 산업화가 진전된 선발 산업국이기 때문에 지배층과 시민대중 간의 자발적 동반 관계가 더 진척되어 있었다. 후발 산업국 독일은 그렇지 못했기 때문에 비자발적인 동반 관계를 정부 정책에 의해 강제하고 강요할 수밖에 없었다. 이것이 영국에 민족주의가 없는 것처럼 보이는 이유이다.

영국에서는 애국주의가 민족주의를 대체하였는가? 통상 애국주의는 정치적 국가에 대한 충성심과 관련되어 있고, 민족주의는 국가보다는 민족, 특히 종족적이고 문화적인 공동체로서의 민족에 대한 충성심과 관련되어 있다. 그러나 민족주의자들도 소중한 민족이라는 연약한 속살을 보호하는 국가라는 딱딱한 껍데기가 절대적으로 필요하다고 본다. 또한 민족주의도 강조점이 어디에 있느냐에 따라 공민적 민족주의/종족적 민족주의 혹은 정치적 민족주의/문화적 민족주의로 구분될 수 있다. 이 경우에 애국주의는 공민적 · 정치적 민족주의와 공명한다고 할 수 있다. 이렇듯 민족주의는 애국주의와 구분될 수 있지만 그와 동시에 애국주의를 포괄한다. 따라서 민족주의와 애국주의를 엄밀하게 구분하는 것은 기본적으로 불가능하고 불필요한 일일 수 있다.[53]

영국에 민족주의가 없다거나 민족주의와 애국주의는 다르다는 생각이 통용되는 것은 역설적이게도 그만큼 영국의 민족주의가 이미 강력하고 성공적으로 뿌리내리고 있다는 증거이다. 그러므로 영국의 민족주의는 냉철해 보인다. 민족주의가 냉철할 수 있는 것은 경제성장이 더욱 진전되어 지배층과 신민 간의 자발적인 동반자 관계가 먼저 형성되어 일찍 안정되었기 때문이다. 그러나 경제성장이 지체되어 신민의 협력을 정부가 강요하지 않을 수 없는 경우 민족주의는 냉철하기 어렵다. 후발국에서 뜨거운 민족주의가 나타나는 이치가 바로 그것이다. 뜨거운 민족주의에서는 피묻은 깃발이 거세게 나부낀다. 그 반면에 냉철한 민족주의의 깃발은 관공서와 우체국 앞에서 조용히 펄럭인다. 빌리그(Michael Billig)는 냉철한 민족주의를 가리켜, 민족적 재생산이 평범하고 진부한 방식으로 이루어진다고 해서, '일상적 민족주의(banal nationalism)'라고 부른다. 이는 영국과 미국 같은 선발국의 전형적인 민족주의이다.[54]

범상해 보이지만 강하다는 것이 앵글로 색슨 세계의 민족주의가 보여주는 비범한 특징이다. 그것은 예컨대 외관상 철권으로 보이는 독일 민족주의보다 더 강하다. 제2차 세계대전 당시에 영국은 독일보다 훨씬 더 가혹한 전시 내핍 생활을 국민에게 요구하였고, 전쟁 수행을 위해 국가의 인적·물적 자원을 효과적으로 동원하고 국민적 역량을 한데 결집하는 데 성공하였다. 그 반면에 나치즘 아래서 독일은 전쟁에서 열세에 몰릴 때조차 국가 자원의 많은 부분을 군수품 생산이 아니라 국민의 불만을 진정시켜 줄 생필품 생산에 할애해야 하였다. 겉으로는 독일의 민족주의가 강해 보인다. 그러나 더 강한 것은 영국의 민족주의였다. 이것이 후발국 민족주의와 선발국 민족주의의 차이인 동시에 강압에 의한 민족주의와 자발적 민족주의의 차이일 것이다. 따라서 독일은 약자였고, 영국은 강자였다. 일찍이 고대 그리스의 역사가 투키디데스는 다음과 같이 말하였다. "약자는 자기가 할 수 없는 일 때문에 고통을 받지만, 강자는 오직 자기가 할 수 있는 일만을 한다."

3. 민족성과 생활양식

실용주의

산업 선발국의 문화 저변에는 실용주의적 사고와 태도가 존재하였다. 이는 그 사회에 사는 사람들의 내면에 침잠하여 일종의 '체질(habitus)'이 되고 이른바 민족성이 된다. 영국인들이 실용적인 국민이라는 관찰과 보고를 수집하면, 아마도 수만 가지가 될 것이다. 독일의 문호 괴테는 일찍이 "실용주의야말로 이 세상의 다양한 인종들 가운데 잉글랜드 인종이 우위에 오르게 된 주요한 비결"이라고 관찰하였다.[55] 또 다른 프랑스 관찰자는 다음과 같이 말하였다. "영국인이 그들의 의상이나 일용품에서 이채를 띤다고 자처하는 것을 볼 수 없으며, 우리는 그들의 가구가 사치를 금하는 법률이 정하는 바대로 검소하다는 것을 알게 된다. 영국인들의 식탁이 남달리 검소하지는 않더라도 적어도 간소한 것만은 사실이다."

실용주의를 철학적으로 표현한 것이 영국의 공리주의와 자유방임의 경제학이다. 공리주의는 최대 다수의 최대 행복을 추구하였고, 자유방임주의는 국가가 비용을 들여 경제를 운용하는 대신 시장에 맡김으로써 가장 적은 비용으로 효율적으로 경제를 운용한다는 생각을 전제로 하고 있다. 실용주의와 맞아떨어지는 대목이 아닐 수 없다. 실용주의는 확대 재투자와 확대 재생산의 선순환 효율을 극대화함으로써 결국 그 사회 전체의 생산과 소비 그리고 효용과 만족의 총체적 극대화에 기여할 것이다.

'실용'의 문화적 양식을 보여주는 수많은 사례가 있다. 이를테면 영국의 저명한 유통업체인 '헤로드 백화점'과 '막스 앤 스펜서'는 자신의 출신을 과시하여 거품을 형성하는 브랜드가 아니다. 시민 대부분이 소유하고 있는 차는 주말의 레저를 즐기기 편한 소형 왜건이다. 영국인들은 쓸데없이 말 많고 현학적인 것을 싫어한다. 따라서 재미없는 인종으로 보이기도 한다. 그럼에도 영국은 가장 일찍 산업 문명을 발전시키고, 세계의 패권을 거머쥐었다. 홉스봄(Eric Hobsbawm)은 영국이 강력한 산업 제국을 구축한 저력에 대해 다음과 같이 논평하였다. "실용주의 철학과 자유주의 경제학의 단순한 이론이 그들의 지적 무기가 되었고, 이것으로 충분하지 않은 경우 야심적인 기업가들의 절약과 근면 같은 전통적 윤리(프로테스탄트에서 출발했거나 다른 것에서 나오기도 한)와 도덕적 청교주의가 부족한 부분을 채워 주었다."[56]

미국주의 혹은 미국적 생활양식

잘 알려졌듯이, 미국은 다양한 인종과 종족의 '용광로'이며 '샐러드 접시'이다. 그럼에도 미국은 단기간에 다양한 인종과 종족의 다양한 생활양식을 하나의 미국적 생활양식으로 통일하였다. 이것이 '미국화(Americanization)'요 '미국식 모델(American model)'의 파급 효과이다. 미국식 모델이란, 곧 "효율적인 관리와 효과적인 개발을 위해 발전한 '체계적인' 경영 기법, 조직 구조, 연구 개발과 마케팅 등과 결합된 대량생산, 즉 특수 목적 기계와 주로 비숙련 노동을 사용한 표준화된 재화의 다량 제조"를 뜻한다.[57] 이 정의로 미루어볼 때, 미국화란 주로 생산 영역에서 일어난 변화, 즉 대량생산을 가능하게 한 테크놀로지의 발전과 관련된 용어이다. 그러나 생산은 소비를 전제로 할 때만 지속될 수 있는 것이기에 미국화는 생산 영역만이 아니라 소비 영역, 나아가 문화와 이데올로기 영역에서 일어난 변화까지 포괄하는 용어로 간주되어야 한다. 미국 산업의 확대 재생산은 끊임없이 새로운 소비를 창출하고 또 새로운 문화를 형성해 갔다. 유럽인들은 이를 '미국주의(Americanism)'로 개념화했으며, 줄기차게 미국을 모방하려고 하였다.

유럽인들에게 미국은 경이로운 '신세계'였다. 특히 그들의 눈을 사로잡은 것은 기계화의 위용이었다. 일찍이 영국의 소설가 로렌스(D. H. Lawrence)

는 다음과 같이 말하였다. "가장 이상적인 국민이 대부분 기계를 발명한다. 미국은 기계 발명품으로 충만해 있다. 미국에서 누구도 뭔가를 하려 들지 않기 때문이다. 그들은 이상주의자들이다. 기계에 일을 시킨다." 이탈리아의 한 파시스트가 관찰했듯이, 미국에는 '기계 종교'의 믿음이 사회 구석 구석까지 침투되어 있었다. 기계화의 스펙터클 외에 과학적인 노동의 조직화(테일러주의)와 대량생산(포드주의)도 유럽인들을 놀라게 하였다.

1920년대 이탈리아의 한 책자에는 다음과 같이 씌어 있다. "미국인들은 전 세계를 놀라게 하고, 각 개인의 도덕적 · 경제적 조건의 점진적인 향상으로 이어지면서 거대한 미국식 생산 그 자체라고 할 수 있는 위대한 기적을 성취한 조직 및 규율 체제를 통해 원료, 노동, 자본, 기계를 효율적으로 이용할 줄 안다." "결국 과학적 노동 조직화는 기계 기술의 진보로 최소한의 하루 노동만으로도 우리들의 물질적 필요가 충족될 날이 오리라고 예언했던 사람들의 오랜 숙원을 실현해 주는 수단이다."[58]

기계화, 과학적 노동 조직화, 대량생산으로 이어지는 미국의 새로운 생산 방식은 새로운 소비 양식과 생활양식을 낳았다. 표준화된 제품이 대량으로 쏟아지는 가운데 예전에는 소수만을 위한 사치품이 대중의 생필품이 되었고, 고급문화는 '게토화'되면서 대중문화가 등장하였다. 소비가 생산의 시녀였던 '결핍의 시대'는 지나가고, 소비가 미덕이 되고 생산의 견인차가 되는 '풍요의 시대'가 막이 올랐다. 미국주의 혹은 미국적 생활양식은 끊임없이 편리함과 저렴함을 추구하면서 시장을 넓혀 가고 새로운 시장을 만들어내었다. 청바지, 맥주, 록 음악, 영화, 햄버거 등은 그러한 미국적 생활양식의 결정체라고 할 수 있다.

또한 미국인들은 건국 이념이라고 할 수 있는 청교주의를 바탕으로 현실주의(realism), 합리주의(rationalism), 능력위주(capability)의 이념을 통합하였다. 그리하여 신의 소명을 받은 미국을 복음화하고, 나아가 세계를 복음화하는 소명에 대한 확신에 따라 미국적 생활양식을 세계로 전파하면서 부를 축적해 나갔다. 이는 청교주의적 복음주의와 실용주의적 자본주의의 기묘한 결합이라고 할 수 있다. 미국적 생활양식과 소비자본주의의 확산은 사람들의 정체성에도 강력한 영향을 미치며 전 세계에서 승리를 구가하였다. 20세기 후반에는 금융자본주의가 소비자본주의와 결합하여 새로운 국제 질서를 파급시켰다.

그러나 산업의 본고장인 미국 본토에서부터 생산 능력을 넘어선 소비자본주의와 금융자본주의의 과잉 발전이 경제성장과 가치 창출에 적신호를 울리고 있었다. '굴뚝 산업'에 대한 노스탤지어가 일어나는 것도 충분히 이해할 수 있다. 킨들버거와 같은 이들의 눈에 요즈음 그러한 경향은, 속단하기는 이르지만, 미국의 쇠퇴를 알리는 징후처럼 보이는 듯하다. "가계 부문에 남게 된 소득은 소비에 사용된 것으로 보인다. 저축이나 투자가 아니라 두 번째나 세 번째 주택 장만, 여행, 사치스러운 의류, 자동차, 보석류, 요트 등에 사용된 것이다. 저축의 일부는 인수합병 자금, 양도, 기업 양도에 따른 기업 유가증권의 재정(裁定) 거래와 같은 '투자' 기회를 이용하기 위하여 유동성을 유지하는 형태로 보유되었다. 다시 말하여 생산을 위한 자본설비에 투자되기보다는 자산 거래를 위해서 유동적으로 보유되었다는 것이다."[59] 미국 경제가 확대 재생산의 선순환 구조로부터 서서히 이탈할 조짐을 보이기 시작한 것이다.

제5장

후발 산업국, 독일과 이탈리아

독일과 이탈리아는 영국이나 미국에 비해 뒤늦게 출발했지만 짧은 시간에 고도 산업사회의 발전을 성취한 서양의 대표적인 후발 산업국이다. 두 나라는 오랫동안 문화적 통일성을 유지하고 있었다. 그러나 실질적으로는 수많은 왕국, 공국, 도시로 분열되어 있었다. 두 나라가 정치적으로 통합되어 독립적인 근대 민족국가를 구축한 것은 19세기 중반 이후였다. 정치 통일 이후에도 양국은 오랫동안 정치적 불안정과 사회적 해체, 문화적 혼란을 겪었다. 파시즘이라는 희대의 독재 체제가 양국에서 처음 등장하여 집권에 이른 것도 후발 산업국으로서 정부 주도로 국론을 통일하고 국력을 결집하려는 노력이 이루어지는 역사적 맥락에서였다. 양국은 19세기 후반 이후 '문화 민족'으로서의 저력과 국가의 강력한 리더십을 바탕으로 보기 드문 산업 성장과 경제 발전을 이룩하였다. 그러나 양국은 파시즘을 수용하고 제2차 세계대전을 도발했으며, 마침내 패전으로 그간의 성취가 한꺼번에 사라질 위기에 처하기도 하였다. 이러한 위기에도 두 패배자는 전시에 축적한 기술적 기반과 경제 재건을 위한 사회적 역량의 결집 그리고 미국의 원조에 힘입어 10여 년 만에 화려하게 재기함으로써 역량을 갖춘 패자는 죽지 않는다는, 이른바 '불사조 효과(Phoenix effect)'[1]를 몸소 입증하였다.

독일은 후발 산업국의 가장 전형적인 사례라고 할 수 있다. 19세기 초까지만 하더라도 독일은 프랑스보다 150년 정도, 영국보다 200년 정도 뒤떨어진 상태에 놓인 채 농촌을 기반으로 하는 수공업 생산에서 벗어나지 못하였다. 그 상태에서 18세기 말 19세기 초 독일에서는 독일 민족의 문화적 우월성에 대한 믿음을 기반으로 독일이 하나의 민족국가로 통합되어야 한다고 주장하는 강력한 후발 산업국형 민족주의가 등장하였다. 이와 동시에 1850년대부터 철 공업, 기계 공업, 전기 공업, 화학 공업 등 자본재 산업을 중심으로 하여 산업화를 개시하였다.

마침내 독일은 프로이센을 중심으로 1871년 숙원이던 정치 통합을 이루고 이내 국가가 주도하는 '위로부터의 산업화'에 박차를 가하였다. 독일은 짧은 시간에 고도 산업사회를 이루고 당시 세계 경제의 패권 국가인 영국의 지위에 도전하기에 이르렀다. 그러나 제1차 세계대전에서의 패배로 독일의 추격 의지는 단번에 꺾여 버리는 듯하였다. 전후 1920년대 바이마르 시대에 독일은 정치, 경제, 사회 전반의 심각한 총체적 위기를 경험하였고, 곧이어 나치즘의 집권을 허용하였다. 나치 독일은 다시 한 번 독일 민족의 부활을 부르짖으며 세계 패권에 도전하였다. 그러나 제2차 세계대전에서의 패배로 일순간에 '그라운드 제로' 상태가 되었고, 승전국들의 압력에 의해 '탈산업화'의 갈림길에 서게 되었다. 그 가운데 독일 국민은 상상할 수 없는 고통을 받았다. 그럼에도 독일은 전시에 개발하고 습득한 선진국 수준 혹은 그 이상의 첨단 산업 기술과 풍부한 물적 · 인적 자원을 바탕으로 화려하게 재기하는 데 성공하였다. 오늘날 독일은 자동차, 철강, 화학 등의 분야에서 최고의 기술 수준을 자랑하며 유럽연합(EU) 안에서도 선도적인 위치를 차지하는 세계적인 산업 강국이다.

이탈리아는 여러모로 독일과 유사한 후발 산업국의 발전 경로를 보여준다. 19세기에 민족주의가 분출하여, 피에몬테(사르데냐 왕국)를 중심으로 1861년 정치 통합을 이루고 이내 '위로부터의 산업화'에 매진하였다. 그러나 북부와 남부 간의 지역 격차와 계급 갈등을 겪으며 이탈리아 국가 발전의 여정은 순탄치 않았다. 제1차 세계대전에서는 승전국의 지위를 누렸으나 전후 협상에 실패하여 별다른 국익을 취하지 못하였다. 그리하여 불만 여론이 팽배하고 극단적 민족주의가 출몰하였다. 그 가운데 등장한 파시즘은 호전적 여론을 주도하여 앵글로 색슨 세계의 패권에 도전하였다. 그러나 제2차 세계대전에서의 패배로 이탈리아의 도전 의지 역시 단번에 잠재워지는 듯하였다.

이탈리아 전역은 폐허가 되고 국민 사이에는 자괴감이 만연하였다. 그럼에도 이탈리아는 독일과 마찬가지로 1950년대 말에 재기하여, 군수 산업 기술을 기반으로 한 자동차 산업 분야를 중심으로 '경제 기적'을 이루게 되었다. 또한 독일만큼의 풍부한 물적 · 인적 자원은 결여하고 있었으나, 전통적인 장인 문화와 첨단 기술을 결합하여 틈새시장에 파고들어 섬유패션, 정밀기계, 가죽, 가구, 세라믹 등의 분야에서 놀라운 성과를 거두게 되었다. 오늘날 이탈리아는 GDP 등 각종 수치에서 선두를 달리는 세계적인 산업 강국이다.

정치적 요인 ;

지각한 민족국가

독일과 이탈리아는 선발 산업국보다 민족국가의 형성이 지체되었다. 오래전부터 문화적 통일성을 유지하고 있었다고는 하나 정치 통일은 19세기 중반 이후에야 가능하였다. 영국, 프랑스, 미국 등의 선발 산업국이 통상 시민혁명을 통해 절대왕정을 타도하고 근대국가 체제를 구축했던 반면, 독일과 이탈리아와 같은 후발 산업국은 시민혁명의 과정이 생략되거나 실패하면서 기성 국가, 즉 프로이센과 피에몬테 절대왕정이 스스로 민족국가 체제로 변신해 간 모습을 보여준다. 독일과 이탈리아에서 절대왕정과 민족국가 사이의 그러한 타협은 국가의 강력한 중앙집권화 정책에도 불구하고 양국에서 심각한 정치적 불안을 일으켰다. 그럼에도 국가의 통일성을 유지하고 산업화를 추진한 것은 독일과 이탈리아의 성공담에 해당한다. 그러나 20세기에 들어 양국에서 민족국가의 억압적 성격을 극대화한 파시즘과 나치즘이 대두하고 결국 전쟁의 소용돌이 속에 빠진 것은, 후발 산업국이 정부 주도의 뜨거운 민족주의로 국력을 결집하여 선발 산업국에 도전하는 과정에서 나타난 혼돈이었다. 양국은 선발 산업국의 벽을 넘지 못하고 제2차 세계대전에서의 패배로 커다란 상처를 입게 되었다. 흉터는 전사의 표식이다. 전사란 독일과 이탈리아, 흉터란 파시즘과 전쟁의 상흔을 말한다.

양국은 독재와 전쟁이라는 왜곡되고 굴절된 역사적 시련을 겪었음에도 언제나 경제적 선두를 추격하려는 전의에 불타 있던 후발 주자였다. 독일과 이탈리아의 전사적 기질과 전쟁 과정에서 군수 산업에 의해 누적된 기술력이 제2차 세계대전 이후에 진가를 발휘하여 전후 경제적으로 재기하는 데 성공하였다. 일부 산업 분야에서는 선발 주자를 능가하기도 하였다. 한편 파시즘의 음울한 기억은 역설적이게도 전후 양국이 민주주의 체제로 재편되고, 유럽 통합의 리더로 부상하는 데 기여하였다. 오늘날 양국은 유럽연합 안에서 공동체와 민족국가의 또 다른 타협을 모색하고 있다.

19세기 통일 이후 독일과 이탈리아의 정치 엘리트층은 종래 농업사회의 전통적 엘리트층인 지주 계층과 근대 산업사회의 엘리트층인 산업가 계층으로 이루어져 있었다. 그런 만큼 양국의 정치 엘리트층은 매우 권위적이고 보수적인 성격을 드러내고 있었다. 물론 양자 사이에는 차이가 있었다. 독일의 엘리트층은 군국주의적 보수주의를 표방하였고, 이탈리아의 엘리트층은 표면적으로는 자유주의를 옹호하고 있었다. 19세기 후반 양국의 정치 엘리트층은 민주화와 대중사회의 도전에 직면하여 정치적·사회적 민주주의를 기성 체제에 접목하는 데 골몰하였다. 그러나 제1차 세계대전을 경험하면서 양국의 정치 엘리트층의 권위와 정당성은 심각하게 손상되었다. 그 후 등장한 파시즘과 나치즘은 새로운 정치 엘리트층을 형성하려는 노력에 나섰지만, 두 사회에 강고하게 온존해 있던 구시대의 정치 엘리트층을 단번에 일소할 수는 없었다. 오히려 제2차 세계대전에서의 패전이 구시대 정치 엘리트층을 청산하는 결과를 가져왔다. 전후 양국의 정치 엘리트층은 파시즘 및 나치즘의 과거를 부인하며 민족국가의 틀을 뛰어넘는 새로운 시대의 엘리트로 거듭나려는 노력을 기울이고 있었다.

독일과 이탈리아가 후발 산업국으로서 선진국 추격의 전의를 불태우고 있었던 만큼 국가는 경제 발전을 위해 사회의 전 분야에 강력한 보호와 간섭 정책을 폈다. 독일에서는 가장 먼저 사회보장을 위한 법과 제도가 마련되기도 하였다. 양국에서는 국가가 직접 경제에 개입하여 스스로 기업가의 역할을 하였다. 1930년대 유럽에서 국영기업의 비중이 가장 높은 나라는 소련을 제외하고 이탈리아였다는 사실이 그 점을 실증하고 있다. 이러한 사실은 사기업과 시장이 경제 발전을 주도하는 선발 산업국과 대비하여 정부와 정책이 주도하는 후발 산업국 발전의 전형을 보여주는 것이다.

국가가 주도하는 산업 부문의 높은 비중은 기본적으로 제2차 세계대전 이후에도 변하지 않았고, 따라서 양국에서는 국영기업과 민간기업이 공존하는 이중적 산업구조를 토대로 경제 발전이 이루어졌다. 그 가운데 이탈리아에서는 정경 유착과 관련된 스캔들이 심각한 부작용을 일으키기도 하였다. 오늘날 독일과 이탈리아는 유럽 통합의 새로운 흐름 속에서 민족국가의 제도와 유럽 공동체의 제도를 절충하고 조화시키려는 정치적 도전의 선두에 서 있다.

1. 정치적 안정성

분열에서 통일로

이탈리아의 정치 통일

이탈리아는 고대 로마제국 몰락 이후 수많은 왕국, 공국, 도시국가로의 분열을 면치 못한 채 오랫동안 외국의 지배에 시달렸다. 주변의 강국인 프랑스, 에스파냐, 오스트리아가 차례로 이탈리아를 직 · 간접적으로 지배하였다. 그러나 18세기 말부터 독립, 통일, 자유의 기치 아래에 민족주의 운동이 강력하게 부상하였다. 이탈리아 역사에서는 이를 '부흥'이라는 의미에서 리소르지멘토(Risorgimento)라고 부른다. 1848년 혁명을 기점으로 리소르지멘토에서 자유주의적 급진파 운동이 패배하고, 피에몬테 왕정을 중심으로 절대주의와 자유주의를 절충한 자유주의적 온건파 운동이 주도권을 쥐게 되었다. 피에몬테의 수상 카부르(Camillo Benso di Cavour)는 영국식 입헌 체제와 산업 발전을 모범이자 이상으로 여긴 인물로서, 통일 운동에서 주도적인 역할을 하였다. 그는 마치니(Giuseppe Mazzini)와 가리발디(Giuseppe Garibaldi)와 같은 급진파를 흡수하면서 피에몬테 중심의 정치 통일을 완수하였다.

그러나 급조된 이탈리아 민족국가는 여러 면에서 취약함을 면치 못하였다. 특히 북부와 남부의 지역 격차에서 유래한 '남부 문제(Southern Question)'는 이탈리아의 형식적 통합에도 실질적 통합으로 가는 길이 여전히 요원하다는 점을 웅변으로 보여주었다. 남부에서는 농민반란이 만연하였고, 신생 정부는 이를 '비적'으로 규정하여 대대적인 토벌 작전에 나섰다. 또한 신생국가와 가톨릭 교회의 대립으로 이탈리아 국민의 대다수를 차지한 가톨릭교도들은 국가의 부름을 외면했는데, 이를 이탈리아 역사에서는 '로마 문제(Roman Question)'라고 한다. 그 가운데 급속한 산업화가 이룩되면서 사회주의와 노동운동이 혁명적 성격을 띠며 발전하여 이탈리아의 정치 불안은 가중되었다.

20세기 초 졸리티(Giovanni Giolitti)라는 노련한 자유주의 정치가가 등장하여 약 15년 동안 이탈리아 정계를 지배하면서 자유주의 체제는 안정화되는 듯하였다. 그러나 잇따른 전쟁과 파시즘의 등장으로 정치 불안은 되풀이되었다. 만성적 정치 불안에도 1861년 통일에서 1915년 제1차 세계대전에의 참전에 이르는 자유주의의 시대에 이탈리아는 당시에 직면했던 수많은 장애물을 딛고 실질적으로 국가의 통합성을 유지했다는 점에서 높이 평가할 만하다.

독일의 정치 통일

중세 이래 존속했던 독일의 제1제국, 즉 '독일 국민의 신성로마제국'은 명목상의 정치 통합에도 실제 독일인들을 하나의 응집된 정치체제로 통합하지 못하고 있었다. 19세기 초 프랑스 나폴레옹의 지배를 받는 가운데 독

오토 폰 비스마르크 비스마르크는 1862년 프로이센의 재상이 되어 철혈정책을 통해 프로이센을 중심으로 하는 독일의 통일을 이룩하였다.

일에서 강력한 민족주의 운동이 분출하기 시작하였다. 1848년 혁명기에는 '독일'의 범위에 대한 이견을 둘러싸고 '대독일적' 통일 방안과 '소독일적' 통일 방안이 대립하였다. '대독일적' 통일 방안은 오스트리아까지 포함한 광범위한 독일 통일을 지지하였고, '소독일적' 통일 방안은 오스트리아를 배제한 채 프로이센을 중심으로 하는 독일 통일을 추구하였다. 1848년 혁명이 끝난 후 점차 프로이센 왕정이 독일 세계의 강자로 부상하기 시작하였다. 특히 프로이센의 수상인 비스마르크(Otto von Bismarck)는 저 유명한 '철혈정책'을 통해 프로이센의 국익과 독일의 국익을 동시에 추구하고자 하였다. 프로이센의 성공으로 철혈정책은 정부 주도로 산업화를 강력하게 추진하는 후발국 발전 정책의 상징과도 같은 것이 되었다. 그리하여 프로이센은 덴마크, 오스트리아, 프랑스와 차례로 전쟁을 거치며 독일의 '소독일적' 통합을 완수하기에 이르렀다. 따라서 1871년에 탄생한 제2제국, 즉 최초의 독일 민족국가는 전쟁의 산물이었다.

급조된 독일 민족국가는 이탈리아의 경우와 마찬가지로 여러 면에서 취약함을 면치 못하였다. 무엇보다 독일은 '순수한' 독일 민족의 국가를 표방했음에도 불구하고 실제로는 '순도(純度)'가 떨어졌다. 왜냐하면 독일 국가에는 약 1,000만 명에 달하는 독일계 오스트리아 주민이 배제된 채 폴란드인, 덴마크인, 유대인 등 비독일계 주민이 다수 거주하고 있었기 때문이다. 독일 민족국가는 '모든' 독일 민족을 아우르지도 못하였고, '오직' 독일 민족만을 껴안지도 못하였다. 이 상태에서 독일 국가는 북부의 프로테스탄트 문화에 기초를 두면서 독일의 문화적 통합을 위해 남부의 가톨릭

교도에 대한 '문화 투쟁'을 단행하였고, 나아가 급속한 산업화가 전개되면서 체제에 비판적인 사회주의자들을 억누르고 노동자계급을 체제에 통합해야 한다는 시급한 과제에 직면하였다. 독일 국가는 가톨릭교도와 사회주의자 같은 반체제 세력을 '제국의 적'으로 낙인찍고, 이른바 '부정적 통합'을 통한 '결집 정책'을 추구하였다. 이로부터 독일 국가의 억압적 성격이 두드러지게 되었다. 이와 같은 잠재된 정치 불안에도 신생국가는 후발 산업국형 발전 전략인 정부 주도 산업화와 같은 '위로부터의 국민화' 정책을 펼쳐 짧은 시간에 열강의 일원으로 발돋움하는 데 성공하였다.

파시즘과 유럽 공동체 사이의 민족국가

파시즘과 나치즘

독일과 이탈리아는 후발 산업국이면서 동시에 파시즘과 나치즘 같은 희대의 독재 체제를 경험했다는 점에서 공통점이 있다. 일부 학자들은 파시즘과 나치즘을 후발 산업국이 필연적으로 겪어야 하는 경로라는 일반론을 펼치기도 하였다. 그러나 이러한 일반화를 역사학계 전반에서 받아들이고 있는 것은 아니다. 파시즘의 발생 원인과 배경은 후발국 산업화라는 단일 요인만으로는 설명하기 어려운 매우 복잡한 정치적·사회적 면모를 보여주기 때문이다. 다시 말해, 독일과 이탈리아에서 파시즘과 나치즘이 왜 발생했는가를 이해하기 위해서는 양국의 국가 구성(state-formation)이라는 장기 지속적 요인과 제1차 세계대전이라는 단기 지속적 요인 그리고 우발적이고 상황적인 요인까지 두루 살펴보아야 한다는 것이다. 게다가 파시즘과 나치즘이 기성의 자유주의 이념과 체제에 대한 반발로 등장했다는 측면을 고려할 때, 파시즘과 나치즘을 오로지 경제적 후진성이나 압축적 산업화의 부산물만으로 설명하는 것은 지극히 단순한 것이다. 그런가 하면 최근의 많은 연구는 통념과 달리 파시즘과 나치즘이 등장하기 전에 독일과 이탈리아에서 중간 계급과 시민사회의 활력이 충분히 발전하고 있었음에 주목하여 양국이 정상적 발전 경로와는 다른 '특수한 길'을 걸었다는 주장을 비판하기도 한다. 그러나 이 모든 점을 고려한다고 해도 파시즘과 나치즘이 특정한 시대적 환경 아래서 후발 산업국의 발전 과정에 나타난 현상이라는 사실 자체를 근본적으로 부정할 수는 없을 것이다.

파시즘과 나치즘은 상당히 이해하기 어려운 20세기의 독특한 정치 현상이다. 무엇보다 파시즘과 나치즘을 한 쌍으로 논할 수 있는가, 즉 양자는 정치적으로 같은 범주에 속하는가의 문제 자체가 학자들 사이에서 커다란 논란거리가 되고 있다. 그리고 파시즘을 어떻게 정의할 것인가 하는 문제에 대해서도 공통된 합의가 없는 실정이다. 파시즘의 정의와 관련해서는 일찍이 파시즘에 큰 관심을 두었던 마르크스주의자들이 파시즘을 금융 자본의 대행자로 규정한 바가 있다.[2]

실제로 파시즘과 나치즘은 금융 자본가만이 아니라 광범위한 사회계층의 지지를 바탕으로 성장하였다. 게다가 파시즘과 나치즘은 자본주의 자체를 비판하면서 자본주의와 공산주의 사이의 '제3세력'임을 자처하기도 하였다. 그들이 자본주의에 대해 가한 비판은 실상 영국과 미국 등의 선발 산업국에 대한 도전이었으며, 그들이 공산주의에 대해 가한 탄압은 그들의 정책이 후발 산업국의 정부 주도 발전의 원리를 반영한 것이었음을 에둘러 보여준다.

그런가 하면 파시즘과 나치즘이 두체(Duce)와 퓌러(Führer)에 대한 지도자 숭배에 바탕을 둔 희대의 독재 체제였음에도 광범위한 아래로부터의 대중 동원에 기초해 있었다는 사실을 잊어서는 안 된다. 사실 통상의 권위주의적 독재와 파시즘을 구별해 주는 가장 큰 특징 중의 하나는 대중 동원의 존재 여부이다. 대중 동원도 궁극적으로는 짧은 시간 안에 국민적 역량을 결집하여 선발 산업국을 추월하려는 의지에 불타는 후발 산업국의 정치적 노력의 일환이었다고 해석될 수 있다.

파시즘과 나치즘이 보여주는 다중성과 모호함에도 적어도 한 가지 사실만큼은 확실하다. 파시즘과 나치즘은 극단적 민족주의의 산물이라는 것이 그것이다. 파시즘과 나치즘은 강한 국수주의와 제국주의의 성향을 간직한 민족주의의 극단적 형태, 즉 초민족주의(ultra-nationalism)로서 민족국가 숭배를 제도화하였다. 그럼으로써 파시즘과 나치즘은 사회의 계급 분열을 초월하여 국가의 역량을 극한까지 결집하고자 노력하였다. 파시즘과 나치즘의 전성기에 이탈리아와 독일 국내외의 많은 정치가와 지식인들은 그와 같은 '정치 실험'을 경이로운 눈으로 바라보기도 하였다.

이상 살펴본 바와 같이 파시즘과 나치즘은 자본가 계층과 노동자 계층을 함께 아우르는, 국민 대중에 기초한 민족주의를 표방했다고 할 수 있다. 이는 자본주의적 산업사회에서 가속하는 경제성장과 이해를 함께하는 새로운 지배 계층과 그 수혜로부터 구조적으로 소외된 노동자 계층 간의 충돌을 방지하고 국가와 민족의 이름으로 국론을 통일하기 위한 것이었다. 그러나 이는 선발 산업국이 기업가와 자본가 계층의 합세에 힘입어 두텁게 형성된 새로운 지배 계층의 힘을 과시하면서 이미 전 국민에 확산되어 전통으로 자리 잡은 '일상적 민족주의'로써 국론을 통일하고, 대중의 자발적인 협조를 유도한 것에 비하면 매우 불완전하고 비효율적이었다. 약육강식의 국제 환경 아래서 선발 산업국과 경쟁하기 위해서는 민족주의를 급조하고 이를 단기간에 국민 대중에 주입하며 국력을 결집하기 위해 온갖 무리하고 비인도적인 방법, 예컨대 소수 민족의 탄압, 독재, 정보정치, 선동, 폭력 등이 동원되었던 것이다. 인류의 역사를 후발국의 도전과 선진국의 응전이라는 토인비(A. J. Toynbee)식의 경쟁 구도로 단순화하면, 후발국이 갖는 구조적 불리함을 극복하기 위해 특단의 대책이 필요할 수밖에 없다는 것은 어느 정도 이해할 수 있지만, 그럼에도 비인도적인 방법 자체는 그 어떤 면에서도 결코 정당화될 수 없다. 이탈리아와 독일의 역사가 잘 보여주듯이, 그러한 방법은 경제성장과 국가 발전 자체에도 장기적으로 악영향을 미쳤다.

오늘날에도 파시즘과 나치즘에 동정적인 극소수의 학자들은 파시즘과

전선으로 향하는 병사들 독일 나치즘과 이탈리아 파시즘은 제2차 세계대전을 도발하여 끔찍한 인간적 고통과 파괴를 일으킨 뒤 악마화되었다. 사진에서 러시아 대초원을 가로질러 스탈린그라드로 향하는 독일 병사들은 파멸을 향해 진군하고 있었다. [사진: 게르하르트 그로네펠트]

나치즘이 제2차 세계대전에서 패배하지 않았다면, 특유의 호소력과 내구성으로 훨씬 더 오랫동안 지속될 수 있었으리라고 추정하기도 한다. 이와 같은 '클레오파트라의 코' 이론은 실상 공론에 불과하지만, 그런 이론이 계속 나타난다는 사실 자체는 파시즘과 나치즘이 오늘날까지도 커다란 반향을 일으키는, 비록 위험하지만 심각한 하나의 '정치 실험'이었음을 시사한다.

결국 세계대전에서의 패배로 파시즘과 나치즘은 오욕을 뒤집어쓰고

'악마화'되기에 이르렀다. 그럼에도 오늘날 파시즘은 '네오 파시스트' 혹은 '네오 나치'라는 새로운 형태로 경제적으로 낙후된 유럽 지역에서 부활하고 있으며, 이탈리아와 오스트리아 등지에서는 권좌에 진입하기도 하였다.

또한 정치적 · 경제적으로 낙후한 지역에서 다양한 형태의 독재 체제들이 나타났다. 그런데 이 지역 대부분 독재자는, 비록 그들이 내세우는 명분이 민족, 종교, 발전 등 그 어떤 현란한 수사로 포장되어 있든 간에, 결국 개인이나 소집단의 권력 유지를 일차적 목표로 하는 경우가 대부분이다. 이처럼 사리사욕에 집착한 독재 권력이나 의욕은 있어도 무능과 부패로 산업화에 실패한 개발도상국의 경우는 진지하게 논의될 수 있는 대상이 아닐 것이다. 하지만 다소간의 무리를 하더라도 기성 선진국을 추격하려는 강한 의지를 갖춘 개발도상국들이 속속 후발 산업국 대열에 진입하기를 시도하는 한 파시즘이나 잠재적 파시즘이 나타날 개연성은 얼마든지 있을 것이다. 여기서 중요한 점은 그 개연성을 경계하면서 후발국이 국가 주도의 발전을 추구하는 논리 자체와 파시즘을 혼동하지 않는 것이다.

파시즘에서 유럽 통합으로

독일과 이탈리아는 제2차 세계대전에서의 패배로 전후에 전범으로 낙인찍히고 패전의 고통을 감내해야 하였다. 그 가운데 양국은 민족국가를 재건하고 민주주의 체제를 구축하려는 노력을 개시하였다. 양국은 파시즘과 나치즘이라는 어두운 과거와 단절하기 위해 민족주의 이념을 버리거나 최소한 길들이려고 노력하였다. 유럽 통합은 그런 노력을 뒷받침하고 정당화하는 유력한 명분이요 이념이 되었다. 1950년 '슈만 플랜'에 의해 유럽의 주요 자원인 석탄과 철강에 대한 유럽 공동의 관리라는 문제가 제기된 이후 현재의 유럽연합에 이르기까지 유럽 통합은 착실히 진전되어 왔다. 그 가운데 독일과 이탈리아의 민주주의적 국가 체제도 재편되었다.

물론 그 과정은 순탄치 않았다. 1950년대 유럽의 정치적 · 군사적 통합 노력은 좌초되었고, 경제적 통합이 제한적으로 추구되었다. 또한 유럽연합은 '순수한' 유럽의 공동체도 아니었다. 현재 유럽연합에는 많은 유럽의 민족국가들이 빠져 있고, 또한 비유럽으로 간주되는 터키가 가입을 열렬히 희망하고 있다. 하나의 유럽은 여전히 정체성의 혼란을 겪으면서 높은 수준의 통합을 아직 이루어내지 못하고 있다. 그러나 유럽연합의 불투명한 미래에도 독일과 이탈리아는 유럽 통합을 전범이라는 오명에서 벗어나는 기회로 이용하였고, 현재도 유럽연합 안에서 주도적인 역할을 하고 있다. 따라서 유럽 통합은 전후에 양국이 정치 안정을 이룩하는 데 지렛대 구실을 했다고 할 수 있다.

전후 독일과 이탈리아의 정치 안정은 무엇보다 경제 발전에 힘입은 것이었다. 즉 정치 안정이 경제 발전의 조건이 된 것이 아니라 경제 발전이 정치 안정의 조건이 되었다는 말이다. 이에 미국의 원조가 결정적인 요소였다는 사실은 부인할 수 없다. 그러나 이는 단순히 승자의 자비심에 의한 일방적인 시혜였다기보다는 전후 공산주의 확산의 도미노 현상을 차단하기 위한 미국의 선택이었다. 그럼에도 미국이 인류 최대의 살상과 파괴를 동반한 세계대전의 주적국들을 포연이 채 가시기도 전에 우방으로 받아들이고, 또 독일과 이탈리아의 경제가 미국을 위협할 만큼 비약적으로 발전할 수 있도록 협력한 것은, 양국이 그동안 축적한 경제적 경험과 기술적 노하우가 미국 및 서방 세계의 지원과 투자를 유인할 수 있었기 때문에 가능한 일이었다는 점에 주목해야 한다. 19세기 후반에 있었던 독일과 이탈리아의 산업적 '이륙(take-off)' 혹은 '대약진(big spurt)'에 새로이 축조된 강력한 민족국가—심각한 정치 불안 요인을 안고 있었던—의 힘이 뒷받침되어 있었다면, 전후 20세기 후반에 있었던 경제적 '재도약'은 그동안 파란만장한 오디세이를 거쳤던 독일과 이탈리아 민족국가의 산업화와 총력전을 통해 확보한 산업 기술력이 떠받치고 있었다. 유럽 통합이라는 또 다른 정치 발전의 측면 지원을 받으면서 말이다.

앞으로 나타날 제2의, 제3의 새로운 후발 산업국들도 독일과 이탈리아라는 두 민족국가가 경험한 것과 유사한 우여곡절의 과정을 밟아야 선진국으로 안착할 수 있을지, 또 다른 방법은 없을지의 여부는 여전히 미지수로 남아 있다. 덧붙이면, 현재 선발 산업국들이 주도하는 신자유주의적 세계화 체제하에서 새로운 제2세대, 제3세대 후발 산업국이 전쟁과 억압이 아니라 평화롭고 자유로운 방법으로 민족국가를 형성하고 국가 경제를 발전시켜 나아가는 역할 모형을 찾는 숙제는, 아직 아무도 가 보지 않은 길이라는 점에서 과거 파시즘의 경험만큼이나 힘들고 고통스러운 '정치 실험'이 될지도 모른다.

2. 정치 엘리트의 가치관

보수주의

19세기 신생 독일과 이탈리아 국가의 정치 엘리트들은 기본적으로 과거 농업사회의 엘리트층에서 충원되었다. 그들은 대부분 지주로서 생산은 체감하고 성장은 감속하는 농업사회의 고유한 사고방식에 젖어 있던 사람들이었다. 예를 들면 독일 통일을 주도한 비스마르크는 자신이 프로이센의 전통적 지주 귀족층인 융커(Junker) 출신으로서 권위적이고 보수적인 사상이 있었다. 이탈리아의 카부르는 당시에 유행하던 개명된 자유주의 사상을 받아들이기는 했으나 그 자신 지주 출신으로서 급진적인 개혁을 혐오한 인물이었다. 따라서 비스마르크와 카부르로 상징되는 양국의 정치 엘리트층은 수미일관하게 농업 분야의 이해관계를 옹호하고자 하였다. 그렇다고 그들이 산업화를 외면한 것은 결코 아니었다. 독일은 이미 당시에 중공업 분야에서 새로이 등장한 대산업가들이 자신들의 막강한 경제적 힘을 바탕으로 정치에도 강한 영향을 미쳤다. 비스마르크가 말한 '강철과 호밀의 동맹'이란 곧 전통적인 지주층과 근대적인 산업가층이 동맹하여 새로운 형태의 정치 엘리트층을 형성했음을 웅변하는 것이다. 돌이켜보면, 서로 상충하여 극심한 갈등만을 초래할 것처럼 보였던 이 두 계층 간의 동맹이 결국 상호보완적이며 성공적으로 국가 발전에 기여할 수 있었던 것은 후발 산업국의 정부 주도 산업화의 이데올로기가 농업사회의 보수적이고 권위적인 사상과 서로 공명했기 때문이다.

낡은 것과 새로운 것이 기묘하게 결합한 가치관의 소유자인 정치 엘리트층의 존재는 후발국 산업화의 전개 과정에 큰 영향을 미쳤다. 국가가 산업화를 주도하는 과정에서도 농업 부문의 이해관계는 빈틈없이 옹호되었다. 독일 정부는 신생 공업 분야를 보호하기 위해 보호주의를 추구했지만, 농업 분야의 이해관계를 일방적으로 희생하면서까지 추진한 것은 아니었다. 1893년 독일 지주들은 이른바 '지주 동맹'을 결성하여 수입 곡물에 높은 관세를 매길 것을 주장하며 보호주의의 옹호자로 부상하기도 하였다. 따라서 독일의 산업화는 전통적인 농업 부문을 청산하면서 이루어진 것이 아니라 농업 부문을 보존하면서 전개되었다고 할 수 있다. 이러한 측면에서 많은 역사학자는 당시 독일이 '산업화된 농업사회(industrieller Agrarstaat)'였다고 본다. 이는 경제 개발 초기에 산업화 세력이 왜소했기 때문에 경제성장과 동시에 농민층에 기초한 정치적 안정도 함께 추구할 수밖에 없는 후발 산업국의 현실이 반영된 것이었다. 요컨대 독일이라는 신생국가는 전통적인 융커 세력과 근대적인 산업화 세력 간의 특이한 타협 위에 서 있었던 것이다.

일찍이 독일 역사학자 벨러(Hans-Ulrich Wehler)는 독일 통일 과정에서 '전근대적 · 전산업적 권력 엘리트'의 지배가 유지되어 민주주의의 발전이 저해되고 마침내 나치즘의 지배로 귀결되었다고 비판하였다.[3] 확실히 벨러의 정치적 · 도덕적 비판은 은연중에 후발 산업국의 발전 과정이 선발국의 경우와 같아야만 한다는 전제에 바탕을 두고 있는 것으로 보인다. 그러나 최근의 많은 연구자는 독일 통일을 전후로 한 시대에 독일의 중산적 시민층과 시민사회의 활력이 매우 컸으며, 따라서 나치즘의 대두를 굳이 독일의 파행적 근대화의 숙명적인 결과로 해석할 필요는 없다는 태도를 보이고 있다. 그러므로 독일이 지각한 민족국가, 압축적 산업화, 파시즘으로 이어지는 '특수한 길'을 걸었다는 고전적인 명제는 오늘날 심각하게 의심받고 있다. 독일도 영국이나 프랑스와 별반 다르지 않은 길을 걸었다는 것이다. 그럼에도 독일 국가의 권좌에 전통적인 농업사회에서 배출된 인물들이 앉아 있었으며, 그들의 보수적 가치관이 후발 산업국으로서 독일 사회의 근대화 과정에 매우 독특한 방식으로 큰 영향을 미쳤다는 점을 잊어서는 안 된다.

독일의 보수적 정치 엘리트층은 중산적 시민층의 가치관에 공감했다기보다는 그들과의 타협을 선택하였고, 오히려 그들이 정부 주도의 범국가적 산업화에 동참하도록 직접 민중층에 호소하고 유도하는 전략을 취하였다. 이것은 어쩌면 농업사회에서 유래한 이데올로기인 가부장적 온정주의(paternalism)가 작용한 결과이기도 하다. 온정주의란 온정과 복종으로 맺어진 부모와 자식의 관계를 확대하여 통치자와 신민, 지주와 농민, 자본가와 노동자의 관계에 적용한 농업사회의 전통적 이데올로기이다. 이는 피지배층을 자주적이고 독립적인 결정을 내릴 수 없는 수동적인 존재로 파악하기는 하지만, 그들의 조건 없는 복종을 전제로 피지배층에 대한 복지 또한 지배층이 돌보아야 한다는 강한 의무감을 내포하고 있다. 온정주의는 국

야외생활 독일의 대표적인 콘체른 중 하나인 크루프 또한 산업 온정주의에 기초한 기업이라고 할 수 있다. 사진은 크루프 가문 사람들이 슈바르츠발트 근처의 별장에서 찍은 것이다.

가와 기업이 다양한 사회복지 정책을 촉진하고, 그럼으로써 산업화 과정에서 필연적으로 나타나는 사회 갈등의 근본적인 해결까지는 아니어도 최소한 급속한 산업화의 폐해를 일정 수준으로 완충시키면서 사회 갈등을 부분적으로 예방하는 효과를 거두었다.

제국주의

독일과 이탈리아는 비록 늦었지만 빠르게 산업화를 성취하고 영국, 프랑스, 미국의 패권에 도전장을 내밀었다. 그리하여 19세기 후반에 이들 후발 주자는 선발 주자와 경합하며 치열한 제국주의 각축전에 뛰어들었다. 독일과 이탈리아의 통일을 주도한 정치 엘리트층이 원래부터 제국주의적 전망을 보이고 있었던 것은 아니다. 가령 비스마르크는 제국주의가 가져다줄 과실에 구미가 당기기는 했지만, 신생 독일은 열강의 각축전에 휩쓸릴 만큼 아직 충분히 안정되어 있지 않다고 생각하였다. 그는 프랑스의 고립과 현상 유지를 골자로 하는 외교 노선을 추구하였다. 카부르와 그의 후계자들인 '역사적 우파'도 이탈리아가 산업 강국으로 도약하고 제국주의 국가로 부상하는 데 대해 큰 미련을 두고 있지는 않았다. 그러나 산업화가 가속화되고 민족주의가 득세하면서 이런 태도는 급속히 바뀌게 되었다. 특히 이탈리아에서 '역사적 우파'와 대립한 '역사적 좌파'가 권력을 장악하면서 여론은 급속히 제국주의 옹호론으로 돌아섰다. 독일에서도 비스마르크가 물러나고 빌헬름 2세가 친정 체제를 구축하면서 본격적인 제국주의 정책이 추구되었다. 그가 주도한 강력한 팽창 정책인 '세계정책(Weltpolitik)'이 현저한 사례이다.

이러한 현상을 특정인 또는 특정 집단에 의해 굴절된 역사적 우연으로 치부할 수만은 없다. 왜냐하면 산업사회의 근간이 되는 확대 재생산 체제는 더 많은 생산요소를 생산에 투입하고 점점 더 큰 상품 시장을 확보하기를 반복할 수밖에 없는, 구조적으로 확장 지향적인 체제이기 때문이다. 독일과 이탈리아가 당시 선발 산업국의 제국주의 정책에 대한 추격 의지와 근대 산업 국가를 향한 발전 의지를 스스로 꺾지 않는 한, 이들 나라의 제국주의적 팽창은 어떤 면에서 피할 수 없는 선택이었던 것으로 보인다.

일단 제국주의로의 선회가 이루어지자 팽창을 향한 후발 산업국의 집착은 더욱더 뿌리칠 수 없는 것이 되었다. 이탈리아의 민족주의자 코라디니(Enrico Corradini)는 국내의 계급 관계를 국제사회에 확대 적용하여 사회가 부르주아지와 프롤레타리아트로 나뉘어 있듯이 국제사회도 '부르주아 민족'과 '프롤레타리아 민족'으로 나뉘어 있다고 진단하였다. '부르주아 민족'은 영국과 프랑스와 같은 선발 산업국을 가리키고, '프롤레타리아 민족'은 독일과 이탈리아와 같은 후발 산업국을 가리키는 말이었다. 또한 코라디니는 '프롤레타리아 민족'이 '하늘 아래 몸을 누일 땅'을 확보해야 한다고 역설하였다. 여기서 땅이란 곧 부족한 자원을 조달하고 상품을 판매할 시장으로서 식민지 또는 이에 따르는 세력권을 의미하는 것이었다. 이는 명백히 히틀러의 정치 이념인 '생활권(Lebensraum)'을 예고하는 것이기도 하였다. 19세기 말 20세기 초 독일과 이탈리아의 정치 엘리트층은 그와 같은 호전적 제국주의 여론에 집단 도취되어 있었거나, 최소한 여론으로부터 큰 압력을 받고 있었던 듯하다. 예컨대 20세기의 첫 15년 동안 이탈리아 정계를 지배한 졸리티와 같은 자유주의 정치가도 그 자신은 제국주의에 대해 미온적인 태도를 보이고 있었지만 1911~1912년의 리비아 전쟁을 통해 제국주의 정책을 답습하지 않을 수 없었다.

독일과 이탈리아와 같은 후발 산업국에서 제국주의는 단순히 경제적 이득을 가져다주는 것으로 이해된 것이 아니었다. 오히려 양국에서 제국주의는 급속한 산업화로 초래된 사회의 양극 분열을 통합하는 수단으로 활용되었다. 즉 국내 계급투쟁에 대한 관심을 해외 민족 간 투쟁으로 전환함으로써 국론의 통일을 기했다는 것이다. 이를 '사회적 제국주의(social imperialism)'라고 부른다. 또한 제국주의는 신생 민족국가의 위신을 드높이는 효과적인 방편으로도 여겨졌다. 뒤늦게 출발한 이탈리아가 경제적으로 볼 때 당장 큰 이득도 없는 에티오피아와 리비아에 그토록 집착했던 것도 그러한 정치적 고려가 있었기 때문이다. 이를 '정치적 제국주의(political imperialism)'라고 부르지 못할 이유도 없을 것이다.

그 후 파시즘과 나치즘은 '생활권'을 확보하기 위한 생사를 건 투쟁 과정에서 치밀한 경제적 계산보다는 정치적 · 사회적 고려에서 추진된 실속

없는 정책을 펼쳤는데, 이도 제국주의 정책의 불가피한 결과였다. 나아가 이는 후발 산업국의 정치 엘리트층이 침잠했던 집단적 강박 관념, 즉 선발 산업국을 추월해야 생존할 수 있다는 강박 관념의 발로였다.

새로운 정치 엘리트층의 형성

독일과 이탈리아에서 파시즘과 나치즘은 기성의 정치 엘리트층에 대한 강력한 비판과 더불어 무대에 등장하였다. 새로운 체제가 등장하기 위해서는 기존 체제에 대한 비판이 가장 효과적인 정치 수단이었기 때문이다. 게다가 파시스트와 나치가 보기에 기성의 정치 엘리트층은 국민적 이해관계보다는 자신의 계층적 이해와 기득권에 더 탐닉하는 근시안적이고 이기적인 계층이었다. 파시스트들에서 종종 반부르주아적 · 반자유주의적 수사가 엿보이는 것도 이러한 맥락에서였다.

무솔리니(Benito Mussolini)는 다음과 같이 말한 적이 있다. "전쟁이 끝나면 나는 소심하고 비열한 부르주아에 대한 공격을 개시할 것이다." 기실, 이탈리아의 파시스트나 독일의 나치 모두 농업사회에서 유래한 신분제의 유산과 산업사회에서 유래한 새로운 계급의 현실에 적의를 표하였다. 파시즘이 전통 사회의 유산으로 간주한, 2인칭 존칭형 '당신(Lei)'을 일괄적으로 '너(tu)'로 바꾼 것이나, 나치즘을 통해 학벌도 가문도 없는 나치 당의 고위관료와 친위대원이 국빈을 맞이하고 학위를 수여하며 극장의 로열박스를 차지한 것이나 모두 '지위의 혁명'을 말해 준다.[4]

낡은 엘리트를 일소하고 새로운 엘리트를 충원하려는 파시즘의 정치적 기획은 당시 그다지 성공적이지 못하였다. 하지만 이를 별로 개의치 않은 것은 파시즘이 애당초 공산주의처럼 사회 계급에 근거한 이데올로기가 아니었기 때문이다. 여전히 독일 동쪽에서는 지주들이 대농장을 경영하였고, 장군직은 여전히 이름 가운데 '폰(von)'이 들어가는 귀족 출신들이 독점하

로마 진군 무솔리니는 1922년 로마 진군을 통해 합법적인 방식으로 수상이 되면서 파시즘을 강화시켜 나갔다.

고 있었다. 이탈리아에서도 사정은 크게 다르지 않았다. 무솔리니와 파시스트들이 부르주아와 자본주의를 공격하는 수사학을 자주 구사했지만, 실제로 파시스트 이탈리아에서 대기업가들의 이해관계가 심각하게 침해된 적은 거의 없었다. 가령 이탈리아 최대의 자동차 기업의 총수였던 아넬리(Giovanni Agnelli)는 파시즘 체제 아래서도 오랫동안 종신 상원의원직을 역임하고 있었다. 그런 만큼 새로운 파시스트 인간형, 즉 '호모 파시스투스(Homo Fascistus)'를 주조하고 이를 새로운 정치 엘리트로 삼는다는 파시즘의 원대한 기획은 국력을 결집하여 전쟁에 승리하기 위해 일단 유보되었다.

실제로 전통적인 정치 엘리트를 일소한 것은 파시즘이 아니라 전쟁이었다. 독일과 이탈리아의 패전은 양국에서 전통적인 정치 엘리트층의 파괴와 몰락을 가져왔다. 그들은 전쟁에서 죽거나 재산을 탕진하였고, 또한 파시즘에 협력하거나 최소한 파시즘을 막지 못한 데 대한 사법적 · 도덕적 단죄를 받음으로써 권위와 정당성을 잃어버렸다. 따라서 전쟁은 '새 술을 새 부대에 담는' 계기였다.

전후에 새로이 등장한 정치 엘리트층은 파시즘과 같은 극단적 민족주의와 결별하고 서유럽 및 미국과 긴밀한 군사적 · 정치적 · 경제적 협력을 추구하는, 이른바 '대서양주의(Atlanticism)'에 입각한 새로운 정체성을 모색하였다. 그들이 이러한 태도를 보인 것은 어떤 의미에서는 패전국 입장에서 다른 선택의 여지가 없었기 때문이라고 할 수 있다. 어쨌든 그들은 자본주의적 시장경제와 자유민주주의 체제에 대한 충성심을 표명하였고, 서유럽 및 미국과의 동맹을 강화하는 편을 선택하였다. 유럽 통합의 노력도 그러한 동맹의 견지에서 이해되어야 한다.

특히 흥미로운 것은 경제 발전의 이데올로기가 이들 새로운 정치 엘리트층의 강력한 이념적 토대가 되었다는 사실이다. 경제는 언제나 성장해야 하고 고용은 완전히 보장되어야 하며 국가는 국민의 복지를 책임져야 하고 국민은 풍요로운 소비 생활을 향유해야 한다는 것이 새로운 정치 엘리트들 사이의 '합의'였다. 1950년대 중반 이후부터 시작된 '경제 기적'은 이러한 합의의 산물이면서 동시에 합의를 가능하게 한 조건이었다.

전쟁 이전 독일과 이탈리아의 정치 엘리트층이 온갖 폭력과 왜곡된 이데올로기를 동원하여 국론을 통일하고 국력을 결집하려고 노력했음에도 불구하고 실패하고 말았음을 고려하면, 전후에 독일과 이탈리아가 국민적 합의를 통해 선진국으로 도약한 것은 놀라운 일이다. 더구나 독일과 이탈리아가 전쟁 이전에는 선발 산업국인 영국과 프랑스 등 경쟁국과의 관계에서 경제적으로는 불리한 후발국의 입장이면서 정치적으로는 대등한 위치였지만, 전후 패전국으로서 승전국과의 정치적 · 경제적 관계에서 절대적인 열세에 처해 있었음을 고려하면 미스터리가 아닐 수 없다. 합의란 쌍방의 이해가 맞아떨어질 때만 가능하다. 전후 독일과 이탈리아에서 새로운 엘리트층이 국민 대중의 자발적 합의를 이끌어낼 수 있었던 것은 확대 재생산의 경제적 성과를 국민 대중과 나눌 수 있었기 때문이다. 그리고 패전국 위치에서의 모든 상대적 불리함에도 승전국과의 경쟁에서 우위를 점하며 확대 재생산을 지속할 수 있었던 것은 기본적으로 산업 기술력의 바탕이 있었기에 가능한 일이었다. 이는 제2차 세계대전이라는 총력전에서 영국과 프랑스가 미국의 군수 지원에 상당 부분 의존했던 반면, 독일과 이탈리아는 일체의 군수 물자를 자력으로 생산했기 때문에 국내에 첨단 산업기술이 축적되고 고급 기술자가 대거 육성되어 있었던 사실과 절대 무관하지 않다.

3. 법과 제도

자본주의 발전을 위한 법적 전제들

자본주의의 '자유로운' 발전을 위해서는 이중의 의미에서 '자유로운' 노동자계급이 반드시 있어야 한다. 첫째, 노동자는 생산수단으로부터 자유로워야 한다. 생산수단을 보유하지 못한 노동자는 자신의 노동력을 판매하여 생계를 유지해야 한다. 둘째, 노동자는 자신의 노동력을 자유로이 처분할 수 있어야 한다. 자본주의 사회에서 노동력은 일종의 '상품'이다. 상품의 거래는 자유로워야 한다. 만일 노동자가 토지에 결박되고 인격적으로 예속되어 있다면 노동력이라는 상품의 거래는 제한받게 될 것이다. 결국 이는 농업사회에서 토지에 결박된 노동으로부터 자본주의적 산업사회에서 노동자의 자유로운 시장 선택에 의한 노동으로의 발전을 의미하는 것이다.

독일에서는 여전히 봉건적 농업사회의 유산이 광범위하게 남아 있어 자본주의의 자유로운 발전을 구속하고 있었다. 그리하여 19세기 내내 독일에서는 전근대적 유산을 청산하려는 법적 노력이 부단히 시도되었다. 1807년 10월 칙령으로 신분제가 폐지되고 직업의 자유가 공인되었다. 그 후 1811년과 1869년의 법령을 통해 길드의 특권이 폐지되어 완전한 '영업의 자유'가 보장되었다. 통일 이후에도 독일 국가는 독일 자본주의를 구속

| 은퇴한 철혈 재상 독일 통일의 주역인 비스마르크의 은퇴 후 모습을 찍은 사진이다.

하는 낡은 장애물을 혁파하고 자본주의의 자유로운 발전을 위한 법적 조건을 마련하고자 노력하였다. 일례로 1879년 비스마르크는 사법 개혁을 단행하여 엘베 강 이동 지역에 남아 있던 영주 재판권을 폐지하였다.

경제 발전을 장려하는 국가 활동

일찍이 경제사학자 거셴크론은 후발 산업국의 경제 발전에서 가장 중요한 특징은 국가나 겸영 은행(mixed bank)이 주도적인 역할을 한다는 점을 들었다. 이것은 민간 부문과 시장 경쟁이 경제 발전을 주도하는 선발 산업국과 근본적으로 다른 점이다. 국가는 경제에 직접 개입하여 보호주의 정책을 펼치고 국영기업을 운영하며 민간기업에 금융을 지원하고 의무교육과 기술 교육을 진흥함으로써 선진국과의 경쟁에서 탄생기의 자국 산업을 보호하고 경제 발전을 위한 사회적 조건을 마련하는 데 노력한다는 것이다. 또한 종래의 소규모 저축과 단기적 신용 업무에만 머물렀던 은행도 19세기 후반 대규모 중화학 공업의 발전에 발맞추어 장기적 신용 대출과 산업 분야에 대한 직접 투자 업무를 크게 강화시켰다는 것이다. 이로써 은행과 산업의 결합 관계가 성립하면서 금융 자본이 형성되었다. 예컨대 독일 은행은 기업에 대한 장기 투자 금융 지원과 동시에 이사 겸임제를 도입하여 기업 운영에 관여하였다. 예컨대 1903년에 주요 산업에 선임된 독일 6대 은행의 이사는 물경 1,000여 명이 넘었다. 이는 은행과 기업이 결합한 독일 금융자본주의의 특징을 잘 보여준다.[5] 이러한 후발 산업국의 특징은 선발 산업국보다 자본 규모, 기술력, 경영 기법 등에서 열세인 상황을 타개하기 위해 정부의 정책적 개입이 필수적이었음을 말해 주는 것이기도 하다.

이미 19세기 초부터 프로이센을 위시한 독일 지역 여러 나라에서는 국가의 정책적 개입이 두드러졌다. 국가가 직접 산업을 육성하는 과제를 독일어로 '산업진흥정책(Gewerbefoerderung)'이라고 부른다. 가령 프로이센 국가는 영국과 같은 선발 산업국으로의 산업 시찰 여행에 대해 보조금을 지급하고 청년들에 대해 기술 훈련을 하며 주요 원료의 해외 수출을 금지하면서 자국의 기술과 산업을 발전시키는 데 열의를 보였다.[6] 또한 1818년 국내 관세를 철폐하고, 1834년 관세동맹(Zollverein)을 결성함으로써 독일 지역에서 프로이센의 패권을 확보하고 비독일 산업 선발국과의 경쟁에서 독일 지역의 산업을 보호하기 위해 노력하였다.

1871년 통일 이후에도 독일 민족국가는 기업가들에게 보조금을 지급하고 외국 상품에 대해 높은 관세를 물리며 국영기업을 직접 운영하고 기술학교를 건립하여 기능공과 엔지니어를 양성하는 등 전방위적으로 '산업진흥정책'을 펼쳤다. 이러한 국가의 노력은 짧은 시기에 큰 결실을 보아 독일 제품이 영국에 역수출되기 시작하였다. 독일 상품의 침투에 맞서 영국은 독일 제품의 질이 떨어진다는 것을 알리기 위해 독일 제품에 '독일제(made in Germany)'라고 원산지를 표시하도록 했지만, 이 표시는 오히려 품질보증의 대명사가 되었다.[7]

사회보장제도

1881년 11월 비스마르크는 국가가 노동자들에 대한 보호 입법과 제도를 마련할 것임을 선포하였다. 그 후 독일에서 처음으로 광범위한 사회보장정책이 잇따라 시행되었다. 질병, 재해, 노령에 대한 사회 보험들이 속속 만들어졌다. 이렇듯 획기적인 조치들이 시행된 것은 급속한 산업화의 충격을 완화하기 위해서였다. 즉 국가가 사회정책을 통해 노동자의 복지를 증진하고 지위를 보호해 준다면 노동자가 사회주의에 감염되는 것을 막을 수 있다는 생각이 저변에 깔려 있었다. 이와 같은 권위주의적 국가의 적극적인 사회정책은 흡사 보수주의와 사회주의의 동맹을 연상시킨다. 실제로 당대의 독일 자유주의자들은 그와 같은 사회정책의 기조를 입안한 일군의 학자들을 가리켜 '강단 사회주의자(Kathedersozialist)'라고 경멸조로 부르기도 하였다.[8]

독일의 사회보장제도는 당시에 선발 산업국인 영국이나 프랑스보다 훨씬 앞선 것이었다. 노동자들에 대한 국가의 제도적 보호는 후발 산업국으로서 자본주의 사회의 발전을 추진하기 위해 반드시 필요한 것이었다. 당시 독일 정부는 훗날 감당해야 할 사회적 비용까지 염두에 두고 사회보장제도를 도입할 만큼 안정된 상태는 아니었다. 독일이 사회 문제에 능동적으로 대처하려고 한 이유는, 선발 산업국들과 비교하면 당장 국론 통일이 어려워 사회보장으로 노동자계급을 회유할 필요가 있었기 때문이다. 즉 독일 정부는 영국의 발전을 경이로운 눈으로 바라보고 이를 모방하려고 했지만, 산업사회의 성숙과 민족주의의 발전을 기반으로 국민 대중의 자발적인 협조를 유도하는 영국의 현실은 그 모습 그대로 후발국이 모방할 수 있는 대상이 아니었다. 그들은 노동자계급을 통제하기 위해서는 강 · 온 양면책이 주의 깊게 추진되어야 한다고 생각하였다. 따라서 후발 산업국의 정책이 보여주는 한 가지 중요한 특징은 국민 대중에 대한 회유와 압박이 동시에 추진되었다는 점이다. 밖으로는 선진국과의 무한 경쟁과 안으로는 국력 결집이라는 두 마리 토끼를 동시에 잡기 위해 후발 주자들이 기울인 노력은 확실히 인상적이다.

이탈리아에서도 독일만큼 인상적이지는 않았으나 19세기 말부터 사회보장제도가 점차 구축되기 시작하였다. 특히 1930년대에 파시즘은 사회보장 문제에 큰 관심을 두고 있었다. 그러나 실제로 이렇다 할 중요한 법과 제도를 마련하지는 못하였다. 파시스트들은 코퍼라티즘(corporatism)으로 선전한 독특한 체제를 통해 사용자와 노동자 사이의 계급 갈등이 국가에 의해 효율적으로 중재가 되리라 기대하였다. 코퍼라티즘이란 사회의 기본단위를 개인이나 계급으로 보는 데 반대하면서 사회를 직종별 코퍼레이션으로 구분하고 각 코퍼레이션에서 사용자와 노동자가 협상하여 계급투쟁과 사회적 갈등을 예방하고 조정하는 체제 및 이념을 말한다. 여기서 국가는 '민족적 이해관계'의 이름으로 사용자와 노동자 대표 사이의 이견을 중재하는 적극적인 역할을 떠맡는다.

무솔리니는 코퍼라티즘 체제가 자본주의도 아니고 사회주의도 아닌, 이탈리아 특유의 제3의 길을 대변한다고 선전하였다. 그러나 이 선전에도 코퍼라티즘은 실제로 사용자의 이해관계를 일방적으로 보호하는 것으로 끝났고, 노동자계급의 대표성을 독점한 파시스트 노동조합도 어용 조직의 한계에서 끝내 탈피하지 못하였다. 파시스트 코퍼라티즘의 실험은 실패하였으나, 제2차 세계대전 이후에 코퍼라티즘의 사회 연대 이념과 노사 협상 체제가 주요 서유럽 사회들에 안착하여 경제 발전을 뒷받침했음을 잊어서는 안 된다.

이탈리아에서 사회보장을 위한 법과 제도가 획기적으로 발전한 것은 파시즘이 패망한 뒤였다. 반파시스트 저항 운동을 통해 정치적 정당성을 얻은 사회주의/공산주의와 노동 운동이 활발한 가운데 전후에 작성된 이탈리아 헌법은 노동하고 생존하며 행복을 추구할 국민의 사회적 권리를 가장 확실하게 명시한 헌법으로 손꼽힌다. 이는 독일과 마찬가지로 급속한 산업화로 야기된 사회적 해체와 정치적 갈등을 숨 가쁘게 경험한 후발 산업국에 고유한 환경의 산물이다.

독일과 이탈리아 같은 후발 산업국이 사회보장제도에 각별한 관심과 노력을 기울인 것은 궁극적으로 산업사회의 가치 창출 체제로부터 말미암은 것이라고 할 수 있다. 경제성장이 가속하는 산업사회의 경우에도 노동 투입 대비 단기 생산은 체감하기 때문에 노동자계급이 생산을 위해 투입한 노력에 대한 경제적 보상은 생산이 체감하는 농민의 경우와 유사할 수밖에 없다. 비록 확대 재생산에 의한 생산성 향상과 기술혁신으로 가치 창출이 확대되고 경제성장은 가속하지만, 일정 급여를 받는 노동자는 가속하는 경제적 성과의 직접적인 수혜자가 아니다. 따라서 노동자계급의 이해관계는 기업가들의 그것과 동반하기보다는 상충하는 측면이 크고, 노사 간 빈부 격차의 양극화 현상까지 나타나기 때문에 산업화의 진전과 함께 노동자들이 독자적인 사회계층을 형성하게 된 것이다. 결국 산업사회에서 국력 결집이라 함은 노동자계급을 국가 차원의 확대 재생산 체제에 포함하는 것을 의미하게 된다. 그리고 이들을 회유하기 위한 가장 효과적인 수단이 사회보장제도였던 것이다.

선발 산업국도 사회체제는 기본적으로 크게 다르지 않았다. 그러나 산업사회의 성숙에 따라 기업가를 포함한 사회 지배 엘리트층이 후발 산업국보다 더 두텁게 형성되어 여론을 주도하고 있었고, 노동자들도 산업사회에 이미 적응된 경우에 비할 때, 후발 산업국은 사회보장제도로 노동자들을 회유할 필요가 더욱 절실했을 것이다. 그리고 아직 농업사회의 온정주의에 물들어 있을 후발국 지배층에 사회보장제도의 확충은 구미에 맞는 메뉴였을 것이다.

사회적 요인 ;

경제 발전과 사회통제의 결합

후발 산업국 독일과 이탈리아는 전통적인 농업사회의 유산을 완전히 청산하지 못한 채 단기간에 고도 산업사회로 이행하였다. 그만큼 양국 사회는 농업사회의 전형적인 사회계층이라고 할 수 있는 지주, 농민, 수공업자 등과 산업사회의 전형적인 사회계층이라고 할 수 있는 산업가, 노동자, 전문직 종사자 등이 혼재되어 복잡한 양상을 보여준다. 일반적으로 후발 산업국에서 국가의 역할이 증대될 수밖에 없었던 것은 시민사회의 영역이 충분히 성숙하지 못했기 때문이다. 그러나 최근의 많은 연구는, 독일과 이탈리아도 선발 산업국 못지않은 시민사회의 활력을 바탕으로 경제적 근대화를 이루었다고 주장한다. 그럼에도 파시즘과 나치즘의 역사에서 국가가 시민사회를 강력히 통제하는 '전체주의' 사회의 면모를 숨길 수는 없을 것이다.

실제로 독일과 이탈리아의 산업화 과정에서 사회통제에 관한 관심이 컸음을 확인할 수 있다. 독일과 이탈리아는 선발 산업국의 경험을 후발국 여건에 맞게 변형하여 국가 주도의 하향식 경제 발전을 강력하게 추진하면서 동시에 국민적 합의나 복종을 이끌어내는 방법을 모색하였다. 그런 만큼 경제 발전과 사회통제 정책이 맞물려 가며 근대화가 전개되었다. 일반적으로 선발국 출신 학자들은 후발 산업국의 근대화가 사회적 근대화

없는 경제적 근대화였다고 보면서 그에 대해 부정적인 자세를 취한다. 이는 선발 산업국으로서 후발 산업국이 보여준 단기간의 압축적인 성장을 평가하는 방식일 것이다. 그러나 선발 산업국과 후발 산업국 사이에 존재한 견고한 국제적 위계질서와 후발 산업국이 처한 불리한 위치를 고려하면, 경제 발전과 사회통제를 동시에 추구하는 의식적인 산업 정책은 불가피한 것이었다.

그렇기는 해도 후발 산업국은 국민 대중이 산업사회를 충분히 이해하거나 그 성과를 맛보기도 전에 정부 주도로 경제 발전을 추구하였고, 그러다 보니 자연히 정치적 · 제도적 강압 수단에 의존하게 되었다. 따라서 시민사회의 자유와 활력이 억압되는 결과가 초래된 것은 사실이다. 억압성이 극단적으로 발현된 것이 파시즘과 나치즘이었다. 그러나 후발 산업국의 의식적인 산업 정책이 필연적으로 파시즘과 나치즘을 낳는다는 주장은 여전히 검증되어야 할 가설일 뿐이다. 물론 후발 산업국이 선발 산업국을 추격하기 위해서는 국민 대중의 이해와 자발적 협조를 기다릴 여유가 없다. 따라서 일정한 수준의 사회통제가 불가피한 점은 이해된다. 사회통제에는 다양한 방법이 사용될 수 있지만, 당시 독일과 이탈리아의 경험은 파시즘과 나치즘의 통치 방법이 용인할 수 없는 수준의 폭력을 동원함으로써, 패전과 파멸을 초래했다는 점에서 실패했음을 보여준다. 실패를 딛고 전후 독일과 이탈리아에서는 급속한 경제 재건을 통해 전통적인 사회계층이 몰락하고 시민적 중산층이 두텁게 형성되었다. 대략 1950년대부터 독일과 이탈리아는 선발 산업국 수준의 전형적인 선진 산업사회 구조로 탈바꿈하기 시작하였다.

1. 사회계층 구조

독특한 용어들

독일에서는 '계급(Klasse)'이라는 말보다 '신분(Stand)'이라는 말이 더 많이 사용된다. '중간 계급(Mittelklasse)'도 '중간 신분(Mittelstand)'으로 고쳐 쓰인다.[9] 이탈리아에서는 '계급(classe)'보다는 '계층(ceto)'이라는 말이 널리 사용된다. 어떤 경우이든 '계급'이라는 말은 기피 용어이다. 이는 독일과 이탈리아 사회에서 봉건적 농업사회의 잔재가 완전히 청산되지 않았기 때문이라고 해석된다. 그러나 19세기 이후 독일과 이탈리아 사회의 실제 현실은 신분제 사회와 같이 출생이 경력을 완전히 결정한 것은 아니었다. 숱한 굴절과 왜곡을 겪기는 했지만 양국에서는 19세기 이래 사회적 유동성이 증대하고 출생보다는 재능에 따른 경력이 인정되고 있었다. '신분'과 같은 전근대적인 용어가 널리 쓰인 것은, 전근대적인 사회 현실을 반영했다기보다는 오히려 계급사회의 분열에 대한 염려에서 의식적으로 그 용어를 사용했기 때문이 아닐까 추정할 수 있다.

'부르주아지'에 해당하는 독일어도 마땅한 것이 없다. 굳이 찾으라면 '시민(Bürgertum)'이 있다. 독일 출신의 이론가 마르크스는 '시민'을 '부르주아지'와 동일시하였다. 이는 그가 자본주의적 선발 산업국인 영국의 사례를 독일 사회에 투영했기 때문이다. 그러나 여기에는 중대한 혼란이 있다. '부르주아지'는 주로 직종과 재산 소유에 관련된 경제적 성격이 강한 개념이고, '시민'은 권리나 교육과 관련된 정치문화적 성격이 강한 개념이다. 따라서 독일에서는 '소유 시민'과 '교육 시민'을 구별하여 사용하는 어법이 통용된다. 이와 같은 구별을 무너뜨리고 '부르주아지'와 '시민'을 동일시한다면 독일사의 독특한 계층인 '교육 시민'이 들어설 자리가 없다. 이러한 용어상의 혼란은 자본주의적 후발 산업국의 특수한 사정을 반영한다.

계급 구조

모순적인 근대화, 착종된 계급 구조

독일과 이탈리아 사회의 계급 구조는 전통적인 농업사회에서 배출된 계급과 산업화로 새로이 배출된 계급이 복잡하게 뒤얽혀 있는 형국이다. 지주층은 산업화에도 지배층으로 분명하게 자리 잡고 있었고, 그 주변에 수공업자와 농민층도 광범위하게 분포해 있었다. 여기에 산업화로 등장한 산업 분야의 기업가들과 노동자계급이 접목되어 있었다. 특히 19세기 후반 이래로 자본주의가 고도로 발전하고 경영자본주의의 모습을 띠게 되면서 대기업에 종사하는 화이트칼라 계층이 양산되었다. 이처럼 자본주의가 발전하면서 점차 전산업사회에서 유래하는 계층들은 자본가와 노동자 양편으로 분해되는 듯하였다. 자본주의가 발전하면서 계급도 양극화되리라는 마르크스의 예언도 그 맥락에서 나왔다. 그러나 실제 현실을 보면, 산업자본주의가 발전하면서도 농업사회에서 유래하는 전통적 수공업자와 농민들로 이루어진 구 중간 계급이 존속하고, 산업사회에서 배출된 화이트칼라 계층이 주축을 이루는 신 중간 계급이 두텁게 성장하였다. 자본주의 발전에서 몰락의 위기를 느낀 구 중간 계급은 민족주의나 파시즘의 주요한 지지 세력이 되기도 하였다.

낡은 사회를 청산하겠다는 결의를 보인 파시즘과 나치즘도 기본적으로 이와 같은 계급 구조를 당장 갈아치우려 하지는 않았던 것으로 보인다. 미국의 사회학자 무어(Barrington Moore, Jr.)는 파시즘이 전통적인 농업 부문과 혁신적인 산업 부문 사이의 독특한 타협에 기초한 체제로서 "사회구조를 변화시키지 않고 근대화를 이룩"하려는 시도였다고 판정하였다.[10] 이와 유사하게 에이젠시타트(S. N. Eisenstadt)도 파시즘을 모순적인 근대화로 보면서 "한편으로 행정적 · 정치적 · 경제적 영역에서 개방적이고 근대적인 의미의 변화가 있었으되, 다른 한편으로는 상대적으로 불변하고 있는 집단과 전통적인 태도 및 행동에 얽매인 채 변화가 수행되는" 불완전한 근대화

를 반영한다고 주장하였다.[11]

이와 같은 현상은 파시즘과 나치즘이 기본적으로 경제 발전을 위한 국력 결집을 우선 목표로 하는 국가(민족)주의적 이데올로기였지, 공산주의와 같이 사회 계급을 우선시하는 이데올로기가 아니었기 때문에 나타난 것이다. 따라서 국론 통일과 국력 결집을 위해서는 기득권 세력과 타협하는 데 크게 갈등을 느끼지 않았던 것으로 보인다. 설령 갈등을 느꼈다 하더라도 영국과 프랑스, 미국 등 선발 산업국들과의 첨예한 대립과 전쟁으로 국내의 낡은 계급 구조 청산을 당분간 유보하고 있었을지도 모른다. 어쨌든 파시즘과 나치즘이 불완전한 근대화를 반영한다는 주장은 장기간에 걸쳐 사회구조 전반의 변화를 수반한 선발국의 산업화와는 달리 단기간의 급격한 산업화로 일부 사회구조의 변화를 아직 동반하지 못한 후발 산업국의 모습을 적시하고 있다.

파시즘이 불완전한 근대화요 모순적인 근대화를 반영하는 정치 현상이라는 견해는 오늘날에도 많은 지지를 받고 있다. 그러나 근대화의 '불완전한' 혹은 '모순적인' 측면에 주목하는 학자들과 그보다는 '근대화' 자체에 주목하는 학자들 사이에 이견은 여전히 존재한다. 일부 학자들은 한발 더 나아가 독일과 이탈리아 사회가 영국이나 프랑스 사회와 마찬가지로 아래로부터 꾸준히 시민사회의 활력을 충전시켜 왔으므로 선발 산업국과 구별되는 후발 산업국만의 특수한 발전 경로를 운위하는 것은 잘못이라는 견해를 피력하기도 한다. 이는 역사적 진실의 한 단면을 보여주고 있다.

그럼에도 선발 산업국 사회와 후발 산업국 사회가 보여주는 서로 다른 메커니즘에 주목할 필요가 있다. 보는 각도에 따라서 그 차이가 미세한 것으로 보일지도 모르지만, 선발 산업국과 후발 산업국 사이의 차이가 현격히 줄어든 것은 제2차 세계대전 이후였다. 선발 산업국이 승전하고 후발 산업국이 패전하면서 외관상 양자 간의 차이는 전쟁 이전보다 더 커졌지만, 총력전 속에서 후발 산업국의 군수 산업이 발전함으로써 산업 기술력은 평준화되거나 역전되었다. 전후 대량생산 · 대중소비에 기초한 자본주의의 고도 발전으로 오늘날 모든 산업국이 서로 닮은꼴이 된 것은 선발국과 후발국 간의 기술력 격차가 없어졌기 때문이다. 이 사실은 제2차 세계대전 이전 시기를 다룰 때 선발국과 후발국의 차이를 경시할 수 없다는 점을 말해 준다. 물론 독일에서 19세기와 20세기 내내 크고 작은 굴절과 왜곡을 겪으면서 시민적 중산층이 꾸준히 성장했음을 부인할 수 없다. 그러나 중요한 것은 굴절과 왜곡의 요소를 분명하게 인지하고 충분히 고려하되 총체적인 역사와 경제 발전의 흐름을 파악하는 일이다.

자본, 기술, 인력, 사회간접자본 등 모든 면에서 뒤떨어진 후발 산업국이 선발 산업국의 산업화 경험을 그대로 재현하려고만 해도 최소한 같은 시간 또는 그 이상의 오랜 시일이 소요될 것이다. 그동안 산업사회의 확대재생산 구조는 선발 산업국과 후발 산업국 간의 경제적 · 기술적 격차를 더욱 확대하고 말 것이다. 이러한 구조적 불리함을 극복하기 위한 시도가 유치산업 보호 또는 전략산업 육성과 같은 후발국 정부의 산업 정책이다. 이와 같은 산업 정책은 거국적으로 과감하게 추진되어야만 효과를 기대할 수 있다. 그런데 후발 산업국의 현실은 선발국의 경우처럼 산업자본주의와 민족주의의 근간이 되는 중산층을 포함한 새로운 엘리트 계급이 두텁게 형성되어 있지 않기 때문에 국민 대중의 자발적인 협력을 유도하기가 어렵다. 농업사회의 전통적 엘리트층에도 국가 주도의 산업화 정책의 당위성을 설득하기 쉽지 않았을 텐데 하물며 농민과 노동자를 포함한 국민 대중의 합의를 이끌어내는 것은 더욱 힘겨운 일이 아닐 수 없었다.

결국 후발 산업국은 손쉬운 해결책으로 통제와 강압에 의한 정부 주도 산업화 정책을 추진하였고, 극단적인 귀결로 파시즘과 나치즘이 출현하였다. 후발 산업국의 기업가들은 그와 같은 정책으로부터 가장 큰 수혜를 입었고, 그 보답으로 국가의 요청에 호응하였다. 그들이 정부 정책에 적극 협력하고 노동자들에게 일정한 복지를 제공한 것도 그 맥락에서 이해할 수 있다. 그러나 훗날 이탈리아 기업가들이 파시즘을 비용이 너무 많이 든 부담스러운 동반자였다고 평가한 데에서도 잘 나타나듯이, 일방적인 통제와 강압에 의존한 산업 정책은 결국 값비싼 대가를 치러야 하였다.

기업가

후발 산업국의 경제 발전에서 국가의 역할은 컸던 데 반해 상대적으로 기업가의 역량은 과소평가되었다. 특히 파시즘과 나치즘의 경험은 기업가들이 창조적인 역량을 발휘하기보다는 손쉽게 국가의 원조를 얻어내려는 안이한 발상과 태만에 젖어 있음을 입증하는 증거로 보였다. 가령 이탈리아의 기업가들과 자본주의에 대해 '원조받는 기업 활동'이라거나 '태만한 자본주의' 혹은 '정치와 기업의 불건전한 유착'이라는 등 원색적인 비난이 쏟아지기도 하였다. 그러나 기업가들의 기업 활동이 한데 모여 산업사회의 확대 재생산을 이룬다는 면에서, 기업과 정치의 동반 관계는 자본주의적 산업사회에서 피할 수 없는 것이라고 할 수 있다. 다만 선발 산업국에서는 기업과 시장의 기능이 어느 정도 성숙했기 때문에 국가와 정치의 기능은 법과 제도를 규정하는 쪽으로 한걸음 물러났지만, 후발 산업국은 아직 선발 산업국들도 과거 초기 산업화 단계에서는 그랬던 것처럼 정치가 경제에 적극 개입하고 있었다. 그리고 이러한 개입주의가 부각되는 만큼 후발 산업국에서 기업가들의 자생적인 활력과 창조적인 역량에 대한 정당한 평가는 오랫동안 미루어졌다.

최근에는 사정이 바뀌었다. 후발 산업국에서 국가의 역할이 컸다는 것을 부정할 수는 없어도 이 사실이 자동으로 기업가의 역량이 보잘것없었음을 입증하지는 않는다는 견해가 비등해졌다. 주목할 점은 후발 산업국에서 기업가들이 국가에 일방적으로 의존하기보다는 국가의 역할을 적극적으로 이끌어내고 이를 자신들의 경제활동에 효과적으로 활용했다는 사실이다. 또한 파시즘과 기업가의 관계도 매우 복잡한 것이었음이 속속 드러났다. 양자는 분리될 수도 없고, 동일시될 수도 없다는 견해가 우세해졌다. 오히려 많은 연구자는 파시스트들과 기업가들이 서로에 대해 표출한 실망과 분노에 주목하면서, 불편한 관계에도 양자가 끝내 절연하지 못한 역사적 정황을 섬세하게 이해하고자 한다.

기업가들은 이윤 극대화를 추구하면서 이것이 사회 통합을 손상한다고 생각되면 이윤 일부를 기꺼이 포기할 세태를 갖추고 있었다. 19세기와 20세기에 광범위하게 확인되는 독일과 이탈리아의 온정주의적 기업가들이 그 모습을 잘 보여준다. 그들은 기계화가 아무리 비용 절감을 위한 효율적이고 합리적인 방법이라고 해도, 기계화가 인간성을 파괴하고 사회질서를 교란시킨다면 받아들이기 어렵다고 생각하였다. 이는 노동자계급의 반발로 말미암은 더 큰 손실을 우려한 데에서 비롯되었다. 이 이념을 19세기 이탈리아의 산업 통계 연감의 한 편찬자는 다음과 같이 요약하고 있다. "기계가 생산에 강력한 도움을 줄 수 있다는 것을 그 누가 부정하겠는가? 그러나 문제의 핵심은 기계의 도입이 실질적인 사회질서와 분배 경제에 대해 초래할 수 있는 결과에 있다. …… 기계의 문제는 하나의 다른 국면, 즉 '사회적 · 정치적' 국면 아래에서 파악되어야 한다."[12]

이처럼 사회통제를 경제 발전의 우위에 놓거나 적어도 대등하게 취급하는 기업가들의 독특한 태도와 가치를 '산업 온정주의(industrial paternalism)'라는 말로 개념화할 수 있다. 이 개념을 통해 후발 산업국의 기업가들은 기계화의 속도를 조절하고 노동자들의 노동 환경과 복지를 개선하며 나아가 도시의 무미건조한 계급투쟁을 원천적으로 떠올릴 수 없도록 공장을 목가적으로 연출하는 등 갖은 노력을 기울였다. 그런 가운데 전통적인 가톨릭의 이념이 호출되어 노동 통제의 수단으로 활용되었고, 교회 구호 단체와 서민 은행이 일종의 '사회적 자본'으로 동원되기도 하였다. 어떤 경우에도 노동자들의 파업이나 불복종은 용납되지 않았다. 온정주의적 개념에서 사용자는 한편에는 엄한 얼굴을 갖고 있고, 다른 한편에는 인자한 얼굴을 갖고 있다. 이것이 곧 산업 온정주의가 보여주는 '좋은 아버지(buon padre)'의 모습이다.

'좋은 아버지'의 흥미로운 사례가 있다. 로시(Alessandro Rossi)는 19세기 이탈리아를 대표하는 강력한 온정주의 기업가였다. 그는 당시에 이탈리아 최대의 모직물 기업을 경영하였다. 그는 자신의 공장이 위치한 도시에 주택, 학교, 병원, 탁아소, 극장, 공중목욕탕, 공동빙고 등 다양한 사회 시설을 건립하였다. 주택에는 텃밭이 딸려 있었고, 정원이 정성스레 가꾸어졌으며, 도로는 날카로운 직선이 아니라 부드러운 인상을 주는 곡선으로 연출되었다. 누군가의 표현을 빌리면, 로시의 도시 스키오는 '농-산업적 에덴동산'을 방불케 하였다. 로시는 자신의 온정주의를 '산업 봉건제'라는 독특한 용어로 개념화하였다. 그는 다음과 같이 말하였다. "토지 봉건제가 붕괴한 후 산업 봉건제가 등장하고, 이는 시대의 필연이다. 노동자들의 거대한 집중 속에서 가내 노동은 파괴되고 가족은 위험에 처하였다. 경고하는바, 산업의 지도자들이 영혼과 심장을 잃어버린다면, 그들은 진정한 기독교 민주주의를 느낄 수도, 실천할 수도 없을 것이다."[13]

'산업 온정주의'가 후발 산업국의 기업가들만이 공통으로 보여주는 특징이라고 선불리 일반화시킬 수는 없다. 왜냐하면 온정주의적 개념은 20세기 영국이나 미국에서도 널리 확인되기 때문이다. 산업자본주의 사회에서 선발 산업국의 기업가도 당연히 노동자계급을 회유할 필요를 느끼고 있었음은 불문가지의 사실이다. 그런가 하면 후발국의 기업가들이라고 해서 모두 온정주의자인 것도 아니었다. 그래도 후발 산업국에서 '산업 온정주의'의 각별한 의미를 지적하는 이유는, 이미 언급했듯이, 후발 산업국이 선발 산업국과 비교하여 산업사회와 민족주의가 상대적으로 덜 성숙해 있었다는 사실을 거듭 강조하기 위해서이다. 후발 주자가 선발 주자에 대한 추격의 결의를 다지고 있었고, 또 많은 부분에서 선발 주자의 산업화 과정을 모방하려고 했음이 사실이더라도, 선발 주자의 경우와는 다른 환경에 처해 있었기 때문에 그러한 추격과 모방은 선발 주자의 경험과는 상당히 다른 것일 수밖에 없었다. 즉 후발 주자는 그 나름대로 독특한 산업 발전의 경로를 밟게 되었다는 것이다. 그러므로 '산업 온정주의'가 후발 산업국의 독점물은 아니지만 후발 산업국의 어떤 중요한 특징을 부분적으로나마 제시해 주고 있음은 분명하다.

2. 규모의 경제

독일의 협동적 자본주의

19세기 후반부터 독일 기업계에서 중화학 공업 분야를 중심으로 카르텔과 트러스트가 촉진되고 콘체른이 형성되었다. 그럼으로써 기업사가인 챈들러가 말한 '근대적 산업 기업'의 조건으로서 규모와 범위의 경제가 독일에서 구축되었다. 1907년의 시점에 카르텔 점유율은 가성 칼륨 100%, 종이 90%, 광산 74%, 철강 50% 등이었으며, 겔젠키르헤너, 크룹, 티센, 지멘스, AEG, 바이에른 등이 독일 콘체른의 대명사가 되었다. 거대 은행도 속속 형성되어 베를린의 5대 은행이 독일 금융업을 지배하였다.

챈들러는 이러한 방식으로 규모와 범위의 경제를 달성한 독일식 자본주의를 가리켜 '협동적 자본주의(cooperative capitalism)'라고 명명하기도 하였다. 이는 독일의 본격적인 산업화가 처음부터 높은 자본 집중과 시장독점을 통해 전개되었음을 시사한다. 그러나 챈들러는 그와 같은 독점 체제가 결국 독일 기업들의 경쟁력을 떨어뜨려 미국과의 경쟁에서 뒤처지게 된 요인이었다고 진단하였다. 미국에서는 독일과는 달리 하나의 기업이 시장을 독점하는 것이 아니라 2, 3개의 기업이 과점적 경쟁을 벌였다. 미국 기업들은 독점이 주는 초과 이윤에 안주할 수 없었고, 따라서 기술 발전과 경영 혁신을 지속해서 추진하게 되었다는 것이다. 비록 이러한 해석이 유의미한 것일지라도 후발 산업국의 산업화 과정에도 해당하는지 또는 미국처럼 경제 규모가 거대한 국가 외에도 일반적으로 적용될 수 있는지 속단하기 어렵다.

독일 자본주의에 대한 챈들러의 평가와는 별개로 독일은 철강, 전기, 기계, 화학 등의 분야에서 미국을 능가하는 기술 수준을 자랑하였다. 이 산업들은 선택과 집중이라는 이른바 '국가의 지혜'에 의해 전략적으로 육성

작전 중인 슈투카 독일어 '급강하폭격기(Sturzkampfflugzeug)'의 약어인 슈투카는 목표를 향해 급강하할 때 발생하는 날개에 장착된 사이렌의 날카로운 경보음으로 유명하였다. 슈투카의 제어 장치는 전후 고급 자동차의 생산에 적용될 정도로 독일의 높은 기술 수준을 반영하고 있었다.

된 부문이었다. 이를테면 1870년대에는 철강 산업, 1880년대에는 유기화학 산업, 1890년대 이후에는 전기 산업이 선택과 집중의 대상이었다. 이러한 정책은 기본적으로 영국과의 불리한 경쟁을 극복하기 위해 이루어졌고, 선택된 부문들을 중심으로 기술 개발에 집중하였다.

독일의 기술 개발 연혁은 실로 눈부시다. 독일은 1876년 내연기관을 응용하여 가솔린 엔진을 개발하였고, 1887년에 솔베이 알칼리 법으로 전체 소다 생산의 75%를 생산하였다. 염료 산업에서 1886~1900년에 영국이 불과 86건의 특허를 출원한 데 비해 독일은 무려 948건의 특허를 출원하였고, 1891년에는 179km의 송전을 가능하게 하는 대형 고압 발전소를 건립하였다. 제2차 세계대전기 연합국 병사들에게 공포의 대상이었던 슈투카(Stuka) 급강하 폭격기나 티거 전차 등의 기술을 전수하여 전후 세계 고급 자동차 시장을 석권한 메르세데스 벤츠, BMW, AUDI 등의 '독일제' 자동차는 빛나는 기술 발전의 결정체였다.

| 국민차 폴크스바겐은 당시 히틀러 집권기의 국민차 생산 프로젝트의 결과물이었다.

3개의 이탈리아

이탈리아에서도 산업 발전은 초기부터 국가의 강력한 개입 정책을 통해 이루어졌다. 19세기 후반에 테르니(Terni)는 국가가 직접 설립한 국영 철강 공단으로서 이탈리아 국가의 경제 개입 정책을 표상하는 거대한 상징과도 같았다. 이탈리아에서도 독일과 마찬가지로 수직적 · 수평적 통합을 통해 거대 기업들이 발전하였다. 피아트, 피렐리, 몬테카티니 등이 대표적 사례이다. 특히 1930년대 대공황의 충격과 파시즘의 간섭 정책 아래서 국가는 스스로 기업가의 역할을 하였다. 1933년에 설립된 국영 지주 회사인 IRI는 경제 위기로 도산 위기에 처한 기업들을 인수하여 직접 경영을 떠맡았다. 1933년 말의 시점에서 전화통신업의 83.13%, 해운업의 55.88%, 금속업의 37.92%가 국영화되었다. 최소한 1936년 이후에 이탈리아는 소련을 제외하고 유럽에서 국영기업의 재산이 가장 많은 나라였다. 또한 이탈리아 자본주의는 절반은 국영기업이고 나머지 절반은 민간기업으로 이루어져 있었다는 점에서 흡사 반인반수인 켄타우루스와 같다는 비유가 통용되기도 한다.[14]

파시즘이 패망한 뒤에도 이탈리아의 국영기업 비율은 여전히 높았다. 패전으로 정부 체제가 바뀌고 국토가 폐허로 변했어도 기업과 기술, 기술자는 살아남았던 것이다. 파시즘이 만들어낸 IRI라는 거대한 공룡도 의연히 살아남았다. 여기에 피아트와 같은 민간 대기업이 가세하여 이탈리아 자본주의의 중핵을 이루었다. 중핵은 주로 북서부에 포진하여 전형적인 포드주의적 대량생산 체제를 갖추었다. 이탈리아의 경우에서 흥미로운 것은 중부와 동부를 중심으로 가족 소유에 토대를 둔 중소기업이 다품종을 소량으로 생산하는 유연 생산 체제가 확산되고, 이것이 세계시장에서 큰 성공을 거두었다는 점이다. 따라서 산업이 발전하지 못한 남부까지 포함하여 이탈리아는 실제 '3개의 이탈리아'로 이루어져 있다는 생각이 설득력을 얻었다. 즉 포드주의적 대량생산 체제에 기초한 북서부, 포스트-포드

피아트 CR.32 1930년대 이탈리아의 피아트는 자동차를 비롯하여 항공기, 철도, 선박 엔진 등을 생산한 대기업이었다. 피아트 항공기는 당시 가장 탁월한 복엽기라는 평가를 받았으며, 에스파냐 내전에서 주로 활동하였다.

주의적 유연 생산 체제에 기초한 중부 및 동부, 농업사회에서 여전히 탈피하지 못한 남부가 그것이다. 이 3분법은 마치 전근대/근대/탈근대 혹은 과거/현재/미래를 대표하는 것처럼 보여 자못 흥미롭다.

국가의 사회간접자본 투자

후발 산업국 독일과 이탈리아에서 국가는 단기간에 경제 발전을 이루기 위해 사회간접자본의 건설에 대대적으로 투자하였다. 정부는 직접 통신과 운송 분야를 운영하고 대규모 산림을 관리하며 석탄 산업의 주식을 사들였다. 무엇보다 인상적인 사례는 철도 건설이다. 프로이센의 경우만 보더라도 철도 건설은 뒤늦었지만, 곧 공격적인 투자로 1848년 당시 5,000km에 달하는 철도망을 건설하기에 이르렀다. 단순 비교로 볼 때 이는 프랑스의 2배, 오스트리아의 4배에 달하는 규모였다. 철도 노선의 급속한 확장은 부분적으로 독일의 기술력에 힘입은 바가 크다. 즉 철판을 리벳으로 연결하는 기술을 도입함으로써 교각 건설에 걸리는 시간이 크게 단축되었다는 것이다.

독일 철도망은 국가에 의해 직접 소유되고 관리되었다. 철도의 국영화는 영국에 대한 후발국 독일의 비교 우위를 가능하게 하였다. 영국의 철도도 제2차 세계대전 이후에는 국유화되었지만, 그전까지는 독자적인 민간기업으로 제각기 발전해 온 결과 석탄 운반 차량 회사, 철로 회사, 기관차 회사, 화차 회사가 각기 분리되어 있어 독일보다 비효율적으로 관리된 것이다. 이를테면 영국의 그레이트 웨스턴 철도 회사는 1890년대까지도 1846년에 제정된 표준을 도입하지 않았고, 정부도 이에 대해 지도하지 않았다. 또한 각 철도 회사에 소속된 기술자들이 자신의 취향대로 부품을 주문하여 200종류의 차축함, 40여 가지의 수동브레이크 등이 존재하였다. 이에 비해 독일 철도의 효율성이 눈부시게 두드러졌다. 독일의 철도망은 독일 전 지역은 물론이거니와 이웃 국가들과의 연결까지 염두에 두고 설계되었다. 철도는 독일이 유럽의 교차로 역할을 할 수 있게 하는 발판이었다.

그 밖에도 대규모 도로 및 운하 건설에도 국가는 주도적인 역할을 하였다. 사회간접자본에 대한 국가적 차원의 대규모 투자는 경제권을 통합하고 운송 비용을 낮춤으로써 독일 산업의 경쟁력을 높이는 핵심 요인이었다. 특히 철도망의 확장은 중화학 공업의 기반이 되는 철강 산업의 발전을 자극하여 독일의 산업 활성화에 결정적으로 기여하였다. 요컨대 철도는 산업화의 대동맥이었다.

3. 가족과 친족 관계

가족 기업

챈들러는 소유와 경영이 분리되고 규모와 범위의 경제를 달성한 '근대적 산업 기업'이 경제 발전의 주역이라고 확신하였다. 이탈리아는 챈들러가 묘사한 기업과는 여러모로 구별되는 기업의 성공을 보여주는 흥미로운 사례이다. 여기서도 챈들러의 '근대적 산업 기업'이 전형적으로 발전한 것은 사실이지만, 거기에 덧붙여 챈들러가 '전통적인 기업'으로 명명한 가족 단위의 중소기업이 활기를 띠며 함께 발전한 것도 사실이다. 특히 중부와 동부 이탈리아에서 중소 가족 기업들은 대량생산·대중소비의 개념과는 다른, 시장의 변화에 유연하게 대응하는 다품종 소량 생산 체제를 발전시켜 시장에서 거대한 성공을 이루어내었다.

산업사회는 가족과 가족주의를 파괴하기보다는 새로운 형태로 부활시키는 경향이 있었다. 이탈리아는 그 같은 가족주의가 훨씬 더 강하게 발전한 사회 유형을 보여준다. 게다가 다품종 소량 생산에 입각한 특유의 유연 생산 체제는 기업 활동에서 가족이 갖는 경제적 의미를 한층 더 부각해 준다. 이탈리아와 같은 전형적인 후발 산업국에서 다분히 전통 사회의 태도와 가치를 체현하고 있는 기초적 사회 단위인 가족이 경제 발전에서도 실질적인 주역이 된 것이다. 물론 이탈리아의 경우를 일반화시키고, 경제 발전의 어떤 전형적인 패턴을 끌어내기는 어려운 일이다. 그럼에도 이탈리아는 산업사회의 발전에서 가족과 친족 관계가 수행하는 적극적인 역할을 입증해 준다는 점에서 매우 흥미롭다.

여성해방

독일과 이탈리아에서 여성의 지위는 일반적으로 영국이나 미국의 경우보다 열악하였다. 이는 후발 산업국에서 산업화가 진행되고 있는데도 전통적인 농업사회의 잔재인 사회계층과 그들의 가부장적인 이데올로기가 온존하고 있었기 때문이다. 그럼에도 20세기에 들어 페미니즘이 후발 산업국에서 일반적으로 확산되고 산업자본주의가 발전하면서 여성의 사회 진출의 기회와 폭은 크게 확대되었다. 특히 파시즘과 나치즘이 그 억압적인 성격에도 여성을 정치적으로 동원하려는 과정에서, 또 징집으로 부족해진 산업 노동력을 벌충하는 과정에서 여성의 사회참여를 유도했다는 사실은 주목할 만하다. 그럼에도 파시즘과 나치즘은 궁극적으로 가부장적 이데올로기에서 벗어날 수 없었고, 여성에 대한 '젠더화된' 관념을 유지하였다. 즉 여성은 민족과 인종의 우등 자식을 낳고 길러야 한다는 관념이 그것이었다.

남성의 영역으로 여대생들이 1901년 뮌헨 예술아카데미에서 실제 모델을 대상으로 그림을 그리고 있다. 이는 얼마 전까지만 해도 여성에게는 미지의 영역이었다.

후발 산업국에서 여성해방을 본격적으로 논할 수 있는 시기는 20세기 후반일 것이다. 여성해방을 실질적으로 진척시킨 장본인은 제2차 세계대전 이후 전개된 소비자본주의였던 것으로 보인다. 소비자본주의의 실질적인 수혜자는 풍요로운 중산층이었다. 전후 서독은 민주주의와 시장경제를 결합함으로써 눈부신 성장을 달성하여 이른바 '평준화된 중산층 사회'를 실현하였다. 대량으로 생산된 각종 소비품과 새로운 라이프스타일은 생활을 편리하고 윤택하게 하였다. 이로써 여성들은 '3K'로 불린 전통적인 굴레, 즉 아이(Kind), 교회(Kirche), 부엌(Küche)에서 해방되었다.[15]

가족주의와 가부장주의가 남달리 강한 가톨릭 국가 이탈리아에서도 사정은 다르지 않았다. 전후 이탈리아 여성들은 낙태권 등을 둘러싸고 공공연히 교회의 권위에 도전하였고, 소비자본주의를 향유하며 패션의 리더라는 명성을 얻기도 하였다. 그러나 앞서 언급했듯이 이를 여성해방의 과정으로 파악하는 것은 단편적이다. 선발 산업국에서와 마찬가지로 전후 독일과 이탈리아라는 후발 산업국의 사회가 '젠더화'되어 있었던 실상을 구체적으로 탐색해야 할 것이다.

문화적 요인;

민족의 훈육

후발 산업국에서 경제 발전의 성패를 좌우한 문제는 무엇보다 선진 기술을 도입하고 이를 산업에 응용하는 능력이었다. 이를 위해 국가가 앞장서 과학기술 교육을 시행하여 산업화에 필요한 기술 인력을 대량으로 양성하고자 하였다. 영국 산업혁명기에 배출된 기술자들과 발명가들이 체계적인 교육과정에서 배출되기보다는 주로 실무 경험이나 아마추어적인 관심에서 기술적 발견과 발명을 이루어냈다면, 독일에서는 국가가 설립하고 후원한 정식 교육기관에서 과학기술에 대한 전문 지식을 체계적으로 학습한 인자들이 산업화의 역군으로 활약하였다. 시장경제 아래서 자생적으로 이루어진 교육이나 기술혁신이 아마추어의 작품이었다면, 정부 주도의 본격적 · 체계적 교육과 기술혁신은 프로페셔널의 작품이었다고 할 수 있다. 그런 만큼 과학기술 교육은 후발 산업국의 성패를 좌우하는 핵심적인 문화적 요인이었다.

후발 산업국의 경제 발전에서 더욱 중요한 요인은 확실히 국가가 효율적으로 민족적 역량을 동원하고 결집하는 능력이었다. 독일과 이탈리아에서 국가는 이른바 '문화 민족'으로서의 독일인과 이탈리아인의 천부적인 우수성을 내세우며 민족의 위대한 운명을 개척하기 위한 국민의 단결과 헌신을 요구하였다. 이를 위해 국가는 하나의 통일된 목표를 추구하는 데 적합한 이상적인 민족을 '설계'하고 '훈육'하는 데 총력을 기울였다. 그런 가운데 의무교육제와 징병제를 도입하고 민족의 뛰어난 소수를 본보기로 제시하며 국가에 대한 충성심을 고양하는 각종 의식을 도입하였다. 이 정책은 무정형의 대중을 국민으로 변형시키는 과정, 즉 '대중의 국민화'에 기여하였다. 선발 산업국은 가속적으로 성장하는 확대 재생산 체제의 성과를 국민 대중과 공유함으로써 장기간에 걸쳐 민족적 역량을 충전할 수 있었던 반면, 후발 산업국은 국가 정책을 통해 위로부터 단기간에 조직적으로 대중을 민족적 목표를 향해 결집하는 작업이 필요했던 것이다.

독일과 이탈리아가 패망하고 파시즘과 나치즘이 전범으로 규정되면서 전후에 후발국 민족주의는 급속히 탈색되기 시작하였다. 전후 경제 재건 과정에서 체계적인 강령과 조직화된 열정에 토대를 둔 민족주의 대신에 독일인과 이탈리아인의 기질적 특색이 그들의 경제적 회복을 설명하는 요인으로 제시되었다. '근면하고 합리적인 독일인'과 '자유롭고 창의적인 이탈리아인'에 대한 정형화된 인식은 성공적인 산업화 과정을 통해 그동안 잠재해 있던 민족성이라는 문화적 특징이 드러나 보이게 된 것이다.

이는 독일과 이탈리아가 전쟁 이전에 후발 산업국으로서 파시즘을 동원하여 선발 산업국과 충돌하던 시절에는 아직 감지되지 않았지만, 자유시장에서 선발국과 대등하게 경쟁하게 되자 각국 국민의 개성과 특징이 드러나 보이기 시작했음을 의미한다. 게다가 유럽 통합이 진전되고 유럽적 정체성이 나타나기 시작하면서 민족적 정체성은 유럽적 정체성과 중첩되기에 이르렀다. 그럼으로써 민족주의가 민족성으로 변형, 대체되는 과정이 더욱 촉진되었다. 그러나 민족의 기질이나 성격은 원래 유전자에 각인된 것이 아니어서 유동적이고 모호한 것이다. 또한 유럽적 정체성의 토대로서 유럽적 생활양식이 존재하느냐의 문제, 즉 독일적 생활양식과 이탈리아적 생활양식을 뛰어넘고 세계화 시대의 미국적 생활양식과도 구분되는 유럽만의 독자적인 생활양식이 무엇이냐의 문제는 여전히 토론거리로 남아 있다. 그러나 한 가지 확실한 점은, 유럽이 자신의 경제 발전을 가능하게 할 뿐만 아니라 이를 정당화하는 새로운 유럽적 경제 문화를 모색하고 발견해 가고 있다는 것이다.

1. 과학기술과 교육

인문주의와 과학기술

독일과 이탈리아는 비록 정치 통일은 뒤늦었지만 뿌리 깊은 문화적 전통을 보유한 민족으로 간주되어 왔다. 19세기에 성취된 정치 통일의 당위성도 그 문화적 동질성에 바탕을 둔 것이었다. 무엇보다 독일어와 이탈리아어의 우수성과 빛나는 학문적 전통이 과시되었다. 오염되지 않은 순수한 독일어와 아름다운 운율을 가진 이탈리아어는 독일과 이탈리아의 대표적인 문화적 자산으로서 두 민족의 정체성을 형성하는 근간으로 여겨졌다. 또한 하나의 국가 혹은 국민으로서 독일과 이탈리아가 존재하지 않았을 때조차 많은 독일인과 이탈리아인, 즉 철학자, 문필가, 예술가, 과학자가 독일 민족과 이탈리아 민족의 우수성을 보여주는 보기로 제시되었다.

예컨대 독일은 시인과 철학자의 나라였으며, 이탈리아는 천재들의 나라였다. 이는 독일인과 이탈리아인의 민족적 자부심을 고취하였다. 그러나 유럽 문화의 원류이자 최고봉을 이룬 그리스 민족이 아직 산업사회에서 그 존재조차 드러내지 못하고 있었던 반면, 유럽에서 몸 둘 데 없었던 이단자들의 집합체로서 특별한 문화도 전통도 갖지 못한 네덜란드가 경제적 패권 국가로 등장한 사실을 고려하면, 우수한 문화적 전통과 민족적 우월성이란 것이 실은 초기 산업사회에서 국론을 통일하고 국력을 결집하기 위한 수사학에 지나지 않았음을 알 수 있다.

독일과 이탈리아는 '문화 민족'의 우수성을 줄기차게 내세웠던 만큼 19

세기와 20세기 산업화 과정에서도 인문주의 전통은 의연하게 유지되거나 오히려 강화되었다. 따라서 고대 그리스 로마 문화를 연구하는 고전학이 수준 높게 발전한 곳이 독일과 이탈리아였다는 것은 이상한 일이 아니다. 더욱 흥미로운 사실은 독일에서 그리스 고전학이 발전하고 그리스풍의 고전주의 취향이 확산되는 데 일등공신의 역할을 한 사람이 민족주의자들이었다는 점이다. 그들은 그리스적인 것을 가장 미적인 것으로 생각하면서 그리스 예술이 보여주는 단순성, 조화, 비례, 대칭의 원리에 도취되고 열광하였다. 그들에게 그리스 예술이야말로 자신들이 그토록 혐오했던 무질서와 방종이 아니라 법과 질서의 원리에 잘 들어맞는 것으로 보였던 것이다.[16] 독일과 이탈리아는 단순히 그리스의 우수한 문화에 매료되고 이를 흠모했다기보다는 그들 자신이 우수한 문화에 동화됨으로써 민족적 정체성과 자부심의 근거를 만들어 보려고 부단히 노력했던 민족이었다.

물론 좀 더 실용적인 정신의 소유자들에게 고전학과 고전주의 취향은 마뜩잖은 것이었다. 실제로 이탈리아 파시스트들은 인문 교육의 비중을 줄이고 기술 교육 위주로 교육 체제를 개편하고자 노력하기도 하였다. 그럼에도 인문학이 이탈리아 민족의 자부심을 진작시키고, 민족주의적 선전에 효과적인 도구가 될 수 있음을 파시스트들 자신이 익히 잘 알고 있었다. 무솔리니가 당대 최고의 인문학자인 크로체(Benedetto Croce)의 반파시즘

| 아우토반 1935년에 처음 개통된 고속도로는 독일 경제에 커다란 활력을 불어넣었다. (사진: 막스 에레르트)

에 대해 인내심을 발휘한 것도 그와 같은 맥락에서였다.

후발 산업국들이 모두 '문화 민족'의 개념과 민족주의 노선을 견지하며 위로부터의 산업화를 정력적으로 추구했던 만큼 그 맥락에서 인문주의와 과학기술은 동시에 발전하였다. 이탈리아 민족주의자들이 르네상스 인문주의 시대의 천재들을 자랑하며 기술입국을 외친 것이나 독일 민족주의자들이 독일의 흙과 피에 바탕을 둔 '문화(Kultur)'와 근대 '기술(Technik)'의 결합을 외친 것이나 모두 그런 사정을 말해 주고 있다.[17]

요컨대 후발 산업국들은 경제 발전을 위해 근대 기술의 도입에 열광한

만큼이나 똑같이 전통문화에 대한 자부심이 경제 발전을 위한 국민적 역량의 결집과 동원에 유용하다는 사실을 알고 있었다. 따라서 인문주의와 과학기술은 후발 주자의 산업화에서 서로 충돌하기는커녕 보완 관계에 있었던 셈이다.

기술 교육

국민 교육

후발 산업국의 경제 발전에서 민족과 산업에 대한 문화적 담론은 지배적이었다. 따라서 교육 문제도 대중을 국민화하는 기초적인 국민 교육과 기술 교육 부문으로 구별하여 살펴보아야 한다. 그러나 양자가 반드시 구별되는 것은 아니다. 왜냐하면 기초적인 국민 교육이 목표로 하는 것은 국민의 기본적인 문자 해득력과 산술력을 높이는 것이었고, 이는 기계와 기술에 바탕을 둔 산업사회에 필요한 노동력을 양성하는 목적에 정확히 들어맞았기 때문이다. 읽고 셈하는 능력 없이는 노동자가 버튼을 누르고 레버를 당기는 작업을 제대로 할 수 없는 이치이다.

더욱 중요한 것은 국민 교육이 가르친 순응과 복종의 미덕이 산업사회의 노동자와 소비자에게도 똑같이 필요한 덕성이었다는 점이다. 즉 한 국민은 작업장에서 경영진과 십장의 명령에 순응해야 하며, 동시에 슈퍼마켓과 백화점에서 자신의 개인적인 필요를 (그와는 무관하게 생산된) 표준화된 상품에 순응시킬 줄 알아야 한다. 현대 자본주의의 노동 과정을 분석한 브레이버맨(Harry Braverman)은 국가의 역할을 논하는 대목에서 다음과 같이 지적하였다. "교과 과정의 정규 교육 내용이 어떠하든지 중요한 것은 어린이가 배우는 내용이 아니라 주어진 것을 어린이가 잘 알게 하는 방법이다. 어린이와 청소년은 학교에서 어른이 되면 해야 할 것, 즉 정해진 일에 대한 순응과 자신이 요구하고 원하는 것을 격동하는 사회 기구로부터 당연히 탈취하는 방법을 훈련받는다."[18]

이탈리아에서는 1859년 카자티법으로 국민에 대한 초등 의무교육제가 처음으로 도입되었다. 이 법은 당시에 자식이 학교에 가는 것보다는 농장에 나가는 것을 더 좋아한 학부모들의 반대에 부딪혔다. 그럼에도 의무 국민 교육은 점차 확산되었고, 산업사회에 필요한 최소한의 문자 해득력과 산술력이 제고되었다. 군대도 학교의 기능을 수행하였다. 20세기 초까지만 하더라도 학교에 갈 수 없었던 많은 이탈리아인은 군대에 '끌려들어 가' 글자를 깨우치고 셈하는 법을 배웠다. 학부모보다는 국가가 더 멀리 내다보는 혜안이 있었던 셈이다. 국민 교육은 한 사회가 농업사회에서 산업사회로 이행하는 과정에 필요한 필수적인 매체였다. 역사학자 웨버(Eugen Weber)는 19세기 후반 프랑스의 사례를 고찰하면서 초등학교와 '민족의 학교'인 군대가 민족을 훈육하고 계도하는 강력한 동화주의적 수단이었다고 주장하였다. 학교와 군대가 '농민을 프랑스인으로' 만들었다는 것이다.[19]

기술 교육

19세기 후반 무렵이 되면, 선발국에서든 후발국에서든 국민 교육이 의무화되고, 보편적으로 확산되었다. 기술 교육 영역에서만큼은 후발국 독일이 독보적이었다. 독일은 기술 학교를 건립하고 체계적인 커리큘럼을 만들면서 국민에 대한 기술 교육에 앞장섰다. 기술 교육에서는 고등교육과 중등교육을 구분하여 살펴보아야 한다. 먼저 고등 기술 교육 부문을 보면, 1870년대와 1880년대의 독일 대학들은 수학, 기계, 토목 공학 쪽에서 이미 상당한 수의 교수를 거느리고 있었다. 그 후 1890년대에 들어와 화학 및 전기공학 쪽의 새로운 산업 분야와 연관된 교수가 증원되었다. 이는 독일에서 대학과 산업체 사이의 협력이 매끄럽게 이루어지면서 산업 발전이 촉진되었음을 보여준다. 산학 협력에 바탕을 둔 고등 기술 교육이 발전하면서 독일 기술자들의 교육 수준도 변화되었다. 학위(Abitur)를 소유한 기술자 수는 1830년대 이전에는 30%에 불과했으나 1860~1889년에 이르면

독일 기술자 교육 수준(1800~1890년, %)

교육	1800~1829	1830~1859	1860~1889
고등 기술 교육 안 받음	24	14	9
고등 기술 교육(Abitur 소유)	14	21	51
고등 기술 교육(Abitur 미소유)	27	26	6
대학	12	9	5
광산 기술 학교	4	4	4
기타	20	26	25
계(표본 수)	101(78)	100(403)	100(136)

갑절로 불어났다.

19세기 말로 갈수록 순수 대학과 순수 과학 분야의 졸업자는 줄고, 전문 기술 대학 출신이 늘어나기 시작하였다. 독일 기술자 중 1830년대 이전에는 순수 대학 출신이 12%를 점하고 있었으나 1860~1889년에 이르면 5%로 줄어들었다. 그 대신 고등 기술 교육기관 출신들이 급격히 늘어났다. 직업 기술별 교육 수준에서는 전통 과학 분야인 화학에서 순수 대학 출신이 압도적이었으나 새로운 산업 분야인 기계, 금속, 전기에서는 고등 기술 교육기관 출신이 압도적이었다.

새로운 중화학 공업이 발전하고 있던 19세기 후반에 가장 필요한 교육재는 이 분야와 연관된 기술 교육이었다. 이 분야의 기술이 갖는 지위가 높아지면서 자연히 독일기술자협회(VDI)도 1870년대에 들어와 기술 교육에 대한 차별 문제를 해결해 주기를 요청하였다. 그 결과 19세기 초만 해도 독일에서 최고 경영자들은 주로 법대 출신이었는데, 19세기 말에 접어들면서 경영층이 기술자 중에서 충원되었고, 실질적으로 직무, 직위의 차별도 사라지게 되었다.

전체적으로 독일의 기술 교육은 다른 나라의 추종을 불허할 정도로 가파르게 성장하였다. 성격이 유사한 베를린 기술 대학과 런던의 CI(Central Institution) 그리고 당시 유럽에서 손꼽히는 기술 교육기관인 스위스의 ETH

독일기술자연맹(VDI) 기술자 직업별 교육 수준(1800~1890년, %)

교육	건축	전기	기계	금속	광업	화학	기타
고등 기술 교육 안 받음	6	4	18	18	0	9	2
고등 기술 교육(Abitur 소유)	39	44	26	21	9	9	7
고등 기술 교육(Abitur 미소유)	17	11	19	9	5	9	5
대학	1	7	2	5	27	43	43
광산 기술 학교	0	2	1	11	50	6	0
기타	37	31	25	36	10	25	43
계(표본 수)	100 (78)	99 (45)	101 (371)	100 (56)	101 (22)	101 (35)	100 (44)

의 학생 수 증가만 보더라도 19세기 말 독일의 기술 교육기관의 학생 수 증가율이 매우 높았음을 알 수 있다. 기술 교육에 대한 대대적인 투자와 기술자의 지위 상승이 '독일제'의 명성과 독일의 국력을 드높였음은 물론이다.

2. 이데올로기와 종교

민족주의

민족의 종교

이데올로기와 종교는 통상 구분되지만 실상 자세히 들여다보면 잘 구분되지 않음을 알 수 있다. 모든 종교가 강한 이데올로기적 성격을 띠고 있으며, 또 어떤 이데올로기는 종교의 수준으로까지 고양된다. 그러나 이데올로기가 종교가 된다고 말할 때 반드시 성스러운 의례와 이를 집전하는 성직자 계층이 나타난다고 하는 것은 아니다. 그것들이 없어도 특정한 이데올로기가 핵심 가치로 표방하는 것이 실재한다는 믿음과 그에 상응하는 체계적인 윤리가 정립된다면, 이데올로기는 종교로 간주될 만하다.

크로체는 19세기에 자유주의가 일종의 '자유의 종교'가 되었다고 말한 적이 있다. 이는 다소 과장 섞인 판단이지만, 적어도 19세기와 20세기 전반기 독일과 이탈리아에서 민족주의라는 이데올로기는 그러한 과장이 전혀 어색하지 않을 정도로 거의 종교의 경지로 발전하였다. 양국에서 민족의 가치를 포교하는 경전들과 사도들이 속속 등장하여 민족을 감화시키고 신성화시키는 데 앞장섰다. 일반적으로 민족주의는 국민의 역량을 동원하고 결집하여 경제 발전이라는 국가적 목표를 실현하는 데 가장 중요한 역할을 한 이데올로기요 세속 종교였다. 당시 선발 산업국이 이미 상당 수준에서 자유주의적 시장 경쟁 교리에 교화된 상태였다면, 후발국은 정부 주도형 압축 성장 교리를 이제 막 포교하고 있었다. 그런 만큼 후발 산업국에서 민족주의의 역할은 아무리 강조해도 지나치지 않다.

규모의 정치

일반적으로 독일을 민족주의의 고향이라고 일컫는다. 이 판단이 반드시 옳은 것은 아니다. 이미 살펴보았듯이 민족주의는 영국과 프랑스, 미국 등지에서 훨씬 더 먼저, 훨씬 더 강력하게 발전하였다. 민족주의의 고향을 유럽이 아니라 아메리카로 보는 논자들도 있다. 그러나 독일이 민족주의의 고향이라고 말할 때, 이는 독일 민족주의가 '최초'라고 말하는 것이 아니라 독일에서 민족주의가 가장 극적이고 인상적으로 등장하여 짧은 시간에 (독일인들이 즐겨 말하는) '시대정신'이 되었다고 말하는 것이다. 독일에서 민족주의가 처음 분출하기 시작한 것은 19세기 초 나폴레옹의 침략을 받으면서였다. 이탈리아에서도 사정은 다르지 않아 역시 나폴레옹의 지배를 받으면서 민족주의가 자극을 받고, 1815년 빈 체제의 성립과 더불어 본격적으로 발전하기 시작하였다. 그러나 당시의 민족주의는 외국의 침략과 수탈에 대한 저항과 반작용이 '문화 민족'의 의식과 결합한 것이지 네덜란드에서 발현하여 영국에서 성숙한 산업사회의 지배층과 시민 대중 사이의 경제적 동반자 관계에 바탕을 두고 형성된 민족주의와는 구별되는 것이었다.

독일과 이탈리아에서 민족주의는 처음에는 자유주의 운동의 하나로 혹은 자유주의와 결합하여 발전하였다. 자유주의적 민족주의의 대명사격이 이탈리아의 마치니였다. 그는 오스트리아의 지배로부터 이탈리아가 독립하고 통일을 이루며 마침내 자유를 획득하리라고 확신한 이탈리아 '민족'의 포교자였다. 그러나 민족주의자이면서 전 유럽의 협력과 평화를 확신한 인물이기도 하였다. 그는 자유롭게 해방된 민족은 다른 민족의 자유를 위해서도 투쟁할 것으로 생각하였고, 그렇게 자유로워진 민족들은 일종의 '유럽 연방'을 이루어 평화롭게 공존하리라고 믿었다.

마치니 부류의 자유주의적 민족주의는 몇 가지 특징을 보여준다. 첫째, 자유주의적 민족주의는 하나의 민족이 명실상부하게 자신의 국가를 가지려면 그에 합당한 자기완결적인 자원과 역량을 보유하고 있어야 한다는 전제를 깔고 있었다. 그에 따르면, 너무 작은 민족은 민족국가가 될 수 없고, 충분히 큰 민족만이 참된 민족이었다. 둘째, 자유주의적 민족주의는 작은 민족이 큰 민족으로 통합되는 것을 역사의 진보라고 여겼다. 셋째, 그런 만큼 자유주의적 민족주의는 종종 통합과 팽창 혹은 부흥이라는 구호를 통해 자신의 존재를 드러냈다.

이 특징들을 살펴보면, 자유주의적 민족주의가 일종의 '규모의 정치(politics of scale)'를 추구했음을 알 수 있다. '규모의 정치'란 '규모의 경제'라는 통용어를 약간 비튼 개념인데, 즉 (사실 여부와는 관계없이) 크기로 상대방을 설득하거나 압도하려는 정치를 뜻한다. 마치니와 같은 자유주의자들은 해방된 민족들의 평화 공존을 희망하고 또 확신했지만, 그들의 논리 속에는 한 민족의 제국주의적 팽창을 정당화하는 논리가 숨어 있었다. 이와 같은 논리가 확대 재생산 체제의 가속적인 성장과 확장이라는 산업사회의 구조적인 속성과 맞아떨어져 영국식 선발 산업국형 민족주의에 뒤이어 독일과 이탈리아식 후발 산업국형 민족주의로 발전하게 되었다고 생각해 볼 수도 있을 것이다.

전통의 발명

자유주의적 민족주의는 1848년 혁명을 기점으로 독일과 이탈리아에서 쇠퇴하였다. 이제 민족주의는 각기 독일과 이탈리아에서 강자로 부상한 프로이센과 피에몬테라는 국가에 의해 전유되었다. 프로이센과 피에몬테는 민족주의의 깃발을 이용하여 자국의 팽창을 정당화하고 마침내 '문화 민족'의 영역을 '정치적으로' 통합하는 데 성공하였다. 이로써 새로운 독일 민족국가와 이탈리아 민족국가가 수립되었다. 신생국들은 잃어버린 시간을 만회하기 위해 급속한 국가 주도의 근대화 정책을 펼치며 공격적인 태도로 다른 나라들과 경쟁하기 시작하였다. 또한 국민 통합을 위해 국가는 국민의례와 교육제도를 만들어 보급하였고, 국민으로 통합되지 않는 요소를 공공의 적으로 여겨 제거하려고 함으로써 민족적 동질성을 강화하고자 하였다. 강대국의 침입에 대한 반작용이나 보상심리의 형태로 발현된 종족적 민족주의가 산업사회의 확대 재생산 논리와 결합하여 본격적인 후발 산업국 특유의 민족주의로 발전하게 된 것이다.

이처럼 국가가 발 벗고 나서서 민족주의의 기세에 불을 지핀 것을 보면 이를 '관 주도 민족주의(official nationalism)'라고 해도 좋을 것이다. 한 가지 놓쳐서는 안 될 점은 19세기 후반 독일과 이탈리아의 민족주의가 철저히 상명하달식으로 확산된 것은 아니라는 사실이다. 국가가 민족의 훈육에 주도적인 역할을 한 것은 사실이지만, 대중이 항상 무기력하고 수동적인 존재였던 것만은 아니다. 대중은 국가의 부름에 화답하고 나아가 국가의 부국강병 정책을 견인하고 강제하는 활발하고 적극적인 모습을 보여주기도 하였다. 독일 민족주의를 제국주의로 발전시킨 빌헬름 2세의 '세계 정책'은 독일 소시민 대중의 호응과 열광이 없었다면 추진되기 어려웠을 것이다. 민족주의적 정서를 고양하는 선원복과 해군복이 유행하고 각종 노래와 구호가 난무하며 건함 연맹의 회원 수가 100만 명에 육박하는 상황을 단지 '관 주도 민족주의'라는 개념만으로 설명하기는 어렵다. '위로부터의 국민화' 과정이 있었던 만큼 '아래로부터의 국민화' 과정도 있었던 것이다.

민족주의자들은 대중의 정서와 감정과 태도에 눈에 보이는 분명한 형체를 부여하고 싶어 하였다. 그리하여 민족을 표현하고 상징하는 다양한 전통들이 민족주의의 시대에 우후죽순처럼 나타났다. 19세기 말부터 20세기 초에 이르는 기간에 독일과 이탈리아를 비롯한 유럽 각국에서 국기(國旗), 국가(國歌), 민족의상, 민족 기념물과 의례 등이 집중적으로 만들어졌다. 이를 '전통의 재발견' 혹은 '전통의 발명'으로 불러도 무방할 것이다.

특히 전통을 인위적으로 만들어내려는 시도는 인류 역사의 보편적인 한 단면기도 하지만 파시즘의 경우에는 더욱 극명하게 확인된다. 파시스트들은 그들이 이상적으로 여기는 민족, 즉 사익을 희생하고 국익에 헌신하는 '호모 파시스투스'를 양성하기 위해 민족을 설계하고 훈육하는 데 여념이 없었다. 그런 가운데 비루하고 잡종적인 민족의 현실 위에 고귀하고 이상적인 순수 민족의 신화가 의도적으로 덧칠되었다. 1922년 무솔리니는 다음과 같이 말하였다. "우리는 우리의 신화를 창출해 왔습니다. 신화는 신념입니다. 신화는 열정입니다. 신화는 현실일 필요는 없습니다. 신화는 오직 좋은 것, 희망, 신념, 그러니까 용기인 한에서 현실입니다. 우리의 신화는 민족입니다. 우리의 신화는 민족의 위대함입니다! 그리고 우리가 완전한 현실로 옮겨 놓고자 하는 이런 신화에, 이런 위대함에 나머지 모든 것을 바쳐야 합니다."[20] 무솔리니의 말에 따르면 민족은 신화로서 발명된 것이었다. 독일 나치들도 심지어 '아리안'이라는 인종까지 각종의 과학적 근거를 갖다 붙이며 발명해 낼 정도였다.

영국과 같은 선발 산업국도 대부분의 전통이 발명된 것이라는 점은 기본적으로 후발 산업국과 다를 바가 없었다. 다만 그 방법이 좀 더 세련되었을 따름이다. 따라서 전통이 사실이냐 아니냐의 여부는 전혀 중요하지 않다. 중요한 것은 그렇게 만들어진 전통이 사람들에게 유구한 전통으로 받아들여져 사람들의 습관과 태도와 의식에 영향을 심대하게 미친다는 점이다. 그럼으로써 '민족'은 결국 개인의 '체질(habitus)'이 되는 것이다. 그렇

제1보병근위대 민족 정서가 고조되면서 의상과 국기 등이 많이 만들어졌다. 특히 군복은 민족 정서를 고양하는 데 큰 몫을 하였다. 사진의 소년은 독일 황제 빌헬름 1세의 황태자 빌헬름이다.

다면 전통은 단순히 허구적인 것이 아니다. 오히려 극히 실체적이라고 보아야 한다. 민족주의는 실체적 전통들을 발명하고 대량생산하기 시작하였고, 파시즘은 이 과업을 극적으로 완수하고자 하였다.

파시즘은 타민족의 지배와 학살을 민족주의를 추진하는 수단으로 활용하면서 현대사의 악몽을 낳았다. 전후에 파시즘은 철저히 악마화되어 현실 정치 무대에서 추방되었고, 독일과 이탈리아는 종래의 민족적 정체성을 대체하거나 최소한 완화하는 새로운 유럽적 정체성을 모색하였다. 그러나 민족주의가 독일과 이탈리아 같은 후발 산업국의 '대약진'을 위해 중요한 지렛대의 역할을 했음은 명백하다. 후발 산업국의 경제 발전에 기여한 가장 중요한 문화적 조건을 하나만 들라면 민족주의가 될 것이다. 민족주의는 전 국민의 노동력을 경제 발전에 동원하고 결집하는 효율적인 수단이었고, 후발국 특유의 압축적 산업화에 따르는 계급 갈등을 민족적 이해관계라는 명분으로 억누르는 데도 진가를 발휘하였다. 게다가 민족주의가 대중 정서로 확산되었을 때, 국민 노동력은 더 이상 강제적인 방식이 아니라 자발적인 방식으로 생산에 투여되고, 파업 투쟁은 자발적으로 억제된다. 개인 재산까지도 자발적인 참여 형태로 징발될 정도이다.

소박한 사례를 하나 들어 보면 다음과 같다. 1930년대 후반 파시스트 이탈리아가 에티오피아 침공으로 국제사회로부터 경제 제재를 받았을 때 무솔리니는 경제 위기에서 탈출하기 위해 결혼반지를 국가에 기부하라고 호소하였고, 수많은 이탈리아인이 이에 호응하였다. 선발국의 냉정한 민족주의에 비하면 비록 불완전한 것이었지만, 이와 같은 뜨거운 민족주의가 후발국이 선발국을 추격하는 데 일정하게 기여한 것은 부정할 수 없는 사실이다.

생산주의

민족주의와 유사하지만 구별되는, 후발 산업국에서 더 자주 확인되는 또 하나의 이데올로기가 있다. 생산주의(productivism)가 그것이다. 생산주의라는 용어 자체가 성립 가능한지, 나아가 그것이 이데올로기로 간주할 만한지는 일부 논란이 있다. 그러나 일반적으로 생산주의는 경제적 생산성의 향상과 경제성장이 모든 인간 조직과 활동이 겨냥하는 궁극 목표이라고 믿는 신조이다. 쉽게 말해 많이 생산할수록 좋다는 것이다. 생산주의자(productivist)에 따르면 인간 활동의 가장 중요한 영역은 재화와 용역을 생산하는 것이다. 그러나 생산이란 수요 없이는 지속될 수 없다. 따라서 생산주의는 수천 년 인류 역사를 통하여 체감하는 농업 생산으로는 인류의 수요를 결코 충족시킬 수 없었던 시대적 환경 속에서 돌연히 등장한 산업 생산 경험의 산물로 이해될 수도 있다. 생산주의자의 '호모 파베르'의 이상은 자본가 계층과 노동자 계층의 사회적 대립이나 빈부의 격차 등 수요와 관련된 것은 모두 관심 밖의 일이다. 그에게는 생산한 것을 누가 갖느냐의 문제보다도 아무라도 가지려면 일단 많이 생산하는 것 자체가 중요하다. 이러한 생각은 산업사회에서 일반적으로 나타나지만 당장에 생산의 확대와 노동의 투여가 절실했던 후발 산업국의 경우에 더욱 적합했던 것으로 보인다. 실제로 20세기 초 독일과 이탈리아에서 생산주의는 하나의 경향으로 자리 잡고 있었다. 공급일변도의 편향된 입장처럼 보이는 시각이 하나의 이데올로기 차원에서 용납될 수 있었던 근본적인 이유는, 산업사회의 도래와 함께 신기술이 신제품을 만들고 신제품이 신수요를 창출함으로써 공급, 즉 생산이 확대 재생산 체제의 지속과 발전에 가장 핵심적인 역할을 담당했기 때문이다.

예를 들어 보자. 산업자본주의의 맹아는 네덜란드의 사치품 무역에서 시작되었다. 사치품을 사들이는 데 기꺼이 돈을 쓰려는 부유층의 태도는 높은 이윤으로 자본을 축적하는 과정을 촉진하였고, 이때 축적된 자본과 기술은 신제품 개발을 통해 새로 등장한 사치재의 수요를 또다시 창출했던 것이다. 이 과정을 반복하는 것이 산업사회의 확대 재생산 과정이었다.

생산주의는 민족주의와 쉽게 소통할 수 있었다. 1930년대 파시스트 이탈리아에서 민족주의는 생산주의로 변형되었다. 즉 1920년대에 민족적 이해관계와 계급 협조의 이름으로 국민 경제의 발전을 추구하던 파시스트들은 1930년대에 경제 위기의 국면을 맞이하면서 국가 간 경쟁의 승패를 결정하는 요소를 '생산성'에서 찾기 시작하였다. 파시스트 이탈리아에서 강조된 생산성의 개념은 나치 독일에서도 '업적(Leistung)'이라는 다른 표현으로 널리 강조되기도 하였다.[21] 그런 점에서 민족주의는 생산주의가 되었고, 생산주의는 '민족적 생산주의'로 정립되었다. 생산주의 이념은 산업사회의 대량생산과 생산성 향상의 요구에서 비롯된 것으로서, 특히 후발 산업국의 많은 기업가에 의해 널리 공유되었다. 이를테면 이탈리아의 자동차 기업인 피아트의 총수 아넬리는 생산과 노동의 가치를 절대시한 전형적인 생산주의자였다. 한 관찰자는 경제를 보는 아넬리의 태도를 다음과 같이 요약하였다. "노동자들을 놀리느니, 낮에 폭죽을 만들어 밤에 터뜨리는 게 차라리 더 나을 것이다!"[22]

생산주의는 제2차 세계대전 이후에도 피아트에 통용되었다. 한 역사학자는 피아트의 독특한 생산주의를 가리켜 1950년대의 피아트 회장인 발레타(Vittorio Valletta)의 이름을 따서 '발레타식 민족적 생산주의'로 개념화하기도 하였다.[23]

3. 민족성과 생활양식

민족성(national character)이라는 개념은 복합적인 원인에 의해 결과적으로 나타나는 현상이라는 측면에서 과학적인 용어라기보다는 기술적인 용어이다. 프랑스의 거물 역사학자인 브로델(Fernand Braudel)이 프랑스인이 허영심이 많다거나 에스파냐인이 자만심에 넘친다고 말했을 때, 이 말은 과학적으로 입증할 수 있는 분석이라기보다는 희화화된 묘사에 가깝다. 그럼에도 그 묘사에는 진실이 번뜩인다. 킨들버거가 논평했듯이 허영심은 타인의 견해에 민감하지만 자만심은 타인의 견해에 개의치 않고 그래서 타인의 좋은 점도 모방하지 않으려는 심성을 나타낸다. 프랑스가 영국을 추격하려고 노력했던 데 비해 에스파냐가 자기만족에 빠져 결국 진보의 기차에 승차하지 못한 역사적 내력을 그러한 심성의 차이로 설명한 것은 그럴듯해 보인다.

그러나 다시 킨들버거가 경고했듯이, 하나의 민족을 고정된 심성으로 못박아 버리면 한 민족의 운명이 역사적으로 변천해 나간 과정을 설명하지 못할 것이다. 즉 18세기에 에스파냐는 다시 프랑스로부터 계몽사상을 수용하여 새로운 재기를 모색했는데, '자만심'이라는 말은 그런 과정을 설명하려는 노력을 애당초 봉쇄해 버리고 만다.[24]

민족성은 역사적 변화에 열려 있는 개념이라고 생각해야 한다. 그 민족이 가지고 있는 다양한 속성 중의 서로 다른 일부가 해당 시점에서 그 시대적 환경의 필요에 맞추어 국가 단위로 발현된 것이 민족성이다. 그러나 서로 다른 속성에도 민족성은 민족주의와 불가분의 연관성을 드러내며 강하게 주목받기도 한다. 따라서 민족성이란 유동적이지만 동질적이고 그래서 모호하다.

민족성을 그 민족 스스로 규정하는 경우에는 자기변명을 피하기 어렵다. 이를테면 이탈리아에는 '이탈리아인들, 좋은 사람들'이라는 신화가 있다. 이는 이탈리아인은 원래 순박한 사람들인데 파시즘이 이들을 전쟁으로 내몰았다는 것이다. 요컨대 소수 파시스트는 악한이고, 다수 이탈리아인은 선한 피해자들이다. 실제로 무솔리니는 권력을 잃기 직전에 이탈리아인들의 나태함을 질책하면서 자신의 실패를 변호하고자 하였다. 명백히 이러한 논리는 파시즘을 받아들인 이탈리아인들에 대한 조야한 방어 논리로 이어질 수 있다. 그러나 1938년 인종법을 도입하여 유대인을 박해하고 슬로베니아인을 대량 학살한 사람들은 다름 아닌 '이탈리아인, 좋은 사람들'이었다.

민족성을 다른 민족이 규정하는 경우에는 근거 없는 비난일 경우가 많다. 가령 미국의 할리우드 영화가 독일인을 잔인한 사람으로 묘사할 때, 이는 명백히 제2차 세계대전의 경험에서 숙성된 이데올로기적 증오심이 즉물적으로 표현된 것일 터이다. 실제로 전후 '라인 강의 기적'을 말할 때 잔인함과는 거리가 먼 합리적인 독일인에 대한 긍정적인 이미지를 소비한다. 물론 유대인을 학살한 독일인의 잔인함과 전후에 경제 발전을 일군 독일인의 합리성 사이에는 서로 통하는 대목이 있는 것 같기도 하다. 잔인함은 철저함으로, 철저함은 합리성으로 이어질 수 있기 때문이다. 이탈리아인들의 나태함과 전후에 경제 기적을 일군 이탈리아인의 창의성 사이에도 어떤 연관이 있을 수 있다. 창의성은 종종 창조적 사색을 위한 여유가 필요하기 때문이다.

'근면하고 합리적인 독일인'과 '자유롭고 창의적인 이탈리아인'에 대한 정형화된 이미지에는 독일과 이탈리아의 경제적 번영과 관련된 어떤 진실이 깃들어 있다. 즉 근면과 합리성은 기술적 완벽함을 보여주는 독일 자동차 산업의 장점을 보통명사화하고 있으며, 자유와 창의성은 섬세함과 아름다움을 갖춘 이탈리아 섬유패션 산업의 장점을 표상하고 있다. 독일 산업은 첨단 기술을 부지런히 습득하여 기술적 완벽성을 추구하였고, 이탈리아 산업은 전통적인 장인 문화의 관록과 여유로써 기술적 섬세함을 추구하였다. 독일과 이탈리아의 민족성이 자동차 산업과 패션 산업을 성공적으로 발전시켰다는 믿음에도, 자동차와 패션 산업이 양국이 제각기 가지고 있던 지극히 다양한 민족적 특성 중에서 (당시에는 아직 민족성을 대변할 만큼 대표적인 특성이 아니었을지도 모를) 근면하고 합리적인 성격과 자유롭고 창의적인 성격을 제각기 찾아내고 개발하여 독일과 이탈리아를 상징하는 민족성으로 진화 또는 발전시킨 것 또한 사실이다. 동서독 분단 45년간의 환경의 차이가 통일 후 20년이 지난 오늘날까지도 동·서독일인들 사이에 기질적 차이로 남아 있음이 이러한 사실을 대변하고 있다.

따라서 재차 언급하거니와 민족성이란 원래 존재하기도 했지만 시대적 환경의 변화에 따라 달리 진화하거나 혹은 필요에 따라 새로 창출된 것이기도 하여, 이 또한 '전통의 발명'과 같은 맥락에서 '민족성의 발명'으로 이해될 수 있을 것이다. 결국 민족성 혹은 민족적 기질이란 표현은 그 민족이 역사적으로 살아온 과거의 모습 중에서 오직 그 결과가 현시점에서 집약적으로 나타난 특정한 현상을 설명하기에 적합한 특징만을 묘사하는 것이다.

자동차와 패션　제2차 세계대전 이후 패전국 독일과 이탈리아의 자동차 산업과 패션 산업은 '경제 기적'의 주역이었다. (사진: F. C. 군틀라흐)

오늘날 민족성의 담론은 한편으로 약화되고 있고 다른 한편으로는 강화될 수도 있다. 유럽에서 민족주의의 시대가 저물고 유럽 통합의 시대가 오면서 민족적 차이보다는 유럽적 동질성이 강조된다는 점에서 민족성의 담론은 약화되고 있다. 그러나 비록 민족 간 무한 경쟁과 적자생존을 추구하는 민족주의의 시대는 일견 저물어 가는 듯하지만, 역설적이게도 정보통신 및 미디어 기술의 비약적인 발달로 인해 하나의 정치적 국가에 소속된 서로 다른 전통을 가진 소수민족들이 다수민족에 문화적으로 동질화됨으로써 오히려 뜨거운 민족주의보다 더 효과적으로, 더 완벽하게 민족적 정체성이 형성되어 가고 있는 것이 현실이다. 따라서 어떤 우발적 사건이나 외부적 충격이 민족 간의 대립과 갈등의 뇌관이 되어 민족성의 담론을 극적으로 강화시킬지도 모를 일이다. 그러므로 유럽에 국한하여 말한다면, 문제는 새로운 유럽적 정체성과 낡은 민족적 정체성이 어떻게 조화될 수 있느냐의 여부일 것이다.

무릇 정체성이란 역사적으로 진화하는 생활양식의 표현이다. 그러므로 유럽적 정체성이 개인에 체질화되려면 공통의 유럽적 생활양식에 따른 삶의 경험이 역사적으로 축적되어야 할 것이다. 그렇다면 독일적 생활양식과 이탈리아적 생활양식을 종합하고 세계화 시대에 확산된 미국적 생활양식과도 구별되는 유럽인들만의 생활양식이란 무엇인가? 확실히 말할 수는 없지만, 현재 적어도 그와 비슷한 것이 잉태되고 있음은 감지할 수 있다. 에코(Umberto Eco)는 다음과 같이 말하고 있다. "현재 상황은 50년 전만 해도 생각할 수 없었던 상황, 그러니까 항상 우리의 뇌리에 투명하게 떠오르지는 않지만 아버지들이 총을 쥐고 목숨을 걸어 가며 건넌 국경을, 이제 바캉스를 즐기기 위해 아무 염려 없이 건너는 일반 유럽인들의 행위에서 이미 자연스럽게 확인되는 역사적으로 새로운 상황이다."[25]

전후에 선발 산업국과 후발 산업국의 차이가 사실상 소멸한 유럽에서 유럽적 정체성을 형성하고 그 하위에 민족적 정체성을 품어내는 새로운 유럽 문화가 나타날 것인가? 또 그러한 문화가 앞으로의 경제적 번영에 직접적으로 기여할 수 있는 독특한 경제 문화를 꽃피울 수 있을 것인가? 귀추가 주목된다. 지난 시대에 유럽에서 성립한 산업사회의 민족국가 체제가 오늘날 전 세계로 파급되어 정착한 것처럼, 통합 유럽의 정체성과 유럽연합 체제 또한 범세계적으로 지식 기반 사회의 국가 연합 체제 역할 모형이 될지도 모를 일이다.

소결

이상으로 산업 선발국(영국, 미국)과 산업 후발국(독일, 이탈리아)의 사례를 통해 산업사회의 특징을 검토해 보았다. 선발 산업사회와 후발 산업사회를 유형적으로 나누어 별도의 장에서 검토하였다. 여기서는 다시 양자를 통합하여 그 공통점과 차이점을 정리해 보고자 한다. 이미 논의했듯이, 산업사회는 확보된 이윤이 자본으로 축적되고, 이 자본이 생산 설비와 기술혁신에 투입되어 신상품을 대량으로 생산하고, 이것이 다시 새로운 수요를 창출하여 시장에서 공급과 수요가 확대 균형을 이루어 나아가는 확대 재생산 체제이다. 산업사회의 확대 재생산 체제는 명백히 그 이전 단계인 상업사회의 확대 재투자 체제의 발전으로 현실화될 수 있었다. 그러나 상업사회가 주로 농산물의 중계무역에 의존한 것과는 달리, 산업사회는 독자적인 기술적 기반을 통해 새로운 상품을 생산하고 새로운 수요를 창출한다는 점에서 이전 상업사회를 능가하는 질적으로 새로운 발전 단계를 보여준다. 비유컨대 상업사회가 처음 하늘을 날아오른 글라이더라면, 산업사회는 자가 엔진으로 더 오래 더 자유롭게 하늘을 날 수 있는 비행기와 같다고 할 수 있다.

산업사회를 선순환할 수 있게 하는 조건들은, 영국이나 미국과 같은 선발국에서 이미 상업사회로부터 물려받은 조건들에 기초한 자생적인 방식(예컨대 기업가 정신, 축적된 자본, 확대된 시장, 풍부한 노동력 등)이나 우연히 갖추어진 호혜적인 조건(예컨대 부존자원 등)으로 마련되었다. 그 반면에 독일이나 이탈리아와 같은 후발국에서는 자생적 · 호혜적 조건이 부재하거나 미비했기 때문에 국가 차원의 과감하고 적극적인 산업 정책으로 그러한 조건들을 인위적으로 마련할 수밖에 없었다. 물론 선발국과 후발국의 구분은 다분히 자의적이며, 그런 점에서 절대적인 것은 아니다. 하지만 선발국과 후발국을 유형적으로 구분하는 것이 유용한 이유는, 국가의 산업 정책이 경제성장에 미치는 영향을 선명하게 보여주는 후발국 유형이 지구상의 수많은 개발도상국이나 상대적 후진국의 산업 발전에 중요한 시사점을 제공하기 때문이다.

산업사회는 그 이전 상업사회의 정치적 · 사회적 · 문화적 발전을 계승하여 이를 더욱 철저하게 밀고 나갔다. 정치적 측면에서는 민족국가의 형태를 갖추며 근대국가가 완결적인 모습을 드러냈고, 사회적 측면에서는 신분제 사회의 유제가 청산되어 사회적 유동성이 크게 증대하였다. 문화적 측면에서는 민간의 기업 활동을 장려하는 기풍과 과학기술 정신이 널리 확산되어 경제 발전을 뒷받침하는 독특한 경제 문화가 형성되었다. 선발국과 후발국에 나타나는 차이점을 무시할 수는 없다. 즉 후발국에서는 민족국가가 상대적으로 늦게 출현하고, 지각한 민족국가가 위로부터 강력한 산업 정책을 펼치는 과정에서 파시즘이나 나치즘과 같은 독재 체제가 나타나기도 하였다. 이는 경제 발전과 사회통제를 동시에 추구하는 과정에서 시민사회의 자유와 활력이 제한된 결과이면서 동시에 경제 발전에 대중을 동원하는 가운데 나타난 '민족의 훈육' 혹은 '대중의 국민화'의 필요성에서 비롯된 결과이기도 하다. 특히 원자재와 상품 시장의 확보를 둘러싸고 산업국들 사이의 경쟁이 치열해지면서 선발국은 선점한 기득권을 지키려 하고, 후발국은 한층 더 공격적이고 팽창적인 정책을 고수하여 결국 두 차례의 세계 대전이라는 인류의 비극이 초래되기도 하였다.

산업사회에서 주목해야 할 점은 산업사회에서 벌어진 전쟁이 대량 파괴와 대량 살상전으로 이어졌지만, 그와 동시에 산업사회는 경제성장을 위해서라도 일종의 필요악으로서 전쟁이 요청되는 그동안의 성장 악순환에서 벗어날 수 있는 무한한 기술적 · 경제적 가능성을 내포하는 사회이기도 하다는 것이다. 전쟁 전의 대공황과 전후의 장기 호황의 역사에 대한 지식이 그러한 가능성을 추구하는 유용한 도구가 될 것이다. 나아가 산업사회에서 궁극적으로 경제성장을 선순환시킨 것이 대규모 파괴와 살상을 야기한 전쟁에서의 승리나 패배라기보다는 전쟁 과정에서 확보된 기술적 · 경제적 역량이었다는 사실은 산업사회가 인류의 오랜 염원인 영원한 평화와 번영을 가능하게 하는 토대일 수 있음을 잘 보여준다.

에필로그

일찍이 이탈리아 역사학자 레비(Giovanni Levi)는 이론(theory)과 이야기(narrative)가 균형을 맞추는 새로운 역사가 필요하다고 지적한 바 있다. 그런가 하면 영국 역사학자 스테드먼 존스(Gareth Stedman Jones)는 역사가들 스스로 이론 작업을 수행하며 이론을 개발할 필요에 대해 역설하기도 하였다. 이들은 모두 역사학이 드러낸 '이론의 빈곤'을 분명하게 의식하고 있었다. 그러나 거꾸로 경제학이 드러내는 '역사의 빈곤'에 대해서는 그만큼 분명한 의식이 없는 것 같다. 본 연구와 같은 융·복합 연구가 시작된 근원적인 문제의식도 바로 여기에 있다. 프롤로그에서 이 책의 의도가 '역사의 도식화'가 아니라 '이론의 역사화'에 있다고 밝힌 것도 이러한 맥락에서이다. 이것이 얼마만큼 실현되었고, 협력 연구가 소기의 성과를 거두었는지 평가하는 것은 독자들의 몫이다. 필자들로선 일단 시작했다는 데 만족할 뿐이다.

이 책의 또 다른 문제의식은 종래의 다양한 경제성장 모형들이 '보편타당한' 일반 이론의 제시에 머물러 있을 뿐 '개별특수적' 이론 개발에는 별 관심을 보이지 않았다는 점에 있다. 그런 만큼 역사 속에 등장한 여러 경제사회가 제각기 경제성장이 감속하는 특징을 가지고 있는가 혹은 가속하는 특징을 가지고 있는가를 기준으로 농업사회, 상업사회, 산업사회로 유형화하여 각각에 합당한 경제성장의 원리와 동학을 파악하고자 하였다. 무엇보다 주목한 것은 번영을 가능하게 한 최상, 최적의 환경, 즉 정치, 사회, 문화의 조건이었다. 그리고 이 조건들을 역사 속에서 실증적으로 확인해 보고자 하였다. 따라서 고대 로마, 중세 봉건 유럽, 에스파냐와 네덜란드, 영국 등의 근대 초기 상업사회, 영국과 미국이라는 선발 산업사회, 독일과 이탈리아라는 후발 산업사회의 사례를 무리를 감수하면서라도 역사적으로 고찰하고자 노력하였다. 이 사례들은 각 경제사회 유형의 한계 안에서 나름의 거대한 번영을 누린 성공한 국가와 사회였다.

서양사에 나타난 다양한 국가와 사회의 사례들을 통시대적으로 검토하면서 도식적이고 잠정적인 수준에서나마 국부를 낳은 요인을 정치적 헤게모니(패권), 사회적 유동성(탄성), 문화적 생명력(활기)으로 요약할 수 있었다. 예컨대 농업사회에서 헤게모니는 제한적이었다. 여기서는 동의의 요소보다는 강압의 요소가 두드러졌다. 사회적 유동성도 작았고 위계질서가 강조되었다. 이와 동시에 새로운 것과 이질적인 것을 혐오하며 '분수'를 알고 '운명'에 순응하는 삶을 묵시적으로 윤리와 도덕의 기준으로 삼아 농업사회는 정치적 강제력과 사회적 안정성, 문화적 보수성을 달성할 때 일정한 번영을 누렸다. 상업사회에서는 모든 면에서 변화의 바람이 불었다. 작지만 강한 헤게모니 국가가 등장하였고, 유동성이 크게 증대했으며, '자본주의'라고 부를 수 있는 새로운 문화적 태도가 출현하였다. 그러나 자본주의가 심화되고 완성된 것은 산업사회에 이르러서의 일이었다. 산업사회에서 헤게모니의 성분비가 바뀌어 강압보다는 동의가 많아지고 '이동'과 '변화'가 정상 상태가 되어 심지어 '유목민적 삶'이 찬양되며 '개발'과 '향상'이 선망의 대상이 되었다. 이러한 틀 속에서 산업사회는 정치적 안정성과 사회적 역동성, 문화적 진취성을 조합함으로써 거대한 풍요와 번영을 누릴 수 있었다. 그것들이 역사 속에서 거칠게 뽑아낸, 국부의 조건이라고 할 수 있다.

중요한 것은 이렇게 번영을 누린 다양한 국가와 사회도 농업사회, 상업사회, 산업사회라는 각 경제사회 유형의 발전에 압력을 가하고 한계를 설정하는 가치 창출 양식의 원리와 동학에 따라 필연적으로 쇠퇴를 맞이했다는 점이다. 세간에 쓰이는 표현을 빌리자면, 각 경제사회는 고유한 '성장 동력'을 통해 번영하였고, 또 새로운 '성장 동력'을 찾지 못하면 몰락할 수밖에 없었다는 것이다. 이때의 '성장 동력'이란 새로운 상품, 새로운 산업 부문만 가리키는 것이 아니라 국부를 창출하는 방식과 이와 결합된 정치적 · 사회적 · 문화적 환경의 종합이자 총체로서의 가치 창출 양식을 말한다.

무릇 고대의 '로마의 평화'나 중세의 '경제 혁명'도 농업사회의 가치 창출 양식 안에서 일어났으며, 감속하는 성장의 한계를 탈피하지 못했기 때문에 다른 양식에 길을 내줄 수밖에 없었다. 그리하여 농업사회의 오랜 정체에서 탈피한 '자본주의적'는 가속하는 성장에 힘입어 글라이더처럼 북해 주변을 활공하기 시작하였다. 그러나 자가 동력이 없는 글라이더는 언젠가는 착지할 수밖에 없다. 상업사회의 확대 재투자 체제도 대항해 시대의 후추와 차 등 새로운 고부가가치 상품을 발굴하지 못하여 성장의 한계에 부딪혔던 것이다. 이는 어떤 의미에서 '철칙'이다. 글라이더에 엔진을 장착하여 더 높이, 더 오래, 더 빨리 비행할 수 있게 된 것은 기술혁신에 의한 신제품이 지속적으로 개발됨으로써 자가 성장 동력을 갖춘 산업사회가 등장한 뒤였다. 이로써 진정한 의미의 '자본주의'가 대서양 상공에서 하늘 높이 본격적인 비상을 시작했던 것이다. 그러나 '자본주의적' 선발 산업국이라는 엔진 비행기도 무한정 날 수는 없다. 엔진을 수선하고 연료를 보충하며 후발국의 제트비행기와 경합해야 하였던 것이다. 이처럼 각각의 국가와 사회는 '착륙하지 않고 비행하기' 위해 새로운 가치 창출 양식을 모색하며 생존과 번영을 추구하였다. 그렇지 못한 국가와 사회는 추락하거나 비상착륙해야 하였다.

그렇다면 오늘날에는 제트비행기 이후의 탈산업시대를 상상하고 준비해야 하지 않을까? 어쩌면 우리는 탈산업사회의 입구를 이미 통과하고 있는지도 모른다. 이 책에서 살펴본 것 외에도 경제사회 흥망의 '규칙'을 좀 더 정리해 볼 수 있을 것이다. 그러나 역사가 펼쳐 내는 풍부함과 다양성을 일일이 열거하다 보면 끝이 없을 것 같아 이 정도로 마무리하고자 한다. 앞으로 이 책을 읽는 독자들이나 다른 전문가들이 더 많은 유용한 '규칙'을 뽑아내고 그 타당성을 가늠해 볼 것으로 기대한다.

책을 덮기 전에 덧붙일 것이 한두 가지 더 있다. 성장이 감속하는 농업사회가 선발국과 후발국의 격차가 줄어드는 수렴하는 사회였다면 성장이 가속하는 산업사회는 선발국과 후발국의 격차가 점점 더 늘어나는, 이른바 '대분기(Great Divergence)'의 사회였다. 따라서 이 책에서는 산업사회를 다시 선발 산업사회와 후발 산업사회로 나누어 그 각각의 경제성장이 보여주는 유형적 차이를 강조하려고 하였다. 독일이나 이탈리아와 같은 후발 산업국들은 선발국과 후발국 혹은 부국과 빈국을 갈라놓았던 국제경제의 거대한 위계질서의 틈 속에서 선발 산업국들이 겪은 경험에 대한 '지식'을 바탕으로 경제성장과 사회통제라는 두 마리 토끼를 좇았다. 그리고 국가 주도의 의식적인 산업 정책과 '프로페셔널'한 교육제도 등을 디딤돌로 삼아 선발국과는 다른 지름길을 통해 발전을 이룩하려고 하였다. 그 과정에서 파시즘과 나치즘과 같은 최악의 독재 체제가 대두하기도 하였다. 위로부터의 경제적 지도의 필요와 이를 효율적으로 뒷받침하는 사회적 봉쇄와 문화적 통합의 요구가 그와 같은 기형 체제를 낳았던 것이다. 선발국들이 우연히 산업화에 유리한 제반 여건을 갖춘 행운을 맞이하여 도달한 산업사회로 단기간에 직행하고자 한 후발국의 지름길은 그처럼 수많은 난관과 처절한 고통을 수반한 것이었다.

그렇다면 그와 같은 고통을 후발국의 압축적 경제성장을 위한 어쩔 수 없는 필요악으로 간주해야 할 것인가? 절대 그렇지 않다. 후발국 독일과 이탈리아가 선발국 영국과 미국의 역사에 대한 '지식'을 가지고 지름길을 찾았듯이, 이제 선발국을 뒤쫓는 제2세대, 제3세대 후발국들도 앞서 간 제1세대 후발국 독일과 이탈리아의 역사에 대한 '지식'을 가지고 더 나은 지름길을 찾고 있다. 이 '지식'에 따르면, 파시즘과 나치즘 같은 최악의 민족주의는 엄청난 도덕적 실추와 인간적 고통 그리고 그에 따른 경제적 손실을 낳았다. 이처럼 값비싼 대가를 지급하고 얻은 '지식'이 경제성장과 민주주의를 동시에 달성하는 새로운 산업화 방식을 모색하도록 우리를 이끌고 있다. 바로 여기에 역사의 진정한 쓸모가 있기도 하다.

끝으로 이 책이 산업사회를 지나치게 미화한 것이 아닌가 하는 비판에 대해 한 마디만 덧붙이자. 산업사회가 숱한 모순과 한계를 안고 있는 경제사회라는 것은 굳이 다시 말하지 않아도 자명한 사실이다. 남북문제, 계급투쟁, 환경 파괴 등이 산업사회의 어두운 이면을 보여주는 대표적 사례이다. 그러나 이러한 문제들이 있다고 해서 상업사회로, 농업사회로, 심지어 원시 수렵채집사회로 되돌아가자고 할 수는 없는 노릇이다. 종종 향수에 젖어 지나간 농업사회를 목가적인 눈으로 되돌아보곤 하지만 실상 고대와 중세의 농업사회야말로 기아와 질병, 억압과 착취가 만연한 공간이었음을 잊어서는 안 된다. 사실, 기대수명이 길어지고 풍요와 편리를 누리며 최소한의 인권을 존중받기 시작한 것은 산업사회에 들어와서야 가능한 일이 아니었던가.

따라서 그와 같은 산업사회의 성과들을 이어받으면서 산업사회의 구조적 모순과 한계에서 탈피한 새로운 탈산업사회, 이를테면 지식기반사회로의 이행을 탐구하려는 자세가 필요하다. 이는 곧 발전과 조화를 동시에 이룰 수 있는 미래 사회의 논리를 모색하는 일일 것이다. 영원히 찾을 수 없을지도 모를 번영과 평화의 '유토피아'를 향해 험난한 여정을 준비하는 이들에게 이 책이 고민과 격려를 나누는 동반자가 되기를 기원한다. 그렇게 노력하는 모든 이에게 들려주는 한 경제사학자의 덕담을 인용하며 글을 마치고자 한다.

"아무것도 우연히 이루어진 것은 없다. 로맨스조차도."[1]

주석

○ 프롤로그

1) 양병우, 『아테네민주정치사』(서울대학교출판부, 1976), p. 122, p. 133.
2) 양병우, 『세계사 속의 한국』 제5판(탐구당, 1983), p. 209, p. 215.
3) 조이스 애플비, 『가차없는 자본주의: 파괴와 혁신의 역사』, 주경철·안민석 역(까치, 2012), pp. 70~71.
4) 로버트 L. 하일브로너 · 윌리엄 밀버그, 『자본주의 어디서 와서 어디로 가는가』, 홍기빈 역(미지북스, 2010), p. 24.
5) Alexander Gershenkron, *Economic Backwardness in Historical Perspective: A Book of Essays* (Cambridge, MA: Harvard University Press, 1962); 데이비드 S. 랜즈, 『국가의 부와 빈곤』, 안진환 · 최소영 역(한국경제신문, 2009), pp. 424~426.
6) 랜즈, 『국가의 부와 빈곤』, p. 426.
7) 다니엘 코엔, 『악의 번영』, 이성재 · 정세은 역(글항아리, 2010), p. 90, p. 135.
8) 하일브로너 · 밀버그, 『자본주의』, p. 254.
9) 랜즈, 『국가의 부와 빈곤』, pp. 348~352, p. 397, p. 798.
10) 코엔, 『악의 번영』, pp. 34~35.
11) Michel Beaud, *A History of Capitalism 1500-2000*, tr. Tom Dickman and Anny Lefebvre(New York: Monthly Review Press, 2001), p. 5.

○ 농업사회 편

제1장 | 고대 로마

1) 허승일, 『로마사 입문: 공화정 편』(서울대학교출판부, 1993), pp. 9~22.
2) M. I. 로스토프체프, 『서양고대세계사』, 고려대학교 서양고대사연구소 역(고려대학교출판부, 2001), pp. 316~324.

3) 에드워드 기번, 『로마제국쇠망사』, 황건 역(까치, 1991), pp. 54~71.
4) 김덕수, 「아우구스투스의 프린키파투스의 형성 과정에 대한 연구」(서울대학교 박사학위 논문, 1996), p. 147.
5) 헨리 C. 보렌, 『서양고대사』, 이석우 역(탐구당, 1993), p. 343.
6) P. A. 브런트, 『로마 사회사』, 허승일 역(탐구당, 1989), p. 56.
7) 페이터 리트베르헨, 『유럽문화사』, 정지창 외 역(知와사랑, 2003), p. 98.
8) 허승일, 『로마사 입문』, p. 190.
9) 리트베르헨, 『유럽문화사』, p. 102.
10) 보렌, 『서양고대사』, p. 356.
11) 리트베르헨, 『유럽문화사』, pp. 106~108.
12) 양병우, 『아테네 민주정치사』, p. 78.
13) 장문석, 『민족주의 길들이기: 로마 몰락에서 유럽 통합까지 다시 쓰는 민족주의의 역사』(지식의 풍경, 2007), pp. 73~74; 브런트, 『로마 사회사』, pp. 20~21.
14) Ernest Gellner, *Nations and Nationalism*(Ithaca and New York: Cornell University Press, 1983), pp. 24~29.
15) 김덕수, 「프린키파투스의 위기와 아우구스투스의 원로원 재편(23~18 BC)」(서울대학교 석사학위 논문, 1992), p. 49.
16) 제롬 카르코피노, 『고대 로마의 일상생활: 제국 전성기』, 류재화 역(우물이있는집, 2003), pp. 132~133; 장문석, 『민족주의 길들이기』, pp. 72~74.
17) 카르코피노, 『고대 로마의 일상생활』, p. 133.
18) 카르코피노, 『고대 로마의 일상생활』, p. 146.
19) 허승일, 『로마사 입문』, p. 74.
20) 브런트, 『로마 사회사』, pp. 62~63.
21) 차전환, 「기원전 2세기 전반 로마의 농장경영: 카토의 농업론을 중심으로」(서울대학교 석사학위 논문, 1987), pp. 6~7.
22) 차전환, 「로마의 농장경영」, pp. 66~67.
23) 브런트, 『로마 사회사』, pp. 60~61.
24) 허승일, 『로마사 입문』, p. 75.
25) 차전환, 「로마의 농장경영」, p. 6.
26) 브런트, 『로마 사회사』, pp. 35~37.
27) 차전환, 「로마의 농장경영」, p. 47.
28) 차전환, 「로마의 농장경영」, p. 47.
29) 허승일, 『로마사 입문』, p. 80.
30) 베르나르트 슬리허 반 바트, 『서유럽 농업사 500~1850』, 이기영 역(까치, 1999), p. 39.
31) M. I. 핀리, 『서양고대경제』, 지동식 역(민음사, 1993), p. 15.
32) 카르코피노, 『고대 로마의 일상생활』, pp. 157~160.
33) 카르코피노, 『고대 로마의 일상생활』, pp. 315~317.
34) 기번, 『로마제국쇠망사』, p. 62.
35) 브린튼 · 크리스토퍼 · 울프, 『세계문화사』 상권, 양병우 외 역(을유문화사, 1990), p. 183.

36) 카르코피노, 『고대 로마의 일상생활』, p. 213.
37) 카르코피노, 『고대 로마의 일상생활』, p. 237.
38) 허승일, 『로마사입문』, p. 14, p. 21.
39) 브린튼 외, 『세계문화사』, p. 223.
40) 민석홍, 『서양사개론』(삼영사, 1996), pp. 132~135.
41) 김덕수, 『그리스와 로마: 지중해의 라이벌』(살림, 2004), p. 85.
42) 기번, 『로마제국쇠망사』, p. 191.
43) 브린튼 외, 『세계문화사』, p. 221.
44) 브린튼 외, 『세계문화사』, p. 223.
45) 김덕수, 『그리스와 로마』, p. 82.
46) 미셸 푸코, 『성의 역사: 쾌락의 활용』 제2권, 문경자 · 신은경 역(나남출판, 1990), p. 44, p. 58.
47) 키케로, 『키케로의 의무론: 그의 아들에게 보낸 편지』, 허승일 역(서광사, 1989), pp. 195~196, p. 201.
48) 키케로, 『의무론』, p. 175.

제2장 | 중세 봉건 유럽

1) 최갑수, 「제국에서 근대국가로: 유럽사에 대한 하나의 역사적 조망」, 『세계정치』 26: 1.
2) 마르크 블로크, 『봉건사회 II: 계급과 통치』, 한정숙 역(한길사, 1986), p. 254, p. 257.
3) 린 화이트 주니어, 『중세의 기술과 사회 변화: 등자와 쟁기가 바꾼 유럽의 역사』, 강일휴 역(지식의풍경, 2005), pp. 44~46.
4) 블로크, 『봉건사회 II』, p. 25.
5) 하일브로너 · 밀버그, 『자본주의』, p. 78.
6) 블로크, 『봉건사회 II』, p. 29.
7) 에드워드 맥널 번즈, 『서양 문명의 역사 Ⅱ』, 박상익 역(소나무, 2000), p. 359.
8) 주경철, 『문화로 읽는 세계사』(사계절출판사, 2005), pp. 159~167.
9) 오토 힌체, 「봉건제의 본질과 전파」, 나종일 편, 『봉건제』(까치, 1990), p. 122.
10) 페리 앤더슨, 『고대에서 봉건제로의 이행』, 유재건 · 한정숙 역(창작과비평사, 1990), pp. 164~165.
11) 슬리허 반 바트, 『서유럽 농업사』, pp. 76~77.
12) 쟈크 르 고프, 『서양 중세 문명』, 유희수 역(문학과지성사, 1998), pp. 307~308.
13) 르 고프, 『서양 중세 문명』, p. 311.
14) 조르주 뒤비, 『세 위계: 봉건제의 상상세계』, 성백용 역(문학과지성사, 1997).
15) 이기영, 「고전장원의 공간적 기본구조와 크기」, 『서양사연구』 11: 1(1990), pp. 3~9.
16) 슬리허 반 바트, 『서유럽 농업사』, pp. 65~66.
17) 이기영, 「고전장원의 공간적 기본구조와 크기」, p. 29; 슬리허 반 바트, 『서유럽 농업사』, p. 71.
18) 슬리허 반 바트, 『서유럽 농업사』, p. 68.
19) 슬리허 반 바트, 『서유럽 농업사』, p. 73.
20) 배영수 편, 『서양사강의』, pp. 135~138.
21) 슬리허 반 바트, 『서유럽 농업사』, p. 35.

22) 이민호, 『근대독일사연구』(서울대학교출판부, 1976), pp. 113~115.
23) 슬리허 반 바트, 『서유럽 농업사』, pp. 217~218.
24) 이민호, 『근대독일사연구』, p. 131.
25) 슬리허 반 바트, 『서유럽 농업사』, pp. 218~219.
26) 이기영, 「고전장원의 공간적 기본구조와 크기」, p. 4.
27) 마르크 블로크, 『봉건사회 I: 인적 종속관계의 형성』, 한정숙 역(한길사, 1986), p. 322.
28) 블로크, 『봉건사회 I』, pp. 330~331.
29) 이기영, 「고전장원제하의 농업경영: 9~11세기 세느강과 라인강 사이 지역을 중심으로」(서울대학교 박사학위 논문, 1990), pp. 57~58.
30) 블로크, 『봉건사회 I』, pp. 229~230.
31) 랜즈, 『국가의 부와 빈곤』, p. 83, pp. 90~104.
32) 랜즈, 『국가의 부와 빈곤』, pp. 85~86.
33) 화이트 주니어, 『중세의 기술과 사회 변화』, p. 45.
34) 화이트 주니어, 『중세의 기술과 사회 변화』, pp. 60~83.
35) 화이트 주니어, 『중세의 기술과 사회 변화』, pp. 89~93.
36) 화이트 주니어, 『중세의 기술과 사회 변화』, pp. 95~97.
37) 번즈, 『서양 문명의 역사 Ⅱ』, pp. 421~426; 슬리허 반 바트, 『서유럽 농업사』, pp. 260~261.
38) 번즈, 『서양 문명의 역사 Ⅱ』, pp. 421~426.
39) 존 볼드윈, 『중세 문화 이야기』, 박은구 · 이영재 역(혜안, 2002), pp. 114~116.
40) 브린튼 외, 『세계문화사』 상권, pp. 224~226.
41) 랜즈, 『국가의 부와 빈곤』, p. 111.
42) 하일브로너 · 밀버그, 『자본주의』, pp. 88~89.
43) 코엔, 『악의 번영』, p. 54.
44) 블로크, 『봉건사회 I』, p. 225.
45) 블로크, 『봉건사회 I』, p. 132.
46) 라인하르트 코젤렉, 『지나간 미래』, 한철 역(문학동네, 1998), pp. 400~401.
47) 블로크, 『봉건사회 II』, p. 245.

○ 상업사회 편

제3장 | 근대 초기 유럽 상업사회

1) 민석홍, 『서양사개론』, p. 321.
2) 이영림, 「태양-왕에서 인간-왕으로: 정치사의 부활과 루이 14세 연구」, 『서양사론』 84(2005), p. 310, pp. 329~330.
3) 페리 앤더슨, 『절대주의 국가의 계보』, 김현일 외 역(베틀, 1990), p. 16.
4) 주경철, 『네덜란드: 튤립의 땅, 모든 자유가 당당한 나라』(산처럼, 2003), pp. 208~211.
5) 이매뉴얼 월러스틴, 『근대세계체제 II: 중상주의와 유럽 세계경제의 공고화 1600~1750』, 유재건 외 역(까치, 1999), pp. 98~100.
6) John Brewer, *The Sinews of Power: War, Money, and the English State, 1688~1783*(London:

Unwin Hyman, 1989).

7) Benno Teschke, "Bourgeois Revolution, State Formation and the Absence of the International," *Historical Materialism* 13: 2(2005), pp. 17~18.

8) 아사다 미노루, 『동인도회사: 거대 상업제국의 흥망사』, 이하준 역(파피에, 2004), p. 50.

9) Heide Gerstenberger, *Impersonal Power: History and Theory of the Bourgeois State*, Trans. David Fernbach(Leiden, 2007), pp. 495~497.

10) 월러스틴, 『근대세계체제 II』, p. 106.

11) 김영중 · 장붕익, 『네덜란드史』(대한교과서주식회사, 1994), pp. 141~143; 김광수, 『중상주의』(민음사, 1984), pp. 53~54.

12) 박지향, 『영국사』 개정판(까치, 2007), p. 300.

13) 앤더슨, 『절대주의 국가의 계보』, pp. 23~27.

14) 김영중 · 장붕익, 『네덜란드史』, pp. 138~140; 주경철, 『네덜란드』, pp. 226~240.

15) 앤더슨, 『절대주의 국가의 계보』, pp. 28~29.

16) 앤더슨, 『절대주의 국가의 계보』, pp. 30~31.

17) 존 H. 엘리엇, 『히스패닉세계』, 김원중 역(새물결, 2003), pp. 70~76.

18) 이영림, 「태양-왕에서 인간-왕으로」, pp. 312~313.

19) 앤더슨, 『절대주의 국가의 계보』, pp. 32~33.

20) 이영림, 「태양-왕에서 인간-왕으로」, pp. 314~317.

21) 월러스틴, 『근대세계체제 II』, p. 103.

22) 이영림, 「태양-왕에서 인간-왕으로」, pp. 315~316.

23) Gerstenberger, *Impersonal Power*, pp. 474~481.

24) 이매뉴얼 월러스틴, 『유토피스틱스 또는 21세기의 역사적 선택들』, 백영경 역(창작과비평사, 1999), p. 122.

25) 주경철, 『네덜란드』, p. 231.

26) 월러스틴, 『세계경제체제 II』, pp. 100~101.

27) 나종일 · 송규범, 『영국의 역사』(한울, 2005), pp. 258~261.

28) Gerstenberger, *Impersonal Power*, pp. 471~472.

29) 주경철, 『대항해시대: 해상 팽창과 근대사회의 형성』, (서울대학교출판부, 2008), pp. 86~96.

30) 김영중 · 장붕익, 『네덜란드史』, pp. 122~141; 주경철, 『네덜란드』, pp. 266~278.

31) 아사다 미노루, 『동인도회사』, pp. 23~24.

32) 아사다 미노루, 『동인도회사』, pp. 41~42.

33) 松田智雄, 『서양경제사강의: 세계사의 법칙과 사실의 입체적 조명』, 장상환 역(미래사, 1985), p. 144.

34) 월러스틴, 『근대세계체제 II』, pp. 74~75.

35) 월러스틴, 『근대세계체제 II』, pp. 87~88.

36) 엠마뉘엘 토드, 『유럽의 발견: 인류학적 유럽사』, 김경근 역(까치, 1997), pp. 110~122.

37) Peter Mathias, "Entrepreneurs, Managers and Business Men in Eighteenth-Century Britain," *The Nature of Industrialization*, vol. 3, *Enterprise and Labour: from the Eighteenth Century to the Present*. Peter Mathias and John A. Davis (Eds.) (Oxford: Blackwell, 1996), p. 28.

38) 웨지우드, 「네덜란드 공화국의 황금시대」, 윌리엄 L. 랭어 편, 『뉴턴에서 조지 오웰까지』, 박상익 역(푸른역사, 2004), pp. 70~71.

39) 브로노프스키, 『서양의 지적 전통』, 차하순 역(학연사, 2003), pp. 133~134.

40) 배영수 편, 『서양사강의』, pp. 240~241.

41) 월러스틴, 『세계경제체제 II』, pp. 104~105.

42) 윌리엄 맥닐, 『전쟁의 세계사』, 신미원 역(이산, 2005), pp. 176~177; 주경철, 『네덜란드』, pp. 213~214.

43) 하일브로너 · 밀버그, 『자본주의』, p. 125.

44) 존 H. 엘리엇, 『히스패닉세계』, pp. 77~80.

45) 월러스틴, 『세계경제체제 II』, pp. 105~106.

46) 주경철, 『네덜란드』, p. 243.

47) Mathias, "Entrepreneurs, Managers and Business Men," p. 12, pp. 24~25.

48) 오스발트 A. G. 슈펭글러, 『서구의 몰락』, 양해림 역(책세상, 2008), p. 88.

49) 주경철, 『대항해 시대: 해상 팽창과 근대 세계의 형성』, p. 3.

50) 랜즈, 『국가의 부와 빈곤』, p. 139.

51) Thomas M. Doerflinger, *A Vigorous Spirit of Enterprise: Merchants and Economic Development in Revolutionary Philadelphia*(Chapel Hill, NC: The University of North Carolina Press, 1986), pp. 161~164.

52) Philip S. Gorski, "The Mosaic Movement: An Early Modernist Critique of Modernist Theories of Nationalism," *The American Journal of Sociology*, 105: 5(2000), pp. 1436~1438.

53) 박지향, 『영국사』, pp. 44~45.

54) Steven Pincus, "Nationalism, Universal Monarchy, and the Glorious Revolution," *State/Culture: State-Formation after the Cultural Turn*, George Steinmetz (Eds.) (Ithaca and London: Cornell University Press, 1999), pp. 182~210.

55) 랜즈, 『국가의 부와 빈곤』, pp. 352~354.

○ 산업사회 편

제4장 | 선발 산업국, 영국과 미국

1) 배영수, 「번역본 해설」, 버나드 베일린, 『미국 혁명의 이데올로기적 기원』(새물결, 1999), pp. 429~430.

2) 베일린, 『미국 혁명의 이데올로기적 기원』, p. 197.

3) 조승래, 「18세기 영국의 애국주의 담론과 국민적 정체성의 형성」, 『서양에서의 민족과 민족주의』, 한국서양사학회 편(까치, 1999).

4) 베일린, 『미국 혁명의 이데올로기적 기원』, pp. 118~119.

5) Joseph Strayer, *On the Medeival Origins of the Modern State*(Princeton: Princeton University Press, 1970), p. 5.

6) 나종일 · 송규범, 『영국의 역사』, p. 347, p. 359.

7) Steven Pincus, "Nationalism, Universal Monarchy, and the Glorious Revolution," *State/Culture: State-Formation after the Cultural Turn*. George Steinmetz (Ed.) (Ithaca and London: Cornell University Press, 1999).

8) 베일린, 『미국 혁명의 이데올로기적 기원』, p. 62.

9) 이 개념은 Ilaria Porciani, "Risorgimento: An Emotional Concept. From the Construction of an Academic Field to Some Recent Trends of Research," 『통일과 역사교육: 2008년 역사교육연구회 국제학술대회 발표집』(2008. 2), p. 36에서 빌려 왔다.

10) 이민호, 「유럽과 국민국가」, 『서양사연구』 28(2001), p. 114.

11) J. M. Winter, "Britain's 'Lost Generation' of the First World War," *Population Studies*, 31: 3(Nov. 1977).

12) 박지향, 『영국적인, 너무나 영국적인: 문화로 읽는 영국인의 자화상』(기파랑, 2006), p. 367.

13) 에릭 홉스봄 외 편, 『만들어진 전통』, 박지향 · 장문석 역(휴머니스트, 2004), p. 290.

14) 홉스봄 외 편, 『만들어진 전통』, p. 291.

15) C. W. 밀스, 『파워 엘리트』, 진덕규 역(한길사, 1979), p. 436, p. 438, p. 452.

16) 베일린, 『미국 혁명의 이데올로기적 기원』, pp. 397~421.

17) George Comninel, *Rethinking the French Revolution: Marxism and the Revisionist Challenge*(London and New York: Verso, 1987), p. 181.

18) B. R. Mitchell, *Abstract of British Historical Statistics*(Cambridge: Cambridge University Press, 1962), p. 268.

19) 윌리엄 번스타인, 『부의 탄생』, 김현구 역(시아출판사, 2005), pp. 125~134.

20) 번스타인, 『부의 탄생』, pp. 34.

21) 론도 캐머런, 『간결한 세계 경제사』, 이헌대 역(법문사, 1996), pp. 199~200.

22) Eiichi Akimoto, *A History of the American Economy, 1492-1993*(University of Tokyo Press, 1995), pp. 76~77.

23) ZEiichi Akimoto, *A History of the American Economy*(University of Tokyo Press, 1995), pp. 76~81.

24) Eiichi Akimoto, *A History of the American Economy*, pp. 150-154.

25) Warren C. Scoville, "The Huguenots and the Diffusion of Technology I," *The Journal of Political Economy*, 60: 4(1952), pp. 294~311.

26) Warren. C. Scoville, "Spread of Techniques: Minority Migrations and the Diffusion of Technology," *The Journal of Economic History*, 11: 4(1951), pp. 347~360.

27) 배영수, 「역사와 이론의 변경지대: 현대 미국 중산층에 관한 연구의 주요 쟁점」, 『서양사론』 66(2000), p. 100.

28) Olivier Zunz, *Making America Corporate, 1870-1920*(Chicago: University of Chicago Press, 1990); 배영수, 「역사와 이론의 변경 지대」, p. 113.

29) Alfred D. Chandler, Jr., *Scale and Scope: The Dynamics of Industrial Capitalism*(Cambridge, Mass.: Harvard/Belknap, 1990).

30) 요셉 슘페터, 『경제발전의 이론: 기업가 이윤, 자본, 신용, 이자, 경기순환에 관한 연구』, 박영호 역(박영률출판사, 2005), pp. 132~133.

31) 찰스 P. 킨들버거, 『경제강대국 흥망사』, 주경철 역(까치, 2004), pp. 21~22.

32) Robert F. Dalzell, Jr., *Enterprising Elite: The Boston Associates and the World They Made*(Cambridge, Mass.: Harvard University Press, 1987), pp. 56~67.

33) 앨버트 허쉬먼, 『열정과 이해관계: 고전적 자본주의 옹호론』, 김승현 역(나남출판, 1994).

34) 킨들버거, 『경제강대국 흥망사』, p. 57.

35) Robert D. Putnam, 『사회적 자본과 민주주의』, 안청시 외 역(박영사, 2000).

36) 킨들버거, 『경제강대국 흥망사』, p. 23.

37) Chandler, *Scale and Scope*, p. 12

38) Alfred D. Chandler, *The Visible Hand: The Managerial Revolution in American Business*(Cambridge, Mass.: Harvard/Belknap, 1977).

39) Chandler, *Scale and Scope*, pp. 8~12.

40) 킨들버거, 『경제강대국 흥망사』, p. 233.

41) 배영수, 「노동과정론: 테일러주의 논쟁」, 『성곡논총』 23(1992), pp. 8~10.

42) F. M. L. Thompson, *The Rise of Respectable Society: A Social History of Victorian Britain 1830-1900*(London: Fontana Press, 1988), pp. 246~306.

43) Giovanni Levi, "On Microhistory," *New Perspectives on Historical Writing*. Peter Burke (Ed.) (Cambridge, Eng.: Polity Press, 1991), pp. 97~98.

44) 배영수, 「미국 기업사의 최근 동향」, p. 61.

45) Mathias, "Entrepreneurs, Managers and Business Men," p. 32.

46) 킨들버거, 『경제강대국 흥망사』, p. 186, p. 190.

47) 랜즈, 『국가의 부와 빈곤』, p. 334.

48) Mathias, "Entrepreneurs, Managers and Business Men," pp. 27~28; 킨들버거, 『경제강대국 흥망사』, p. 215.

49) 킨들버거, 『경제강대국 흥망사』, p. 236.

50) 번스타인, 『부의 탄생』, pp. 424~425.

51) Stephen Innes, *Creating the Commonwealth: The Economic Culture of Puritan New England*(New York: W. W. Norton & Company, 1995).

52) Stephen Meyer III, *The Five Dollar Day: Labor Management and Social Control in the Ford Motor Company, 1908-1921*(Albany: State University of New York Press, 1981).

53) Aviel Roshwald, *The Endurance of Nationalism: Ancient Roots and Modern Delemmas* (Cambridge, Eng.: Cambridge University Press, 2006), pp. 4~5.

54) Michael Billig, *Banal Nationalism*(London, Thousand Oaks and New Delhi: SAGE Publications, 1995).

55) 박지향, 『영국적인, 너무나 영국적인』, p. 10.

56) 에릭 홉스봄, 『산업과 제국: 산업 시대 영국 경제와 사회』, 전철환·장수환 역(한벗, 1984), p. 78.

57) Jonathan Zeitlin, "Introduction," *Americanization and Its Limits: Reworking US Technology and Management in Post-War Europe and Japan*. Jonathan Zeitlin and Gary Herrigel (Eds.) (Oxford, Eng.: Oxford University Press, 2000), pp. 2~3.

58) Pier Luigi Bassignana, *Fascisti nel paese dei soviet*(Torino: Bollati Boringhieri, 2000), pp. 15~

16.

59) 킨들버거, 『경제강대국 흥망사』, p. 285.

제5장 | 후발 산업국, 독일과 이탈리아

1) A. F. K. Organski, Jacek Kugler, "The Costs of Major Wars: The Phoenix Factor," *The American Political Science Review*, 71: 4(Dec., 1977), pp. 1347~1366.

2) Roger Griffin, *International Fascism: Theories, Causes and the New Consensus*(London: Oxford University Press, 1998), p. 59에서 재인용.

3) 이민호, 「독일사는 우리에게 무엇인가?」, 『독일연구』 14(2007), p. 9.

4) David Schoenbaum, *Hitler's Social Revolution: Class and Status in Nazi Germany, 1933-1939*(New York and London: W. W. Norton & Company, 1980).

5) O. Jeidels, *Das Verhaltnis der deutschen Grossbanken zur Industrie*(Duncker & Humblot, 1905), S. 170, p. 129.

6) 킨들버거, 『경제강대국 흥망사』, pp. 247~248.

7) 이민호, 『새 독일사』(까치, 2003), p. 193.

8) 이민호, 『새 독일사』, p. 190.

9) 이민호, 『새 독일사』, p. 259.

10) 배링턴 무어, 『독재와 민주주의의 사회적 기원』, 진덕규 역(까치, 1990), p. 443.

11) Nicola Tranfaglia, *Un passato scomodo: fascismo e postfascismo*(Roma e Bari: Laterza, 1996), p. 28.

12) Annali universali di statistica, 76(1843), p. 40.

13) 장문석, 「19세기 이탈리아 농촌공업화와 '유연한 이행': 비첸티노 지방의 직물공업을 중심으로」, 『서양사연구』 21(1997), p. 129.

14) 장문석, 『피아트와 파시즘: 기업은 국가를 어떻게 활용했는가』(지식의풍경, 2009), p. 175.

15) 이민호, 『새 독일사』, pp. 344~345.

16) 조지 L. 모스, 『대중의 국민화: 독일 대중은 어떻게 히틀러의 국민이 되었는가?』, 임지현 · 김지혜 역(소나무, 2008), pp. 53~56.

17) Jeffrey Herf, *Reactionary Modernism: Technology, Culture, and Politics in Weimar and the Third Reich*(Cambridge, Eng.: Cambridge University Press, 1984).

18) 해리 브레이버맨, 『노동과 독점자본: 20세기에서의 노동의 쇠퇴』, 이한주 · 강남훈 역(까치, 1998), pp. 246~247.

19) Eugen Weber, *Peasants into Frenchmen: The Modernization of Rural France, 1870-1914*(Stanford: Stanford University Press, 1976).

20) 장문석, 『민족주의 길들이기』, p. 287.

21) S. J. Woolf, "Did a Fascist Economic System exist?" *The Nature of Fascism*, S. J. Woolf (Ed.) (New York: Random House, 1968), p. 128.

22) Valerio Castronovo, *Giovanni Agnelli*(Torino: UTET, 2003), p. 374.

23) Ernesto Galli della Loggia, "Fiat e l'Italia," *Grande impresa e sviluppo italiano: Studi per i cento anni della Fiat*, Cesare Annibaldi and Giuseppe Berta (Eds.) (Bologna: Mulino,

1999), p. 28.

24) 킨들버거, 『경제강대국 흥망사』, pp. 61~62.

25) Umberto Eco, "Europa: Quel suo futuro cosi incerto tra rinascita e decadenza," *La Repubblica*(31 maggio 2003).

에필로그

1) 랜즈, 『국가의 부와 빈곤』, p. 424.

참고문헌

김광수, 『중상주의』, 민음사, 1984.

김덕수, 「프린키파투스의 위기와 아우구스투스의 원로원 재편(23~18 BC)」, 서울대학교 석사학위논문, 1992.

김덕수, 「아우구스투스의 프린키파투스의 형성 과정에 대한 연구」, 서울대학교 박사학위 논문, 1996.

김덕수, 『그리스와 로마: 지중해의 라이벌』, 살림, 2004.

김영중 · 장붕익, 『네덜란드史』, 대한교과서주식회사, 1994.

나종일 · 송규범, 『영국의 역사』, 한울, 2005.

다니엘 코엔, 이성재 · 정세은 역, 『악의 번영』, 글항아리, 2010.

데이비드 S. 랜즈, 안진환 · 최소영 역, 『국가의 부와 빈곤』, 한국경제신문, 2009.

라인하르트 코젤렉, 한철 역, 『지나간 미래』, 문학동네, 1998.

로버트 L. 하일브로너 · 윌리엄 밀버그, 홍기빈 역, 『자본주의: 어디서 와서 어디로 가는가』, 미지북스, 2010.

론도 캐머런, 이헌대 역, 『간결한 세계 경제사』, 법문사, 1996.

린 화이트 주니어, 강일휴 역, 『중세의 기술과 사회 변화: 등자와 쟁기가 바꾼 유럽의 역사』, 지식의 풍경, 2005.

미셸 푸코, 문경자 · 신은경 역, 『성의 역사: 쾌락의 활용』(제2권), 나남출판, 1990.

민석홍, 『서양사개론』, 삼영사, 1996.

박지향, 『영국적인, 너무나 영국적인: 문화로 읽는 영국인의 자화상』, 기파랑, 2006.

박지향, 『영국사』(개정판), 까치, 2007.

배링턴 무어, 진덕규 역, 『독재와 민주주의의 사회적 기원』, 까치, 1990.

배영수, 「노동과정론: 테일러주의 논쟁」, 『성곡논총』 23, 1992.

배영수, 「역사와 이론의 변경지대: 현대 미국 중산층에 관한 연구의 주요 쟁점」, 『서양사론』 66, 2000.

배영수, 「미국 기업사의 최근 동향: 기업사와 사회사의 접목 가능성」, 『서양사연구』 30, 2003.
버나드 베일린, 배영수 역, 『미국 혁명의 이데올로기적 기원』, 새물결, 1999.
베르나르트 슬리허 반 바트, 『서유럽 농업사 500~1850』, 이기영 역, 까치, 1999.
브로노프스키, 차하순 역, 『서양의 지적 전통』, 학연사, 2003.
브린튼 · 크리스토퍼 · 울프, 양병우 외 역, 『세계문화사』(상권), 을유문화사, 1990.
마르크 블로크, 한정숙 역, 『봉건사회 I: 인적 종속관계의 형성』, 한길사, 1986.
마르크 블로크, 한정숙 역, 『봉건사회 II: 계급과 통치』. 한길사, 1986.
아사다 미노루, 이하준 역, 『동인도회사: 거대 상업제국의 흥망사』, 파피에, 2004.
앨버트 허쉬먼, 김승현 역, 『열정과 이해관계: 고전적 자본주의 옹호론』, 나남출판, 1994.
양병우, 『아테네민주정치사』, 서울대학교출판부, 1976.
양병우, 『세계사 속의 한국』(제5판), 탐구당, 1983.
에드워드 기번, 황건 역, 『로마제국쇠망사』, 까치, 1991.
에드워드 맥닐 번즈, 박상익 역, 『서양 문명의 역사 Ⅱ』, 소나무, 2000.
에릭 홉스봄, 전철환 · 장수환 역, 『산업과 제국: 산업 시대 영국 경제와 사회』, 한벗, 1984.
에릭 홉스봄 외 편, 박지향 · 장문석 역, 『만들어진 전통』, 휴머니스트, 2004.
엠마뉘엘 토드, 김경근 역, 『유럽의 발견: 인류학적 유럽사』, 까치, 1997.
오스발트 A. G. 슈펭글러, 양해림 역, 『서구의 몰락』, 책세상, 2008.
오토 힌체, 나종일 편, 「봉건제의 본질과 전파」, 『봉건제』, 까치, 1990.
요셉 슘페터, 박영호 역, 『경제발전의 이론: 기업가 이윤, 자본, 신용, 이자, 경기순환에 관한 연구』, 박영률출판사, 2005.
웨지우드, 「네덜란드 공화국의 황금시대」, 윌리엄 L. 랭어 편, 박상익 역, 『뉴턴에서 조지 오웰까지』, 푸른역사, 2004.
윌리엄 맥닐, 신미원 역, 『전쟁의 세계사』, 이산, 2005.
윌리엄 번스타인, 김현구 역, 『부의 탄생』, 시아출판사, 2005.
이기영, 「고전장원의 공간적 기본구조와 크기」, 『서양사연구』 11: 1, 1990.
이기영, 「고전장원제하의 농업경영: 9~11세기 세느강과 라인강 사이 지역을 중심으로」, 서울대학교 박사학위 논문, 1990.
이매뉴얼 월러스틴, 유재건 외 역, 『근대세계체제 II: 중상주의와 유럽 세계경제의 공고화 1600~1750』, 까치, 1999.
이매뉴얼 월러스틴, 백영경 역, 『유토피스틱스 또는 21세기의 역사적 선택들』, 창작과비평사, 1999.
이민호, 『근대독일사연구』. 서울대학교출판부, 1976.
이민호, 「유럽과 국민국가」, 『서양사연구』 28, 2001.
이민호, 『새 독일사』, 까치, 2003.
이민호, 「독일사는 우리에게 무엇인가?」, 『독일연구』 14, 2007.
이영림, 「태양-왕에서 인간-왕으로: 정치사의 부활과 루이 14세 연구」, 『서양사론』 84, 2005.
장문석, 「19세기 이탈리아 농촌공업화와 '유연한 이행': 비첸티노 지방의 직물공업을 중심으로」, 『서양사연구』 21, 1997.
장문석, 『민족주의 길들이기: 로마 몰락에서 유럽 통합까지 다시 쓰는 민족주의의 역사』, 지식의풍경, 2007.

장문석, 『피아트와 파시즘: 기업은 국가를 어떻게 활용했는가』, 지식의풍경, 2009.

쟈크 르 고프, 유희수 역, 『서양 중세 문명』, 문학과지성사, 1998.

제롬 카르코피노, 류재화 역, 『고대 로마의 일상생활: 제국 전성기』, 우물이있는집, 2003.

조르주 뒤비, 성백용 역, 『세 위계: 봉건제의 상상세계』, 문학과지성사, 1997.

조승래, 「18세기 영국의 애국주의 담론과 국민적 정체성의 형성」, 『서양에서의 민족과 민족주의』, 한국서양사학회 편, 까치, 1999.

조이스 애플비, 주경철 · 안민석 역, 『가차없는 자본주의: 파괴와 혁신의 역사』, 까치, 2012.

조지 L. 모스, 임지현 · 김지혜 역, 『대중의 국민화: 독일 대중은 어떻게 히틀러의 국민이 되었는가?』, 소나무, 2008.

존 볼드윈, 박은구 · 이영재 역, 『중세 문화 이야기』, 혜안, 2002.

존 H. 엘리엇, 김원중 역, 『히스패닉세계』, 새물결, 2003.

주경철, 『네덜란드: 튤립의 땅, 모든 자유가 당당한 나라』, 산처럼, 2003.

주경철, 『문화로 읽는 세계사』, 사계절출판사, 2005.

주경철, 『대항해시대: 해상 팽창과 근대 사회의 형성』, 서울대학교출판부, 2008.

차전환, 「기원전 2세기 전반 로마의 농장경영: 카토의 농업론을 중심으로」, 서울대학교 석사학위논문, 1987.

찰스 P. 킨들버거, 주경철 역, 『경제강대국 흥망사』, 까치, 2004.

최갑수, 「제국에서 근대국가로: 유럽사에 대한 하나의 역사적 조망」, 『세계정치』 26: 1, 2005.

키케로, 허승일 역, 『키케로의 의무론: 그의 아들에게 보낸 편지』. 서광사, 1989.

페리 앤더슨, 유재건 · 한정숙 역, 『고대에서 봉건제로의 이행』, 창작과비평사, 1990.

페리 앤더슨, 김현일 외 역, 『절대주의 국가의 계보』, 베틀, 1990.

페이터 리트베르헨, 정지창 외 역, 『유럽문화사』, 知와사랑, 2003.

해리 브레이버맨, 이한주 · 강남훈 역, 『노동과 독점자본: 20세기에서의 노동의 쇠퇴』, 까치, 1998.

허승일, 『로마사 입문: 공화정 편』, 서울대학교출판부, 1993.

헨리 C. 보렌, 이석우 역, 『서양고대사』, 탐구당, 1993.

C. W. 밀스, 진덕규 역, 『파워 엘리트』, 한길사, 1979.

M. I. 로스토프체프, 고려대학교 서양고대사연구소 역, 『서양고대세계사』, 고려대학교출판부, 2001.

M. I. 핀리, 지동식 역, 『서양고대경제』, 민음사, 1993.

P. A. 브런트, 허승일 역, 『로마 사회사』, 탐구당, 1989.

松田智雄, 장상환 역, 『서양경제사강의: 세계사의 법칙과 사실의 입체적 조명』, 미래사, 1985.

Akimoto, Eiichi. *A History of the American Economy, 1492-1993*, University of Tokyo Press, 1995.

Annali universali di statistica, 76, 1843.

Bassignana, Pier Luigi. *Fascisti nel paese dei soviet*. Torino: Bollati Boringhieri, 2000.

Beaud, Michel. *A History of Capitalism 1500-2000*. tr. Tom Dickman and Anny Lefebvre. New York: Monthly Review Press, 2001.

Bernstein, William. 『부의 탄생』, 김현구 역, 시아출판사, 2005.

Brewer, John. *The Sinews of Power: War, Money, and the English State, 1688~1783*. London: Unwin Hyman, 1989.

Billig, Michael. *Banal Nationalism*. London, Thousand Oaks and New Delhi: SAGE Publications, 1995.

Castronovo, Valerio. *Giovanni Agnelli*. Torino: UTET, 2003.

Chandler, Alfred D. Jr. *Scale and Scope: The Dynamics of Industrial Capitalism*. Cambridge, Mass.: Harvard/Belknap, 1990.

Chandler, Alfred D. Jr. *The Visible Hand: The Managerial Revolution in American Business*. Cambridge, Mass.: Harvard/Belknap, 1977.

Comninel, George. *Rethinking the French Revolution: Marxism and the Revisionist Challenge*. London and New York: Verso, 1987.

Dalzell, Robert F. Jr. *Enterprising Elite: The Boston Associates and the World They Made*. Cambridge, Mass.: Harvard University Press, 1987.

Doerflinger, Thomas M. *A Vigorous Spirit of Enterprise: Merchants and Economic Development in Revolutionary Philadelphia*. Chapel Hill, NC: The University of North Carolina Press, 1986.

Eco, Umberto. "Europa: Quel suo futuro cosi incerto tra rinascita e decadenza," *La Repubblica*. 31 maggio 2003.

Eiichi Akimoto. *A History of the American Economy, 1492-1993*. University of Tokyo Press, 1995.

Gellner, Ernest. *Nations and Nationalism*. Ithaca and New York: Cornell University Press, 1983.

Gershenkron, Alexander. *Economic Backwardness in Historical Perspective: A Book of Essays*. Cambridge, MA: Harvard University Press, 1962.

Gerstenberger, Heide. *Impersonal Power: History and Theory of the Bourgeois State*. Trans. David Fernbach. Leiden, 2007. hapel Hill, NC: The University of North Carolina Press, 1986.

Gorski, Philip S. "The Mosaic Movement: An Early Modernist Critique of Modernist Theories of Nationalism," *The American Journal of Sociology*, 105: 5, 2000.

Griffin, Roger. *International Fascism: Theories, Causes and the New Consensus*. London: Oxford University Press, 1998.

Herf, Jeffrey. *Reactionary Modernism: Technology, Culture, and Politics in Weimar and the Third Reich*. Cambridge, Eng.: Cambridge University Press, 1984.

Innes, Stephen. *Creating the Commonwealth: The Economic Culture of Puritan New England*. New York: W. W. Norton & Company, 1995.

Jeidels, O. *Das Verhaltnis der deutschen Grossbanken zur Industrie*. Duncker & Humblot, 1905.

Levi, Giovanni. "On Microhistory," *New Perspectives on Historical Writing*. Peter Burke (Eds.), Cambridge, Eng.: Polity Press, 1991.

Loggia, Ernesto Galli della. "Fiat e l'Italia," *Grande impresa e sviluppo italiano: Studi per i cento anni della Fiat*. Cesare Annibaldi and Giuseppe Berta (Eds.), Bologna: Mulino, 1999.

Mathias, Peter. "Entrepreneurs, Managers and Business Men in Eighteenth-Century Britain," *The Nature of Industrialization*, vol. 3, *Enterprise and Labour: from the Eighteenth Century to the Present*. Peter Mathias and John A. Davis (Eds.), Oxford: Blackwell, 1996.

Meyer, Stephen Ⅲ. *The Five Dollar Day: Labor Management and Social Control in the Ford Motor Company, 1908-1921*. Albany: State University of New York Press, 1981.

Mitchell, B. R. *Abstract of British Historical Statistics*. Cambridge: Cambridge University Press, 1962.

Organski, A. F. K., Kugler, Jacek. "The Costs of Major Wars: The Phoenix Factor," *The American Political Science Review*, 71: 4, 1977.

Pincus, Steven. "Nationalism, Universal Monarchy, and the Glorious Revolution," *State/Culture: State-Formation after the Cultural Turn*. George Steinmetz (Eds.), Ithaca and London: Cornell University Press, 1999.

Porciani, Ilaria. "Risorgimento: An Emotional Concept. From the Construction of an Academic Field to Some Recent Trends of Research," 『통일과 역사교육: 2008년 역사교육연구회 국제학술대회 발표집』, 역사교육연구회, 2008.

Putnam, Robert D. 『사회적 자본과 민주주의』, 안청시 외 역, 박영사, 2000.

Roshwald, Aviel. *He Endurance of Nationalism: Ancient Roots and Modern Delemmas*. Cambridge, Eng.: Cambridge University Press, 2006.

Schoenbaum, David. *Hitler's Social Revolution: Class and Status in Nazi Germany, 1933-1939*. New York and London: W. W. Norton & Company, 1980.

Scoville, Warren C. "Spread of Techniques: Minority Migrations and the Diffusion of Technology," *The Journal of Economic History*, 11: 4, 1951.

Scoville, Warren C. "The Huguenots and the Diffusion of Technology I," *The Journal of Political Economy*, 60: 4, 1952.

Strayer, Joseph. *On the Medeival Origins of the Modern State*. Princeton: Princeton University Press, 1970.

Teschke, Benno. "Bourgeois Revolution, State Formation and the Absence of the International," *Historical Materialism*, 13: 2, 2005.

Thompson, F. M. L. *The Rise of Respectable Society: A Social History of Victorian Britain 1830-1900*, London: Fontana Press, 1988.

Tranfaglia, Nicola. *Un passato scomodo: fascismo e postfascismo, Roma e Bari: Laterza*, 1996.

Weber, Eugen. *Peasants into Frenchmen: The Modernization of Rural France, 1870-1914*, Stanford: Stanford University Press, 1976.

Winter, J. M. "Britain's 'Lost Generation' of the First World War," *Population Studies*, 31: 3, 1977.

Woolf, S. J. "Did a Fascist Economic System exist?" *The Nature of Fascism*. S. J. Woolf (Eds.), New York: Random House, 1968.

Zeitlin, Jonathan. "Introduction," *Americanization and Its Limits: Reworking US Technology and Management in Post-War Europe and Japan*. Jonathan Zeitlin and Gary Herrigel (Eds.), Oxford, Eng.: Oxford University Press, 2000.

Zunz, Olivier. *Making America Corporate, 1870-1920*. Chicago: University of Chicago Press, 1990.

찾아보기

마

바

사

아

자

차

카

타

파

하

국부의 조건

감속하는 사회에서 가속하는 사회로

초판 1쇄 발행 2012년 12월 25일
초판 4쇄 발행 2023년 7월 25일

지은이 김태유·장문석

펴낸곳 서울대학교출판문화원
주소 08826 서울 관악구 관악로 1
도서주문 02-889-4424, 02-880-7995
홈페이지 www.snupress.com
페이스북 @snupress1947
인스타그램 @snupress
이메일 snubook@snu.ac.kr
출판등록 제15-3호

ISBN 978-89-521-2901-7 93920